FREIZEITFÜHRER
Vor die Haustür, fertig – los!

KRAICHGAU MIT KINDERN

500 Aktivitäten und Ausflüge zwischen Heidelberg, Karlsruhe & Heilbronn

VON MARION LANDWEHR

pmv
1. Auflage Frankfurt am Main 2010
PETER MEYER VERLAG

INHALT

6 **Vorwort**
7 Der Aufbau dieses Buches

HEIDELBERG & KURPFALZ

11 **IM HERZEN DER KURPFALZ**
11 **Tipps für Wasserratten**
11 Frei- und Hallenbäder
14 Baden und Boot fahren
18 **Raus in die Natur**
18 Skaten und Radeln
22 Wandern und Spazieren
Die mit dem Wolf tanzt 24
25 Der Natur auf der Spur
30 Reiten und Kutsche fahren
32 Tierparks und Gärten
36 Spielplätze und Erlebnisparks
40 Winterspaß und -sport
43 **Handwerk und Geschichte**
43 Betriebe
44 Schlösser
47 Museen und Stadtführungen
54 Theater und Lesen
Festkalender 56
57 Kinder- und Jugendtreffs

KLEINER ODENWALD

61 **EINFACH SAGENHAFT!**
61 **Tipps für Wasserratten**
61 Frei- und Hallenbäder
63 Kanu und Schiff fahren
65 **Raus in die Natur**
65 Radeln und Wandern
67 Lehrpfade
70 Reiten
Der sagenhafte Brunnenstollen 76
71 Tierparks & Gärten
73 Erlebnis- und Abenteuerwelt
74 **Handwerk und Geschichte**
Romeo und Julia auf der Minneburg 79
75 Burgen und Ruinen
Festkalender 82
80 Museen und Stadtführungen

KARLSRUHE & RHEIN

SPIEL & SPASS AM OBERRHEIN 85
Tipps für Wasserratten 85
Frei- und Hallenbäder 85
Baden und Boot fahren 91
Raus in die Natur 94
Radeln und Skaten 94
Lehr- und Umweltpfade 96
Tierparks & Gärten 100
Abenteuer- und Erlebniswelten 106
Winterspaß und -sport 112
Handwerk und Geschichte 114
Bahnen und Betriebe 114
Schlossbesichtigungen 117
Museen und Stadtführungen 120
Bühne, Leinwand & Aktionen 126
Theater 126
Kinder- und Jugendtreffs 129
Feste Termine 130

Wie Karlsruhe zu seinem Namen kam 101
Der Karlsruher Daniel Düsentrieb 123
Festkalender 130

ZENTRALER KRAICHGAU

DIE TOSKANA DEUTSCHLANDS 135
Tipps für Wasserratten 135
Frei- und Hallenbäder 135
Plantschen in Badeseen 137
Raus in die Natur 138
Skaten und Radeln 138
Wandern und Spazieren 141
Natur und Umwelt erforschen 145
Pferde und wilde Tiere 147
Spielplätze und Gärten 149
Handwerk und Geschichte 150
Betriebe, Burgen & Schlösser 150
Museen und Führungen 153
Bühne, Leinwand und Aktionen 157
Kinder- und Jugendtreffs 157

Die Sage vom Brettener Hundle 140
Festkalender 158

NATURPARK NECKAR-ZABER

161 **NATUR PUR**
161 **Tipps für Wasserratten**
161 Frei- und Hallenbäder
162 Baden und Kanu fahren
166 **Raus in die Natur**
166 Radeln
168 Wandern und Spazieren
171 Umwelt und Lehrpfade
174 Pferde und wilde Tiere
176 Erlebniswelten, Spiel- und Grillplätze
181 **Handwerk und Geschichte**
181 Betriebsbesichtigungen
182 Burgen und Klöster
185 Museen und Stadtführungen
188 **Bühne, Leinwand und Aktionen**
188 Theater
189 Kinder- und Jugendtreffs

Der Eibensbacher Kuhhirte 169
Der weiße Hund 183
Der Schwur 184
Festkalender 190

HEILBRONN & NECKAR

193 **AUF BURGEN UND TÜRMEN**
193 **Tipps für Wasserratten**
193 Frei- und Hallenbäder
196 Paddeln und Boot fahren
199 **Raus in die Natur**
199 Radeln und Skiken
200 Umwelt und Lehrpfade
204 Kutsch- und Planwagenfahrten
205 Gärten und Erlebniswelten
209 Winterspaß
209 **Handwerk und Geschichte**
209 Betriebsbesichtigungen
210 Türme und Ruinen
214 Museen und Stadtführungen
221 **Bühne, Leinwand und Aktionen**
221 Kindertheater & Jugendtreffs

Steinreich: Der Schilfsandstein 202
Das Käthchen von Heilbronn 217
Festkalender 222

PFORZHEIM & ENZ

ENZ-ZÜCKEND! 227
Tipps für Wasserratten 227
Frei- und Hallenbäder 227
Baden und Paddeln 231
Raus in die Natur 233
Radeln und Skaten 233
Wandern, Klettern, Reiten 235
Tierparks und Gärten 240
Spielplätze und Erlebniswelten 242
Wintersport und -spaß 244
Handwerk und Geschichte 245
Betriebsbesichtigungen 245
Museen und Stadtführungen 246
Bühne, Leinwand und Aktionen 251
Theater 251

Goldenes Pforzheim 249
Festkalender 252

ORTE, INFO & VERKEHR

WISSEN IST MACHT … 255
Orte & Anfahrten 256
Übers Hin und Weg 268
Unterwegs mit Bahn und Bus 268
Mit dem Rad unterwegs 270

… und Connexions sind alles! 255

FERIEN-ADRESSEN & EINKAUFEN

UNTERKÜNFTE FÜR DIE GANZE FAMILIE 275
Familienfreundliche Hotels und Pensionen 275
Ferienwohnungen und -häuser 277
Ferien auf dem Bauernhof & Reiterferien 281
{Jugend- und Gruppenunterkünfte 285
Unter freiem Himmel 293
Jugendzeltplätze & Campingplätze 293
Einkaufen im Hofladen 299

KARTEN & REGISTER

Kraichgau 303
Regionales Schienennetz VRN 308
Liniennetzplan Schiene KVV 310
Register 312
Impressum 316

VORWORT

Es weiß nicht unbedingt jeder, wo der Kraichgau ist. Oder wo die Kurpfalz, das Keuperbergland oder der Naturpark Neckar-Zaber liegen. Für euch wird es allerdings Zeit, genau das herauszufinden! Denn was ihr dort erleben könnt, reicht für mehr als einen Urlaub. Und nicht zu vergessen sind die Flüsse Rhein, Neckar und Enz, die wie geschaffen sind für eine Eroberung der Region per Schiff, Boot oder Kanu. Das Faszinierendste aber ist die abwechslungsreiche Landschaft. Wandern und Radeln sind hier ein Erlebnis!

Ich bin in der Kurpfalz, also südlich von Heidelberg geboren und lebe mit meiner Familie in Karlsruhe. Ich hatte mir eingebildet, alles zu kennen, was es zwischen Karlsruhe und Heilbronn, Heidelberg und Pforzheim gibt. Das war ein Irrtum! Da ist nicht nur das berühmte Heidelberger Schloss. Im Neckartal gibt es nicht bloß Burgen, im Odenwald nicht einfach nur Täler und Hügel. Ihr findet hier Wildparks der Extraklasse, angefangen beim größten Streichelzoo Deutschlands bis hin zu einer tollen Greifwarte direkt am Neckar. Ihr findet Städte mit Stadtführungen speziell für Kinder, die alle den Rahmen des Gewöhnlichen sprengen. Was aber mich und meine kleinen und großen Mitentdecker am meisten verblüfft hat, sind die zahlreichen Möglichkeiten, die Natur auf besondere Art zu erforschen. Was in dieser Region Erlebnispfad heißt, ist wirklich ein Erlebnispfad. Kinder, die sonst keine 200 m laufen, ohne zu meckern, waren plötzlich in einem Affenzahn unterwegs, immer begierig darauf, sich der nächsten Herausforderung zu stellen. Bei den meisten Unternehmungen war es dann am Ende nicht nur ein Ziel, sondern gleich mehrere, die uns gefesselt haben. Auf diese Weise haben wir das Gebiet von Ost nach West und von Nord nach Süd erkundet und finden, dass es sich sehr gelohnt hat. Auch wenn das Wetter mal nicht mitspielen sollte, wird im Kleinen Odenwald und der Kurpfalz so viel geboten, dass man auch das gar nicht alles »ab-

Über die Autorin

Marion Landwehr, geboren 1970 in Heidelberg und aufgewachsen in der Kurpfalz, wohnt heute mit ihrer Familie in Karlsruhe. Das Gebiet zwischen den beiden Großstädten kennt die erfahrene Buchautorin und Diplom-Journalistin in- und auswendig. Nachdem sie sich im Familien-Freizeitbereich bereits einen Namen gemacht hat, war sie nun mit ihren Kindern unterwegs, um den Kraichgau auf Kinderfreundlichkeit zu überprüfen.

arbeiten« kann. Und dabei ist nicht nur die Rede von Attraktionen wie dem Technik-Museum in Sinsheim, sondern von all den vielen Theatern, Museen und Aktionen, die die Region für Kinder bereit hält. Seid ihr neugierig geworden? Das solltet ihr auch!

Viel Spaß in einem aufregenden Teil Deutschlands
wünscht euch
Marion Landwehr

Danksagung

Mein Dank gilt besonders meinen beiden tapferen Kindern Robin (9) und Viktoria (7). Tapfer, weil es das zweite Buch in direkter Folge war, für das sie viele Kilometer gelaufen sind – in den meisten Fällen klaglos! Danke auch an alle Begleiter, Erwachsene und Kinder, die uns die Ausflüge versüßt und die Fotos bereichert haben. Vielen Dank auch an meinen Mann Robert, der meine Projekte aktiv mitträgt und dem es nie zu viel damit wird.

Der Aufbau dieses Buches

Euer Buch »Kraichgau mit Kindern« ist in **7 geografische Griffmarken** gegliedert: *Heidelberg & Kurpfalz, Kleiner Odenwald, Karlsruhe & Rhein, Zentraler Kraichgau, Naturpark Neckar-Zaber, Heilbronn & Neckar, Pforzheim & Enz.* Die Griffmarken sind immer nach dem selben Schema aufgebaut:

▶ **Tipps für Wasserratten** sind Infos zu Seen und Flüssen, zu Frei- und Hallenbädern sowie zu Kanu-, Tretboot- und Schifffahrten.

▶ **Raus in die Natur** nennt Radtouren, Wanderungen, Lehrpfade, Tierparks, Kutschfahrten und Abenteuerspielplätze, immer möglichst naturnah. Für den Sommer findet ihr hier tolle Grillplätze, aber auch an sportlichen Tipps für die kalte Jahreszeit mangelt es nicht.

▶ **Handwerk & Geschichte** führt zu Orten der Technik und Arbeit: historische Bahnen, Burgen, Schlös-

Gestatten?

Ich bin Sam, die Wasserratte. Meine Clique und ich begleiten euch mit noch ein paar Freunden auf euren Entdeckertouren durch dieses Buch und den Kraichgau. Darf ich vorstellen:

Karlinchen, unsere Naturfreundin,

Herr Mau, Experte für Handwerk und Geschichte,

und Mockes, der liebt Musik und Feste feiern.

ser und Museen. Stadtführungen können ebenfalls spannend sein, wenn es z.B. mit Nachtwächtern durch dunkle Gassen geht.

▶ **Bühne, Leinwand und Aktionen** informiert euch über Kindertheater, Veranstaltungsprogramme und Kreativangebote, die euch z.T. regelmäßig beschäftigen können. Der Festkalender listet wichtige Großveranstaltungen der Region auf.

Bei allen Ausflügen und Adressen wird die Anfahrt mit Bahn und Bus beschrieben.

Die Griffmarke **Orte, Info & Verkehr** versorgt euch mit Ortsporträts, Infostellen und -quellen sowie Verkehrshinweisen. Hier erfahrt ihr, wie ihr mit Bus, Bahn, Rad und Auto zu euren Lieblingszielen kommt. Unter **Ferienadressen** findet ihr Unterkünfte wie familienfreundliche Pensionen, Jugendherbergen, Bauernhöfe, Reiterhöfe, Naturfreundehäuser, Campingplätze und Gruppenunterkünfte. So könnt ihr Wandertage, Klassenfahrten und Familienurlaube bequem planen und organisieren. Da der Mensch ohne gutes Essen und Trinken nichts ist, findet ihr nicht nur in den Randspalten immer wieder Tipps zum Einkehren, sondern am Schluss des Buches auch Adressen zum Einkaufen beim Erzeuger. Dort könnt ihr leckere und gesunde Lebensmittel frisch vom Bauer erwerben. Der **Kartenatlas** schließlich gibt euch für eure Ausflüge die nötige Orientierung. Es ist also an alles gedacht – nur losziehen müsst ihr selbst!

Korrekturen, Erlebnisse und Ideen, die helfen, das Buch aktuell zu halten, **schickt** bitte an:
Peter Meyer Verlag
Kraichgau mit Kindern
Schopenhauerstraße 11, 60316 Frankfurt am Main,
info@PeterMeyerVerlag.de,
www.PeterMeyerVerlag.de.

pmv-Leser sind neugierig und mobil – nicht nur in der Fremde, sondern auch in der eigenen Umgebung. Den Wissensdurst ihres Nachwuchses wollen sie fördern, seinem Tatendrang im Einklang mit der Natur freie Bahn lassen. Daher finden Sie in diesem Ausflugsführer Tipps und Adressen zu allem, was kleine und große Kinder begeistert, je nach Wetterlage und Jahreszeit. Alle Adressen und Aktivitäten wurden von den Autoren persönlich begutachtet und strikt nach Kinder- und Familienfreundlichkeit ausgewählt.

HEIDELBERG & KURPFALZ

HEIDELBERG & KURPFALZ

KLEINER ODENWALD

KARLSRUHE & RHEIN

ZENTRALER KRAICHGAU

NATURPARK NECKAR-ZABER

HEILBRONN & NECKAR

PFORZHEIM & ENZ

ORTE, INFO & VERKEHR

FERIENADRESSEN & EINKAUFEN

KARTEN & REGISTER

Ablaufrohr

Sicher hat jeder von euch schon einmal was von Heidelberg gehört. Horden von Touristen besuchen die Stadt jährlich, und das hat auch einen guten Grund: Heidelberg ist eine der wenigen deutschen Großstädte mit einer weitgehend erhaltenen barocken Altstadt, in der ihr euch mühelos ins späte 17. Jahrhundert zurückversetzt fühlen könnt.

Alles ist so gut erhalten, weil die Stadt während des Zweiten Weltkrieges von Bombardierungen verschont blieb. Dann hat die Altstadt auch noch mit 1,6 km Länge eine der längsten Fußgängerzonen Deutschlands – der Großteil der Sehenswürdigkeiten befindet sich hier. Hauptattraktion ist aber das weltbekannte Heidelberger Schloss, das als Ruine majestätisch über den Talgrund am Nordhang des Königstuhls thront. Nicht nur dort oben findet ihr weitere Attraktionen, auch der Weg dorthin ist ein Abenteuer, denn hinauf geht es mit einer antiken Bergbahn. Die »restliche« Kurpfalz dürft ihr aber neben diesen Glanzlichtern auf keinen Fall außer Acht lassen. Tierparks, Schwimmbäder und Erlebniswelten sorgen dafür, dass ihr gar nicht dazu kommt zu fragen: »Was machen wir heute?«.

IM HERZEN DER KURPFALZ

Karte: Rhein-Neckar-Kreis, Radtouren zwischen Rhein, Neckar, Kraichgau und Odenwald, 1:50.000. Landesvermessungsamt Baden-Württemberg. ISBN 3-89021-733-8, 6,90 €.

Frei- und Hallenbäder

Wasserabenteuer im bellamar

Odenwaldring, 68723 Schwetzingen. ✆ 06202/978-280, www.bellamar-schwetzingen.de. info@bellamar-schwetzingen.de. **Bahn/Bus:** Ab ↗ Schwetzingen Bhf Stadtbus 715 bis bellamar. **Auto:** Von Schwetzingen Richtung Heidelberg, das Schwimmbad liegt am Ortsrand von Schwetzingen-Oftersheim. **Zeiten:** Mo – Fr 10 – 22, Sa 7 – 22, So und Fei 9 – 20 Uhr. **Preise:** 5,20 €; Kinder 3 – 5 Jahre 1 €, 6 – 17 Jahre 3,60 €; Schüler, Studenten, Behinderte 3,60 €.

▶ Das *bellamar* in Schwetzingen spricht in erster Linie Familien mit jüngeren Kindern an, da es einige

TIPPS FÜR WASSERRATTEN

Verklemmt und zugenäht! Im Carl Bosch Museum in Heidelberg könnt ihr selbst Hand anlegen

Becken für die kleinen Besucher gibt. Mehrere Becken mit verschiedenen Wassertemperaturen, eine 55 m lange Riesenrutsche für etwas ältere Kinder und eine Breitrutsche im **Freibadbereich** sowie Strömungskanal, Spritzhöhle und Rutschberg im **Hallenbad** sorgen für Abwechslung. Für Kinder gibt es einen eigenen Abenteuerbereich. Babys und Kleinkinder tummeln sich in einem Babybecken mit verschiedenen Spiel- und Plantschmöglichkeiten. Die Eltern entspannen in der Wassergrotte oder lassen sich von Wassermassagen verwöhnen.
Ob im Winter drinnen oder im Sommer draußen, das bellamar in Schwetzingen richtet sich an junge und ältere Besucher gleichermaßen.

Während der Freibadsaison kann man sehr günstig nur das Freibad des bellamar nutzen: Erw 3 €, Kinder und Jugendliche 6 – 17 Jahre 2 €, Kinder 3 – 5 Jahre 0,50 €.

Wellenbaden wie im Meer: Das Aquadrom in Hockenheim

Beethovenstraße 41, 68766 Hockenheim. ✆ 06205/2855-600, Fax 2855-618. www.aquadrom-hockenheim.de. aquadrom@hockenheim.de. **Bahn/Bus:** ↗ Hockenheim Bhf. **Auto:** A5 Ausfahrt 39 Walldorf, dann B291 bis Hockenheim oder A6 Ausfahrt Schwetzingen, Hockenheim, dann B36. **Zeiten:** Täglich 10 – 22 Uhr, Freibad Juni – Sep ab 8.30 Uhr. **Preise:** Mo – Sa 7,50 €, So und Fei 8,50 €; Kinder 6 – 17 Jahre Mo – Sa 5 €, So und Fei 6 €; Behinderte 6 €, Familien Mo – Sa 18 €, So und Fei 20,50 €.

▶ Das Aquadrom in Hockenheim bietet den Jüngsten einen eigenen Kleinkinderbereich mit Plantschbecken und Attraktionen wie die Kaninchenrutsche, den wassersprühenden Clown und den wasserspeienden Pilz. Die Rutsche im **Innenbereich** ist ein Vergnügen für alle Altersklassen. Im Sprungbecken mit 1- und 3-m-Brett können Eltern und Kinder Köpfer und Salto einstudieren. Im 25-m-Sportbecken ziehen die sportlichen Familienmitglieder in Ruhe ihre Bahnen, im Solebecken kann man entspannen. Das Solebecken im **Außenbereich** bietet Strömungskanal, Massageliegen sowie einen Wasserfall und ist auch

Happy Birthday!
Hier könnt ihr eine wilde Party steigen lassen! Die Torte kann mitgebracht werden, ein Tisch im Restaurant wird für euch gedeckt und geschmückt. Mo – Sa, ab 10 Pers, ab 4 € pro Kind. Bitte 1 Woche vorher reservieren unter ✆ 02605/2855615.

im Winter ein wohltuendes Erlebnis. Highlight des großen Außenbereichs im Aquadrom ist das Wellenbad. Stündlich geht es ab in die Fluten! Wer von der Familie eine kleine Pause einlegen möchte, nimmt auf den Liegestühlen und Strandkörben Platz oder sucht sich ein Fleckchen auf der großen Liegewiese. Liebhaber der Geschwindigkeit kommen auf der großen Außenrutsche auf ihre Kosten. Das Kinderbecken bietet ausreichende Beschäftigungsmöglichkeiten für die Minis, die sich auf einem Spielplatz mit Matschecke auch die »Badeauszeiten« vertreiben können.

Das Mitbringen von Sonnenschirmen ist hier im Hochsommer zu empfehlen, da die Schattenplätze oft schnell belegt sind.

Thermalschwimmbad am Neckar

Vangerowstraße 4, 69115 Heidelberg. ✆ 06221/513-2877, www.heidelberger-schwimmbaeder.de. info@heidelberger-stadtwerke.de. **Bahn/Bus:** Ab Hbf Heidelberg zu Fuß Richtung Neuenheimer Feld. **Auto:** A656 Ausfahrt 37 Heidelberg, über B37 Richtung Heidelberg Innenstadt. **Zeiten:** Ostern – Okt täglich 8 – 19.30 Uhr, ab Juni 8 – 20 Uhr. **Preise:** 5,20 €; Kinder 4 – 9 Jahre 2,60 €, ab 10 Jahre 3,50 €.

▶ Beim Thermalschwimmbad in Heidelberg handelt es sich um ein frisch restauriertes beheiztes Freibad. Es gibt ein 50-m-Schwimmerbecken für sportlich Aktive in der Familie und ein Nichtschwimmerbecken für all die, die noch aktiv werden wollen. Ein Plantschbecken sorgt für Abwechslung bei den jüngeren Badbesuchern. Das Bad hat eine Temperatur von 26 bis 28 Grad, weswegen es schon früher im Jahr öffnet und später schließt als andere Freibäder. Eine Cafeteria kümmert sich um das leibliche Wohl der Familien. Das Bad liegt landschaftlich sehr schön direkt am Neckarufer mit Blick auf den Königstuhl.

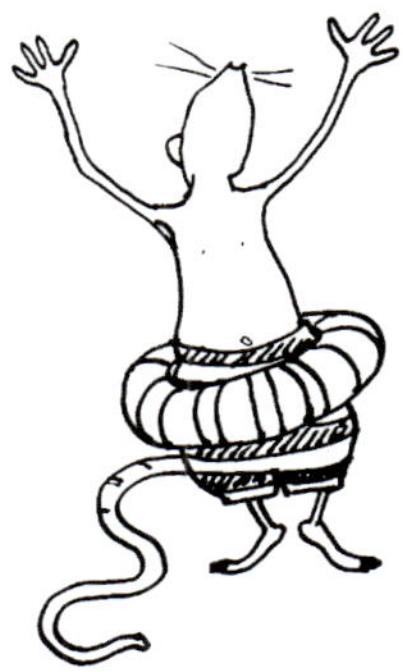

Im Darmstädter Hof-Centrum

Fahrtgasse 12, 69117 Heidelberg. ✆ 06221/513-2873, www.heidelberger-schwimmbaeder.de. info@hvv-heidelberg.de. Zentrale Lage am Bismarckplatz. **Bahn/**

Bus: Zahlreiche Busse und S-Bahnen bis Bismarckplatz. **Zeiten:** Mo 14 – 18, Di 7 – 14 und 16 – 21.30, Mi 7 – 18, Do, Fr 7 – 19.30, Sa 11.30 – 17.30 Uhr, So geschlossen. **Preise:** 3 €; Kinder 4 – 9 Jahre 1,70 €; Schüler, Studenten bis 26 Jahre, Wehrpflichtige, Zivildienstleistende, Behinderte 2,30 €.

▶ Es gibt ein Schwimmerbecken mit 25 m, ein Nichtschwimmerbecken und Massagedüsen. Warmbadetage sind Freitag und Samstag.

Baden und Boot fahren

Hohwiesensee in Ketsch

Hohwiesenweg, Ketsch. **Bahn/Bus:** Ab Heidelberg Hbf Bus 717 bis Ketsch, Karlsruher Straße, Fußweg über Grillhütte. **Auto:** A6 Ausfahrt 29 Schwetzingen/Hockenheim Richtung Schwetzingen, über B36 bis Ketsch. **Zeiten:** Ganzjährig frei zugänglich.

▶ Westlich des Kraichbachs liegt der aus Kiesausgrabungen entstandene Hohwiesensee, ein frei zugänglicher Badesee. Besonders in den Sommermonaten zieht er zahlreiche Besucher an, darunter viele Familien mit Kindern sowie Jugendliche, für die der kostenlose Zugang zum Wasser besonders attraktiv ist. Eine Wochenendhaussiedlung um den See vermittelt Urlaubsatmosphäre. Am Ostufer findet ihr eine Liegewiese mit Badestrand.

In unmittelbarer Nähe befindet sich der für seinen großen Fischbestand bekannte Anglersee.

Wasserski und mehr am St. Leoner See

St. Leon-Rot. ✆ 06227/59009. www.st.leoner-see.de. Südlich von Heidelberg. **Bahn/Bus:** ↗ Heidelberg, ab Hbf stündlich Bus 720 Richtung St. Leon-Rot. **Auto:** A5 Ausfahrt 39 Walldorf Richtung Walldorf, an der Ampel Richtung St. Leon-Rot, in Rot Richtung St. Leon, ab dort beschildert. **Zeiten:** Juni – Aug 7 – 22 Uhr, Mai und Sep 8 – 20 Uhr, Okt – April 9 -16 Uhr. **Preise:** 2 €, Wasserski-Seilbahn 1 Std 15 €, Tageskarte 27 €; Kinder ab 7 Jahre 1 €.

▶ Lust auf richtigen Wassersport? Dann los zum St. Leoner See! Ein langer Badestrand mit großer Liegewiese lädt zum Spielen und Faulenzen ein. Für die Kleinsten gibt es einen mit Bojen abgetrennten Nichtschwimmerbereich. Auf der gegenüberliegenden Seeseite gibt es eine Seilbahn für Wasserskifahrer und Wakeboarder. Das Seil verläuft in einem 800 m langen Rundkurs über vier Masten. Erfahrene Betreuer helfen Anfängern bei ihren ersten Versuchen auf den Brettern. An einem durch eine Sandbank abgetrennten Seeteil befindet sich eine Windsurfschule. Sogar kleine Segelboote können auf dem See fahren. Auf einem Fußballplatz, einem Basketballplatz und einem Beachvolleyballfeld können sich Sportbegeisterte austoben. Zwei Tischtennisplatten und ein nahe gelegener Minigolfplatz mit Biergarten ergänzen das Angebot. Am Westufer des Sees liegt der ➚ 4-Sterne-Campingplatz St. Leoner See. Auch Wochenendbesucher sind hier willkommen, allerdings ist eine Voranmeldung ratsam. Auf dem Gelände gibt es einen Supermarkt und ein Restaurant.

Hunger & Durst

Biergarten Am St. Leoner See, Am See 11, 68789 St. Leon-Rot. ✆ 06227/880877. Hier grenzt ein Minigolfplatz an.

Plantschparadies Erlichsee

Freizeitanlage in Oberhausen-Rheinhausen, Adlerstraße 74/1. ✆ 07254/958583. www.freizeit-camping-erlichsee.de. **Bahn/Bus:** ➚ Bruchsal, ab Bhf Bus 125 bis Waghäusel Bhf, von dort Bus 128 bis Oberhausen Kirchplatz. 5 Min Fußweg. **Auto:** A5 Ausfahrt 41 Kronau Richtung Waghäusel, nach Kirrlach, dann nach einer Brücke rechts, danach links Richtung Oberhausen, ab hier Hinweisschilder Erlichsee. **Zeiten:** 9 – 19 Uhr. **Preise:** 3 €; Kinder 6 – 16 Jahre 1,50 €.

▶ Der Erlichsee bietet euch neben einem herrlichen Sandstrand einen abgegrenzten Badebereich mit Badeaufsicht und einen Kinderspaßbereich mit Kletterburg und Matschspielanlage. Daneben, mit Blick auf die matschenden Kleinen, können die Großen im Biergarten entspannen. Eine Surf- und Segelschule bietet direkt am See ihre Dienste an. Auf die Größe-

Am See liegt der weitläufige ➚ Campingplatz Erlichsee.

ren warten unter anderem Beachvolleyball, Pit Pat und Beachsoccer.

Der Blausee in Neulußheim

Hausstöckerweg, Neulußheim. **Bahn/Bus:** RB Schwetzingen – Karlsruhe bis Neulußheim Bhf. **Auto:** A5 Ausfahrt 39 Walldorf/Wiesloch, über B291 bis Neulußheim. **Zeiten:** Mai – Sep 9.30 – 20 Uhr. **Preise:** 3 €; Kinder 6 – 17 Jahre 2 €. **Infos:** Gemeinde Neulußheim, ✆ 06205/39410.

Nicht vergessen: Volleyball, Schwimmreifen, Luftmatratze und Taucherbrille.

▶ Schöner, sauberer See, teilweise mit Sandstrand. Große Liegewiese mit Hügeln. Sportmöglichkeiten gibt es genug (Fußball etc.). Es gibt einen Schwimmer- und Nichtschwimmerbereich, sanitäre Einrichtungen und ein Kiosk stehen zur Verfügung.

Paddeln nach Herzenslust

Luftbootverleih Kiwi Paddel, Thomas Schmitt, Waldweg 15, 69121 Heidelberg. ✆ 06221/1363-88, Fax 1363-87. www.kiwi-paddel.de. info@kiwi-paddel.de. **Bahn/Bus:** Ab Bhf Heidelberg-Handschuhsheim Bus 38 bis Waldweg. **Auto:** A5 Ausfahrt 36 Heidelberg-Dossenheim, über Dossenheimer Landstraße bis Heidelberg-Handschuhsheim. **Zeiten:** Ganzjährig. **Preise:** Kanu ab 88 € pro Woche, Kajak 92 € pro Woche, Kaution pro Boot 250 €. **Infos:** Auf der Homepage kann ein Bestellformular für die Boote ausgefüllt werden.

▶ Soll es an den nahen Neckar gehen oder lieber richtig weit weg? Egal, wo euer Ziel ist – wenn es dort ein Gewässer gibt, solltet ihr ein Boot dabei haben. Kiwi Paddel in Heidelberg vermietet Luftboote, die ihr bequem überall zu Wasser lassen könnt. In den leichten und transportablen Kanus oder Kajaks könnt ihr Seen- oder Flusslandschaften ungebunden und spontan erkunden, ohne auf Vermieter vor Ort angewiesen zu

Wild geworden: Weiße Hausenten sind oft auch in freier Natur zu sehen

sein. Die Boote sind sehr kenterstabil und eignen sich deshalb hervorragend für Paddelneulinge sowie Familien mit Kindern, die erlebnisreiche Paddelabenteuer in der Natur erleben wollen. Auf Wunsch werden die Boote geliefert. Zubehör pro Boot: Paddel, Packsack, Sicherheitsschloss, Rucksack, Hochleistungspumpe, Ankerleine und Schwimmwesten.

Mit dem Schiff auf Neckar und Rhein

Rhein-Neckar-Fahrgastschifffahrt, Untere Neckarstraße 17, 69117 Heidelberg. ✆ 06221/20181, Fax 20211. www.rnf-schifffahrt.de. info@rnf-schifffahrt.de. **Bahn/ Bus:** Ab Hbf Bus 31, 32 bis Stadthalle/Kongresszentrum. **Auto:** Keine Parkmöglichkeiten. **Zeiten:** Büro Anlegestelle Stadthalle: Ostern – Okt täglich 8 – 17.30 Uhr; Büro Untere Neckarstraße 17: Okt – Ostern Mo – Do 9 – 12 und 13 – 16 Uhr, Fr bis 15 Uhr. **Preise:** Alle Preise beziehen sich auf Hin- und Rückfahrt. **Infos:** Anlegestelle Stadthalle/Kongresshaus.

An Bord gibt es einen Restaurantbetrieb.

▶ Von Heidelberg aus kann man auf dem Neckar schöne Ausflüge mit dem Schiff machen. Die genannten Preise beziehen sich alle auf Rundfahrten, natürlich sind auch einfache Fahrten möglich. Kinderpreise gelten für 4- bis 12-Jährige. Es gibt Gruppenermäßigungen und Sondertarife für Schulklassen. Jedes Jahr werden auch Sonderfahrten zu bestimmten Themen oder Ereignissen veranstaltet. Lasst euch am besten das aktuelle Programm und den aktuellen Fahrplan schicken. Hier einige der Rundfahrten:
Von Heidelberg tuckern die Dampfer täglich zur Vier-Burgen-Stadt Neckarsteinach, in der Hauptsaison mehrmals täglich. Erw 11, Kinder 6 €.
Mai – Sep 1-stündige geschichtliche Frühschoppen-Rundfahrt, mit Verpflegung. Erw 12, Kinder 8 €.
Heidelberg-Rundfahrten dauern etwa 40 Min, diese Touren finden aber nur statt, wenn mindestens 15 Pers an Bord gehen wollen. Erw 6, Kinder 3 €.
Eine 1,5-stündige Neckartalfahrt kostet für Erw 9, für Kinder 5 €.

Siegerlächeln: Auf dem Solarschiff gibt es oft Kinderaktionen wie Malwettbewerbe

Mit dem Solarschiff auf dem Neckar

Heidelberger Schifffahrtsgesellschaft mbH, Ingo Ilzhöfer, Spechtstraße 16, 74924 Neckarbischofsheim (Betreiber). ✆ 07263/409284, Fax 409285. Handy 0173/9838637. www.HDSolarSchiff.com. HDSolarSchiff@aol.com.

Bahn/Bus: Ab Hbf zahlreiche Bus- und Bahnlinien bis Innenstadt, von dort Fußweg bis Karl-Theodor-Brücke. **Zeiten:** März – Okt Di – So 10, 11.30, 13, 15, 16.30 und 18 Uhr. **Preise:** 6,50 €; Kinder 3 – 14 Jahre 3 €, Schüler und Studenten 5 €; Behinderte 6 €, Schulklassen (bis 13 Jahre) 3 €. **Infos:** Buchung auch bei der ↗ Touristik-Information Heidelberg.

▶ Lautlos und ohne Abgase in die Luft zu blasen gleitet das Solarschiff über den Neckar. Es wird von der Sonne angetrieben. Eine Rundfahrt dauert 50 Minuten. Das Schiff ist verglast, ihr könnt also auf allen Seiten rausschauen. Kaffee und leckeren Kuchen gibt es an Bord. Das Schiff fährt nur im Sommerhalbjahr und legt an der Karl-Theodor-Brücke (Alte Brücke, Altstadtseite) an.

RAUS IN DIE NATUR

Skaten und Radeln

Auf acht Rollen statt auf heißen Reifen

Inlineskating auf dem Hockenheimring, Büro Inlineskating und Events, Am Motodrom, 68766 Hockenheim. ✆ 06205/104-820. www.cms.skate-hockenheimring.de. **Länge:** Kleiner Kurs 2,6 km, Grand-Prix-Kurs 4,5 km, asphaltiert und eben, für jedes Alter, auch mit Buggy/Jogger geeignet. **Bahn/Bus:** RB Karlsruhe – Mannheim bis Hockenheim. **Auto:** A6 Ausfahrt 30 Hockenheim, Eingang Haupttribüne B (Parkplatz Südtribüne) und Zufahrt Fahrerlager (Parkplatz Mercedes-Tribüne). **Zeiten:** April – Sep Di 18 – 22 Uhr. **Preise:** 4 €; Kinder 5 – 14 Jahre 2 €. **Infos:** Leihgebühren Inliner inkl. Protektoren pro Abend ab 5 €.

▶ Um wie ein Formel-1-Rennfahrer mit Spitzengeschwindigkeiten über den Hockenheimring zu rasen, müsst ihr noch ein paar Zentimeter wachsen. Um aber auf Inlineskates eure Runden durch das berühmte Motodrom zu drehen, seid ihr definitiv genau im richtigen Alter! Die Rennstrecke bietet Anfängern und Profis beste Bedingungen, nicht nur für Skater, sondern auch für Handbiker, Radfahrer und andere Fun-Sportler. Weit weg von Autos, Ampeln und schlechtem Straßenbelag könnt ihr immer dienstags die Rennstrecke für euch in Beschlag nehmen. Viele Profis trainieren hier sogar für die Paralympics. Die Allerkleinsten können sich von Mama oder Papa bequem im Jogger spazieren fahren lassen. Natürlich macht die eindrucksvolle Atmosphäre der Rennstrecke das Skaten hier zu einem ganz besonderen Erlebnis. Zum Einfahren und Üben seid ihr im überdimensional großen Fahrerlager gut aufgehoben. Ein Skate-Verleih an der Haupttribüne B sorgt dafür, dass keiner auf das Rollvergnügen verzichten muss.

Hunger & Durst

An den Skate-Dienstagen sind einzelne Stände aufgebaut, an denen ihr euch mit Getränken und Speisen für die nächste Runde stärken könnt.

Welterbe-Radtour

Oberhausen-Rheinhausen. Ebene Strecke, sehr gut mit Kindern zu befahren, orange-farbene Schilder »Welterbe-Radtour«. **Bahn/Bus:** Ab ↗ Bruchsal Bus 125 Richtung Kirrlach Hinterfeld bis Waghäusel Bhf, von dort Bus 128 bis Oberhausen-Rheinhausen. **Auto:** A5 Ausfahrt 41 Kronau, über Waghäusel bis Oberhausen-Rheinhausen. **Zeiten:** Ganzjährig.

▶ Eigentlich würde diese Tour beim Weltkulturerbe Kloster in Lorsch starten und am Kloster Maulbronn enden, ebenfalls ein Weltkulturerbe. Das wären allerdings ca. 160 km und damit doch ein bisschen viel für einen Radausflug. Deshalb dürft ihr die Radtour auf die Kurpfalz beschränken, genauer gesagt auf

Gut gerüstet: Mit Mütze unterm Helm und Handschuhen geht's auch in der kalten Jahreszeit

den Abschnitt zwischen Oberhausen-Rheinhausen und Ketsch. Auf dieser Teilstrecke werdet ihr zwar nicht so viel »Altes« und Ehrwürdiges bestaunen können, dafür gibt es aber unterwegs andere Attraktionen, und vor allem ist sie eben und einfach zu befahren. Ihr orientiert euch an der Beschilderung der Welterbe-Radtour, das sind orangefarbene Schilder mit einer Domkulisse und einem Hochrad sowie der Beschriftung »Welterbe-Radtour«. Ihr könnt die Tour auch jederzeit abbrechen und zurückradeln. In Oberhausen startet ihr am **Hallenbad** und fahrt in südliche Richtung mit Kurs auf Altlußheim/Hockenheim. Der *Erlichsee,* den ihr bald passiert, wäre schon das erste Etappenziel mit seinem feinen Sandstrand und dem Kinderspaßbereich mit Kletterburg und Matschspielanlage. Weiter geht's per Rad durch **Altlußheim,** wo das ↗ *Museum Autovision* einen Besuch wert ist. Ab hier schlängelt sich euer Radweg am Rhein entlang, entfernt sich aber wieder vom Fluss und nimmt Kurs auf **Ketsch** und die *Rheininsel,* die ihr unbedingt erforschen solltet. Das Naturschutzgebiet ist ein Abenteuer für sich und sollte am Ende eurer Radtour genügend Aufmerksamkeit erhalten.

Auf der Kurpfalz-Route bis Schwetzingen

Heidelberg. **Länge:** Heidelberg – Schwetzingen 12 km; eben und sehr gut geeignet für Kinder; Beschilderung »Kurpfalz-Route Speyer«. **Bahn/Bus:** Ab Hbf kurzer Fußweg zur Montpellierbrücke. **Auto:** A5 Ausfahrt 38 Heidelberg/Schwetzingen, über Speyerer Straße bis Heidelberg. **Zeiten:** Ganzjährig.

▶ Die Kurpfalz-Route ist eine beliebte Strecke, die nicht nur von Ortsansässigen gern genutzt wird, um mit Kindern einen Sonntagsausflug auf den Feldwegen zwischen Ketsch und Schwetzingen zu genießen, oder um mit dem Fahrrad von einer Ortschaft zur anderen zu gelangen, ohne über viele Hauptstraßen fahren zu müssen. Die ganze Strecke ist 31 km lang und mit größeren Kindern gut zu schaffen. Aus-

Hunger & Durst

Brauhaus zum Ritter, Schlossplatz 1, Schwetzingen. ✆ 06202/924950. www.brauhaus-zum-ritter.de. So – Mi 11 – 24, Do – Sa bis 1 Uhr. Durchgehend warme Küche.

geschildert ist die Strecke mit einem weißen Fahrrad und der weißen Beschriftung »Kurpfalz-Route Speyer« auf grünem Grund, wobei euer Ziel nicht Speyer, sondern der Schlossgarten des Schwetzinger Schlosses ist. Euer Einstieg ist in **Heidelberg** auf der Kornmarkt, spätestens an der Montpellierbrücke trefft ihr auf den Radweg. Die Kurpfalz-Route führt euch in südwestliche Richtung über *Eppelheim* und *Plankstadt* nach Schwetzingen. In **Schwetzingen** erwartet euch das ↗ Rokokoschloss mit dem angrenzenden Schlossgarten. Vor dem Schloss besteht reichlich Gelegenheit zur Einkehr. Zurück geht es durch Tabakfelder mit herrlichem Blick auf den Odenwald.

Wer die ganzen 31 km bis Speyer radeln will, kann mit der Bahn zurückfahren. Das Rad fährt im VRN kostenlos mit.

Rundweg Angelbachtal – Letzenberg

Rauenberg. **Länge:** 8,6 km, überwiegend gut ausgebaut, größere Steigung beim Anstieg zum Galgenberg ab Rotenberg. **Bahn/Bus:** Ab ↗ Heidelberg Hbf S4 Richtung Bruchsal bis Wiesloch, von dort Bus 703 bis Rauenberg. **Auto:** In Rauenberg von der Wieslocher Straße rechts in die St.-Michael-Straße und wieder rechts in den Jahnweg. **Zeiten:** Ganzjährig.

▶ Ausgangspunkt für eure heutige, abwechslungsreiche Tour durch Wald und Reben ist das Gelände der **Mannabergschule.** Über Jahnweg, St. Michael-Straße, Achtmorgenstraße und Schulstraße erreicht ihr schnell die Wieslocher Straße mit dem Rathaus und der imposanten Pfarrkirche St. Peter und Paul, die wegen ihrer Größe »Dom des Angelbachtals« genannt wird. Nachdem ihr die Wieslocher Straße in Richtung Süden geradelt seid, biegt ihr beim Weinbrunnen links in die Hauptstraße ein. Vor dem katholischen Pfarrzentrum steht mit dem *Weinschlauchbrunnen* eines der Wahrzeichen Rauenbergs. Nachdem ihr der Hauptstraße gefolgt seid, überquert ihr nach etwa 300 m den Angelbach und kommt am evangelischen Gemeindehaus vorbei. Dort wo der Rad- und Fußweg durch das Angelbachtal die Hauptstraße kreuzt, verlasst ihr diese und folgt dem Rad- und Fußweg in süd-

Hunger & Durst

Weingut Meisersick, Malschenberger Straße 20, 69231 Rauenberg. ✆ 06222/60232. www.weingut-meisersick.de. März – Mitte Mai, Sep – Nov Di – Sa ab 18.30, So, Fei ab 12 Uhr. Mit Straußwirtschaft, preiswerte einfache Gerichte.

liche Richtung. Nach 250 m seht ihr auf der rechten Seite den ↗ *Tierpark.* Über den Radweg erreicht ihr **Rotenberg.** Ihr passiert den Ortskern und gelangt zur Brücke über den Angelbach. Im Wald trefft ihr auf die Hinweistafel Natur- und Landschaftsschutzgebiet »Altenbachtal/Galgenberg«. Der Weg steigt nun an. Ihr verlasst den Wald und habt schon einen Blick auf den *Letztenberg*. Vorher passiert ihr eine Wegkapelle und nehmt Kurs auf die Grillhütte am Galgenberg und auf Malschenberg. Mit **Malsch** ist schließlich der 243 m hohe Letzenberg erreicht. Bevor ihr Rauenberg erreicht, kommt ihr am Ende noch am **Weißen Kreuz** von 1714 vorbei, auf dem Sockel steht die Jahreszahl. Ihr erspäht das Kreuz schon von weitem, denn es hat eine beeindruckende Höhe von über 5 m.

*Das **Weiße Kreuz** ist ein so genanntes Flurkreuz, man erkennt sie normalerweise am breiten Sockel, auf dem ein frommer Spruch oder etwas anderes steht.*

Wandern und Spazieren

Walderlebnispfad und »via naturae«

Heidelberg. www.heidelberg.de. **Länge:** »via naturae« 8 km, Walderlebnispfad 2 km. Markierung »via naturae«. **Bahn/Bus:** Bergbahn täglich ab 9 Uhr alle 20 Min ab Station Kornmarkt/Rathaus. **Auto:** Auf dem Königstuhl, beim Märchenparadies. Schloss/Königstuhl ausgeschildert. **Zeiten:** Ganzjährig.

▶ Auf diesem wunderbar abenteuerlich gestalteten Walderlebnispfad könnt ihr fühlen, tasten, riechen, sehen und hören, was es im Wald zu entdecken gibt. Alle paar Meter gibt es etwas zu tun. In einer **Klangoase** könnt ihr die Geräusche des Waldes mit verschiedenen Klangkörpern nachahmen. Und ihr könnt viel Interessantes erfahren, zum Beispiel wie man Waldkönig wird. Dieser Walderlebnispfad mit einer Länge von 2 km bringt Kinder jeden Alters zum Marschieren.

Der deutlich längere **via naturae** führt euch tief in den Schonwald Königstuhl. Wem 8 km zu lang sind,

Sind manchmal am schönsten: Päuschen

der kann einen kürzeren Weg mit 3,5 km nehmen. Der gut markierte Rundweg verläuft zunächst über eine Strecke von 2 km leicht bergab bis zu einer Hütte. Hier am **Hohlen Kästenbaum** könnt ihr picknicken. Von der Hütte aus geht der Weg nach Süden und hat auf den nächsten beiden Kilometern einen spannenden Namen: Oberer Drachenhöhlenweg. Ihr kommt über den **Kaiser-Franz-Weg** zum **Linsenteicheck.** Jetzt seid ihr nur noch 310 m hoch, es ist der tiefste Punkt der Strecke. Hier steht auch eine Hütte, noch einmal könnt ihr rasten, denn nun wird es anstrengender. Auf den folgenden 4 km geht es stetig leicht bergauf. Über den **Alten Hilsbacher Weg,** vorbei an Kraussteinhütte und Kaltteichhütte, geht's zurück zum Ausgangspunkt auf dem Königstuhl und 560 m Höhe.

Wer erkennt beim Spaziergang im Wald die meisten Baumsorten und ihre Blüten (im Frühling) oder Früchte (im Herbst)? Macht Fotos von allen unterschiedlichen Bäumen, dann könnt ihr zu Hause nachschlagen, wer Recht hatte.

Zum geheimnisvollen Wolfsbrunnen

Wolfsbrunnensteige, Heidelberg-Schlierbach. www.heidelberg.de. **Länge:** 5 km, kein schwieriger Weg, für Kinderwagen geeignet; Beschilderung »Wolfsbrunnen«. **Bahn/Bus:** Ab Hbf Bus 33 bis Hausackerweg. Von hier Ruftaxi (✆ 06221/302030) oder 2 km zu Fuß zum Museum. **Auto:** A656 bis Autobahnende Heidelberg, dann B37 durch die Stadt, bei Wegweiser Carl-Bosch-Museum rechts hinauf. **Zeiten:** Ganzjährig frei zugänglich.

▶ Ihr startet eure Tour zu dem mysteriösen und geheimnisvollen Plätzchen im Wald namens **Wolfsbrunnen** auf der Höhe ↗ Carl-Bosch-Museum in Schlierbach. Am besten durchquert ihr den idyllischen Museumsgarten, vorbei an blauen Schafen und riesigen Handschuhen geht es beim Drehkreuz hinaus auf den geschotterten Weg Richtung Schlierbach. Die-

Hallo Wolf, komm doch her, wenn du kannst!

sem müsst ihr immer nur folgen und auf die großen Felssteine am Wegesrand achten, die euch zum Wolfsbrunnen leiten. An der *Rombachquelle* solltet ihr eine Rast einlegen, es ist einfach zu schön hier. Schließlich führt von der Wolfsbrunnensteige ein schmaler Pfad zur Anlage des **Wolfsbrunnen.** Als Erstes werdet ihr den Wolf entdecken, der den Teich zu bewachen scheint – keine Angst, er ist nicht echt! Der Schlierbach, der sich hier durch eine Wiese schlängelt, wird von kleinen Brücken überspannt. An seiner Quelle soll es schon 1465 eine Behausung für Wolfsfänger gegeben haben. Weit verbreitet ist die Sage von der Weissagerin Jetta, die hier angeblich von Wölfen getötet wurde. Mit dieser Geschichte im Hinterkopf werdet ihr diesen eigentlich ganz idyllischen Ort sicher auch sehr gruselig finden! Vom oberhalb gelegenen Parkplatz könnt ihr nun einen Abstecher zu einem kleinen Felsenmeer machen oder über die wenig befahrene Fahrstraße als Rundweg zurück zum Museum wandern.

Während der Rheinbegradigung wurde bei Ketsch 1833 – 1845 eine Flussschleife in der Mitte durchbrochen. Es entstand eine ***Insel.***

Die Geschichte von Jetta und den Wölfen ist schön aufbereitet in »Kleines Gespenst verzweifelt gesucht«. Das Buch ist ein pfiffiger Kinderstadtführer für Heidelberg. Ka Gö Verlag, ISBN 3-938440-06-6, 9,80 €.

DIE MIT DEM WOLF TANZT

▶ Nach einer uralten Sage war Jetta eine Zauberin, die lange vor Gründung der Stadt Heidelberg auf dem Jettenbühel wohnte. Das ist der heutige Schlossberg. Sie besaß nicht nur Heilkräfte, sondern konnte auch die Zukunft voraussehen. Als sie eines Tages an einer Quelle Wasser holen wollte, wurde sie laut Sage von einer wilden Wölfin, die dort mit ihren Jungen lag und die Kleinen vermutlich beschützen wollte, getötet. Das war die Stelle oberhalb Schlierbachs, die heute »Wolfsbrunnen« genannt wird. Weniger gruselig, dafür aber die historisch wahre Geschichte zu dem verwunschenen Ort dreht sich um das Haus des kurfürstlichen »Wolfskreisers«, der für das Fangen und Vertreiben von Wölfen zuständig war. In dem Tal, in dem es schon immer viele Quellen gab, wurden kurfürstliche Forellenteiche angelegt. Der heutige Wolfsbrunnenteich ist das Überbleibsel des höchstgelegenen dreier solcher Forellenteiche. ◀

Der Natur auf der Spur

Auf der Urwaldinsel

Naturschutzgebiet Ketscher Rheininsel, Speyerer Straße, 68775 Ketsch. www.ketsch.de. info-ketsch@ketsch.de. **Bahn/Bus:** Ab Schwetzingen Bhf Bus 717 bis Ketsch Bhf. **Auto:** A6 Ausfahrt 29 Schwetzingen/Hockenheim, über B36 bis Ketsch. **Zeiten:** Ganzjährig frei zugänglich.

▶ Die Ketscher Rheininsel ist nur über eine Holzbrücke erreichbar – das zeigt ja schon, dass es ein abenteuerlicher Weg wird, den ihr heute vor euch habt. Die **Insel** ist berühmt für die Vielfalt ihrer Bäume und Pflanzen. Der Altrhein hat nach wie vor Zugang zum Rhein und tief liegende Bereiche der Halbinsel werden bei Hochwasser immer wieder überflutet. Die Folgen seht ihr auf eurer heutigen Exkursion: Dadurch ist es hier wie im Urwald und es hat sich eine Auenlandschaft mit Silberweiden, Purpur- und Korbweiden gebildet. Schmale Trampelpfade führen hier ebenso entlang wie gut ausgebaute Wander- und Radwege. Das große Schild am Zugang zur Rheininsel hilft euch bei der Entscheidung, welchen Weg ihr gehen wollt und ob es die abenteuerliche oder lieber die bequeme Tour werden soll. Auf alle Fälle solltet ihr euch über Trampelpfade zu den beiden Baggerseen durchschlagen und unbedingt auch dem Wildschweingehege einen Besuch abstatten. An den Ufern der Baggerseen ist es am wildwüchsigsten und deshalb auch am abenteuerlichsten. Mit etwas Glück könnt ihr einen Graureiher oder einen Kormoran erspähen, die es dank dem neuerdings vermehrten Fischreich-

Ach, faul sein ist soooo schön: Die Wildsau-Minis fühlen sich auf der Rheininsel sauwohl und Susi wäre gern bei ihnen

Foto: Thomas Hansen

tum öfter zu sehen gibt. An der Theodor-Heuss-Brücke siedeln sich jedes Jahr im Spätsommer Fledermäuse an, mehrere hundert Große Abendsegler. Sie nutzen die geräumigen Wiederlagerkammern der Brücke als Zwischenquartier auf ihrer langen Reise von ihren Fortpflanzungsgebieten in Ostdeutschland oder Polen und ihren Winterschlafplätzen im südlichen Mitteleuropa. Und auch die Vogelwelt profitiert von dem Bauwerk. Seit vielen Jahren brüten hier Turmfalken, und unterhalb der Brücke hat sich eine stabile Dohlenkolonie angesiedelt.

Happy Birthday!

Kinder können eine Führung und einen Workshop an der Sternwarte als Geburtstagsfeier mit ihren Freunden unternehmen. Infos und Preise des Programms »Abenteuer Astronomie« unter © 06221/541769.

Blick in die Sterne

Landessternwarte Heidelberg, Königstuhl 12, 69117 Heidelberg. © 06221/541706, 541734, Fax 603217. www.abenteuer-astronomie.de. B.Farr@lsw.uni-heidelberg.de. **Bahn/Bus:** Bergbahn täglich ab 9 Uhr alle 20 Min ab Station Kornmarkt/Rathaus, Bus 21 oder nach 20 Uhr mit dem Ruftaxi Linie 904. **Auto:** Parken vor dem Tor der Sternwarte. **Zeiten:** Führungen (außer in den Semesterferien) Do 14.30 Uhr. Bei Gruppen max. 25 Pers. Unbedingt vorher anmelden. **Preise:** Führung kostenlos.

▶ Wenn ihr euch für Astronomie interessiert, solltet ihr einmal an einer Führung in der Sternwarte Heidelberg teilnehmen. Sie befindet sich in einem schönen alten Gebäude von 1895, das schmiedeeiserne Tor ist mit Sonne und Mond geschmückt. Jeden Donnerstagnachmittag wird durch die Sternwarte geführt, dabei wird u.a. erklärt, mit welchen Geräten man dort arbeitet. Der Rundgang dauert etwa eine Stunde. Die Sternwarte ist eine wissenschaftliche Einrichtung und erforscht faszinierende Themen rund ums Universum. Auf dem Außengelände sind die Planeten unseres Sonnensystems im kleinen Maßstab dargestellt. Hier bekommt ihr ein Bild davon, wie groß die Erde im Verhältnis zu den anderen Planeten ist. Etwas Besonderes ist das Astronomiezentrum für Schüler und ihre Lehrer. Bei der Besichtigung von

Teleskopen aus verschiedenen Zeiten erfahret ihr, wie sich die Beobachtungstechniken entwickelt haben. Eigene Beobachtungen am Fernrohr sind möglich. Die Geschichte der Erforschung des Himmels und aktuelle Projekte, wie die Untersuchung der Planeten durch Raumsonden, werden erklärt.

Auf dem Jugendhof darf auch geritten werden, ↗ Reiten.

Ein kleines Kinderparadies

Jugendhof e.V., Hangäckerhöfe 2, 69126 Heidelberg-Rohrbach. ✆ 06221/314401, www.jugendhof-heidelberg.de. info@jugendhof-heidelberg.de. **Bahn/Bus:** Ab Hbf Bus 33 Richtung Emmertsgrund bis Freiburger Straße, von dort 10 Min Fußweg. **Auto:** Freiburger Straße, links Kolbenzeil, rechts Konstanzer Straße, nach der Kirche links in den Waldshuter Weg, links Dohlweg, rechts runter bis Jugendhof. **Rad:** Über autofreien Rad- bzw. Fußweg erreichbar. **Zeiten:** Mo – Fr 14 – 18 Uhr.

▶ Es ist ein idyllisches Kleinod, das sich zwischen Hasenleiser, Gewerbezentrum Rohrbach-Süd, B3 und Bahngleisen versteckt: der Jugendhof auf den Hangäckerhöfen. Hier tauchen die Stadtkinder aus Heidelberg tief ein in Natur und Landwirtschaft, und zwar auf spannende und lehrreiche Art und Weise. Da gibt es Ställe und Gehege, in denen Pferde, Ziegen, Schafe, Schweine und Hasen zu Hause sind. Kinder lernen hier, wie man die Tiere versorgt und pflegt – nicht zuletzt könnt ihr selbst Hand anlegen beim Scheren der Schafe. So erfahrt ihr nicht nur, woher die Wolle kommt, sondern auch, wie sie gewonnen wird. Neben den Erfahrungen mit den Tieren des Hofes lernen die jungen Nachwuchs-Landwirte zudem, wie man Gemüse, Obst, Futtermittel und Blumen selbst anbaut. Das gesamte Angebot des gemeinnützigen Vereins ist konzipiert als offene Kinder- und Jugendarbeit und wird von Sozialpädagogen betreut.

Frühjahrsinspektion: Sammlerglück am Hochholzer See

Entdeckungsreise am Hochholzer See

An der Straße nach St. Leon-Rot, 69190 Walldorf. www.walldorf.de. lis.boettcher@walldorf.de. **Auto:** A5

Ausfahrt 39 Walldorf/Wiesloch, Richtung St. Leon-Rot. **Zeiten:** Ganzjährig frei zugänglich. **Infos:** Forstverwaltung Walldorf, Förster Gunter Glasbrenner, Forlenweg, 69190 Walldorf, © 06227/9220, 7.30 – 8 Uhr. Infos zum Waldklassenzimmer im ↗ Internet.

▶ Es ist der Lieblingswald der Walldorfer – der im Süden des Ortes gelegene »Hochholzer Wald«. Als Ausflugsziel erfreut sich der Wald mitsamt dem **Waldsee** großer Beliebtheit. Das Gebiet rund um das Hochholz war wegen seines günstigen Klimas und guter Bodenverhältnisse wahrscheinlich schon in der Jungsteinzeit vor ungefähr 5000 Jahren besiedelt. Ihr könnt selbst auf Entdeckungsreise gehen und die Grabhügel suchen, die Zeugen der jüngeren Siedlungsgeschichte sind. Im Wald findet ihr außerdem das **Waldklassenzimmer Waldlupe,** das im Rahmen von pädagogischen Angeboten zugänglich ist. Beides, Hochholz und Waldsee, stehen unter Naturschutz. Viele Bäume des Waldes sind über 100 Jahre alt. Ihr könnt euch an Tafeln rund um den See oder auf dem Lehrpfad informieren.

*Der **Waldsee** bietet seltenen Tieren einen Lebensraum. Allein die Hälfte der waldlebenden Fledermausarten Deutschlands kommen hier vor!*

Von Waldzwergen und Zipfelmützen

Waldkindergarten der Zipfelmützen Walldorf e.V., Dannheckerstraße 54, 69190 Walldorf. © 06227/38-1746, Fax 8395888. www.zipfelmuetzen-walldorf.de. info@zipfelmuetzen-walldorf.de. **Bahn/Bus:** Ab Heidelberg Bismarckplatz Bus 721 Richtung Walldorf bis Tierpark/Campingplatz. **Auto:** In Walldorf zur Schwetzinger Straße auf Höhe des Tierparks, rechts vom Eingang des Campingplatzes in einen Waldweg. **Zeiten:** Regelplätze 8 – 12.30 Uhr, mit Mittagessen 8 – 14 Uhr. **Preise:** 15 € für den Regelplatz, 85 € inkl. Mittagessen, jeweils zzgl. 60 € Vereinsbeitrag pro Jahr. **Infos:** Bürozeiten in der Dannheckerstraße 54, Mo, Di, Do 9 – 12 Uhr nach Vereinbarung.

▶ Seid ihr so richtige Naturkinder, die am liebsten den ganzen Tag durch den Wald streifen und mit Naturmaterialien basteln würden? Dann kommt doch in

Der tägliche Wettbewerb heißt: Wer schafft es am längsten, matschfrei zu bleiben? Bei diesem Spiel gibt es allerdings kaum Gewinner.

den Waldkindergarten der Zipfelmützen! Gleich wenn euch eure Eltern am Treffpunkt nahe dem Campingplatz abgeliefert haben, geht der Spaß los. Am beheizbaren Bauwagen im Dannhecker Wald stehen erst einmal Rollenspiele, Werken, Basteln und evtl. Feuerholz suchen auf dem Programm. Nach dem Morgenkreis beschäftigen sich die Zipfelmützen mit den Tieren des Waldes oder den Jahreszeiten. Auf Spielzeug im herkömmlichen Sinn wird bewusst verzichtet, da an diese Stelle die Natur mit ihren vielfältigen Materialien tritt. Weil die Kinder nicht mit Reizen überflutet werden, haben sie den größten Spaß beim Klettern, Balancieren, Spielen und Entdecken. Im Freien können die Kinder außerdem ihren Bewegungsdrang wunderbar ausleben.

Riesenspielkiste: Der Wald bietet den Zipfelmützenkindern Abenteuer und Lernspiel en masse

Sandgrube Am Grafenrain

Themenpfad am Fundort des Homo heidelbergensis, Gemeinde Mauer, Heidelberger Straße 34, 69256 Mauer. ✆ 06226/9220-0, www.homo-heidelbergensis.de. mail@homo-heidelbergensis.de. **Bahn/Bus:** RB Heidelberg Altstadt – Heilbronn bis Mauer Bhf. **Auto:** Aus

Richtung Heidelberg am Ortseingang bei Rewe parken. Fußweg Richtung Wald, dort Hinweisschild. **Zeiten:** Ganzjährig frei zugänglich. **Preise:** Steinzeitatelier 40 € pro Gruppe, Dauer ca. 2 Std. **Infos:** Anfragen zu Führungen an Marion Schütz, ✆ 06226/9719315.

▶ Am 21. Oktober 1907 gab die Sandgrube von Grafenrain einen der wichtigsten archäologischen Funde Europas frei, der zu weltweiter Berühmtheit gelangen sollte. Dort, am Nordrand von Mauer, ca. 10 km südöstlich von Heidelberg, wurde ein fossiler menschlicher Unterkiefer gefunden. Dieser gehörte wahrscheinlich zu einem Mann, der möglicherweise im Neckar ertrank. Damals hatte der Neckar noch einen anderen Verlauf. Die Fundstätte des Unterkiefers liegt heute mitten im Wald und wurde als Natur- und Landschaftsschutzgebiet ausgewiesen. Der Zugang zur ehemaligen Sandgrube ist frei zugänglich. Im vorderen Bereich findet ihr eine Informationstafel mit zahlreichen Hinweisen zum Schutzgebiet, auf der auch der Verlauf des Besucherpfads durch das Gelände aufgezeigt wird. Die Stationen sind nicht nur interessant, sondern auch sehr spannend, z.B. wenn es um die Tiere geht, die früher hier gelebt haben. Mitten im Bereich der Sandgrube ist ein Denkmal, das an den wichtigen fossilen **Fund** erinnert. Im Sommer werden regelmäßig Steinzeitateliers im Zelt angeboten, dann dürft ihr mit Steinzeitwerkzeugen basteln und mit Erdfarben malen. Führungen sind ebenfalls auf Anfrage möglich.

*Nach diesem **Fund** konnte eine ganze Linie des menschlichen Stammbaumes zeitlich festgelegt werden: Der Homo heidelbergensis ist nämlich der Vorfahr des Neandertalers und hat demnach vor 600.000 bis 200.000 Jahren gelebt!*

Reiten und Kutsche fahren

Hoch zu Ross hoch über Heidelberg

Sabine Stier, Kohlhof 5, 69117 Heidelberg. ✆ 06221/138310, Fax 1383140. www.alterkohlhof.de. alterkohlhof@t-online.de. **Bahn/Bus:** Ab Bismarckplatz Heidelberg Bus 21 bis Alter Kohlhof. **Auto:** Über Drei Eichen bzw. Heidelberg-Rohrbach Richtung Kohlhof/Fachklinik

Königstuhl. **Zeiten:** Nach Vereinbarung. **Preise:** 30 €; Kinder 20 €.

▶ Es ist etwas ganz Besonderes, was die Besitzerin des Landgasthofes »Alter Kohlhof« anbietet: Kinder, die schon im Schritt und Trab reiten können, dürfen einen herrlichen, einstündigen Ausritt über den Höhenzug des Königstuhls unternehmen! Ihr seid mit der geübten Reiterin gemeinsam unterwegs und s tzt auf eurem eigenen Andalusier. Die Pferde sind ausgesprochen lieb und nervenstark. Zur Sicherheit werdet ihr an einen Führstrick genommen.

Reiten und Voltigieren am Jugendhof

Jugendhof e.V., Hangäckerhöfe 2, 69126 Heidelberg-Rohrbach. ✆ 06221/314401, Fax 337825. www.jugendhof-heidelberg.de. jugendhof-hd@web.de. Der Jugendhof liegt idyllisch und ruhig zwischen Rohrbach-Süd und Hasenleiser. **Bahn/Bus:** Ab Hbf Bus 33 Richtung Emmertsgrund bis Freiburger Straße, dann 10 Min Fußweg. **Auto:** Freiburger Straße, links Kolbenzeil, rechts Konstanzer Straße, nach der Kirche links in den Waldshuter Weg, links Dohlweg, rechts runter zum Jugendhof. **Zeiten:** Je nach gewünschtem Angebot. **Preise:** Voltigieren Zwergengruppe (Kinder bis 6 Jahre) 45 €, Reiten (60 Min); Wander-Ausritt Gruppen 60 €, Reitstunden in der Halle 60 €. Therapeutisches Reiten gesonderte Preise. **Infos:** Mitgliedsbeitrag Kinder 24 € pro Jahr, einmalige Aufnahmegebühr 60 €. 3 Probestunden à 15 € möglich.

Gezügelt: Wenn ihr noch nicht gut reiten könnt, werdet ihr beim Ausritt am Zügel geführt

▶ Kinder und Jugendliche können am Jugendhof nicht nur Reiten und **Voltigieren** lernen, sondern finden auch einen Raum, in dem sie im Umgang mit dem Pferd Natur erleben können. Es geht in die Richtung therapeutisches Reiten, was die Sozialpädagogen durch die Arbeit mit dem Pferd vermitteln. Beim Voltigieren in Gruppen 4 – 6 Kinder werden am laufenden Pferd gymnastisch-turnerische Übungen ausgeführt. Die Voltigierer erhalten dadurch eine gymnastische Ausbildung und lernen ihren Körper besser

Voltigieren kommt aus dem Französischen und steht für Kunststücke am Pferd, d.h. es werden Luft- und Kunstsprünge sowie Turnübungen auf dem (galoppierenden) Pferd durchgeführt.

kennen. Darauf baut der Reitunterricht auf, der die gefühlvolle Verständigung zwischen Reiter und Pferd fördert. Der Unterricht wird von Fachkräften aus Pädagogik, Psychologie, Landwirtschaft und Medizin geleitet und ist ein offenes Angebot. Der Reit- und Fahrverein ist dem gemeinnützigen ➚ Jugendhof angeschlossen, auf dem Stadtkinder Landwirtschaft kennen lernen können.

Mit 1 PS durch den Tierpark: Pony reiten und Kutsche fahren

Walldorfer Tierpark, Schwetzinger Straße 99, 69190 Walldorf. ✆ 06227/62379, Fax 383749. www.tierpark-walldorf.com. info@tierpark-walldorf.com. **Bahn/Bus:** Ab ➚ Heidelberg Bismarckplatz Bus 720 bis Walldorf Schulzentrum. **Auto:** A5 Ausfahrt 39 Walldorf/Wiesloch, Umgehungsstraße nach Sandhausen, Richtung Walldorf-Zentrum, gleich am Ortseingang (beschildert). **Zeiten:** Sa, So, Fei bei schönem Wetter. **Preise:** 1 € Ponyreiten oder Kutschfahrten.

▶ Das Ponyreiten ist eine der Attraktionen im Tierpark. Bei schönem Wetter sind die Ponymädchen am Wochenende und an Feiertagen gegen ein geringes Entgelt gern bereit, die Kinder auf ihren Minipferden reiten zu lassen. Natürlich werden sie persönlich von den Mädchen zwei Runden geführt, sodass den kleinen Reitern auf ihrem abenteuerlichen Ritt nichts passieren kann. Wer sich lieber gemütlich in der Pferdekutsche durch den Park schaukeln lassen möchte, kann dies ebenfalls genießen.

Tierparks und Gärten

Märchenhafter Schlossgarten

Schlossgarten Schwetzingen, Schloss Mittelhof, 68723 Schwetzingen. ✆ 06202/945875, www.schwetzingen.de. info@schwetzingen.de. **Bahn/Bus:** Ab ➚ Schwetzingen Bhf Bus 715 bis

Schloss Schwetzingen. **Auto:** A6 Ausfahrt 29 Schwetzingen/Hockenheim, gute Ausschilderung Schloss. **Zeiten:** April – Sep 8 – 20, Okt und März 9 – 18, Nov – Feb 9 – 17 Uhr. **Preise:** 2,50 € (Winter), 4 € (Sommer); Kinder 6 – 17 Jahre 1,20 € (Winter), 4 € (Sommer).

▶ Wer meint, die weitläufige Gartenanlage sei nichts für Kinder, hat sich ganz schön geirrt. Weil um das Residenzschloss in Mannheim nicht genügend Platz für einen angemessenen Schlossgarten war, hat Kurfürst Karl Theodor kurzerhand 1778 seine Sommerresidenz nach Schwetzingen verlegen lassen. Der dort nach französischem Vorbild typisch barock angelegte Garten kann auch heute noch große und kleine Besucher begeistern. Schon nach Eintreten durch die Schlosswache im Ehrenhof habt ihr einen sagenhaften Blick über den streng geometrisch angelegten Park. Im Kontrast dazu gibt es im westlichen Teil des Parks einen sogenannten englischen Garten mit geschwungenen Wegen und Uferlinien, die ganz natürlich wirken. Römische Brunnenanlagen mit schaurigschönen Legenden, eine orientalische Moschee, und griechische Tempel regen zum Geschichtenerzählen an. Düstere Ruinen lassen sich genauso toll erkunden wie das Arboretum, in dem seltene Bäume und Pflanzen ausgestellt sind. Türme können erklommen, auf großen Wiesen darf getobt werden. Angebote für Kinder im Schlossgarten: Kinderkrimis zum Mitspielen und Mitraten für Kinder 8 – 14 Jahre sowie Kinderführungen, bei denen der Garten mit allen Sinnen entdeckt werden kann.

Uhus und Falken aus der Nähe

Falknerei Tinnunculus, Uwe Jacob, Königstuhl 2a, 69117 Heidelberg. ✆ 06221/485936 (8 – 12 Uhr), Handy 0173/3067007. www.tinnunculus-heidelberg.de. stadt@heidelberg.de. **Bahn/Bus:** Ab Bismarckplatz Bus 21 bis Königstuhl oder Bergbahn täglich ab 9 Uhr alle 20 Min ab Kornmarkt/Rathaus. **Auto:** Auf dem Königstuhl, Schloss/Königstuhl ausgeschil-

Alle paar Jahre findet im Juli das **Lichterfest** mit Kinderprogramm und Musik statt.

Foto: Michael Frücht

Was guckst du? Brunnenfigur im Schlosspark von Schwetzingen

Unter www.schwetzinger-schlossgarten.de findet ihr einen Plan mit allen interessanten Bauwerken und den dazugehörigen Sagen des Schlossgartens. Ein Plan vom Garten ist an der Kasse erhältlich.

dert. **Zeiten:** Flugvorführungen April – Okt täglich 11.30 – 15.30 Uhr, Nov – März täglich 15.30 Uhr. Mo Ruhetag außer an Fei. Sonderflugvorführungen nach Vereinbarung. **Preise:** 4 €; Kinder ab 3 Jahre 2 €.

▶ Riesig ist ein Uhu aus der Nähe betrachtet, faszinierend sind seine großen, gelben Augen. Und er kann seinen Kopf ganz nach hinten drehen, als sei sein Hals aus Gummi! Toll ist es, die Greifvögel fliegen zu sehen. Ob sie wirklich immer zurückkommen? All eure Fragen beantwortet der Falkner Herr Jacob gerne. Er hat schon als kleiner Junge die ersten Erfahrungen mit Falken gesammelt.

Happy Birthday!
Kindergeburtstage können im Rahmen einer Sonderveranstaltung außerhalb der regulären Flugzeiten gefeiert werden. Dabei wird die Kindertruppe exklusiv betreut, jeder darf einmal einen Vogel auf den Arm nehmen. Für Gruppen bis 25 Pers 100 €.

Ein Besuch im Zoo

Zoo Heidelberg, Tiergartenstraße 3, 69120 Heidelberg. ✆ 06221/64550, Fax 645588. www.zoo-heidelberg.de. info@zoo-heidelberg.de. Auf der südlichen Neckarseite im neuen Universitätsgelände. **Bahn/Bus:** Ab Bismarckplatz Bus 31, ab Hbf Bus 32 Richtung Neuenheimer Feld/Zoo. **Auto:** A5 und A656 bis Ausfahrt Heidelberg. Richtung Heidelberg der Beschilderung Zoo und Universitätsklinikum folgen. **Zeiten:** Nov – Feb 9 – 17, März und Okt 9 – 18 Uhr, April – Sep 9 – 19 Uhr. **Preise:** 7 €; Kinder 3 – 17 Jahre 3 €; Rentner, Studenten, Behinderte 5 €. Familienkarte A (1 Erw, 4 Kinder) 12 €, Familienkarte B (2 Erw, 4 Kinder) 19 €. **Infos:** Großer Spielplatz, Zoorestaurant. Kiosk am Spielplatz. Führungen nach Vereinbarung.

▶ Der Zoo in Heidelberg ist eine sehr schöne Anlage mit Streichelzoo. Der Hit ist die Robbenfütterung, die man auf gar keinen Fall verpassen darf. Sie findet täglich außer freitags um 11 und 16 Uhr statt. Die Fütterungszeiten der Tiere stehen auf dem Schild bei den Toiletten, links hinter dem Eingang. Oder einfach an der Kasse danach fragen.

Toll ist auch das tropisch bepflanzte Affenhaus, in dem ihr euch gut vorstellen könnt, im Dschungel zu sein. Oder möchtet ihr statt nach Afrika lieber an die Nordsee? Dann besucht die Nordsee-Küstenland-

Happy Birthday!
Die Kindergeburtstage im Zoo sind der Renner bei Kindern und Eltern. Bis zu 8 Kinder 45 €, für jedes weitere Kind zusätzlich 4,50 €. Informationen unter ✆ 06221/395570 oder info@zooschule-heidelberg.de.

Ziegenstreicheln im Zoo? Gar nicht zum Gähnen!

schaft, wo sich Meeresvögel zwischen Wellen, Leuchtturm und Sandstrand tummeln. Weitere Besonderheiten des Zoos sind die Sumatra-Tiger und die seltenen kleinen Pandas. Es gibt eine Zooschule, in der ihr die Einmaligkeit der Tierarten kennen lernt: Infos unter zooschule@zoo-heidelberg.de. In diesem Rahmen könnt ihr an Camps, Kursen und Zoo-Ferien teilnehmen. Eine Zooführung bzw. ein -kurs kostet für Gruppen bis 15 Pers 50 €.

Tierpark Walldorf

Schwetzinger Straße 99, 69190 Walldorf. ✆ 06227/62379, Fax 383749. www.tierpark-walldorf.com. info@tierpark-walldorf.com. **Bahn/Bus:** Ab ↗ Heidelberg Bismarckplatz Bus 720 bis Walldorf Schulzentrum. **Auto:** A5 Ausfahrt 39 Walldorf/Wiesloch, Umgehungsstraße nach Sandhausen, Richtung Walldorf-Zentrum, am Ortseingang (beschildert). **Zeiten:** 8 Uhr – Einbruch der Dunkelheit. **Preise:** Spende erbeten.

▶ Der Walldorfer Tierpark ist ein kleiner, aber in der ganzen Rhein-Neckar-Region bekannter privater Zoo. Er wurde 1905 zunächst als Vogelschutzverein gegründet, erst ab den 60er Jahren sind weitere Tierarten eingezogen. Seitdem wird er regelmäßig erweitert. Auf einer Fläche von 2 ha leben vor allem Klein-

Hunger & Durst

Gaststätte Waldhaus, Schwetzinger Straße 99, 69190 Walldorf. ✆ 06227/9471, www.tierpark-walldorf.de. Täglich 11.30 – 22 Uhr. Gaststätte mit Terrasse im Tierpark.

tiere und Vögel, aber auch Alpakas, Axishirsche, Lamas, Mähnenspringer und Mufflons. Eine Besonderheit ist das Urwald-Aquarium. Nicht zu vergessen ist der weiträumige Spielplatz mit Spielgeräten für jedes Alter, den alle Kinder in Walldorf kennen und schätzen und der alleine schon einen Besuch des Tierparks wert ist. In der Gaststätte neben dem Spielplatz können sich die Besucher mit einem Eis am Stil, Essen und Getränken versorgen.

Angelbach-Tierpark Rauenberg

Bieggasse 20, 69231 Rauenberg. ✆ 07265/61864, www.rauenberg.de. rathaus@rauenberg.de. **Bahn/Bus:** Ab ↗ Wiesloch-Walldorf Bhf Bus 703 bis Rauenberg Kirche, 10 Min Fußweg. **Auto:** A6 Ausfahrt 32 Wiesloch-Rauenberg, gleich von B39 nach Rauenberg, ab Ortsmitte links, ab hier beschildert, am Ortsende im Angelbachtal. **Zeiten:** 10 Uhr – Einbruch der Dunkelheit. **Preise:** Spende erbeten. **Infos:** Verein der Vogelfreunde Rauenberg e.V., ✆ 06222/381872.

▶ In den rund 30 **Volieren** des Angelbach-Tierparks Rauenberg leben einige Sittiche, Fasane, Eulen und Ziervögel, in den Gehegen Ponys, Damhirsche, Schafe und Ziegen. Es gibt einen Vogelteich, Frettchen und Meerschweinchen. Ein Streichelzoo ist sonntags unter Aufsicht geöffnet. Das Parkgelände hat schon bessere Zeiten gesehen, ist aber für kleine Kinder auf jeden Fall ein lohnendes Ausflugsziel.

Volière ist ein französisches Wort und bezeichnet einen Vogelkäfig, der so groß ist, dass die Vögel darin frei fliegen können. Das ist das Mindeste, was man für gefangene Vögel tun sollte.

Spielplätze und Erlebnisparks

Klappermax Kinderabenteuerland

Indoor-Park, 1. Industriestraße 1, 68804 Altlußheim. ✆ 06205/281417, Fax 18672. www.klappermax-kinderabenteuerland.de. markus.roth@klappermax-kinderabenteuerland.de. **Bahn/Bus:** RB Schwetzingen – Waghäusel bis Neulußheim Bhf, von dort Bus 717 Richtung Speyer bis Altlußheim Altreut. **Auto:** A5 Ausfahrt 41

Kronau, über Waghüsel und Neulußheim nach Altlußheim. **Zeiten:** Mo – Fr 14 – 19, Sa 11 – 19, So, Fei und Ferien 10 – 19 Uhr. **Preise:** Mo – Do 2,50 €, Fr – So 3 €; Kinder ab 85 cm Größe 6 €; ab 65 Jahre frei.

▶ Hereinspaziert! Auf über 2200 qm spielen, toben, hüpfen kann man im Klappermax Kinderabenteuerland. Ständige Aktionen erweitern das Programm des Kinderlands. Im Sommer wird das Angebot im über 1500 qm großen Außengelände ergänzt. Für die Kleinen gibt's das Babylonland, eine Landschaft aus Bausteinen und Bereich mit Spieltischen, Rutschen und weiteren Bausteinen. Die Großen dürfen sich derweil bei Streetball, Tischfußball und Basketball austoben. Und gelegentlich kommt auch mal ein Clown oder ein Zauberer hereinspaziert.

Im Wunderland Märchenparadies

Königstuhl 5a, 69117 Heidelberg. ✆ 06221/23416, Fax 164492. www.maerchen-paradies.de. info@maerchenparadies.de. **Bahn/Bus:** Bergbahn täglich ab 9 Uhr alle 20 Min ab Station Kornmarkt/Rathaus. **Auto:** In Heidelberg ist Schloss/Königstuhl ausgeschildert, Parkplätze beim Märchenparadies. **Zeiten:** März – Mitte Nov täglich 10 – 18 Uhr, So und Fei sowie Juli und Aug bis 19 Uhr. **Preise:** 3 €; Kinder 2 – 12 Jahre 2 €. **Infos:** Für die Anreise mit der Bergbahn gibt es das 2plus3-Sparticket. Damit ist der Eintritt ins Märchenparadies ermäßigt. Auskunft bei den Bergbahnstationen.

▶ Allein im Märchenparadies können sich viele Kinder schon stundenlang aufhalten. Auf einer riesigen Fläche stehen in kleinen Häuschen Märchenfiguren. Es macht viel Spaß, um die Wette zu raten, wer am schnellsten das dargestellte Märchen erkennt. Auf Knopfdruck erwachen die Figuren zum Leben. Es gibt aber noch viel mehr zu tun: Boote lenken, Autoscooter fahren, mit der kleinen Eisenbahn tuckern oder sich in der »schiefen Welt« amüsieren. Außerdem könnt ihr Minigolf spielen und euch auf dem Spielplatz vergnügen.

Happy Birthday!

Bei Kindergeburtstagspartys gibt es zwei Menüs für 3 bzw. 5 € pro Kind zzgl. Eintritt zur Auswahl. Das Geburtstagskind und ein Erw haben dann freien Eintritt. Speisen können aber auch von zu Hause mitgebracht werden, dann hat nur das Geburtstagskind freien Eintritt.

Auf dem Königstuhl steht der 88 m hohe **Fernsehturm.** Wenn ihr schwindelfrei seid, könnt ihr mit dem Aufzug auf die 32 m hoch gelegene Aussichtsplattform fahren. Der Blick ist atemberaubend. Erw 1,50 €, ermäßigt 1 €, Kinder 3 – 10 Jahre 0,50 €. Toiletten am Fuß des Turms, außerdem ein Kiosk mit Eis und Würstchen. Einige Tische stehen im Freien, für Kinder gibt es eine Schaukel.

Toll ist das riesige Luftkissen, auf dem man sich so richtig austoben kann. Auch der Drache, den ihr wie ein Fahrrad zum Laufen bringen müsst, ist witzig. Für einige Fahrgeschäfte werden Wertmünzen benötigt, die man an der Kasse kaufen kann.

Jumpinn

Indoor-Spielplatz, Harbigweg 1 – 3, 69124 Heidelberg. ✆ 06221/602106, www.jumpinn.de. info@jumpinn.de. **Bahn/Bus:** Ab Bismarckplatz Bus 33 Richtung Emmertsgrund bis Harbigweg. **Auto:** A5 Ausfahrt 38 Heidelberg/Schwetzingen über B35 Richtung Leimen, Harbigweg zweigt rechts ab. **Zeiten:** Mo – Fr 14 – 19, Sa, So, Fei und Ferien 10 – 19 Uhr. **Preise:** 2 €; Kinder ab 2 Jahre Mo – Fr 5 €, Sa, So, Fei und Ferien 6 €; Ermäßigungen für Gruppen, Rentner wie Erw.

▶ Richtig viel Platz zum Spielen und Toben – und das bei jedem Wetter. Das bietet Heidelbergs Spiel-, Spaß-, Sport- und Freizeitpark. Auf über 2000 qm Hallenfläche ist eine spektakuläre Kinder-Spiel-Abenteuer-Welt entstanden. Mit Trampolinen, Riesenhüpfburgen und Klettergeräten. Der Außenbereich bietet mit Tennisanlagen, Adventuregolf und modernen SoccaFive Courts alles was das Sportlerherz begehrt.

Happy Birthday!

Für Geburtstagspartys gibt es im Jumpinn verschiedenen Angebote. Das Geburtstagskind und zwei Erw haben freien Eintritt. Fußballfans können für 2 Std auf dem Outdoor Soccer Court feiern. Das kostet 40 €.

Interaktiver Sinnespark

Auf dem Gelände des PZN Wiesloch, Heidelberger Straße 1a, 69168 Wiesloch. ✆ 06222/550, Fax 552484. www.pzn-wiesloch.de. info@pzn-wiesloch.de. **Bahn/Bus:** Ab Heidelberg Hbf S3 Richtung Karlsruhe bis Wiesloch-Walldorf Bhf, mit Stadtbus 702/707 Richtung Schatthausen bis Ringstraße, von dort Stadtbus 709 Richtung Frauenweiler bis PZN. **Auto:** A6 Ausfahrt 32 Wiesloch/Rauenberg, auf B39 Richtung Angelbachtal, Wiesloch, Rauenberg. Nach ca. 2 km rechts auf Hauptstraße Beschilderung Psychiatrisches Krankenhaus folgen. **Zeiten:** Ganzjährig frei zugänglich. **Infos:** Katholisches Pfarramt Heilig Kreuz am PZN, Klinikseelsorger Stefan von Rüden, ✆ 06222/4719.

Hunger & Durst

Wimmers Landwirtschaft, Im Grassenberg 2, 69168 Wiesloch. ✆ 06222/50059. www.wimmers-landwirtschaft.de. Mi – Sa 17 – 24, So, Fei 11 – 23 Uhr. Mit Streichelzoo und viel Platz für Kinder, Grillabende.

Riesenschaukel: Auf der Partnerschaukel in Wiesloch haben alle Platz

▶ Es heißt »Erfahrungsfeld Sinnespark«, was sich über das Gelände des Psychiatrischen Zentrums erstreckt. Hervorgegangen aus einer Zusammenarbeit von Laienhelfern, Patienten, Seelsorgern und Mitarbeitern der Klinik, sprechen die Stationen alle Sinne an. Bei dieser Erlebnisausstellung werdet ihr aufgefordert, selbst zu experimentieren und dabei alle eure Sinne zu nutzen. An jeder Station steht eine Tafel mit ausführlichen Erklärungen, welche Sinne mit dem jeweiligen Experiment auf welche Weise angeregt werden. Da ist die Tastgalerie, die Balancierscheibe, die Partnerschaukel und der Barfußpfad, um nur wenige der Erlebnisstationen zu benennen. Es gibt sogar ein Biotop und Mo – Fr außer Mittwochmittags einen Streichelzoo. Hasen, Meerschweinchen und Ziegen warten dort auf euren Besuch. Mehr soll jetzt aber nicht verraten werden, lasst euch selbst überraschen von den tollen Stationen in einer wundervollen Natur. Einen Parkplan, den ihr unbedingt mit auf den Weg nehmen solltet, erhaltet ihr an der Pforte.

Spuk im Wald

Abenteuerspielplatz, 69181 Leimen. **Bahn/Bus:** Ab Heidelberg Bismarckplatz bis Kurpfalzzentrum, von dort Bus 758 bis Waldsportplatz. **Auto:** Von Leimen Richtung Gauangelloch bis Ausschilderung Parkplatz Naturfreundehaus, Gossenbrunnen, Abenteuerspielplatz. **Zeiten:** Ganzjährig frei zugänglich. **Infos:** WaldWelt e.V.,

Familie Duczek, Wilhelm-Haug-Straße 23, 69181 Leimen, ✆ 06224/72786, www.waldwelt.de.

▶ Keine Angst – echte Gespenster werdet ihr sicher nicht treffen auf dem Abenteuerspielplatz. Aber trotzdem begegnen euch die Gespenster überall, z.B. gleich am Eingang auf einem bunten Mosaik. Der Spielplatz selbst bietet Attraktionen für jedes Alter. Da wartet eine Burgruine auf euch, es gibt Rutschen in allen Größen und Längen, an heißen Tagen könnt ihr am Bachlauf plantschen und natürlich gibt es auch Schaukeln, Wippen und eine Seilbahn. Besonders erwähnenswert ist das waldpädagogische Angebot der Familie Duczek wie z.B. Nacht- und Familienführungen.

Direkt an den Spielplatz grenzt ein Wildgehege mit Ziegen und Damwild.

Grillhütte Malschenberg

Rauenberg-Malschenberg. ✆ 06222/6190 (Stadtverwaltung). **Preise:** Für Ortsansässige 26 €, für Auswärtige 77 €; Kaution 77 €, Müllsack 3 €.

▶ Die Grillhütte Malschenberg findet ihr, wenn ihr von Malsch nach Malschenberg fahrt und kurz vor Malschenberg rechts auf den Feldweg abbiegt. Dann ca. 400 m geradeaus. Chemietoilette vorhanden.

Vergesst nicht, nach eurer Grillfete allen Müll wieder mit nach Hause zu nehmen!

Winterspaß und -sport

Eiszauber am Schloss Schwetzingen

Stadt Schwetzingen, Karl-Theodor-Straße, 68723 Schwetzingen. www.schwetzinger-eiszauber.de.
Bahn/Bus: ↗ Schwetzingen, Bus 713, 715, 717 bis Schlossplatz. **Auto:** A6 Ausfahrt 29 Schwetzingen/Hockenheim, gute Ausschilderung Schloss.
Zeiten: Mitte Nov – Jan Mo – Sa 10 – 23 Uhr, 24. und 31. Dez 10 – 16 Uhr. **Preise:** 3,30 €; Kinder 2,30 €.
Infos: Heidelberger Kongress und Tourismus GmbH, Ziegelhäuser Landstraße 3, 69120 Heidelberg, ✆ 06221/14220, www.cvb-heidelberg.de, info@cvb-heidelberg.de.

▶ In traumhafter Atmosphäre am Schwetzinger Schloss mitten in der Stadt schnallen Eltern und Kinder die Schlittschuhe an und nutzen bei schönem Wetter die Gelegenheit zum Eislaufen abseits jeglicher Hallenatmosphäre. Auf einer Gesamtfläche von etwa 1000 qm erstreckt sich eine Eisbahn von 15 x 30 m. Ein Schlittschuhverleih für spontane Eiskünstler und einen Umkleidebereich gibt es auch. Leihgebühren 2,80 € pro Paar zzgl. 30 € Kaution, ein Personalausweis muss hinterlegt werden. Neben besonderen Veranstaltungen wie Eislaufdarbietungen und Eishockey-Demonstrationen findet immer im Januar das beliebte Eisstockschießen statt.

Wegen der Verletzungsgefahr solltet ihr auch an wärmeren Tagen Handschuhe tragen.

Eislaufen auf dem Heidelberger Weihnachtsmarkt

Karlsplatz, 69117 Heidelberg. www.heidelberg-marketing.de. info@heidelberg-marketing.de. **Bahn/Bus:** Ab Heidelberg Hbf Straba 21 bis Bismarckplatz, von dort Bus 30 bis Karlsplatz. **Zeiten:** Nov – Jan 10 – 21.30 Uhr, 24. Dez geschlossen, 25. und 26. Dez 12 – 22 Uhr. **Infos:** Heidelberger Kongress und Tourismus GmbH, ✆ 06221/1422-0, www.cvb-heidelberg.de, info@cvb-heidelberg.de.

▶ Auf dem Heidelberger Weihnachtsmarkt gibt es nicht nur Schleckereien, sondern auch die Möglichkeit, Schlittschuh zu laufen. Kleine und große Eisläufer drehen am Fuße des Heidelberger Schlosses ihre Runden. Den Blick auf diese bekannte touristische Attraktion gibt es gratis. Für Kinder und Erwachsene werden sogar Eislaufkurse angeboten. Informationen erhaltet ihr bei Patrizia Wittich unter ✆ 0172/1613801 oder patrizia.wittich@yahoo.de. Die Kinderkurse kosten 30 €, die Erwachsenenkurse 35 €.

Weihnachtsmarkt: Vom 28. November bis 22. Dezember stehen über 140 Holzbuden in der Altstadt, vom Universitätsmarktplatz bis zum Kornmarkt. Mit Kindereisenbahn.

Der Kohlhof: Das Winter-Eldorado

Heidelberg. www.heidelberg.de. stadt@heidelberg.de. **Bahn/Bus:** Ab Bismarckplatz Bus 39 bis Alter Kohlhof. **Auto:** Über Drei Eichen bzw. Heidelberg-Rohrbach Rich-

Augen zu und durch: Rodeln am Kohlhof

tung Kohlhof/Fachklinik Königstuhl. **Preise:** Skilift Tageskarte 9 €; Kinder 6 €.

▶ Wenn es im Winter geschneit hat, gibt es nur einen Ort, an den es Familien mit Kindern aus der gesamten nahen und fernen Umgebung zieht: den Kohlhof. Hier ist es nicht nur hügelig genug, um mit dem Schlitten waghalsige Schussfahrten zu unternehmen, sondern auch Skifahrer kommen auf ihre Kosten, da ein kleiner Skilift vorhanden ist. Aufgrund der Höhenlage ist das Gebiet am südöstlichen Hang des Königstuhls sehr schneesicher, die Wiesen sind häufig komplett weiß. Ab einer Schneehöhe von 10 cm ist der Lift in Betrieb, dann geht es hier zu wie im schweizerischen Davos. Eine lange Rodelstrecke beginnt bei der Königstuhl-Station der Bergbahn.

Schlittschuh laufen in Heidelberg

Icehouse Eppelheim, Rudolf-Diesel-Straße 20, 69214 Heidelberg-Eppelheim. ✆ 06221/768392, Fax 768393. www.icehouse-eppelheim.de. icehouse-eppelheim@arcor.de. **Bahn/Bus:** Ab Hbf Bus 32 oder 5 Min zu Fuß bis Betriebshof, dann S22 bis Jakobsgasse. **Auto:** Von Heidelberg über Pfaffengrund nach Eppelheim ins Gewerbegebiet Eppelheim-Nord. **Zeiten:** Mo – Fr 9 – 12 Uhr sowie Di – Do 13 – 16.30 und Fr 13 – 17.30 Uhr. Sa 14 – 18.30 und 19 – 23 Uhr, So 11 – 18 Uhr. **Preise:** 5 €; Kinder 4 – 6 Jahre 3 €, 7 – 11 Jahre 4 €, ab 12 Jahre 4,50 €; Familienkarte (2 Erw, 2 Kinder) 15 €, jedes weitere Kind 3,50 €. **Infos:** Die Saisonzeiten sind unterschiedlich und können im Internet nachgelesen werden. Schlittschuhverleih 3,50 €.

▶ Das Icehouse bietet in der Wintersaison jede Menge Spaß und Trubel, vom Schlittschuhlaufen mit der gesamten Familie bis hin zu Veranstaltungen wie »Halloween on Ice«.

Happy Birthday!

Das Geburtstagspaket, 8 € pro Person, beinhaltet Eintritt und Verleih, ein Menü in der Gaststätte sowie eine Überraschung für das Geburtstagskind, das natürlich freien Eintritt hat.

Eissporthalle Wiesloch

Parkstraße 1, 69168 Wiesloch. ✆ 06222/679779, Fax 679842. www.eishallewiesloch.de.vu. eishallenteam@

gmail.com. **Bahn/Bus:** Ab Heidelberg Hbf S3 Richtung Karlsruhe bis Wiesloch-Walldorf Bhf, von dort Bus 703, 706, 707 bis Ringstraße, dann 10 Min Fußweg. **Auto:** A5 Ausfahrt 39 Wiesloch-Walldorf, über B39 bis Wiesloch. **Zeiten:** Mo 10 – 17.15, Di 10 – 17.30, Mi 10 – 21, Do 10 – 18, Fr 10 – 23.30, Sa 10.15 – 23.30, So 10 – 18 Uhr. **Preise:** 4,50 €; Kinder bis 12 Jahre 3,50 €, 12 – 18 Jahre 4 €.

▶ Kleinen und großen Eislaufkünstlern bietet die Eishalle Wiesloch schon ab September die Gelegenheit, dem Spaß auf den Kufen nachzugehen. Alle Altersgruppen flitzen über die glatte Fläche der Eishalle. Während der Saison finden außerdem verschiedene Veranstaltungen statt, über die ihr euch im Internet informieren könnt.

Rodeln in Leimen-Lingental

An der L600, 69181 Leimen-Lingental.

▶ Eine heiße Adresse für kalte Tage mit Schnee ist Lingental, ein Stadtteil von Leimen. Der Hang befindet sich direkt nach Lingental in Richtung Leimen auf der linken Seite an der L600.

Hahnenkampf lässt sich gut in weichem Schnee spielen, in den man sich plumpsen lassen kann. Jeweils zwei Streithähne kreuzen die Arme vor der Brust und hüpfen auf einem Bein. Sie schubsen sich gegenseitig so lang, bis einer das Gleichgewicht verliert und in den Schnee fällt.

Betriebe

Wie Ziegenkäse gemacht wird: Der Ziegenkäsehof in Nußloch

Stefanie Schott, Fischweiher 1, 69226 Nußloch. ✆ 06224/75423, Fax 75686. www.ziegenkaesehof.de. info@ziegenkaesehof.de. **Bahn/Bus:** Ab ↗ Heidelberg Hbf S4 Richtung Bruchsal bis St. Ilgen, von dort Bus 726 bis Nußloch Allming. **Auto:** B3 Heidelberg – Wiesloch, zwischen Nußloch und Leimen an der L594 (alte B3). **Zeiten:** Do und Fr 15 – 18.30, Sa 9.30 – 16 Uhr.

▶ Milch kommt von der Kuh – klarer Fall. Aber hättet ihr gedacht, dass auch eine Ziege im Jahr ungefähr 820 l Milch geben kann? Das ist eine ganze Menge! Aber was wird damit gemacht? Meistens wird daraus

HANDWERK UND GESCHICHTE

Im Hofladen könnt ihr alle Produkte des Ziegenkäsehofs kaufen. Ebenso auf den Wochenmärkten in Heidelberg, Mannheim und Wiesloch.

Käse hergestellt, aber auch für Naturkosmetik ist sie gut geeignet. Manchmal wird die Milch jedoch einfach als frische, leckere Ziegenmilch getrunken. Die ganze Milch wird auf dem Hof selbst verarbeitet. Eine wirklich sehr spannende Angelegenheit, die ihr hier mal genauer unter die Lupe nehmen könnt. Während der Öffnungszeiten des Hofladens dürft ihr durchs Fenster einen Blick auf die Produktion werfen, euch im Hofladen unter den leckeren Erzeugnissen umschauen und natürlich die Ziegen, die immer sehr viele niedliche Zicklein im Schlepptau haben, streicheln. Auf Anfrage werden Führungen für Gruppen organisiert. Dabei erfahrt ihr noch mehr über die Verarbeitung der gesunden Ziegenmilch. Oder ihr besucht den Tag der offenen Tür, der einmal im Jahr stattfindet, den Termin steht auf der Internetseite.

Aus der Milch der Ziegen wird leckerer Käse

© Annette Sievers

Schlösser

Im Schwetzinger Schloss

Service Center Schloss Schwetzingen, Schloss Mittelhof, 68723 Schwetzingen. ✆ 06221/538431, 6557-16, Fax 538430. www.schloss-schwetzingen.de. info@service-center-schloss-heidelberg.com. **Bahn/Bus:** Ab ↗ Schwetzingen Bhf Bus 715 bis Schlossplatz. **Auto:** A6 Ausfahrt 29 Schwetzingen/Hockenheim, gute Ausschilderung zum Schloss. **Preise:** Schlossführung und Garten 6 € (Winter), 8 € (Sommer), Führungen 9 €; Schlossführung und Garten 3 € (Winter), 4 € (Sommer), Führungen 4,50 €. **Infos:** Schloss ist nur im Rahmen einer Führung zu besichtigen. Auskunft und Anmeldung unter ✆ 06202/128828 (Schlosskasse). Zeiten und Preise je nach Angebot und Jahreszeit, ➚ Internet.

▶ Empfehlenswert ist die Schlossführung »Das Leben bei Hofe – Episoden der Geschichte in historischen Kostümen«. Daneben gibt es einige Sonderführungen in der Reihe »Aspekte eines Zeitalters«. Die Besucher stoßen auf vielfältige und ungewöhnliche Facetten der Geschichte des Kulturdenkmals, z.B. des kurpfälzischen »Goldenen Zeitalters«. Die turbulente Geschichte des Schlosses Schwetzingen steht im Mittelpunkt der Schlossführungen. Besondere Aufmerksamkeit wird der Regierungszeit Karl Theodors von 1742 – 1799 geschenkt. So gilt es, das Leben in der Schwetzinger Sommerresidenz unter dem Motto »**Kurfürst** und Lakai« zu entdecken. Ein »Modestreifzug« steht ebenso im Programm der Sonderführungen wie »Des Fürsten neue Möbel«.

*Als **Kurfürsten** bezeichnete man jene Fürsten, die im 13. – 19. Jahrhundert dazu berechtigt waren, den König zu wählen.*

Das Heidelberger Schloss

Service Center Schloss Heidelberg, Im Schlosshof 1, 69117 Heidelberg. ✆ 06221/538431, 655716, Fax 538430. www.service-center-schloss-heidelberg.de. info@service-center-schloss-heidelberg.com. **Bahn/Bus:** Bergbahn ab Station Rathaus/Kornmarkt. **Zeiten:** Schlossinnenhof 8 – 18 Uhr, letzter Einlass 17.30 Uhr. **Preise:** Apothekenmuseum und Großes Fass 3 €; Kinder 6 – 16 Jahre 1,50 €; Studenten, Behinderte, Azu-

Das Service Center im Schloss bietet jede Menge Sonderführungen an, die meisten sind für Kinder sehr spannend: von Führungen in historischen Kostümen über Entdeckungsreisen durch Burg und Schloss bis zur Ausbildung zum Hofnarren. Gruppen bis 20 Pers ab 180 €, Sonderführungen für Kinder bis 20 Pers 90 €.

© Heidelberg Marketing

Schlossbeleuchtung: Beim großen Feuerwerkspektakel seht ihr das Schloss in neuem Licht

3 x im Jahr, meist im Juni, Juli und Sep, findet auf der Alten Brücke ein Feuerwerk statt, Termine unter ✆ 06221/ 14220 oder www.cvb-heidelberg.de.

bis 1,50 €. Schlossführung 1 Std Erw 4 €, Kinder 2 €.
Infos: Das WC im Schlosshof kostet extra.

▶ Bei gutem Wetter besuchen täglich Tausende von Menschen aus aller Welt das Schloss, auch den Führungen schließen sich dann riesige Gruppen an. Eigentlich macht es mehr Spaß, im Winter hierher zu kommen, dann ist es nicht ganz so voll.

Das Schloss hat eine tolle Lage über Heidelberg. Zur Ruine wurde es, als ein 1764 Blitz einschlug alles verbrannte. Zu besichtigen sind dennoch die Wohnräume der Kurfürsten, denen das Schloss früher gehörte, sowie die Schlosskapelle. Die ehemaligen Wohnräume im Friedrichsbau wurden originalgetreu

Auf dem Heidelberger Schloss: Im Schlosshof seid ihr selten allein

rekonstruiert und sind im Rahmen einer Führung zugänglich.
Eine besondere Attraktion des Heidelberger Schlosses ist das Große Fass, in das ihr richtig hineingehen könnt. Außerdem sind hier über den Dächern der Stadt allerhand Sagen und Mythen im Umlauf. Findet ihr den Abdruck eines Gebisses in einem Eisenring, der angeblich von einer Hexe stammt? Auf der Besucherterrasse wartet ein mysteriöser Fußabdruck darauf, euch die Geschichte des Ritters zu erzählen, der sich bei dem Brand aus einem Fenster gestürzt haben soll. Seid einmal gespannt, was euch so alles erwartet!

Hunger & Durst

Vor dem Eingang des Schlosses ist ein kleines **Restaurant,** im Innenhof ein **Bistro.** Außerdem gibt es vor dem legendären Fass Holztische und ein Getränkeverkauf.

Museen und Stadtführungen

Bei Vollmond durch den Schlossgarten

Schlossgarten Schwetzingen, Stadtinformation, Dreikönigstraße 3, 68723 Schwetzingen. ✆ 06202/9458-75, Fax 9458-77. www.schwetzinger-schlossgarten.de. stadtinfo@schwetzingen.de. **Bahn/Bus:** Ab Bhf Bus 715 bis Schlossplatz. **Auto:** A6 Ausfahrt 29 Schwetzingen/Hockenheim, gute Ausschilderung Schloss. **Zeiten:** Nach Angebot. **Preise:** Nach Angebot, Vollmondführung 9 €.

▶ Es gibt einige ganze besondere Angebote für Kinder, das **Schwetzinger Schloss** und seine barocke **Gartenanlage** kennenzulernen. Das herausragendste ist aber mit Sicherheit die Mondscheinführung »Dunkel war's, der Mond schien helle«. Bei Vollmond geht es mit Laternen bewaffnet durch den dunklen Park. Bei dieser Führung entdecken Eltern und Kinder zusammen den besonderen Zauber des nächtlichen Schlossgartens. Für Kinder ab 10 Jahre gibt es auch Schlossrallyes oder spezielle Führungen im Schloss, bei denen man hautnah erleben kann, wie Kurfürsten und Hofstaat früher am Schloss gelebt haben. Auch die »normalen« **Stadtführungen** durch

Schwetzingen haben viel zu bieten für kleine Leute. Sei es die Führung, bei der man jede Menge Sagen über beispielsweise den Jäger aus Kurpfalz oder die Lügenbrücke hört, oder sei es die Führung, bei der allerhand Gefahren auf euch lauern und Überraschungen warten – spannend sind die diversen Angebote ganz sicher für die ganze Familie! Treffpunkt für alle Stadtführungen ist die »Spargelfrau« auf dem Schlossplatz.

Keine alten Zöpfe im Schnuteputzers Friseurmuseum

Schulstraße 1, 68804 Altlußheim. ✆ 06205/31923, Fax 285029. www.schnuteputzer.de. info@schnuteputzer.de. **Bahn/Bus:** RB Schwetzingen – Waghäusel bis Neulußheim Bhf, von dort Bus 717 Richtung Speyer bis Altlußheim. **Auto:** A5 Ausfahrt 41 Kronau, über Waghüsel und Neulußheim nach Altlußheim, hinter dem Rathaus und der Ev. Kirche im Mehrzweckgebäude. **Zeiten:** Jeden 2. So im Monat.

Übrigens haben die Friseure nicht nur Haare geschnitten, sondern bei Bedarf auch mal einen Zahn gezogen …

▶ Das Friseurmuseum ist in Baden-Württemberg das einzige seiner Art. Haareschneiden für 1 Mark und für Herren gar nur für 40 Pfennige (etwa 50 bzw. 20 Cent). Kaum zu glauben! Leider ist das schon eine ganze Weile her und mittlerweile Historie, wie die Preisschilder im Friseurmuseum beweisen. Die im Museum dargestellte Geschichte des Friseurhandwerks erinnert manchmal auch an die Geschichte von Folterinstrumenten. Für eine Dauerwelle wurden die Haare vor 70 Jahren noch auf 120 Grad aufgeheizt! Überzeugt euch selbst von den damaligen Werkzeugen, wie beispielsweise den Rasierklingen.

Nicht nur für Auto-Fans

Museum Autovision Tradition & Forum, Hauptstraße 154, 68804 Altlußheim. ✆ 06205/307661, Fax 307662. www.autovision-tradition.de. post@autovision-tradition.de. **Bahn/Bus:** RB Schwetzingen – Waghäusel bis Neulußheim Bhf, von dort Bus 717 Richtung Speyer bis Altlußheim Hauptstraße. **Auto:** A5 Ausfahrt 39 Walldorf/Wiesloch, über B291 und B39 nach Neulußheim und Altlußheim. **Zeiten:** Do – So 10 – 17 Uhr. **Preise:** 5 €; Kinder ab 6 Jahre 3 €; Schüler, Studenten 3 €, Eltern-Kind-Karte (1 Erw, Kinder bis 6 Jahre) 10 €.

▶ Ziemlich futuristisch wird es euch hier vorkommen, und das, obwohl sich eigentlich viel um alte Fahrzeuge dreht. Interaktiv könnt ihr nach dem Motto »learning by doing« Einblick in die Welt der Technik erhalten. Das Museum Autovision Tradition & Forum entführt euch nicht nur in die Vergangenheit, sondern zeigt als erste Ausstellung in Europa Möglichkeiten und **Visionen** für die Zukunft der Mobilität. Weitere Höhepunkte sind die neue Science Arena und das bewegte Museum.

Wenn man Frankfurter Kinder nach ihrer ***Vision*** *von der Zukunft der Stadt befragt, antworten sie einhellig: Alle Straßen sind autofrei! (FR Juni 2009)*
Wie stellt ihr euch die Zukunft des Verkehrs vor?

Stadtführungen Heidelberg

Tourist Information, Willy-Brandt-Platz 1, 69115 Heidelberg. ✆ 06221/19433, 142223, für Gruppenführungen (2 – 28 Pers), Fax 142254. www.heidelberg-marketing.de. touristinfo@heidelberg.de. **Bahn/Bus:** ↗ Heidelberg. **Zeiten:** April – Okt täglich 10.30 Uhr 1,5-stündiger Altstadtrundgang ab Marktplatz, Haupteingang Rathaus. Nov – März nur Sa. **Preise:** 7 €; Kinderführung 6 – 16 Jahre 5 €; Studenten, Gruppen ab 10 Pers, Behinderte, HeidelbergCARInhaber 5 €.

▶ Zusätzlich zu den normalen Rundgängen gibt es spezielle Angebote für Kinder und Schüler, entweder als Cityrallye, Stadtrallye oder als Kinderführung. Beide Angebote richten sich nur an Gruppen. Bei den **Kinderführungen** gehen Kinder ab 5 Jahre für circa 2 Stunden auf Entdeckungsreise in der Altstadt und am Schloss, es handelt sich dabei um Themenführungen (z.B. »Räuber« oder »Leseratte«). Die **Stadtrallye** richtet sich an Kinder 6 – 13 Jahre, die Heidelberg erkunden wollen. Die Fragen und Rätsel für die **Cityrallye** kann man im Vorfeld aktiv mitgestalten, dafür ist diese Veranstaltung auch mit 900 € recht teuer, wogegen die Stadtrallye 95 € kostet.

Hunger & Durst

Zum Roten Ochsen, Hauptstraße 217, 69117 Heidelberg. ✆ 06221/20977. www.roterochsen.de. Mo – Sa 11.30 – 14 und 17 – 24 Uhr. Traditionelles Studentenlokal.

Apothekenmuseum im Heidelberger Schloss

69117 Heidelberg. ✆ 06221/25880, Fax 181762. www.deutsches-apotheken-museum.de. info@deutsches-apotheken-museum.de. **Bahn/Bus:** ↗ Schloss. **Auto:** ↗ Schloss. **Zeiten:** April – Okt täglich 10.15 – 18 Uhr, Nov – März täglich 10 – 17.30 Uhr. **Preise:** Apothekenmuseum und Großes Fass 3 €; Kinder bis 6 Jahre frei, Schüler 1,50 €; Studenten, Gruppen, Behinderte, Azubis 1,50 €. **Infos:** Familienführung letzten So im Monat 16 Uhr, 7 € (2 Erw, 3 Kinder).

▶ Das Apothekenmuseum zeigt in 14 Räumen des Ottheinrichsbaus im Schloss originalgetreu aufgebaute alte Apotheken aus verschiedenen Jahrhunderten. Mit Schnitzereien verzierte Theken aus Holz sind zu sehen, hinter denen früher der Apotheker stand und mit kleinen Waagen Pulver abwog. In Hunderten von Schubfächern und unzähligen Gefäßen lagerte er seine vielen Kräuter, Salben, Säfte und andere Heilmittel. In einem Gewölbe ist das gruselige Labor eines Apothekers nachempfunden, denn mit Hilfe der Waagen und verschiedenen Geräte, die ihr im Museum seht, wurden Arzneimittel gemischt und für die Kranken frisch angerührt. Könnt ihr euch vorstellen, dass Medikamente früher solche Dinge wie getrocknete Eidechsen, Schlangenhaut oder ägyptische Mumien enthielten? Ihr werdet erstaunt sein, was die Menschen alles so als Heilmittel benutzten.
Auf der Internetseite des Apothekenmuseums könnt ihr euch über allerlei spannende und abenteuerliche Angebote für Kinder informieren: Ihr könnt eine Museumsrallye machen, im Harry-Potter-Programm lernen, wie man Zaubermittel herstellt oder einfach mal eben auf einem Schiff nach Amerika auswandern. Alles auch als Kindergeburtstage buchbar; 75 – 120 € pro Gruppe bis 12 Kinder.

Hunger & Durst

Historische Gaststätte Schützenhaus, Elisabethenweg 1, 69117 Heidelberg. ✆ 06221/21879. Di – Fr ab 18 Uhr, Sa ab 15 Uhr, So ab 12 Uhr. Oberhalb vom Heidelberger Schloss im Wald. Große Terrasse. Badische Spezialitäten und Wildgerichte.

Wunderschöne Prachtexemplare alter Bäume stehen im **Schlosspark.** Ein idealer Ort, um Bäume zu bestimmen: Es gibt nämlich unter anderem mächtige Eiben, Hain- und Blutbuchen, echte Tannen, Zedern, Eichen, Kastanien, Eschen und Ginkgo. Wer erkennt die meisten Bäume?

Weltreise im Völkerkundemuseum

Hauptstraße 235, 69117 Heidelberg. ✆ 06221/220-67, Fax 914370. www.voelkerkundemuseum-vpst.de. mail@voelkerkundemuseum-vpst.de. In der Fußgängerzone. **Bahn/Bus:** Ab Hbf Bus 11, 12, 33, 35, 41 und 42 bis Bismarckplatz. **Zeiten:** Mi – Sa 14 – 18, So und Fei 11 – 18 Uhr. **Preise:** 3 €; Kinder bis 6 Jahre frei, Schüler 2 €; Behinderte 2 €, Familien 6 €.

▶ Eine Entdeckungsreise zu einem Volk am anderen Ende der Welt. In die Kultur der Asmat, eines Volkes aus Neuguinea, könnt ihr euch in diesem Haus hineindenken. Neuguinea ist die zweitgrößte Insel der Erde und liegt nördlich von Australien. Die Asmat leben noch heute wie in der Steinzeit. Wie sie sich die Welt vorstellen, wie sie jagen und sich kleiden, wie sie ihre Häuser bauen und zusammenleben, zeigt euch diese tolle Ausstellung. Zudem werden im Museum immer wieder interessante Wechselausstellungen organisiert, so gab es zum Beispiel eine zum Thema Mutter und Kind in verschiedenen Kulturen.

Bei Römern und Zinnsoldaten

Kurpfälzisches Museum, Hauptstraße 97, 69117 Heidelberg-Altstadt. ✆ 06221/5834020, 5834000 (Anmeldung Führungen), Fax 5834900. www.museum-heidelberg.de. kurpfaelzischesmuseum@heidelberg.de. An der Fußgängerzone in der Altstadt. **Bahn/Bus:** Ab Hbf Bus 32, 33 bis Universitätsplatz, 33 bis Peterskirche und 35 bis Kongresshaus. **Auto:** Über Neckarstaden, Parkhaus Kongresshaus/Stadthalle oder andere Parkhäuser der Innenstadt. **Zeiten:** Di – So 10 – 18 Uhr. **Preise:** 3 €; Kinder bis 16 Jahre frei, Schüler bis 18 Jahre 1,20 €; So Erw 1,80 €, Schüler 0,60 €, Gruppen, Auszubildende, Studenten, Wehrpflichtige, Zivildienstleistende, Behinderte 1,80 € bzw. 1,20 €.

▶ Im Kurpfälzischen Museum gibt es Geschichte pur. Die ältesten Stücke, die hier gezeigt werden, stammen aus der Steinzeit. Auch Funde aus der Römerzeit sind ausgestellt, darunter das Modell einer römi-

Eine Galeere ist ein Kriegsschiff, das vor allem im Mittelalter und in der frühen Neuzeit im Mittelmeerraum eingesetzt wurde. Obwohl es Segel hatte, mussten häufig Sklaven das schwere Schiff durch Rudern vorwärts bewegen.

schen **Galeere.** Schlachten, die einst um Heidelberg geführt wurden, sind mit Zinnsoldaten nachgestellt. Auch Gemälde, Skulpturen und Kunsthandwerk könnt ihr hier bewundern. Das Museum lockt im Sommer mit einem Café-Bistro im schönen Innenhof.

Forschen wie Carl Bosch

Carl Bosch Museum Heidelberg, Schloss-Wolfsbrunnenweg 46, 69118 Heidelberg-Schlierbach. ✆ 06221/603616, Fax 603618. www.carl-bosch-museum.de. kontakt@carl-bosch-museum.de. In der Nähe des Heidelberger Schlosses. **Bahn/Bus:** Ab Hbf Bus 33 bis Hausackerweg. Von hier Ruftaxi (✆ 06221/302030) oder zu Fuß zum Museum. **Auto:** A656 bis Autobahnende Heidelberg, über B37 durch Innenstadt, bis ausgeschildert. **Zeiten:** Täglich außer Do 10 – 17 Uhr. **Preise:** 3,50 €; Kinder ab 6 Jahre 2 €; Behinderte, Rentner, Gruppen ab 10 Pers, Familien (2 Erw, eigene Kinder 7 €).

Experimentieren, Dauer ca. 2 Std, max. 6 bzw. 12 Kinder und Begleitperson 25 € plus 1,50 € Materialkosten pro Kind.

▶ Der Name Bosch ist sicher den meisten von euch geläufig. Es gibt da einen *Robert Bosch,* (1861 – 1942) das ist der, dessen Namen ihr hauptsächlich

Keine Angst vor großen Maschinen: Im Bosch-Museum wird euch alles genau erklärt

auf Elektrogeräten findet. Und es gibt seinen Neffen **Carl Bosch,** um den es heute gehen soll. Der Mann war sehr vielseitig. Er war Chemiker, interessierte sich aber auch für Astronomie, Pflanzenkunde, Zoologie und Gesteinskunde. Im Carl Bosch Museum geht ihr auf eine spannende Zeitreise durch das Leben des Chemikers. Wenn ihr das Museum allein besucht, dürft ihr euch an der Kasse eine Museumsrallye geben lassen. Die macht euren Besuch noch spannender, weil ihr wichtige Punkte zum Leben des Forschers herausfinden müsst. Ansonsten gibt es die Möglichkeit einer Kinderführung durchs Haus. Da dürft ihr beispielsweise euer Geschick unter Beweis stellen und einen Wasseranschluss bauen – gar nicht so einfach! Oder ihr nehmt an einem der Experimente teil. Mit einfachen Mitteln aus dem Haushalt werden Versuche durchgeführt, die für Kinder wie Erwachsene verblüffend, lehrreich und ungefährlich sind. Dabei dürft ihr die Dinge selbst in die Hand nehmen und naturwissenschaftliche Prozesse aus eurem Umfeld nachvollziehen, wie Bosch es als Kind auch getan hat. Warum werden zum Beispiel im Flugzeug keine Schokoküsse serviert? Ihr werdet es sehen.

Carl Bosch lebte 1874 – 1940. Dank seiner Erfindung des Düngers konnte nach dem Ersten Weltkrieg eine Hungersnot verhindert werden. 1931 bekam er den Nobelpreis für Chemie. Bosch gründete außerdem 1934 den Heidelberger Zoo.

Urgeschichtliches Museum in Mauer

Rathaus, Heidelberger Straße 34, 69256 Mauer. ✆ 06226/9220-32, Fax 9220-99. www.gemeinde-mauer.de. rathaus@gemeinde-mauer.de. **Bahn/Bus:** RB Heidelberg – Sinsheim bis Mauer Bhf, 10 Min Fußweg über Bahnhofstraße bis Heidelberger Straße. **Auto:** A6 Ausfahrt 33 Sinsheim, Richtung Heidelberg, Neckargemünd. **Zeiten:** Mo 8 – 12 und 13.30 – 18.30, Di, Do, Fr 8 – 12 und 13.30 – 16 Uhr.

▶ Das kleine Museum bietet einen tollen Einblick in die Landschaft und ihre Tier- und Menschenwelt vor über 600.000 Jahren. Auf der Ausstellungsfläche findet ihr zahlreiche fossile Nachweise von Tieren, die einst unter tropischem Klima am Ur-Neckar bei Mau-

Der ***Homo heidelbergensis*** *ist möglicherweise ein früher Vorfahre des heutigen Homo sapiens (lat. Mensch, klug). Homo sapiens werden in der Wissenschaft die mit Vernunft begabten Menschen genannt.*

er lebten, z.B. Waldelefant, Rhinozeros, Säbelzahntiger, Steppen-Nashorn, Bär, Bison, Flusspferd und Riesenbiber. Die ausgestellten Stücke sind Originalfunde aus der ehemaligen Sandgrube Am Grafenrain. Eine kleine Attraktion ist ein eigens für das Museum aus der ehemaligen Sandgrube angefertigtes Sandprofil; es entspricht in seiner Tiefenlage der Fundschicht des Unterkiefers des berühmten »Heidelbergmenschs« **Homo heidelbergensis,** ↗ Sandgrube Am Grafenrain.

Happy Birthday!
Das Geburtstagskind hat freien Eintritt.

Theater und Lesen

Kulturfenster Kindertheater

Kulturfenster e.V. Jugend- und Kulturhaus Bergheim, Kirchstraße 16, 69115 Heidelberg. ✆ 06221/13748-60, -78 (Kartentelefon), Fax -79. www.kulturfenster.de/kindertheater.php. kontakt@kulturfenster.de. **Bahn/Bus:** Ab Hbf 5 Min Fußweg bzw. Straba 22, 5, Bus 35 ab Bismarckplatz bis Volkshochschule. **Auto:** Ab Zentrum über Bergheimer Straße Richtung Autobahn, an der Volkshochschule vorbei und die nächste Straße links. **Zeiten:** Sa 16 Uhr. **Preise:** 6 €; Kinder ab 4 Jahre 4 €. **Infos:** Das aktuelle Programm liegt in Bürgerhäusern, Büchereien und Kneipen aus.

▶ Das Kulturfenster bietet viele Workshops an, zum Beispiel Jam Sessions, Körper- und Bewegungstheater, Kreativer Tanz, Töpfern, Marionettenbau und Familienakrobatik. Es gibt ein Jugendcafé und einen Mädchentreff, außerdem jeden Monat mehrere Aufführungen von Kinder- und Jugendtheaterstücken sowie Konzerte. Kulturbühne »Corner«, Bildungs- und Kulturangebote für Erwachsene, Spielmobil.

Theater Zwinger

zwinger1 & zwinger3, Zwingerstraße 3 – 5, 69117 Heidelberg. ✆ 06221/5835-020, Fax -990. www.theater-heidelberg.de. **Bahn/Bus:** Ab Hbf Bus 11, 33 bis Rathaus/Bergbahn. **Zeiten:** Nach Angebot. **Preise:** 12 €; Kinder ab 2 Jahre 6 €; Workshops, Amateurtheatergastspiele, Club3-Vorstellungen im zwinger3 4 € pro Person; Gruppen ab 10 Pers 5,50 € pro Kind plus Freikarten für Begleitpersonen. **Infos:** Vorverkauf Theaterkasse oder 1 Std vor Vorstellungsbeginn am Theater, Zwingerstraße 2.

▶ Für alle Altersgruppen werden Stücke gespielt, sonntags gibt es **Puppenstücke** für Familien. Für Schulen finden vormittags oder am frühen Abend Aufführungen zu zeitgemäßen Themen statt. Ungewöhnlich vielfältig sind die **theaterpädagogischen Angebote.** Dabei könnt ihr zur Nachbereitung des Stückes z.B. selbst auf die Bühne gehen (Anmeldung dafür bei der Reservierung). Schulklassen und Gruppen dürfen Proben begleiten, am Programmheft und bei der Foyergestaltung helfen.

Einmal im Jahr finden die *Heidelberger Schülertheatertage,* mit Aufführungen, Workshops und Gesprächen statt. Schülergruppen aller Alters- und Schulstufen können mitmachen.

CLUB3 heißt der Kinder- und Jugendtheaterclub, der eigene Stücke erarbeitet oder Stücke aufführt. Er hat schon rund 300 Mitglieder im Alter 6 – 19 Jahre. CLUB3 wird geleitet von Barbara Perau und Alexandra Gesch, Infos unter barbara.perau@heidelberg.de bzw. alexandra.gesch@heidelberg.de.

Schüler ab 14 Jahre können auch bei einem Schnupperpraktikum im Theater Zwinger das Theatermachen kennen lernen. Wer in einer Schule oder Kinder- und Jugendeinrichtung selbst Theater anbieten will, kann an einer kostenlosen Fortbildung teilnehmen.

Vorverkauf: HeidelbergTicket, Theaterstraße 4, 69117 Heidelberg, ✆ 06221/5820000, Fax 584620000, Mo – Fr 11 – 19, Sa 10 – 15 Uhr. heidelberg-ticket@heidelberg.de. www.ticketonline.de.

Für junge Bücherwürmer

Leanders Leseladen für Kinder, Märzgasse 6 – 8, 69117 Heidelberg. ✆ 06221/28822, Fax 21924. www.leandersleseladen.de. info@leandersleseladen.de. **Bahn/Bus:** Ab Bismarckplatz 5 Min Fußweg. **Auto:** In der Innenstadt das Parkhaus von C&A an-

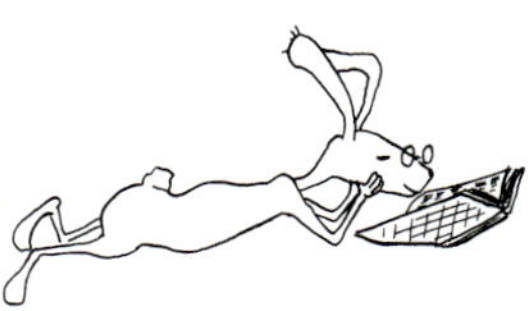

fahren. **Zeiten:** Mo – Fr 9 – 18.30, Sa 9 – 16 Uhr.

Infos: Kartenvorverkauf bei der Tourist Information, Kaiserstraße 17, ✆ 07131/562270.

▶ »Kinderbücher – Abenteuer mit Pippi und Potter«. Unter dieses Motto stellt Leanders Leseladen seine Bücher. Es sind keine der oft spannungslosen modernen Kinderbücher, die hier angeboten werden, sondern die Klassiker der Kinder- und Jugendlitera-

FESTKALENDER

Juni: 3. So, Heidelberg: **Aktionstag Lebendiger Neckar,** buntes Programm am Flussufer mit Kinderzirkus, lebendigen Tieren aus der Zooschule, Bungee-Jumping und Bogenschießen.

Juli: 3. Wochenende, Eppelheim Stadtmitte: **Stadtfest Happy Eppelheim,** Heuwagenrennen, Fahrradturnier für Kinder.

3. Wochenende, Ketsch, Hohwiesensee: **Fischerstechen,** feucht-fröhliches Vergnügen, bei dem es darum geht, sich gegenseitig von Booten aus ins Wasser zu stechen. Mit Kulinarischem, Musik, Kostümwettbewerb.

Ende, Schwetzingen: **Schloss in Flammen,** Abschluss der Schlossfestspiele.

Juni – September: Mitte Juni – Mitte Aug, Heidelberg: **Schlossfestspiele,** Theateraufführungen.

3 Termine, Heidelberg: **Schlossbeleuchtung.** Konzerte, Kunstausstellungen, Rahmenprogramm.

August: Ende Aug – 1. Wochenende Sep, Wiesloch: **Winzerfest,** Weinfest mit Marktständen und Fahrattraktionen, Musik.

September: letzter Sa, Heidelberg: **Heidelberger Herbst,** mittelalterlicher Markt, Flohmarkt, Weinstände, mehrere Bühnen in der Innenstadt.

November: 1. So und Mo nach Allerseelen, St. Leon-Rot, Markt- und Schulstraße: **Sauerkrautmarkt,** großer Krämermarkt mit Vergnügungspark.

tur. Wer Werke wie »Pünktchen und Anton« oder »Winnie Pooh« sucht, wird immer fündig. Die Bücher im Leander werden kontinuierlich von Erzieherinnen und Kindern getestet und beurteilt. Die Inhaberin hält regelmäßig Vorträge über Bücher und Spielsachen in Kindergärten und Schulen.

Kinder- und Jugendtreffs

Ökologische Forschungsstation

Haus der Jugend Heidelberg, Römerstraße 87, 69115 Heidelberg. ✆ 06221/602926, Fax 168312. www.hausderjugend-hd.de. hausderjugend@heidel-

	Weihnachtsmärkte
28. Nov – 22. Dez:	Heidelberg: **Weihnachtsmarkt,** über 140 Holzbuden in der Altstadt, vom Universitätsmarktplatz bis zum Kornmarkt. Mit Kindereisenbahn.
1. – 4. Advent:	Do – So: Schwetzingen: romantischer **Weihnachtsmarkt,** mit großem Bühnenprogramm, auf dem südlichen Schlossplatz.
	Fr vor 1. Advent – 2. Advent, Wiesloch: **Weihnachtsmarkt,** für Kinder besonders schön die lebende Krippe und die Weihnachtspyramide, auf dem Marktplatz.
1. Advent:	Sa, So: **Hockenheimer Advent,** auf dem Marktplatz, mit Kinderunterhaltung.
	Sa, So, Leimen: **Weihnachtsmarkt,** mit handgeschnitzter Krippe und Kinderkarussell auf dem Georgimarktplatz.
	Sa, Neulußheim: **Weihnachtsmarkt,** an den Alten Schulhäusern.
	Sa, Altlußheim: **Weihnachtsmarkt,** mit Basteln für Kinder.
2. Advent:	Sa, So, Walldorf: **Weihnachtsmarkt,** mit traditionellem 12 m langen Christstollen, auf dem Marktplatz.

berg.de. **Bahn/Bus:** Ab Hbf Straba 21 Bismarckplatz bis Stadtbücherei oder Straba 24 Rohrbach bis Christuskirche, dann jeweils 15 Min Fußweg in südliche Richtung bis Römerstraße. **Zeiten:** Café Plan B: Mo, Di 16 – 20, Mi, Do 15 – 20, Fr 16 – 18 Uhr.

▶ Das Haus der Jugend & Ökostation bietet Angebote für verschiedene Altersgruppen 10 – 18 Jahre. Offener Treff, Jugendcafé Plan B, außerdem feste Termine für Tennis, Fußball, Kraftraum, Jazztanz und Breakdance. Der Erlebnisgarten und der Spielhügel sind die ökologischen Komponenten des Treffs: Mit Hilfe von Spielen, Übungen, Märchen und Geschichten sollen Kinder die Natur mit allen Sinnen entdecken.

Stadtjugendring

Harbigweg 5, 69124 Heidelberg. ✆ 06221/22180, Fax 167288. www.sjr-heidelberg.de. info@sjr-heidelberg.de. **Bahn/Bus:** Ab Hbf Bus 33 Richtung Emmertsgrund bis Harbigweg.

▶ Der Stadtjugendring vertritt in Heidelberg finanziell und politisch seine Mitgliedsverbände, das sind alle, die irgendwie mit Jugendarbeit zu tun haben. Von der Kirche über Sportvereine, Feuerwehr und Rotes Kreuz bis zu Lesben- und Schwulen-Jugendgruppen. Der Stadtjugendring stellt Räume zur Verfügung und organisiert Freizeiten.

KLEINER ODENWALD

HEIDELBERG & KURPFALZ

KLEINER ODENWALD

KARLSRUHE & RHEIN

ZENTRALER KRAICHGAU

NATURPARK NECKAR-ZABER

HEILBRONN & NECKAR

PFORZHEIM & ENZ

ORTE, INFO & VERKEHR

FERIENADRESSEN & EINKAUFEN

KARTEN & REGISTER

Der Odenwald ist ein romantisches Waldgebirge und der »Kleine Odenwald« ein Teil davon. Er beginnt bei Heidelberg und zieht sich südlich des Neckars bis Bad Wimpfen entlang. Bei Eberbach macht der Fluss einen Knick und wendet sich nach Süden.

Wegen der schönen Landschaften und der vielen Sagen rund um Burgruinen und verwinkelte Ecken, ist das einfach ein spannendes Fleckchen Erde. Mischwald und Bergkuppen, Schluchten und Täler wechseln sich ab. Ihr werdet sehen, dass hier jeder Spaziergang – und wirkt er vorher noch so unspektakulär – ein kleines Abenteuer ist. Immer wieder werdet ihr dem Neckar begegnen und auf der gegenüberliegenden Seite die majestätisch über dem Fluss thronenden Burgen bewundern. Ihr werdet aber auch auf dem Fluss selbst Aufregendes erleben, egal mit welchem Verkehrsmittel ihr zu Wasser unterwegs seid.

EINFACH SAGENHAFT!

Hess. Landesamt für Bodenm. und Geoinformation: Heidelberg Neckartal-Odenwald, Rad- und Wanderkarte 1:20.000. ISBN 3-89446-314-4, 7 €.

Frei- und Hallenbäder

Mit der Liane ins kühle Nass: Im Freibad Neckargemünd

Schwimmbad-Förderverein Neckargemünd e.V., Schwimmbadstraße, 69151 Neckargemünd. ✆ 06223/ 74403, 8057889, Fax 863603. www.neckargemuend.de. Nördliche Neckarseite. **Bahn/Bus:** ↗ Neckargemünd, 20 Min Fußweg. **Auto:** Ab Heidelberg über B37 bis Neckargemünd. **Zeiten:** Mo, Mi, Fr – So 9 – 20, Di und Do 8 – 20 Uhr. **Preise:** 4 €; Kinder 6 – 9 Jahre 1,60 €; Schüler, Behinderte, Rentner 3 €, Familienkarte 9 €, Familiensaison 100 € (2 Erw, Kinder).

▶ Im beheizten **Nichtschwimmerbereich** und im **Kleinkinderbereich** sorgen eine Breitrutsche, ein Brodelberg, ein Wasserpilz, Massagedüsen und ein Wasser-Breitspeier für Spaß. Schwimmerbecken und Sprungbecken sind als Naturbad gestaltet. Im Randbereich des Schwimmerbeckens befindet sich ein mit Platten ausgelegter Strand, ein Wasserfall und

TIPPS FÜR WASSERRATTEN

Der Natur auf der Spur: Auf dem Urwaldpfad bei Eberbach

Stürzt euch wie Tarzan mit der Liane in die kühlen Fluten!

eine flache Eingangszone. Die Attraktionen des Sprungbeckens sind ein 1-m-Sprungfelsen und der 3- und 5-m-Sprungturm.

Freibad Hochhausen

Hauptstraße 53, 74855 Haßmersheim-Hochhausen. ✆ 06261/9399-91, www.hassmersheim.de. post@hassmersheim.de. **Bahn/Bus:** Aus Richtung Mosbach Bus 828 nach Haßmersheim-Hochhausen. **Auto:** A6 Ausfahrt 33 Sinsheim, über B292 dann Neckarbischofsheim nach Haßmersheim-Hochhausen. **Zeiten:** Mitte Mai – Mitte Sep Mo – Fr 15 – 20, Sa, So, Fei und Ferien 11 – 20 Uhr. **Preise:** 2 €; Kinder ab 4 Jahre 0,50 €.

Spezielle Angebote im Freibad Hochhausen sind Mondscheinschwimmen (Baden bis spät in die Nacht), Lampion- und Grillabende und Spielenachmittage.

▶ In Hochhausen liegt am Ortsende idyllisch am Waldrand das kleine, familiäre Freibad. Das 1973 eingeweihte Bad hat sich über die Jahre hinweg zu einem schönen, bei vielen Besuchern aus der ganzen Region beliebten Treffpunkt entwickelt. Es gibt ein Schwimmerbecken, ein Plantschbecken mit Kinderspielsachen, einen Kiosk mit Sonnenterrasse, Tischtennisplatte und Basketballkorb, eine große Liegewiese und einen Kinderspielplatz.

Freibad Schwarzach

Wildparkstraße 6, 74869 Schwarzach. ✆ 06262/912-846, www.schwarzach-online.de. komm.in@schwarzach-online.de. **Bahn/Bus:** Von Mosbach-Neckarelz Bus 822 bis Schwarzach Schwarzacherhof. **Auto:** A6 Ausfahrt Sinsheim über B292 Richtung Mosbach, Abzweigung Aglasterhausen Richtung Schwarzach. **Zeiten:** 10 – 19 Uhr. **Preise:** 2 €; Kinder ab 4 Jahre 1 €.

In unmittelbarer Nachbarschaft liegt der zum großen Teil frisch renovierte ➚ Wildpark Schwarzach.

▶ Das beheizte Freibad mit Kinderplantschbecken, großer Terrassenliegewiese, Tischtennisplatte, Kicker, Flipper und Kiosk bietet Entspannung und Erholung für jeden Besucher. Direkt nebenan habt ihr die Möglichkeit, eure Geschicklichkeit bei einer Partie **Minigolf** zu beweisen.

Minigolf Klause, Wildparkstraße 6. ✆ 06262/916552. Täglich 9 – 21 Uhr, bei schönem Wetter bis 22 Uhr. Erw 1,50, Kinder 1 €.

Kanu und Schiff fahren

Kanutouren auf dem Neckar

Thomas Strifler, Schwimmbadstraße 40, 69151 Neckargemünd. ✆ 06223/805508, Fax 805509. www.hochseilgarten-neckargemuend.de. info@hochseilgarten-neckargemuend.de. **Bahn/Bus:** Bootsein- und ausstieg von den S-Bahn-Stationen Hirschhorn und Neckargemünd 10 Min Fußweg entfernt. **Auto:** An der B37 im Neckargemünder Ortsteil Kleingemünd. Orientierung an Sportplätzen und Schwimmbad. **Zeiten:** Sa, So und Fei für Einzelbucher und Gruppen, Mo – Fr nur Gruppen. **Preise:** 2 Pers 10 €/Std, jede weitere Person im Boot 3 € inkl. Paddel und Schwimmweste. **Infos:** Bei Transporten bis zu 2 Booten wird eine Pauschale von 25 € berechnet.

▶ Kanutouren im 3er- oder 4er-Kanadier, auch für Firmen, Vereine und Schulklassen. Start am ↗ Hochseilgarten in Neckargemünd, dort könnt ihr auch stundenweise Kanus leihen. Es werden zudem Halbtagestouren von Hirschhorn nach Neckargemünd oder von Neckargemünd nach Heidelberg angeboten, für Schulklassen Mo – Fr 13 €, Sa und So 15 €, für sonstige Gruppen 16 bzw. 18 € (alle Preise pro Person). Außerdem ist eine Tagesfahrt von Hirschhorn nach Heidelberg möglich, auf Wunsch mit Grillen im Hochseilgarten.

Für Schulklassen Mo – Fr 20 €, Sa und So 22 €, andere Gruppen 24 bzw. 28 €. Die Preise der Halbtages- und Tagesfahrten beinhalten ab 3 gemieteten Kanus die Transportkosten der Boote.

Unter roten Felsen: Nscho-tschi und Winnetou auf dem Neckar

© dzt

Mit dem Dampfer auf dem Neckar

Eberbacher Personenschifffahrt, Andreas Kappes, Binnetzgasse 1, 69412 Eberbach. ✆ 06271/4071085, Fax 3061. Handy 0176/83071434. www.eps-kappes.de. eps-kappes@web.de. **Bahn/Bus:** S1 Heidelberg – Osterburken, RE Heilbronn – Mannheim bis Eberbach, 5 Min Fußweg vom Bahnhof in südliche Richtung. **Zeiten:** Mai – Sep. **Preise:** Die ermäßigten Preise gelten für Kinder von 4 – 12 Jahre; Sondertarife für Schulklassen. **Infos:** Fahrräder und Hunde kosten die Hälfte des Kinderpreises.

▶ Die Fahrten mit der »Burg Eberbach« durch das Neckartal sind ein besonderes Abenteuer. Das Schiff zieht an Burgen und Schlössern vorbei, Reiher stehen an den Ufern. An allen Orten, die angefahren werden, könnt ihr zusteigen.

Neckartalrundfahrten, So, 1,5-stündige Rundfahrt. Beginn ist in Eberbach um 14 und um 16 Uhr. Erw 7,50 €, Kinder 6 €.

Di gibt es eine 2-stündige **Schleusenrundfahrt** von Eberbach über Zwingenberg (ohne Halt)zurück nach Eberbach. Abfahrt ist um 14 Uhr, Erw 9, Kinder 7 €.

Von Anfang Juli – Mitte Sep könnt ihr mittwochs eine **Ganztagestour** nach Heidelberg machen, Abfahrt in Eberbach um 9 Uhr, zurück seid ihr um 19 Uhr. Erw 18,50, Kinder 12,50 €. Von Sep – Ende Juni hingegen besteht die Möglichkeit, eine 1,5-stündige Rundfahrt zu unternehmen. 14 Uhr ab Eberbach, Erw 7,50, Kinder 6 €.

Do geht es von Eberbach über Zwingenberg nach Neckargerach und zurück, Start um 14 Uhr, Rückkehr 18 Uhr. Erw 10 €, Kinder 7 €.

Aufgepasst: Die Fahrten finden nur bei einer Belegung von mind. 25 erwachsenen Personen statt. Ruft am besten vorher an und erkundigt euch. Dann erfahrt ihr auch, wo ihr samstags hinfahren könnt – da gibt es nämlich wechselnde Angebote.

Natürlich sind alle Fahrten auch als Einzelfahrten möglich, eine ideale Möglichkeit, um eine Strecke am Neckarufer entlang mit dem Rad zu fahren.

Kutschfahrten, Björn Schmitt, Eberbacher Straße 25/1, 69412 Eberbach-Pleutersbach. ✆ 06271/71848. Im Sommer werden an festen Terminen Fahrten angeboten.

Radeln und Wandern

Von Neckarwimmersbach bis zur Stauwehr bei Hirschhorn

Eberbach-Neckarwimmersbach. **Länge:** 10,5 km, ebener Radweg, einfache Strecke. **Bahn/Bus:** S1, S2 Heidelberg – Osterburken, RE Heilbronn – Mannheim bis Eberbach.

▶ Heute gibt es ein kurzes, aber umso erlebnisreicheres Radelvergnügen direkt am Neckar entlang. Ihr startet in **Neckarwimmersbach,** das liegt auf der südlichen Neckarseite und gehört zu Eberbach. Startpunkt ist der ↗ Campingplatz am Neckarufer. Es geht auf einem asphaltierten Radweg in Richtung Pleutersbach. Genießt die tollen Ausblicke auf den Neckar! Er wirkt fast wie ein großer See inmitten hoher, enger Berge. Das liegt an der Staustufe, die den Neckar in seiner Geschwindigkeit hemmt. Nach *Pleutersbach* weitet sich der Fluss und wieder geht es fast wie an einem See entlang, erst direkt am Wasser, dann durch lichtdurchflutete Wälder entlang dem Flusslauf. Eine der schönsten Streckenabschnitte dieser Etappe liegt nun vor euch: eine Naturetappe am Waldrand in Sichtweite des Neckars. Es fehlt nur noch Merlin auf dem Weg durch den Traumwald und schon wäre das Märchen perfekt. Ihr radelt weiter bis zum **Stauwehr,** auf dessen nördlicher Neckarseite **Hirschhorn** liegt. Hier könnt ihr vielleicht einen Blick auf ein geschleustes Schiff ergattern, bevor ihr den Rückweg antretet.

Von Neckarbischofsheim nach Waibstadt: Die Brunnentour per Rad erkunden

Neckarbischofsheim. www.brunnenregion.de. **Länge:** 23 km, ebene, einfache Wege. Start in der Alexandergasse. **Bahn/Bus:** ↗ Sinsheim, von dort Bus 766 bis Neckarbischofsheim. **Infos:** Im gut ausgebauten Nahverkehrsnetz kann man auch jeden anderen Start- und Zielort wählen.

*Ein **Wehr** hebt den Wasserstand eines Flusses so weit an, dass er schiffbar wird. Eine Schleuse hilft den Schiffen, den Höhenunterschied am Wehr zu überwinden. Das Schiff fährt in die Schleuse und die Schleusentore schließen sich. Bei Bergfahrt wird die Schleusenkammer bis zur Höhe des Oberwassers geflutet, bei Talfahrt wird sie geleert. Die Tore öffnen sich wieder und das Schiff kann seine Fahrt fortsetzen.*

Der Begriff der ***Blutgerichtsbarkeit*** *ist auch als »ius gladii« bekannt, was so viel heißt wie »Recht des Schwertes«. Im Mittelalter bezeichnete man damit sehr brutale und blutige Strafen für Vergehen wie Raub, Mord und Diebstahl.*

Hunger & Durst

Gasthof zur Sonne, Bahnhofstraße 6, 74933 Neidenstein. ✆ 07263/1216. www.sonneneidenstein.de. Mo – Sa 17 – 24, So 11 – 24 Uhr, Do Ruhetag.

▶ Die Radtour führt euch von Neckarbischofsheim über Helmstadt, Reichartshausen, Epfenbach und Neidenstein nach Waibstadt. Ausgangspunkt ist die Alexandergasse im ehemaligen Amtsstädtchen **Neckarbischofsheim,** das für seinen fünfeckigen Turm und das romantische Schlösschen im Park bekannt ist. Auf der Brunnentour könnt ihr mit dem Fahrrad nach altem Brauch die Brunnen mit ihren Weiblein besuchen und dabei den Zauber dieser vielfältigen Landschaft erleben: Im Hofe des Rabanschlosses in Helmstadt-Bargen steht der sagenumwobene **Große Brunnen,** in dem eine wunderschöne Nixe für das Wohl der Menschen sorgen soll. Reichartshausen ist ein Dorf mit ungewöhnlicher Geschichte. Hier wurde die **Blutgerichtsbarkeit** im Gau vollstreckt. Im Dorf steht noch mahnend eine Säule des alten Galgens und es plätschern munter geheimnisvolle Brunnen. Im Heldenhain bei Reichartshausen werden die gefallenen Krieger des Dorfes noch jeweils mit einer Eiche und einer Gedenktafel nach altem Brauch geehrt. In Epfenbach lernt ihr kennen, was ein *Heiterer Brunnen* ist. In **Neidenstein** wird die geheimnisvolle Burg eure Aufmerksamkeit erregen, die magisch über einem verwinkelten Dorf thront. Das Ende der Tour ist in Waibstadt, wo das Brunnenweiblein am **Brunnen vor dem Rathaus** besuchen müsst. Hier könnt ihr euch auch in einem der Biergärten stärken.

Wanderung zur Ruine Minneburg

Neckargerach. www.neckargerach.de. gemeinde@neckargerach.de. **Länge:** Jeweils 1 Std Laufzeit, Hinweg meist bergauf; Beschilderung »Minneburg«. **Bahn/Bus:** S1 Heidelberg – Osterburken bis Neckargerach Bhf. **Auto:** Westlich des Neckars und Neckargerachs hinter der Brücke rechts, am Fluss entlang bis Waldparkplatz Ziegelhütte.

▶ Am Parkplatz Ziegelhütte weist das Schild »Minneburg« steil einen Pfad hinauf, hier werdet ihr am Ende eures Rundwegs auch wieder ankommen. Ihr wendet euch aber zunächst auf dem breiten Weg nach Westen und geht in den Wald hinein. Es geht stetig bergauf. Nach ungefähr 20 Minuten zweigt der Weg R links ab, auch dieser etwas kürzere Weg führt zur Minneburg. Wenn ihr also schon erschöpft seid, könnt ihr ihm folgen, dann seid ihr auf einemleicht ansteigendem Weg nach 20 – 30 Minuten auf der Burg. Ansonsten weiter geradeaus bis zu einer Kreuzung, an der »Minneburg 2,2 km« angeschrieben steht. Nun begeht ihr den Rundweg zur Burg, der 10 – 20 Minuten länger dauert als die Abkürzung. Bevor ihr dem Wegweiser folgt, solltet ihr einen Abstecher geradeaus zum *Kellersbrunnen* machen. An einer kleinen Hütte sprudelt Wasser in einen Trog (kein Trinkwasser). Nach der Rast geht der Weg zurück zur Kreuzung und verläuft ab sofort fast eben. Die ➚ Minneburg erhebt sich nun beeindruckend vor euch und ihr habt eine spannende Erkundigung der Burgruine vor euch.

Lehrpfade

Den Römern auf der Spur: Lehrpfad

Wiesenbach. **Länge:** Rundweg 5 km, nur zum Teil asphaltiert, auch für kleinere Kinder gut geeignet.

Bahn/Bus: Ab ➚ Heidelberg Hbf Bus 755 bis Neckargemünd Bhf. Ruftaxi ✆ 06223/970323. Aus Richtung ➚ Sinsheim Bus 754 bis Neckargemünd. **Auto:** Ab Wiesenbach L532 Richtung Dilsbergerhof bis Wanderparkplatz links auf halber Strecke zwischen Langenzell und Dilsbergerhof.

Ob die Römerkinder auf dem Gutshof auch Frösche gefangen haben?

Hunger & Durst

Ristorante Palermo, Hauptstraße 91, 69257 Wiesenbach. © 06223/ 5896. Di – Fr 11 – 14 und 17 – 23 Uhr. Kindergerichte wie Pizza »Robin Hood«. Schöner Außenbereich mit Spielplatz.

▶ »Die spinnen, die Römer« – wer kennt diesen legendären Ausspruch von Asterix und Obelix nicht? Aber wenn man mal auf römischen Spuren wandelt, bestätigt sich nicht, dass die Römer gesponnen haben. Denn schon vor 2000 Jahren waren die Römer in der Lage, mit einfachsten Mitteln beeindruckende und langlebige Bauwerke zu schaffen und sich auch in abgelegenen Teilen der Welt gut über Wasser zu halten. Auf dem »Waldlehr- und historischer Pfad« von Wiesenbach könnt ihr zwei bestens erhaltene römische Brunnen und die Fundamente einer römischen Siedlung entdecken. Zwischen Dilsbergerhof und Langenzell geht ein schöner asphaltierter Weg in den Herrenwald. Folgt der Beschilderung »Römersiedlung« bzw. »Römerstraße«, bis ihr zu einer Blockhütte kommt. Hier zweigt an einem Hinweisschild der Lehrpfad ab, der ab jetzt nicht mehr für Kinderwagen geeignet ist. Am Brunnen und an der Quelle könnt ihr euch erfrischen und erforschen, wie die Römer ihr Wasser zutage gefördert haben. Weiter geht's zu einer römischen Siedlung, deren Grundmauern sehr gut erhalten sind und die zu schönen Spielen anregen. War das früher das Badehaus? Und das hier der Stall? Wo führte wohl diese Treppe hinunter? Und könnt ihr euch vorstellen, dass das ganze Gelände zu Zeiten der Römer waldfrei war und überall Ziegen und Schafe weideten? Nach dem Gutshof folgt ihr der Markierung 3 und biegt rechts auf den Fahrweg ab, bis ihr wieder auf die asphaltierte Straße trefft, der ihr nach links zurück zum Parkplatz folgt.

Urwaldabenteuer auf dem Urwaldpfad bei Eberbach

Eberbach. www.eberbach.de. **Länge:** Rundweg ca. 6 km, erweiterbar auf 9,6 km; anspruchsvoller Weg, für Kleinkinder und Kinderwagen ungeeignet; Beschilderung »Urwaldpfad« (von der Straße aus mit Parkplatz »Kirchel« ausgeschildert). **Bahn/Bus:** S1 Heidelberg – Osterburken bzw. RE Heilbronn – Mann-

heim bis Eberbach.
Auto: L590 zwischen Eberbach und Schwanheim, Wanderparkplatz »Am Steinernen Kreuz«.

Spannend: Auf dem Urwaldpfad geht's über Stock und Stein

▶ Der Urwaldpfad hält, was er verspricht. Hier ist nicht stures Geradeaus-Gehen angesagt, sondern ein kleiner, schmaler und verstohlener Weg führt euch durch Steilhänge am Neckar und an Felsvorsprüngen vorbei. Ihr hangelt euch an dicht mit Farn bewachsenen Bachböschungen entlang und klettert mit Hilfe von Händen und Füßen steinige Wege rauf und runter. Urwaldmäßig eben.

Ihr startet am Wanderparkplatz »Am Steinernen Kreuz«. An einer Übersichtstafel könnt ihr euch orientieren, der Wanderweg Nr. 4 ist mit »Urwaldpfad« beschildert. Zunächst kommt ihr am Heiligkreuz-Kirchlein vorbei. Hier nicht geradeaus weiter, sondern an der Rückseite der Kirche in den Wald hinein laufen. Der Urwaldpfad ist bestens ausgeschildert, meist mit dem Schild »Urwaldpfad«, ansonsten könnt ihr euch immer an der Wegmarkierung 4 orientieren. So erreicht ihr die **Burgruine Stolzeneck,** in deren geheimnisvollen Gemäuern ihr nicht nur Spuren vergangener Zeiten findet, sondern wo ihr auch prima Rast machen könnt. Eine Grillstelle ist hier ebenfalls vorhanden. Danach geht's auf den Rückweg. Der Urwaldpfad hält auch auf dem zweiten Streckenabschnitt alle Versprechungen eines abenteuerlichen Weges. Ihr kommt am **Wilden-Weibel-Stein** vorbei, einem beeindruckenden Felsvorsprung. Einer Sage nach hat sich hierher eine Einsiedlerin aus Liebeskummer verzogen. Auf jeden Fall ist das hier ein toller Aussichtspunkt! Nach diesem Felsvorsprung sind es noch 600 m, dann müsst ihr entscheiden, ob ihr noch Puste für weitere 3 km habt oder lieber der Nummer 4 zurück zum Parkplatz folgt. Auf der längeren Strecke seid ihr zwar nicht mehr im Urwald, dafür kommt ihr an einem Aussichtspunkt vorbei, von dem man einen spektakulären Blick auf den Neckar hat. Außerdem passiert ihr einen romantisch gelegenen See mit Schutzhütte und weitläufige Waldstücke.

Reiten

Ponys zum Liebhaben und Reiten

Heuhotel Theuerweckl, Isabella Theuerweckl, Finkenhof 1, 74867 Neunkirchen-Neckarkatzenbach. ✆ 06263/9732, Fax 428682. www.heuhotel-theuerweckl.de. info@heuhotel-theuerweckl.de. **Bahn/Bus:** S1 Heidelberg – Osterburken bis Mosbach, von dort Bus 822 bis Neckarkatzenbach. **Auto:** Aus Richtung ↗ Neckargemünd über L595 und Schönbrunn nach Neckarkatzenbach-Neunkirchen. **Zeiten:** Jeden So, genaue Termine im Internet. **Preise:** 1 Runde Reiten (15 Min) 4 €, Ausritt (60 Min) 15 €, mit Putzen und Satteln (90 Min) 15 €.

▶ Beim Heuhotel Theuerweckl (↗ Ferienadressen) gibt es eine gemütliche Vesperscheune und immer, wenn die geöffnet ist, dürfen Kinder Pony reiten. Wenn dann das Wetter noch mitspielt, steht dem Reitvergnügen nichts mehr im Wege. Nach Absprache werden geführte Ausritte für etwas geübtere Kinder, Jugendliche und Erwachsene angeboten. Ein gemütlicher Ausritt im Schritt ist für fast jeden möglich! Bestimmt macht es euch viel Spaß, das Pony selbst zu putzen und beim Satteln zu helfen. Danach geht es für euch einzeln oder in kleinen Gruppen raus in die Natur.

Majestätische Vögel in der Greifenwarte

Deutsche Greifenwarte Burg Guttenberg, 74855 Haßmersheim-Neckarmühlbach. ✆ 06266/388, Fax 9288-60. www.greifenwarte.de. info@greifenwarte.de. **Bahn/Bus:** RB Neckarelz – Stuttgart bis Gundelsheim, von dort 2 km Fußweg. **Auto:** An der B27 bei Gundelsheim, von hier ausgeschildert. **Rad:** Neckartalradweg. **Zeiten:** April – Okt täglich 9 – 18 Uhr. März und Nov 12 – 17 Uhr, Flugvorführungen April – Okt 11 und 15 Uhr, März und Nov 15 Uhr, Sa, So 11 und 15 Uhr. Dauer etwa 1 Std. **Preise:** 11 €; Kinder 5 – 16 Jahre 6 €, Schulklassen 5,50 € pro Kind; Familien (2 Erw, 3 Kinder) 30 €. **Infos:** Ein Weingut mit Weinverkauf gehört zur Burg.

▶ Ihr habt ihn fast jeden Tag in der Hand – den **Adler,** das Wappentier Deutschlands. Von der Rückseite des 1-Euro-Stücks blickt er euch an und lässt nicht ahnen, wie beeindruckend dieser er in Wirklichkeit ist. Bei der Flugvorführung auf Burg Guttenberg ist der Seeadler einer der Darsteller. Ihr müsst gute Nerven haben, wenn das gewaltige Tier mit seiner Flügelspannweite von fast 2 m nur knapp über eure Köpfe fliegt. Aber Torsten LeLeux, der **Ornithologe** der Greifenwarte, hat seine Vögel im Griff. Neben der Flugvorführung der Adler und Geier, die auch kleinen Zuschauern den Atem verschlägt, könnt ihr in den

Nicht nur bei den Römern und den Griechen, auch bei den Wikingern und den Indianern Amerikas galt der ***Adler*** *als Symbol der obersten Gottheit, der Lebenskraft und Sonne. Die Flügelspannweite eines Seeadlers kann 240 cm betragen. Sie sind die größten Adler in Deutschland. Breitet eure Arme aus und messt von Fingerspitze zu Fingerspitze, dann habt ihr einen Vergleich.*

Ein ***Ornithologe*** *ist jemand, der sich intensiv mit Vögeln befasst.*

Charakterkopf: Amerikanischer Weißkopfseeadler

Hunger & Durst

Restaurant Burgschenke, 74855 Haßmersheim. ✆ 06266/228. März – Dez, Mo, Di Ruhetag. Gehobene Küche ab 14 €.

Um den Wildpark herum gibt es einige schöne Rundwege in vielen verschiedenen Längen. Vor dem Eingang steht eine Wandertafel mit genauen Wegbeschreibungen der jeweiligen Touren.

historischen Gemäuern der Burg einen Rundgang machen. Dabei lernt ihr bedrohte Vogelarten kennen. Verletzte und kranke Fundtiere werden in der Pflegestation behandelt, um später wieder ausgewildert zu werden. In der Zuchtstation werden bedrohte Greifvogel- und Eulenarten nachgezüchtet. Auch Eulen und Käuze, Falken, Bussarde und Habichte können aus der Nähe betrachtet werden. Außerdem sind Kunstobjekte zu sehen, die die Bedeutung des Adlers in verschiedenen Kulturen verdeutlichen. Die Greifvogelwarte ist ein unvergessliches, leider etwas teures Erlebnis.

Der Wildpark in Schwarzach

Wildparkstraße, 74869 Schwarzach. ✆ 06262/1734, Fax 920933. www.wildpark-schwarzach.de. info@wildpark-schwarzach.de. **Bahn/Bus:** S2 Heidelberg – Mosbach bis Neckarelz, von dort Bus 822 bis Unterschwarzach Markt, dann 10 Min Fußweg. **Auto:** A6 Ausfahrt Sinsheim über B292 Richtung Mosbach, Abzweigung Aglasterhausen Richtung Schwarzach. **Zeiten:** Ostern – Okt täglich 10 – 18 Uhr. **Preise:** 3,50 €; Kinder 3 – 17 Jahre 1,50 €; Familien 9 €, Gruppen und Behinderte Erw 3, Kinder 1 €, Schüler/Studenten 3 €. **Infos:** Parkeisenbahn 1 €, Tierfutter 1 €.

▶ Der Wildpark Schwarzach ist Teil des Naturparks Neckartal-Odenwald und des UNESCO-Geoparks. Ganz frisch wurde der Wildpark erweitert und erneu-

Querformat: Das gedrehte Gehörn des alten Widders nimmt ganz schön viel Platz in Anspruch ert und präsentiert sich euch jetzt in einem neuen Gewand mit hellen Zäunen und großzügig angelegten Gehegen. Über die neuen Gehege freuen sich vor allem die etwa 400 exotischen und einheimischen Tiere. Eine Vielzahl vier- und zweibeiniger Wild- und Haustiere – vom Zebra bis zum Hängebauchschwein, vom Papagei bis zur Gans – erwarten ab Ostern euren regen Besuch. Die Gehege sind auch für Kinder gut einsehbar und die Wege mit Kinderwagen und Rollstuhl problemlos befahrbar. Der Wildpark verfügt über einen großen Baumbestand, der auch im Sommer ausreichend Schatten bietet. An der Kasse solltet ihr euch unbedingt mit einer Futtertüte voll Mais eindecken, denn ihr dürft die Tiere im Park sogar füttern! Attraktionen für Kinder sind außerdem ein Afrika-Spielplatz und eine Bimmelbahn, die fröhlich ihre Runden dreht.

Wie das kitzelt: Die kleinen Zungen der Rehe sind rau und kitzeln beim Füttern von der flachen Hand

Erlebnis- und Abenteuerwelt

Klettern und kraxeln im Hochseilgarten Neckargemünd

Thomas Strifler, Schwimmbadstraße 40, 69151 Neckargemünd. ✆ 06223/805508, Fax 805509. www.hochseilgarten-neckargemuend.de. info@hochseilgarten-neckargemuend.de. **Bahn/Bus:** ↗ Neckargemünd, 10 Min Fußweg am Neckar entlang. **Auto:** An der B37 im Ortsteil Kleingemünd. Orientierung an Sportplätzen und Schwimmbad. **Zeiten:** Ganzfährig Sa, So und Fei für Einzelbucher und Gruppen; an einzelnen Wochenenden geschlossen, vorher Homepage ansehen oder anrufen. Mo – Fr nur Gruppen. **Preise:** Programm ab 8 Kinder für Kinder 8 – 12 Jahre 17 €, Selbstsicherungsbereich (ab 1,50 m Körpergröße) 25 €; Familienpreis ab 3 Pers 20 % Ermäßigung auf den Normalpreis. Gruppen: Schulen und soziale Einrichtungen circa 3,5 Std für 21 € pro Person. **Infos:** Eine Anmeldung ist erforderlich.

Hunger & Durst

Die Rainbach, Ortsstraße 9, 69151 Neckargemünd-Rainbach. ✆ 06223/2455. www.rainbach.de. Täglich 11 – 23 Uhr.

Ab hier könnt ihr zu ↗ Kanutouren auf dem Neckar aufbrechen.

▶ Ein aufregendes Ziel! Auf Baumstämmen ist in luftiger Höhe ein Hindernisparcours errichtet. Bis zu 12 m über dem Boden könnt ihr die Übungen mit unterschiedlichen Schwierigkeitsgraden ausprobieren. Doch vorab bekommt ihr eine Einweisung in den Klettergarten und die Ausrüstung. Dann kraxelt ihr auf Seil- und Balkenkonstruktionen herum, die Trainer des Hochseilgartens unterstützen euch dabei. Das Tempo bestimmt ihr dabei selbst.

Das 2-stündige **Kinderprogramm** gilt für 8- bis 12-Jährige, dazu gehören Übungen an Kletterwand, Riesenschaukel und Pamper-Pole. Mindestens 8, höchstens 12 Kinder können teilnehmen, wer über 1,50 m groß ist, darf für 1.5 Stunden in den Selbstsicherungsbereich. Mit Teamübungen dauert es im Selbstsicherungsbereich 2,5 Stunden, mindestens 2 Personen sind hierfür erforderlich.

HANDWERK UND GESCHICHTE

Betriebsbesichtigung

Keramikwerkstatt Krösselbach

Alfred Schließler, Krösselbachweg 2, 69412 Eberbach. ✆ 06271/6496, Fax 6673. www.kroesselbach.de. info@kroesselbach.de. 5 km außerhalb Eberbachs an einer Neckarschleife, auf halbem Weg zwischen Heidelberg und Heilbronn. **Bahn/Bus:** S1 Heidelberg – Osterburken bis Eberbach Bhf, von dort Bus 803 bis Rockenau Seniorenstift, dann 1 km Fußweg. **Zeiten:** Mo – Fr 9 – 12.30 und 14.30 – 18 Uhr, Sa 9 – 13 Uhr.

▶ Ob die Katze, die euch im hohen Gras stehend beobachtet, echt ist? Ihr müsst schon sehr nah heran gehen, um zu erkennen, dass es Terracotta-Katzen sind, hergestellt in der Keramikwerkstatt Krösselbach im Kleinen Odenwald. Hier könnt ihr hautnah dabei sein, wenn aus Ton Katze, Hahn und Henne oder auf der Töpferscheibe Müslischalen, Stockwindlichter, Teller und Blumenvasen entstehen. Angemeldete Gruppen erhalten eine Werkstattführung.

Burgen und Ruinen

Geheimnisumwitterte Burg Reichenstein

69151 Neckargemünd. ✆ 06223/3553, Fax 73784. www.neckargemuend.de. touristinfo.neckargemuend@t-online.de. Südlich oberhalb der Altstadt. **Bahn/Bus:** ↗ Neckargemünd. **Auto:** Von Heidelberg über B37 nach Neckargemünd. **Zeiten:** Ganzjährig frei zugänglich.

▶ Lust auf ein kleines Abenteuer? Dann nichts wie los auf die Burg Reichenstein, deren geheimnisvolle Ruine ihr heute erforscht. Sie befindet sich in einem kleinen, parkähnlichen Wäldchen auf dem Berg Hollmuth. Als die Burg im vermutlich 12./13. Jahrhundert als staufische Reichsburg errichtet wurde, wurde sie strategisch so angelegt, dass man von oben aus das Neckartal, das Elsenztal und das Wiesenbacher Tal beobachten konnte. Der sogenannte Halsgraben schützte die Burg gegen den Bergrücken, damit sie von der Bergseite her nicht so einfach eingenommen werden konnte. Die Mauerreste könnt ihr noch heute erkunden und erklettern. So könnt ihr erahnen, wie sich die Ritter vor 800 Jahren vor Angriffen geschützt haben. Von den Innenbauten ist allerdings nichts mehr erkennbar.

Als königlicher Dienstmann saß Dieter Nessel von Mauer auf der Burg und wachte über die Stadt. Einige seiner Verwandten tragen in den Urkunden den Beinamen »Teufel«. 1286 wurde Dieter Nessel von Mauer wegen Hochverrats durch König Rudolf von Habsburg von der Burg vertrieben.

Die Feste Dilsberg erkunden

69151 Neckargemünd-Dilsberg. ✆ 06223/6154, 4877289, Fax 4877298. www.burg-dilsberg.de. info@burg-dilsberg.de. **Bahn/Bus:** ↗ Neckargemünd, BRN-Bus 7021, 16 x täglich, an den Wochenenden seltener. Bus 35 ab ↗ Heidelberg Bismarckplatz. **Auto:** Östlich von Neckar-

Immer mit von der Partie: Schnecki, die Schnecke, auf der Feste Dilsberg

DER SAGENHAFTE BRUNNENSTOLLEN

▶ Im Burghof der Feste Dilsberg befindet sich ein tiefer Brunnen, mit dem es eine ganz besondere Bewandtnis hat. Zu diesem Brunnen führt nämlich ein sehr alter Stollen, der zu besichtigen ist. An der Kasse bekommt ihr den Schlüssel zum Eingang des Stollens gegen einen Pfand ausgehändigt. Die Schilder »Historischer Brunnenstollen« weisen euch den Weg um den Burgberg herum den Hang hinab. Der Pfad ist sehr schmal und mit Kinderwagen nicht zu bewältigen.

Der Stollen wurde 1650 – 1680 waagrecht in den Hang hinein gehauen. Lange wurde vermutet, dass er als Fluchtweg für die Burgbewohner gedacht war. Doch wahrscheinlich diente er nur als Belüftungsstollen, damit die Arbeiter bei der Vertiefung des Brunnens nicht durch giftige Gase gefährdet wurden. Der Brunnen wurde in reiner Handarbeit, also nur mit Hammer, Meißel und Schlägel 78 m in die Tiefe getrieben. Etwa 105 Schritte können Wagemutige zwischen engen Felswänden dem leicht gewundenen Gang bis zum Burgbrunnen folgen, der hier unten nur noch wenige Meter tief ist. Stellenweise ist der Gang nur 1,50 m hoch!

Wie es zur Entdeckung des Stollens kam? Vor der Wiederentdeckung gab es lange Jahrzehnte die Sage, ein Geheimgang ginge von der Burg Dilsberg unter dem Neckar hindurch zu einer der vier Neckarsteinacher Burgen. Diese Geschichte beeindruckte auch den amerikanischen Schriftsteller Mark Twain, den Verfasser der berühmten Abenteuergeschichten von »Tom Sawyer« und »Huckleberry Finn«. Nach einem Besuch der Feste Dilsberg schrieb Mark Twain eine Erzählung darüber. Die Lektüre dieser Erzählung wiederum beschäftigte den Deutsch-Amerikaner Fritz von Briesen so sehr, dass er extra aus New York zur Dilsberg reiste, um den sagenhaften Tunnel zu suchen. Er seilte sich in den Brunnen ab und entdeckte dort unten tatsächlich den Stolleneingang. Daraufhin finanzierte er die Arbeiten, um den Stollen 1926 wieder freilegen zu lassen.

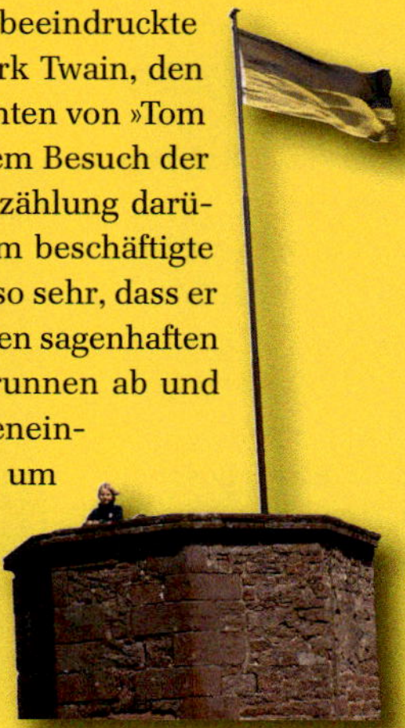

Zurück vom Stollen kommt ihr an dem Historischen Schlossgarten vorbei, einem wunderbaren Picknickplatz mit großer Rasenfläche und vielen Rosenbeeten. ◀

gemünd, am südlichen Neckarufer. Großer Parkplatz vor dem alten Stadttor, von dort wenige Min Fußweg durch die romantische kleine Altstadt zur Burgruine. **Zeiten:** März – Okt täglich 10 Uhr bis zur Dämmerung. Nov – Feb an regenfreien Wochenenden und Fei 13 – 17 Uhr. **Preise:** 2 €; Kinder 6 – 16 Jahre 1 €; Gruppen, Studenten, Behinderte 1 €, Familien 5 € (Eltern, schulpflichtige Kinder). **Infos:** Wechselnde Veranstaltungen im ganzen Jahr, Kinderprogramme am Wochenende und in den Ferien. Ab Mai bei gutem Wetter jeden So 14.30 Uhr Führung auf der Burg, Treffpunkt im Burghof, Erw 2,50 €, Kinder 1 €.

▶ Die Ruinen der Feste Dilsberg liegen hoch über dem Fluss. Ihr könnt oben auf der Burgmauer wie ein mittelalterlicher Wachmann zwischen den Zinnen entlang stolzieren oder den prächtigen Blick vom Turm genießen, der von der Mauer aus über einen Steg betreten wird. Die mächtige Mauer gehört zu den ältesten Teilen der Burg, die Zinnen, die sie bekrönen, sind aus dem 19. Jahrhundert. Mehrere Gebäude der Burg sind recht gut erhalten, auch der Turm aus dem 16. Jahrhundert.

Die Grafen von Lauffen, eine einflussreiche Adelsfamilie, die zwischen 900 und 1100 bedeutend war, ließen die Burg auf dem *Dilsberg* um 1150 errichten. Zum einen bot die Burg die Möglichkeit, die Verkehrswege durch das Neckartal zu kontrollieren. Zum anderen drückte der Besitz einer Burg auf eindeutige Weise aus, dass man etwas Besonderes war.

Im Sommer finden heute Konzerte und Theateraufführungen im Burghof statt.

Hunger & Durst

Pippifax Burgcafé, Obere Straße 13, Feste Dilsberg, 69151 Dilsberg. ✆ 06223/9259-00, www.pippifax.net. Mi 13 – 20, Do 12 – 20, Fr 13 – 22, Sa 13 – 20 und So 13 – 18 Uhr. Do Suppentafel. Nach Voranmeldung auch außerhalb der Öffnungszeiten.

Hunger & Durst

Gasthaus Deutscher Kaiser, Burghofweg 8, 69151 Neckargemünd. ✆ 06223/2186. www.kaiser-dilsberg.de. Ab 11.30 – 14.30 und 17.30 – 21.30 Uhr. Nachmittags Kuchen und Vesperkarte. Innerhalb der Burgfeste.

Burg Stolzeneck

Eberbach-Rockenau. www.eberbach.de. **Bahn/Bus:** S1 Heidelberg – Osterburken bis Eberbach Bhf, von dort Bus 803 bis Rockenau. **Auto:** Ab Heidelberg B37 über Neckarsteinach und Hirschhorn nach Eberbach, dann Richtung Schwanheim bis zum Wanderparkplatz rechts. **Zeiten:** Die Burg ist ganzjährig frei zugänglich.

Besitzerstolz: Burgeroberer auf der Schildmauer

Die Ruine der Burg Stolzeneck liegt mitten im Wald circa 200 m oberhalb des Neckars, mitten im Rundweg ↗ Urwaldpfad. Sie wurde wahrscheinlich kurz nach 1200 als staufische Reichsburg erbaut. Gegen die Bergseite ist die Ruine durch einen mächtigen Halsgraben geschützt, der tief in den Fels gehauen ist. Aus diesem Felsmassiv stammen auch die Steine, aus denen die Burg errichtet ist. Die aufstrebende Kurpfalz erwarb 1284 Stolzeneck als erste der Neckarburgen. Sinn war die Festigung ihres Einflussbereiches neckaraufwärts. Im 17. Jahrhundert wurde die Burg aufgegeben. Sie wurde in den letzten Jahren restauriert. Heute kann man mit einer gehörigen Portion Abenteuerlust in den Ruinen herumklettern und geheimnisvolle Gänge und Winkel entdecken. Von der imposanten Schildmauer aus hat man einen wunderbaren Blick über den Neckar bis nach Eberbach.

Vor den Gemäuern der Burgruine Stolzeneck ist eine schöne, neu angelegte Grillstelle. Über einer eingefassten Feuerstelle kann man auf dem Schwenkgrill seine Würstchen brutzeln.

Ruine Minneburg

69437 Neckargerach-Guttenbach. www.neckargerach.de. gemeinde@neckargerach.de. **Bahn/Bus:** S1 Heidelberg – Osterburken bis Neckargerach Bhf, von dort Bus 839 bis Guttenbach. **Auto:** Ab ↗ Heidelberg bzw.Mosbach B37 bis Guttenberg. Parken im Ort und Fußmarsch nach Beschilderung über 300 m langen geschotterten, steilen Weg zur Burg. **Rad:** Neckartalradweg. **Zeiten:** Ganzjährig frei zugänglich.

Gegenüber von Neckargerach, auf der anderen Neckarseite, erhebt sich auf einem bewaldeten Berghang hoch über dem Ortsteil Guttenbach die Minne-

▶ Es erinnert ein wenig an Romeo und Julia: Der Sage nach trägt die Burg Minneburg ihren Namen zu Ehren des Burgfräuleins Minna von Horneck von der Burg Hornberg. Sie soll sich aus Verzweiflung über eine befohlene Zweckehe mit dem Grafen von Schwarzenberg in eine Höhle geflüchtet haben. Diese Höhle lag bei der heutigen Minneburg. Dort wartete sie auf die Rückkehr ihrer geheimen Liebe, des Ritters Edelmut von Ehrenberg, der auf einem Kreuzzug »im Namen des Herrn« war. Kreuzzüge wurden im Mittelalter von den Christen u.a. gegen die Muslime durchgeführt, die Jerusalem besetzt hatten. Als dieser jedoch endlich aus dem Heiligen Land zurückkehrte, lag die geliebte Minna bereits im Sterben. Er soll ihr am Totenbett die Errichtung einer Burg versprochen haben. Diese sollte als Gedenken an die große Liebe der beiden (mittelhochdeutsch heißt »Minne« Liebe) den Namen Minneburg erhalten. Die Gründung der Burg muss im 12. Jahrhundert gewesen sein. ◀

ROMEO UND JULIA AUF DER MINNEBURG

burg. Sie gilt als Wahrzeichen von Neckargerach. Ihre jetzige Gestalt verdankt sie dem Ausbau in der ersten Hälfte des 16. Jahrhunderts. Heute ist sie eine mächtige Ruine und ein beliebtes Ausflugsziel mit sagenhaftem Ausblick. Im Dreißigjährigen Krieg wurde die Burg von den Franzosen teilweise zerstört und verfiel schließlich. Von der Vorburg sind heute nur noch Fundamente und Mauerreste vorhanden, der Palas ist hingegen sehr schön aufbereitet. Die Burgruine ist über schöne Wanderwege erreichbar.

Burg Hornberg am Neckar

74865 Neckarzimmern. ✆ 06261/5001, 92460 (Hotel-Restaurant), Fax 2348. Handy 0172/1030167 (ab 10 Uhr). www.burg-hornberg.de. Östlich von Mosbach. **Bahn/Bus:** S1 Heidelberg – Osterburken bis Neckarzimmern Bhf, von dort circa 500 m den Berg hinauf. **Auto:** Ab Mosbach bzw. ↗ Bad Wimpfen B27 bis Neckarzimmern, Burg Hornberg ausgeschildert. Parkplatz direkt an der Burg. **Preise:** 3 €; Kinder 2 €.

Na, wenn man sich da nicht fühlt wie die alten Ritter! Steaks brutzeln auf dem Grillplatz in der Vorburg der Ruine – das ist reines Abenteuer. Da sie mitten im Wald liegt, muss man sich auch nicht sorgen, beim ausgelassenen Gelage jemanden zu stören.

*Auf **Burg Hornberg** hat Freiherr Götz von Berlichingen bis zu seinem Tod 1562 gelebt, über den J.W. von Goethe ein Drama schrieb, aus dem der noch berühmtere Satz stammt: »... er kann mich am ... lecken!«*

▶ An der **Burg Hornberg** gibt es kein Kassenhäuschen, sondern einen Automat wie in einem Parkhaus oder für Fahrkarten, in den ihr Kleingeld werfen müsst, um dann durch ein Drehkreuz die Ruine betreten zu dürfen. Dafür gibt es in der Ruine aber etwas besonders Gruseliges zu sehen, aber was das ist, verrate ich nicht. Ihr werdet es schon finden! Der Turm der Ruine kann besichtigt werden. Das groß angekündigte Burgmuseum ist jedoch enttäuschend, es besteht nur aus 2 Schaukästen mit einigen römischen und mittelalterlichen Fundstücken. Die Ruine selbst ist weitläufig und in den vielen Räumen könnt ihr lange herumstreunen. Wer von euch entdeckt wohl als erster das schauerliche Etwas?

Museen und Stadtführungen

Durch die Altstadt von Neckargemünd

Tourist-Information, 69151 Neckargemünd. ✆ 06223/3553, Fax 73784. www.neckargemuend.de. touristinfo.neckargemuend@t-online.de. **Bahn/Bus:** Ab ↗ Heidelberg S1, S2 bis Neckargemünd Bhf. **Auto:** B37 bis Neckargemünd. **Zeiten:** Nach Angebot. **Preise:** 38 € pro Gruppe, 44 €, Abendführung bis 30 Pers 100 €; Kinder 30 € pro Gruppe, Themenführung Mark Twain 36 €.

▶ Es gibt Führungen durch die Altstadt von Neckargemünd, z.B. mit der Geschichte über die Ansiedlung von Fischern und Jägern bis hin zur Freien Reichsstadt. Daneben werden spezielle Themenführungen angeboten. Beliebt sind »Auf den Spuren von Mark Twain« und die Abendführungen mit Nachtwächtern. Auf den Spuren von Mark Twain wandelt ihr, indem ihr etwas über die Burganlage Dilsberg erfahrt, dabei die Burg erkundet und das Geheimnis der Kinder am Brunnen lüftet. Schließlich entdeckt ihr auch den »geheimen Gang«, einen unterirdischen Brunnenstollen. Dauer circa 1,5 Stunden. Die Abendführung mit den

Themenführungen wie »Auf den Spuren Mark Twains« oder »Neckargemünd in Malerei und Literatur«, für Gruppen bis zu 30 Pers, 30 – 56 €.

Nachtwächtern beginnt mit Einbruch der Dämmerung am Neckarlauer. Mit ihren Hellebarden und strahlenden Laternen begleiten euch die Nachtwächter sicher durch die Gassen der Neckargemünder Altstadt und erzählen dabei auch die Geschichte der Stadt. Dauer circa 2 Stunden.

Kinderführungen in Neckargemünd

Tourist Information, 69151 Neckargemünd. ✆ 06223/3553, Fax 73784. www.neckargemuend.de. **Bahn/Bus:** S1, S2 bis Neckargemünd Bhf. **Auto:** B37 bis Neckargemünd. **Zeiten:** Ganzjährig möglich, Termine nach Absprache. **Preise:** Führung pro Gruppe 36 €; Schulklassen 25 €. **Info:** Treffpunkt Hanfmarkt.

▶ »Wie einer der größten und mächtigsten Kaiser aller Zeiten durch Neckargemünd ritt und befahl, die Stadt zu bauen!« Die Gästeführerin leitet euch durch die Altstadt Neckargemünds, lockt in schmale Gassen, spannende Winkel und unbekannte Ecken und erzählt dabei die wahre Geschichte der Stadtgründung.

Indianer- und Westernmuseum Old America

Heinsheimerstraße 47, 74855 Haßmersheim-Neckarmühlbach. ✆ 06266/1744, Fax 95044. www.hassmersheim.de. **Bahn/Bus:** Ab ↗ Bad Wimpfen Birkensee Bus 603 bis Haßmersheim-Neckarmühlbach Wilhelm-Hauff-Straße. **Auto:** A6 Ausfahrt 35 Bad Rappenau über Bad Wimpfen nach Haßmersheim-Neckarmühlbach. **Zeiten:** Di – Fr 12 – 18, April – Okt Sa, So 11 – 18, Nov – März Sa, So 14 – 17 Uhr. **Preise:** 3 €; Kinder 1 – 1,50 m Größe 2 €, ab 1,50 m 3 €.

▶ Der wilde Westen liegt am Neckar. Genauer gesagt in Neckarmühlbach. Die Rede ist vom Indianer- und Westernmuseum Old America, das über 6000 Exponate aus der amerikanischen Welt zum Anfassen und Draufklettern zeigt. Dieses Museum macht Spaß. Wer über die knarrenden Dielen des alten Bauern-

Happy Birthday!
Spezialführungen gibt es für Geburtstage mit Tipi-Kreis. Kosten nach Körpergröße der Gäste.

Wunderschön ist die Anreise nach Neckarmühlbach ab Haßmersheim mit der Fähre über den Neckar. Ab Haßmersheim Bhf fährt sie alle 15 Min Mo – Fr 5.30 – 20.15, Sa, So, Fei 9.30 – 18.15 Uhr. Infos unter ✆ 06266/79150.

hauses schreitet, ist mittendrin im Leben der indianischen Ureinwohner aus Nord- und Mittelamerika. Auch die Welt der weißen Siedler, Cowboys und Farmer wird hier lebendig und »begreifbar«. Unbedingt zu empfehlen ist eine der Themenführungen, für die man sich vorher anmelden sollte.

FESTKALENDER

Januar: 31., 24 Uhr, Neckargemünd: **Nachtwächterumzug** vom Torturm aus durch die Gassen von Dilsberg.

Mai: Anfang, Schwarzach Wildpark: **Schaf- und Wolltag,** 11 – 17 Uhr. Schafschur, Produkte vom Schaf, Frühlingsmarkt und Familienunterhaltung.

Pfingsten: Aglasterhausen-Daudenzell: Traditioneller **Pfingstmarkt.**

Juli: Letzter Sa, Neckarsteinach: **Tag des Gastes,** mit Burgbeleuchtung und Feuerwerk.

August: 3. Mi, Helmstadt: **Sauerkrautmarkt.**

September: 2. Wochenende, Neckargemünd: **Burgfest,** Feste Dilsberg. Festspiele, Kulinarisches und Kinderprogramm.

WEIHNACHTSMÄRKTE

1. Dez-Wochenende: Dilsberg: **Dilsberger Weihnachtsmeile,** im Innenhof und in der Burgfeste Dilsberg.

1. Advent: Sa, So, Eberbach: **Weihnachtsmarkt,** Motto »einfach märchenhaft«, rund um den Thonon-Platz.
Sa, So, Waibstadt: **Adventsmarkt.**

2. Advent: Sa, So, Neckarbischofsheim: **Nikolausmarkt,** die Stände und Buden gruppieren sich um die Stadtkirche.

2. Dez-Wochenende: Neunkirchen: **Weihnachtsmarkt,** rund um den Dorfplatz und entlang der Dorfstraße 35 festlich geschmückte Stände. An beiden Markttagen ist der Nikolaus unterwegs.

3. Advent: Sa, So, Helmstadt-Bargen: **Weihnachtsmarkt,** im Rathaushof.

KARLSRUHE & RHEIN

HEIDELBERG & KURPFALZ
KLEINER ODENWALD
KARLSRUHE & RHEIN
ZENTRALER KRAICHGAU
NATURPARK NECKAR-ZABER
HEILBRONN & NECKAR
PFORZHEIM & ENZ
ORTE, INFO & VERKEHR
FERIENADRESSEN & EINKAUFEN
KARTEN & REGISTER

Karlsruhe ist ehemalige Hauptstadt von Baden und drittgrößte Stadt in Baden-Württemberg. Kein Wunder, dass in der kinderfreundlichen Stadt so einiges geboten wird. Ihr erkennt das nicht nur an einer Vielzahl ungewöhnlicher und ganz besonderer Spielplätze, die allesamt in einem super Zustand sind. Auch das Freizeitangebot und die zahlreichen Museen mit ihren speziellen Kinderangeboten sorgen dafür, dass es euch sicher nicht langweilig wird. Schloss und Schlosspark, die weitläufige Günther-Klotz-Anlage und der berühmte Zoo sind die Hauptsehenswürdigkeiten, die kein Besucher verpassen darf.

Karlsruhe liegt in der oberrheinischen Tiefebene in der Nachbarschaft von Schwarzwald, Kraichgau, Vorderpfalz, Elsass, Pfälzer Wald und Vogesen. Super Rad- und Wanderwege, der Rhein, viele Baggerseen und nicht zu vergessen Bruchsal mit seinem barocken Schloss und diversen Angeboten für die ganze Familie runden die Region als spannend, erlebnis- und abwechslungsreich ab.

SPIEL & SPASS AM OBERRHEIN

ADFC Regionalkarten: Karlsruhe und Umgebung, 1:50.000. BVA Bielefelder Verlag. ISBN 3-87073-243-1, 6,80 €.

Frei- und Hallenbäder

Einmal wild, bitte! Europabad Karlsruhe

Hermann-Veit-Straße 7, 76135 Karlsruhe. © 0721/16022400, Fax 1335249. www.europabad-karlsruhe.de. info@baeder-karlsruhe.de. **Bahn/Bus:** S1 bis Europahalle, S2 bis Welfenstraße. **Auto:** A5 Ausfahrt 45 Karlsruhe-Mitte, B10 Richtung Landau bis Ausfahrt Europahalle. **Zeiten:** Mo – Sa und Fei 10 – 23, So 10 – 21 Uhr. **Preise:** 1,5 Std 6 €, 4 Std 10 €, Tageskarte 14 €; Kinder unter 1 m 2 €, ab 1 m 1,5 Std 5 €, 4 Std 8 €, Tageskarte 12 €; Familien (2 Erw, ab 2 eigene Kinder/Enkel oder 1 Erw, ab 3 Kinder) 25 % vom Basistarif pro Person.

▶ Nagelneu ist das große Spaßbad bei der Europahalle – und reich an wilden Wasser-Attraktionen! Wie wäre es mal mit einem schwindelerregenden Rafting

TIPPS FÜR WASSERRATTEN

Schwimmkurse unter ↗ www.aquakurse-ka.de.

Wenn's nur immer Sommer wär: Im Waldbad Schöllbronn

Plitschplatsch: Tolle Rutschen und Wasserspiele locken ins Europabad

durch die 170 m lange Rutsche? Dann schnapp dir schnell eines der Luftboote und ab geht's in die Tiefe! Im Anschluss kannst du einen Gewitterregen erleben, dich ins brodelnde Wasser werfen oder mit der Strömung treiben lassen. Magst du es lieber weniger wild? Dann ist der Kinderbereich mit seinen Kanälen und Staudämmen das Richtige für dich. Im **Außenbecken** kannst du bei immer kuschelig-warmen Wassertemperaturen das ganze Jahr über baden oder im Nichtschwimmerbecken Ball spielen. Das Wasser ist hier garnicht tief. Leider ist der Eintritt sehr teuer, vor allem für eine Badezeit von nur 1,5 Stunden.

Rheinstrandbad Rappenwört

Hermann-Schneider-Allee 50 – 54, 76189 Karlsruhe. ✆ 0721/133-5228, 133-5229, www.karlsruhe.de. **Bahn/Bus:** Straba 6 bis Rappenwört. **Auto:** Ab Innenstadt Richtung Rheinhafen/Daxlanden bis Rappenwört. **Rad:** Stadt-Radweg entlang der Alb und über Hermann-Schneider-Allee. **Zeiten:** Mai, Juni 10 – 19, ab Juli 9 – 19 Uhr, bei sehr gutem Wetter bis 20 Uhr. **Preise:** 3,50 €; Kinder ab 6 Jahre 2,20 €; Familien 9,20 €.

▶ Das neu renovierte und um einige Spaßfaktoren erweiterte Rheinstrandbad liegt landschaftlich einmalig zwischen Rheinufer und dem urwüchsigen Rheinwald. Auf großen Liegewiesen kann man den vorbeituckernden Rheinfrachtern zuschauen, während die Kinder unermüdlich die neuen Riesenrutschen hinabsausen. Weitere Attraktionen sind das Wellenbecken, ein Springerbecken mit 5-m-Turm sowie ein Erlebnisbecken mit Riesenrutsche, Strömungskanal und Brodelelementen. Für Kleinkinder und Ruhe suchende Schwimmer finden sich auf der anderen Seite des Geländes das Plantschbecken und das solarbeheizte Mehrzweckbecken. Im unmittelbaren Umfeld gibt es Ringtennisplätze, ein Volleyball-, ein Fußball- und ein Basketballfeld. Abgerundet wird das Angebot von einer Minigolfanlage und einem Kinderspielplatz.
Außerhalb der Badesaison steht das Naturbecken mit Promenade entlang dem Rhein der Bevölkerung kostenlos als **Park** zur Verfügung. Schöne Herbst- und Frühlingsspaziergänge in unmittelbarer Rheinnähe sind immer ein Erlebnis.

Achtung!
Die Straßenbahn fährt außerhalb der Freibadsaison nicht regelmäßig bis zur Endhaltestelle Rappenwört. Für den Winterspaziergang sollte man sich vorab die Fahrpläne genau anschauen.

Sonnenbad

Honsellstraße 39, 76189 Karlsruhe. ✆ 0721/133-5234, -5230, www.karlsruhe.de. **Bahn/Bus:** S5 bis Rheinhafen. **Auto:** Über B10 oder Südtangente Richtung Landau bis Abfahrt Rheinhafen. **Zeiten:** Mai – Juni und ab Sep Mo, Mi, Fr 9 – 20, Di und Do 9 – 22, Sa, So, Fei 9 – 19 Uhr, März, April, Okt und Nov Mo, Mi, Fr 10 – 20, Di, Do 10 – 22, Sa, So, Fei 10 – 17 Uhr. **Preise:** 3,50 €; Kinder ab 6 Jahre 2,20 €; Familien 9,20 € (2 Erw, 3 Kinder bis 18 Jahre). **Infos:** Okt – April wird ein Heizkostenzuschlag von 1,50 € für Erw und 1 € für Kinder bis 14 Jahre erhoben.

▶ Der Name des Bades ist eigentlich irreführend – im Gegensatz zu vielen Freibädern, die nur bei schönem Sonnenschein zugänglich sind, öffnet das Sonnenbad schon im März seine Tore für Freiluftschwim-

Wenn ihr vom vielen Toben außer Puste seid, versucht doch einmal, auf dem Rücken im Wasser zu liegen und euch nicht zu bewegen. Wer schafft es am längsten, ohne unterzugehen?

mer! Und während im September alle anderen Freibäder schon schließen, kann man hier bis in den Oktober noch im Freien plantschen. Die Wassertemperaturen werden den Lufttemperaturen kontinuierlich so angepasst, dass beides in gutem Verhältnis zueinander steht. Das teilüberdachte 50-m-Schwimmerbecken lockt Badegäste ebenso wie das Nichtschwimmerbecken mit Rutsche. Ein Plantschbecken mit Rutschen wird die Kleinsten begeistern und es gibt auch einen Spielplatz. Für kühlere Tage sind die beheizten Umkleidekabinen und die Sauna gerade richtig.

Rüppurrer Freibad

Heidelberger Straße 1, 76199 Karlsruhe-Rüppurr. ✆ 0721/133-5232, www.karlsruhe.de. **Bahn/Bus:** S1, S11 Richtung Ettlingen/Bad Herrenalb bis Schloss Rüppurr. **Auto:** Aus Richtung Karlsruhe-Stadtmitte über Ettlinger Straße und Ettlinger Allee bis Rüppurr. **Zeiten:** Mai, Juni 10 – 19 Uhr, Juni – Ende Schulferien 9 – 19 Uhr, Schulanfang – Saisonende 10 – 19 Uhr. **Preise:** 3,50 €; Kinder ab 6 Jahre 2,20 €; Familien 9,20 € (2 Erw, 3 Kinder bis 18 Jahre).

Vom Rüppurrer Freibad starten ↗ Kanutouren!

▶ Das von der Karlsruher Innenstadt aus am besten erreichbare Freibad ist das in Rüppurr. Sowohl für Fitnessbegeisterte als auch für Kinder, Jugendliche und Eltern ist es das ideale Ziel für schöne Sommertage. Hier warten ein 50-m-Schwimmer- und ein Nichtschwimmerbecken mit Schwallbrausen, Wasserfall und einer steilen Doppelrutsche auf euch. Die Attraktion des Bades ist allerdings die 79 m lange Riesenrutsche. Für die ganz kleinen Besucher gibt es ein Plantschbecken mit Elefantenrutsche. Für Spiel und Spaß an Land sorgen ein Sport- und ein Kinderspielplatz bei der großen Liegewiese.

Albgaubad Ettlingen

Hallenbad, Luisenstraße 14, 76275 Ettlingen. ✆ 07243/101-811, www.albgaubad.de. **Bahn/Bus:** Ab ↗ Karlsruhe S1, S11 bis Ettlingen Albgaubad. **Auto:** A5

Ausfahrt 47 Ettlingen Richtung Bad Herrenalb, über Herrenalber Straße nach Ettlingen. **Zeiten:** Di – Do 10 – 22, Fr 8 – 22, Sa, So 10 – 19 Uhr. **Preise:** 4 €; Kinder 4 – 18 Jahre 2 €; Behinderte 2 €.

▶ Der Familientipp in Karlsruhe ist mit Sicherheit das Albgaubad. Es umfasst ein attraktives Hallenbad und ein komplett restauriertes, mit neuer Erlebniswelt versehenes Freibad. Im Hallenbad lockt die Riesenrutsche, die auch während der Freibadsaison zugänglich ist. Es gibt einen Sprungturm mit einem 1- und einem 3-m-Brett mit eigenem Becken, sodass sich springbegeisterte Badegäste nonstop in die Tiefe stürzen können. Außerdem gibt es einen ausgesprochen netten, separaten Kleinkindbereich mit vielen Wasserspielen und Spielmaterial.

Albgau-Freibad

Schöllbronner Straße, 76275 Ettlingen. ✆ 07243/ 101640, www.baeder-ettlingen.de. **Bahn/Bus:** Ab ↗ Karlsruhe S1, S11 bis Albgaubad. **Auto:** A5 Ausfahrt 47 Ettlingen Richtung Bad Herrenalb, über Herrenalber Straße nach Ettlingen. **Zeiten:** Täglich 9 – 20 Uhr. **Preise:** 4 €; Kinder 4 – 18 Jahre 2 €; Behinderte 2 €.

▶ Das Freibad wurde 2007/2008 komplett neu gestaltet. Hier gibt es nun neben dem Schwimm- und Sportbereich einen Erlebnisbereich mit Steil- und Breitrutsche, Strömungskanal und Wasservulkan sowie einen Kinderspielbereich mit Wassergrotte, Wasserfall und Wasserkanone. Goldwaschanlage und Piratenschiff geben dem Bad einen Hauch Abenteuer.

Die Riesenrutsche des angrenzenden Albgaubades ist auch während der Schließzeit des Hallenbades vom Freibad aus zugänglich.

Waldbad Schöllbronn

Moosbronner Straße, 76275 Ettlingen-Schöllbronn. ✆ 07243/2469, www.baeder-ettlingen.de. **Bahn/Bus:** ↗ Ettlingen Bhf, von dort Bus 102 bis Ettlingen-Schöllbronn Schwimmbad. **Auto:** Von Ettlingen über Spessart nach Schöllbronn, durch den Ort der Hauptstraße folgen. **Zeiten:** Täglich 10 – 20 Uhr. **Preise:** 3,50 €; Kinder 4 – 18 Jahre 2 €; Behinderte 2 €.

In der weitläufigen Parklandschaft könnt ihr neben den Badefreuden Streetball, Tennis, Volleyball, Beachvolleyball, Fußball oder Tischtennis spielen.

▶ Ein toller Tipp in der Bäderlandschaft rund um Karlsruhe: Wenn in der Stadt mal so richtig die Sommersonne herunterbrät, ist man in Schöllbronn gut aufgehoben. Dort sind es aufgrund der Lage mitten im Wald am Rande des Schwarzwaldes immer ein bisschen kühler und die Luft ist nicht so feucht hier oben. Außerdem hat das Bad einiges zu bieten: Besonders im großzügigen Plantschbereich mit Kleinrutsche, Schiffchenkanal und Wasserigel können kleine Wasserratten viel Neues entdecken und erleben. Für die großen Wasserbegeisterten sind das 25-m-Schwimmerbecken sowie Erlebnisbecken mit Strömungskanal, Breitrutsche, Turborutsche und Schwallbrunnen eine echte Herausforderung. Ein Kiosk und eine riesige Liegewiese runden das Angebot ab.

Freibad SaSch in Bruchsal

Sportzentrum 7, 76646 Bruchsal. ✆ 07251/706-250, www.sasch-bruchsal.de. **Bahn/Bus:** ↗ Bruchsal, Stadtbus Max bis SaSch. **Auto:** Richtung Bruchsal Stadtmitte, Ausschilderung Sportzentrum folgen. **Zeiten:** Mai – Sep täglich 9 – 20 Uhr. **Preise:** 4 €; Kinder ab 6 Jahre 3 €; Familien 9 €.

▶ Im Erlebnisbecken gibt es, wie der Name schon sagt, einiges zu erleben. Dafür sorgen Bodenblubber, Wasserpilze, Schwallduschen, Unterwasser-Massagedüsen und Sprudelliegen. Oder wie wäre es mit einer 90-m-Riesenrutsche? Oder gleich mit eurer ganzen Familie auf der 20 m langen Breitrutsche ins erfrischende Nass düsen? Oder sich ganz einfach mal treiben lassen? Der Strömungskanal bringt euch dabei in Fahrt! Familien mit Babys sind im Kleinkinderbecken gut aufgehoben. Dort findet ihr eine Kombination aus Wasserspaß und Spielgeräten. Der hübsche Bereich bietet neben dem Plantschbecken zahlreiche Wasserspiele, wie den wasserspeienden Seelöwen oder die Pumpe beim Matschplatz.

Baden und Boot fahren

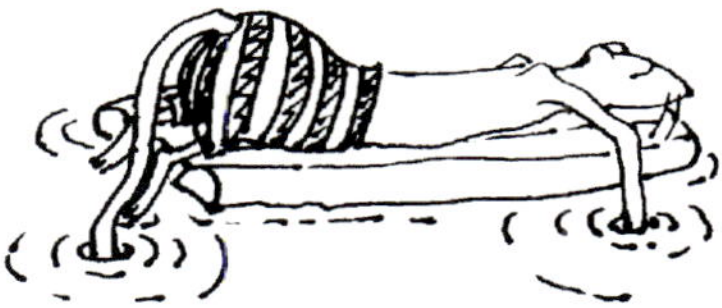

Badesee Buchtzig

Am Baggersee 4, 76275 Ettlingen. ✆ 07243/9584, www.baeder-ettlingen.de. **Bahn/Bus:** Ab ↗ Karlsruhe S1, S11 Ettlingen Bhf. **Auto:** A5 Ausfahrt 48 Karlsruhe-Süd Richtung Rastatt, Rheinstetten, vorbei an Ettlingenweier bis Beschilderung Badesee. **Zeiten:** Während Pfingst- und Sommerferien Mo – So 10 – 20 Uhr, außerhalb der Ferien Mo – Fr 12 – 20, Sa, So 10 – 20 Uhr. **Preise:** 3,50 €; Kinder 4 – 18 Jahre 2 €. **Infos:** Bei schlechter Witterung geschlossen. Auskunft im Internet oder unter ✆ 07243/101-811.

▶ Der See ist vor allem für kleinere Kinder und Nichtschwimmer ideal, weil er über einen Sand- und Wiesenstrand flach ins Wasser geht. Der gekennzeichnete Kinderplantschbereich ist bei den Jüngsten besonders beliebt. Zur Bespaßung gibt es eine Fontäne und zwei Schwimminseln. Ein Beachvolleyballfeld, eine Basketballanlage, Tischtennisplatten und ein Freilandschachbrett lassen auch bei den älteren Kindern keine Langeweile aufkommen. Es gibt außerdem einen netten Kinderspielplatz, einen Tretbootverleih und eine Grillstation. Kiosk und Sanitärbereich mit Umkleiden sind ebenfalls vorhanden.

Freizeitanlage Äußeres Fischwasser

Holzmüllerrichtweg 1, 76669 Bad Schönborn-Langenbrücken. ✆ 07253/94310 (Kurverwaltung), Fax 94-3114. www.bad-schoenborn.de. touristik@bad-schoenborn.de. **Bahn/Bus:** Ab ↗ Karlsruhe S3 bis Bad Schönborn-Langenbrücken. **Auto:** A5 Ausfahrt 41 Kronau Richtung Bad Schönborn, Östringen bis Langenbrücken. **Zeiten:** Mai – Sep täglich 9 – 21 Uhr. **Preise:** 2,50 €; Kinder 10 – 16 Jahre 1,50 €.

▶ Im Ortsteil Langenbrücken liegt der Badesee Äußeres Fischwasser bzw. *Philippsee.* Es gibt einen Sandstrand mit Flachwasserzone, eine Liegewiese mit Bäumen, die im Sommer Schatten spenden, ein

Beachvolleyballfeld und einen Spielplatz und Badeinseln. Im Strandcafé mit Ausschank könnt ihr euch stärken.

Zu Wasser durch die City: Unterwegs mit dem Kanu auf der Alb

ZIP Kanuverleih, Hinterm Dorf 34, 76199 Karlsruhe. ✆ 0721/9338594, Fax 9338595. www.zipteam.de. team@zipteam.de. **Länge:** ca. 8 km, Dauer ohne Pause 3 Std. **Bahn/Bus:** Ab ➚ Karlsruhe S1, S11 Richtung Ettlingen/Bad Herrenalb bis Schloss Rüppurr. **Auto:** Aus Richtung Karlsruhe-Stadtmitte über Ettlinger Straße und Ettlinger Allee bis Rüppurr. **Zeiten:** März – Nov. **Preise:** 38 € pro Boot inkl. Freibadeintritt in beide Bäder. **Infos:** Während der Sommerferien Bootreservierung auch beim ➚ Rüppurer Freibad, ✆ 0721/133-5232.

▶ Das ist Indianer-Feeling pur: Auf eigene Faust die Alb in einem Kanu entlangpaddeln, durch dschungelartige Gebiete gleiten und den Eindruck haben, jeden Moment müsse ein Krokodil auftauchen. Dann geht es wieder durch unheimliche Unterführungen, und später säumen Weiden das Ufer des Flüsschens, die so weit ins Wasser ragen, dass sie geschickt umfahren werden müssen. Die Abenteuertour, für die man sich mindestens einen halben Tag Zeit nehmen sollte, startet am **Freibad Rüppurr,** wo ihr übrigens im Preis inbegriffen auch noch baden dürft. Nach einer Einweisung des Bademeisters startet ihr immer der Nase nach Richtung Sonnenbad. Neidische Blicke verfolgen die Kanuten vom Ufer aus, schließlich kommt hier nicht jeden Tag eine Indianermannschaft vorbei! Unterwegs gibt es vielfältige Haltemöglichkeiten, zum Beispiel am Alb-Spielplatz Dammerstock oder an den Spielplätzen der Günther-Klotz-Anlage. Am **Kühlen Krug** wäre auch eine gute Gelegenheit zu rasten und sich für die Weiterfahrt zu stärken. Ab hier wird es richtig idyllisch auf der Alb. Der Straßenlärm bleibt nun hinter euch, nur noch das Vogelge-

Kurze Hosen und Badeschuhe sind ratsam, Wechselkleidung mitnehmen! Bei schlechtem Wetter Regenbekleidung. Auf wasserempfindliche Gegenstände verzichten oder in wasserdichte Beutel packen. Beim Paddeln und Ein- und Aussteigen gelangt unweigerlich Wasser ins Boot.

Hunger & Durst

Kühler Krug, Wilhelm-Baur-Straße 3a, 76135 Karlsruhe. ✆ 0721/8316416. www.brauhaus-kuehler-krug.de. Mo – Do 11 – 24, Fr und Sa 11 – 1, So 10.30 – 22 Uhr. Direkt neben dem Spielplatz, riesiges Speiseangebot.

zwitscher und das Plätschern des Wassers sind zu hören. Fliegt direkt vor euch vielleicht auch ein Storch über die Alb? Oder huscht am Ufer die eine oder andere Wasserratte vorbei? Mit einer gelben Sonne an einer Brücke ist schließlich der Ausstieg am ↗ **Sonnenbad** markiert, wo die Fahrt endet. Ohne Pause seid ihr nun etwa 3 Stunden gepaddelt und zur Belohnung ist eine Runde Plantschen im Sonnenbad inklusive.

Familienabenteuer: Mit dem Kanu auf der Alb

Auf der MS Karlsruhe

KVVH GmbH, Geschäftsbereich Rheinhafen, Werftstraße 2, 76189 Karlsruhe. ✆ 0721/599-7424, Fax 599-7409. www.fahrgastschiff-karlsruhe.de. mska@rheinhafen.de. Anlegestelle am Becken II des Rheinhafens. **Bahn/Bus:** Ab Marktplatz S5 bis Rheinhafen. **Auto:** Über Südtangente B10, Ausfahrt Rheinhafen. **Zeiten:** Vermehrte Fahrten in den Sommermonaten, vereinzelte Fahrten im Winter, ↗ Internet.

▶ Wohin darf es denn gehen? Soll es eine Rundfahrt sein oder lieber ein Kurztrip in die Pfalz? Oder möchtet ihr gar über die Ländergrenze hinaus nach Frankreich schippern? Egal, ob rheinauf- oder abwärts – die MS Karlsruhe bringt euch an euer Ziel. Bei gutem Wetter könnt ihr euch auf dem Oberdeck eine kühle Brise um die Nase streichen lassen und wenn's mal nicht so toll ist, könnt ihr auch geschützt hinter Glas die Fahrt genießen.

Eine 2-stündige Rundfahrt kostet für Kinder bis 3 Jahre 2 €, für Kinder 4 – 15 Jahre 4 €, für Erwachsene 8 €, Familien 18 €.

Am 6. Dez startet eine Nikolausfahrt mit dem Nikolaus an Bord. Für Kinder bis 15 Jahre kostet das 2 €, für Erw 8 €.

RAUS IN DIE NATUR

Eine 4-Häfen-Rundfahrt mit interessanten Infos zu Rheinhafen und Ölhafen sowie den Häfen Maxau und Wörth dauert 3 Stunden und kostet dasselbe wie die 2-stündige Rundfahrt.

Ein Ausflug nach Heidelberg mit 3 Stunden Aufenthalt und Rückfahrt mit dem Bus kostet für Kinder bis 15 Jahre 12,50 €, für Erwachsene 25 €.

Radeln und Skaten

Reif für die Insel: Von Karlsruhe auf die Rheininsel Rott

Länge: 40 km, überwiegend ebene, asphaltierte Radwege, gut für Familien geeignet. **Bahn/Bus:** ↗ Karlsruhe. **Auto:** Parkplatz Wildparkstadion am Adenauerring. **Rad:** Ab Oststadt den Schildern Richtung Mannheim/B36 folgen bis Adenauerring. Bei Wildparkstadion rechts in Wald hinein.

▶ Heute erkundet ihr das Umland um Karlsruhe Richtung Leopoldshafen und Rhein. Ihr startet am **Parkplatz** des Wildparkstadions und wendet euch an der Grabener Allee Richtung Leopoldshafen. Schon bald kommt ihr am ↗ **Waldklassenzimmer** vorbei, vielleicht habt ihr Glück und es ist geöffnet. Dann könnt ihr euch durch das natürliche Labyrinth kämpfen, das Baumhaus erklimmen oder euch die Ausstellung im Inneren des Klassenzimmers anschauen. Weiter geht's über den Karl-Knierer-Weg, bis ihr frontal auf den **Pfinz-Entlastungskanal** stoßt. Dieser Kanal leitet Wasser aus der Pfinz in den Rhein ab. Entlang dem Kanal kann man als Wanderer oder Radfahrer eine malerische Natur genießen. Ihr wendet euch gen Eggenstein-Leopoldshafen, wo ihr zwischen den beiden Teilorten den ↗ **Vogelpark** erreicht. Dort könnt ihr Flamingos, Kranichen und Weißstörchen einen Besuch abstatten. Hier könntet ihr, nach 13 km, eure Radtour beenden oder aber weiter Richtung Inseln radeln. Jetzt geht's über den Rhein. Das nächs-

Hunger & Durst

Beim Schupi, Durmersheimer Straße 6, 76185 Karlsruhe. ✆ 0721/551220. www.schupi.de. Mo – Sa ab 17 Uhr, So, Fei ab 12 Uhr. Sehr kinderfreundlich.

Hunger & Durst

Biergarten Andreasbräu, Donauring 71a, 76344 Eggenstein-Leopoldshafen. ✆ 07247/963200. www.andreasbraeu.de. Täglich 10 – 24 Uhr. Biergarten mit Wiese zum Toben, Kinderkarte.

te Ziel heißt **Insel Rott,** ihr könnt die Insel von der Rheinfähre Leopoldshafen-Leimersheim aus erreichen, wenn ihr etwa 4 km am Rhein entlang nach Norden fahrt. Eine direkte Straßenverbindung ohne Fähre gibt es von Hochstetten aus.

An der Alb entlang zum Rhein

Karlsruhe. **Länge:** 10 km. **Bahn/Bus:** Ab Hbf Bus 62 bis Beiertheim-West, dann zu Fuß zur Günther-Klotz-Anlage. **Auto:** A5 Ausfahrt 45 Karlsruhe-Mitte Richtung Europahalle.

▶ Auch Kinder, die nicht begeistert radeln, werden diese Tour lieben. Nicht nur, weil es ein Superweg immer entlang der Alb ist, sondern weil sie an so vielen Spielplätzen vorbei führt, dass man sie gar nicht zählen kann. Deshalb sollte man viel Zeit einplanen, denn es werden einige Spielplatzstopps auf die Radlertruppe zukommen. Start ist die **Günther-Klotz-Anlage** direkt an der Alb. Wenn ihr nun dem kleinen Fluss und der Wegmarkierung roter Balken in weißem Rechteck immer folgt, kann gar nichts schief gehen – dann kommt ihr unweigerlich an allen Spielplätzen vorbei. Über kleine Brücken wechselt ihr immer wieder die Seite der Alb bis zu einem Fußballplatz, nach dem ihr rechts hinauf fahrt und die Alb verlasst. Euer nächstes Ziel heißt ↗ Rheinstrandbad Rappenwört, das ab hier auch gut ausgeschildert ist. Bald biegt ihr in die **Hermann-Schneider-Allee,** der ihr nun für ca. 3 km folgt. Wenn es nicht mehr weiter geht, seid ihr am Ziel, dem **Rheinstrandbad Rappenwört.** Im Sommer fährt hier regelmäßig die Straßenbahn zurück in die Stadt, sodass ihr nach einem Sprung ins kühle Nass nicht wieder den gan-

Badesachen für das erfrischende Bad in der Alb oder für das Freibad einpacken!

Beschauliches Gewässer: Rast an der Alb

KARLSRUHE & RHEIN

zen Weg zurückstrampeln müsst. Unterwegs sind zahlreiche Gaststätten und Biergärten, bei denen ihr euch stärken könnt.

SkateNite Karlsruhe

Karlsruher Messe- und Kongress-GmbH – Marktbereich Tourismus, Festplatz 9, 76137 Karlsruhe. ✆ 0721/ 37205383, Fax 3720-5385. www.skatenite-karlsruhe.de. stadtinfo@kmkg.de. **Bahn/Bus:** S2, S4, S5 und Straba 1, 2, 4, 5 bis Kronenplatz/Universität. **Zeiten:** April – Aug Do 19.30 Uhr.

▶ Mehrere tausend Inlineskater rollen durch die Straßen der Fächerstadt. Für den Autoverkehr ist alles gesperrt, sodass sich die Skater ungestört austoben können. Eine tolle Gelegenheit für euch Kinder, die Stadt mal auf Rollen von den ansonsten viel befahrenen Straßen aus zu erkunden! Auch wenn vorne die Profis düsen, könnt ihr hinten ganz gemächlich fahren.

Die SkateNite findet an mehreren Terminen meistens an Donnerstagen statt, Start ist am Kronenplatz 1.

Happy Birthday!
Es gibt eine Grillhütte, die eignet sich besonders gut für einen Kindergeburtstag. 15 € pro Tag.

Lehr- und Umweltpfade

Waldspielplatz und Erlebnispfad Fraueneich

Walzbachtal-Jöhlingen. **Bahn/Bus:** S4 Karlsruhe – Heilbronn bis Jöhlingen. **Auto:** Durch Jöhlingen Richtung Wössingen, ab Ortsmitte links in Bruchsaler Straße, den Ort verlassen, nach 3 km links parken, Hinweisschild. **Infos:** Der Grillplatz Fraueneich ist bei der Gemeinde Wössingen (Frau Dörfler, ✆ 07203/88-55 bzw. Herr Schrumpf, ✆ 07203/88-11) anzumieten.

▶ »Wald mit allen Sinnen erleben« ist das Motto für den nagelneuen Wald- und Erlebnisspielplatz in Walzbachtal. Dieses Fleckchen im Wald soll die ganze Familie zum Wandern, Spielen und Verweilen einladen. Der Erlebnisspielplatz besteht aus einer Verbindung zwischen Grillhütte und Spielwiese mit Kletterturm, Schaukel und Wippe sowie einem pädagogischen **Erlebnispfad** mit 13 Stationen. Ziel ist es, den Wald und seine natürlichen Zusammenhänge hautnah und mit fast allen **Sinnen** zu erleben. Es wurde eigens ein Begleitheft für alle Stationen entwickelt, das kostenlos im Rathaus Wössingen bzw. in der Verwaltungsstelle in Jöhlingen erhältlich ist. Außerdem kann im Rathaus Wössingen (bei Frau Dörfler, ✆ 07203/88-55 bzw. Herrn Schrumpf, ✆ 07203/88-11) nach Voranmeldung und gegen eine Kaution ein **Materialrucksack** ausgeliehen werden. Darin enthalten ist ergänzend zum Begleitheft das Spielmaterial für die Stationen im Wald. Außerdem kann man ein Säckchen mit Holztieren ausleihen, mit denen man im Wald kreativ spielen kann.

*Wisst ihr, wie die **Sinne** alle heißen? Welcher fehlt auf dem Erlebnispfad?*

Die Waldfüchse kommen!

Waldkindergarten Waldfüchse, Grabener Allee 15a, 76133 Karlsruhe. Handy 0175/6438142. www.waldfuechse-ka.de. info@waldfuechse-ka.de. **Bahn/Bus:** Ab Hbf Straba 3 Richtung Heide bis Heidehof, ab dorf 30 Min Fußweg. **Auto:** Ab ↗ Karlsruhe Zentrum Richtung Wildparkstadion auf den Adenauerring, dann rechts auf die Grabener Allee. **Zeiten:** 8 – 14 Uhr. **Preise:** Das erste Kind kostet 87 €, das zweite 56,50 € pro Monat.

▶ Die Natur kann man nicht intensiver erleben als in einem Waldkindergarten. Die Karlsruher Waldfüchse sind bei Wind und Wetter im nördlichen Hardtwald unterwegs, entdecken, experimentieren und spielen in der Natur. Kälte und Schnee werden von den meisten Kindern nicht als schlechtes Wetter empfunden, allerdings gibt es einige Dinge wie angepasste Kleidung und Regeln zu beachten. Die Kindergartenkinder haben auf ihrem eigenen Kindergartengelände einen beheizbaren Unterstand, falls es draußen doch mal nicht mehr gehen sollte. Hier können Bastel- und Malaktionen durchgeführt werden. 30 Füchslein werden von vier pädagogischen Fachkräften betreut.

Verstecken: Klettermaxe im Baum

Naturerlebnispfad im Karlsruher Wildpark

Forstverwaltung Karlsruhe, Weinweg 43, 76137 Karlsruhe. © 0721/133-7352, www.karlsruhe.de. stadtinfo@kmkg.de. **Länge:** 2 km. **Bahn/Bus:** S1, 4, 11 bis Marktplatz. **Auto:** A5 Ausfahrt 44 Karlsruhe-Durlach. **Infos:** Bei der Forstverwaltung gibt es Begleitbroschüren für den Weg. Damit werden die Aufgaben des Pfades noch interessanter.

▶ Um euch auf den Weg zu den Stationen des Naturerlebnispfades zu machen, verlasst ihr den Schlosspark auf der dem Schloss gegenüberliegenden Seite. Eine **blaue Keramikfährte** weist euch den Weg. Wenn ihr euch nach dem Tor nach links wendet, werdet ihr schon die große Holztafel entdecken, die den Start des Erlebnispfades kennzeichnet. Nun müsst ihr nur noch entscheiden, ob ihr dem Weg linksherum in Angriff nehmt, dann ist eure Wegmarkierung das Eichenblatt. Oder lieber rechts, dann folgt ihr dem Fliederblatt. Auf diesem Rundweg erwarten euch tolle Stationen. Die Sprunggrube kennt ihr ja sicher schon alle – aber wer von euch hat sich schon einmal an einem Hochsprungstapel versucht? Und habt ihr schon einmal mit Hilfe eures Armes die Höhe eines Baumes berechnet? Am Anfang bzw. Ende der Stationen geht es an der Karlsruher Keramikmanufaktur, der ↗ *Majolika,* vorbei bis zum Neptunbrunnen, an dem ihr euch mit dem guten Karlsruher Trinkwasser erfrischen könnt. Und lasst euch dabei nicht vom grimmigen Blick Neptuns beirren!

*Die **blaue Keramikfährte** im Schlosspark, blauer Strahl genannt, ist das längste Keramikkunstwerk der Welt. Es besteht aus 1645 Fliesen und 20 Tonnen Keramik!*

Mitten rein in den Rhein: Die Rabeninsel

Naturschutzzentrum Rappenwört, Hermann-Schneider-Allee 47, 76189 Karlsruhe. © 0721/95047-0, Fax -47. www.naturschutzzentren-bw.de. info@naszka.de. **Bahn/Bus:** Straba 6 bis Rappenwört. **Auto:** Ab Innenstadt Richtung Rheinhafen/Daxlanden bis Rappenwört. **Zeiten:** April – Sep Di – Fr 12 – 18, So und Fei 11 – 18 Uhr, Okt – März Di – Fr 12 – 17, So und Fei 11 – 17 Uhr.

Happy Birthday!

Geburtstagsparty in freier Natur: Ein auf die Jahreszeit abgestimmtes Programm, das von fachkundigen Mitarbeitern des Naturschutzzentrums gestaltet wird. Di – Fr, 2,5 Std, 75 €, max. 12 Kinder.

▶ Ihr werdet es kaum glauben, aber beim **Naturschutzzentrum Karlsruhe-Rappenwört** seid ihr mitten auf einer Rheinarminsel, der sogenannten Rabeninsel. Die westliche Seite der Insel wird vom Rheinstrom gebildet, das übrige Ufer wird vom Verlauf des alten Rheins u-förmig umarmt. Hier in Rappenwört taucht ihr ein in die Geschichte des Rheins und geht mit »Pitsch«, dem großen blauen Wassertropfen, auf eine Reise durch die Erfahrungswelt Wasser: Ihr lernt in einem extra eingerichteten Erlebnisraum die Funktion des Wasserkreislaufs und der Auenlandschaft kennen. Eine Dauerausstellung im Naturschutzzentrum informiert über die Natur der Rheinauen. Im Freien erwartet euch ein 2,5 km langer **Walderlebnispfad** mit 17 Stationen, an denen ihr euer im Naturschutzzentrum erworbenes Wissen vertiefen und die Natur mit allen Sinnen erleben könnt. Oder ihr macht euch mit der Auenwald-Rallye auf den Weg. Vor dem Naturschutzzentrum kommt ihr außerdem an einem Wildgehege vorbei. Wildschweine suhlen sich wohlig im Morast, Damwild und Rotwild stehen in den riesigen Gehegen und erwarten euren Besuch.

Bietet immer Abwechslung: Vater Rhein

Erlebnispfad zum Anfassen

Naturerlebnispfad Pfinztal, 76327 Pfinztal-Söllingen. www.pfinztal.de. buergerbuero@pfinztal.de. **Länge:** 1,25 km, leichter Weg, auch für kleine Kinder und mit Kinderwagen geeignet. **Bahn/Bus:** S5 Karlsruhe – Vaihingen (Enz) bis Söllingen, ab hier Ausschilderung NEPP. **Auto:** Ab Karlsruhe B10 Richtung Pforzheim bis Söllingen, dort über verlängerte Königsbacher Straße der Beschilderung NEPP folgend bis Waldrand.

▶ Heute haltet ihr mal euren Unterricht im Freien ab. Die Schüler nehmen auf der großzügigen Fläche des »Klassenzimmers« verteilt Platz und hören erstaunlich gut zu, wenn man bedenkt, dass das hier ein Wald und der Lehrer da vorne ein Kumpel ist! Heute ist zwar eigentlich euer ganzer Ausflug ein bisschen

Biolandhof Petrik, Am Heulenberg 1, 76327 Pfinztal-Berghausen. ✆ 0721/460728. Di, Fr 9 – 18, Sa 8.30 – 12.30 Uhr. Ware aus kontrolliert biologischem Anbau, für die Kinder jede Menge Tiere zum Bestaunen.

Die Lehre vom Naturspaß: Auf dem Erlebnispfad Pfinztal

wie Unterricht – er ist aber so spannend gestaltet, dass ihr das gar nicht merkt. Denn wie nebenbei erfahrt ihr Spannendes über das Leben der Bienen, ihr macht Musikunterricht, der sehr kreativ ist, und lernt einiges über die Lebensräume Totholz oder Steinhaufen. Das ist aber noch lange nicht alles! Wie die Indianer geht ihr auf den Pirschpfad, messt euch mit den Tieren an der Weitsprunggrube und sucht rechts und links im Wald immer wieder nach versteckten geschnitzten Tieren, Figuren und Symbolen. Natürlich darf auch ein richtig großer Barfußpfad nicht fehlen, und gleich am Anfang bzw. Ende des Rundweges erwartet euch ein Tümpel, in dem ihr im Frühjahr den Froschlaich bestaunen könnt und euch das ganze Jahr über fragen müsst: Ist dieser riesige Kerl da im Teich eine echter oder ein geschnitzter Fisch?

Tierparks & Gärten

Wo der Graf spazieren ging

Karlsruher Schlosspark, Schlossplatz, 76131 Karlsruhe. www.karlsruhe.de. **Bahn/Bus:** Ab Hbf Straba bis Marktplatz. **Auto:** A5, Ausfahrt 44 Karlsruhe-Durlach über Durlacher Allee Richtung Wildparkstadion/ Universität. **Zeiten:** Ganzjährig, bis Einbruch der Dunkelheit. Botanischer Garten Di – Fr 9 – 12, 13 – 16 Uhr, Sa, So, Fei 10 – 12, 13 – 17 Uhr, Okt – März 13 – 16 Uhr. **Preise:** Botanischer Garten 2 €; Kinder 1 €.

▶ Seltene Baumarten finden sich hier genauso wie Plastiken, Denkmäler und Brunnen aus den verschiedenen Epochen vom Barock bis zur Moderne. Aber am allermeisten finden sich Familien und jede Menge Kinder im Karlsruher Schlosspark direkt am Hardtwald. Ist auch kein Wunder, denn in dieser grünen und weitläufigen Anlage kann man sich locker einen Tag um die Ohren schlagen: Enten füttern am Teich, Frisbee oder Fußball spielen, Picknicken oder in einem der markgräflichen Pavillons sitzen.
Auch ein Besuch im Botanischen Garten mit exotischen Pflanzen ist empfehlenswert. Auf dem Weg in den Schlosspark kommt man am Bundesverfassungsgericht vorbei, dem obersten deutschen Ge-

WIE KARLSRUHE ZU SEINEM NAMEN KAM

▶ Es ist eine nette Geschichte, die der Stadt Karlsruhe zum ihrem Namen verholfen hat. Vor 300 Jahren, als es Karlsruhe noch gar nicht gab, führten Deutschland und Frankreich Krieg. Dabei wurde unter anderem Durlach komplett niedergebrannt, auch das Durlacher Schloss, das Sitz des hiesigen Markgrafen Karl Wilhelm war. Nun wollte der Markgraf sein Schloss größer und schöner wieder aufbauen. Es sollte der absolute Mittelpunkt werden, alle Straßen sollten zum Schloss führen, und man sollte es von überall sehen können. Außerdem sollte das Schloss im Wald sein, damit der Markgraf es nicht so weit zur Jagd hatte. Aber die Durlacher wollten diese ganzen Pläne nicht bezahlen.
Eines Tages jagte Karl Wilhelm im Hardtwald. Müde von der Jagd lehnte er sich gegen einen Baum und schlief ein. Er träumte von einem neuen Schloss und einer neuen Stadt. Als er wieder aufwachte, beschloss er, Schloss und Stadt aus seinem Traum auch wirklich bauen zu lassen. Und weil er an diesen Baum gelehnt so gut geschlafen hatte, wollte er diese Stadt »Karls-Ruhe« nennen. Tatsächlich wurde das Schloss auch nach den Plänen des Markgrafen gebaut, weswegen Karlsruhe heute den Begleitnamen »Fächerstadt« hat – denn alle Straßen führen fächerförmig zum Mittelpunkt der Stadt, dem Schloss und dem dahinter liegenden Schlosspark. ◀

richt. Für die Kinder ist es immer wieder spannend, an den bewaffneten Polizisten vorbeizuspazieren, die das Gebäude bewachen.

Weiße Riesen im Karlsruher Zoo

Ettlinger Straße 6, 76137 Karlsruhe. ✆ 0721/133-6815, 133-6801, Fax 133-6809. www.karlsruhe.de/zoo. office@zoo.karlsruhe.de. Direkt am Hauptbahnhof. **Bahn/Bus:** ↗ Karlsruhe Hbf, 2 Min Fußweg. **Auto:** A5 Ausfahrt 44 Karlsruhe-Durlach oder 45 Karlsruhe-Mitte, A8 über das Dreieck Karlsruhe, Ausfahrt Karlsruhe-Mitte. **Zeiten:** Jan, Nov, Dez 9 – 16, Feb, März, ab 15. Okt 9 – 17, April – 15. Okt 9 – 17.30, Mai – Sep 9 – 18 Uhr. **Preise:** 5,50 €; Kinder 6 – 15 Jahre 2,50 €; Familien: 2. und weitere Kinder frei. **Infos:** Der Karlsruher Zoo hat im Oberwald eine Außenstelle mit großen Tiergehegen.

Happy Birthday!
Die Zooschule bietet für Geburtstage verschiedene Themenführungen an, nach denen sich der Preis richtet. Bitte 3 Wochen vorher buchen unter ✆ 0721/133-6813 (Di, Do 14 – 15.30 Uhr). Für größere Kinder kann an der Kasse eine Zoorallye erworben werden.

▶ Der Karlsruher Zoo ist nicht einfach nur ein Zoo. Er ist neben seinem Bestand an außergewöhnlichen Tieren zugleich Erlebniswelt. Zum einen deshalb, weil einer der attraktivsten Spielplätze der Stadt auf seinem Gelände liegt und zum anderen, weil man neben Eisbärenbeobachten und Raubtierebestaunen noch viele andere Dinge machen kann. Beispielsweise eine Rundfahrt mit der Gondoletta oder der Kinderbahn. Im Zoo ist eigens für euch Kinder ein Rundgang zusammengestellt worden, der am Haupteingang am Bahnhof beginnt. Der Weg rechts um den Schwanensee herum führt zum Seelöwengehege, interessant sind hier die Schaufütterungen, täglich 16 Uhr. Schon nach wenigen Schritten seid ihr bei einer

Zottelig und mit zwei Speicherhöckern ausgestattet: Asiatische Trampeltiere

Hauptattraktion des Zoos angekommen, der Eisbärenanlage für Eisbärenmütter mit Kindern und für erwachsene Tiere. Nach den Kängurus seid ihr im Zentrum des Zoos, hier erwarten euch Giraffen, Pinguine, Zebras und **Trampeltiere.** Dann kommt das Affenhaus mit den Schimpansen und den Kattas aus Madagaskar mit lustigen schwarzweiß geringelten Schwänzen. Im Raubtierhaus nebenan wohnen nicht nur Leoparden und ein imposantes Löwenpaar, sondern auch Wüstenfüchse, Schlangen und kleine Felsenleguane. Und im daneben liegenden Dickhäuterhaus findet ihr eure Freunde aus dem Bilderbuch: Asiatische Elefanten und Flusspferde, die bei schönem Wetter in den Außengehegen faulenzen. Im Kinderzoo können Schafe, Ponys oder Alpakas gestreichelt und mit Körnern aus dem Automaten gefüttert werden. Und nur wenige Meter weiter lädt der Abenteuerspielplatz zum Spielen und Toben ein, eine Belohnung für die lange Aufmerksamkeit während des Rundgangs.

@ Ein tolles Tierlexikon bietet der SWR unter www.kindernetz.de

Du ***Trampeltier!*** *Wenn ihr die zotteligen kamelartigen Tiere mit den sanften Augen einmal in Natura gesehen habt, sagt ihr das bestimmt nicht mehr, wenn mal jemand tolpatschig war.*

Zoo-Außengehege im Oberwald

Tierpark Oberwald, c/o Zoo Karlsruhe, Ettlinger Straße 6, 76137 Karlsruhe. ✆ 0721/133-6801, Fax 133-6809. www.karlsruhe.de/zoo. office@zoo.karlsruhe.de. **Bahn/Bus:** S3, S6 Richtung Tivoli bis Stuttgarter Straße. Stadtauswärts Richtung Wasserturm und Kleingartenanlage. Direkt nach einer Unterführung zweigt der Weg links ab, es geht eine Brück hinauf. Jetzt immer geradeaus in den Wald. **Auto:** A5 Ausfahrt 45 Karlsruhe-Mitte über Ettlinger Allee und Ettlinger Straße zur Wasserwerkstraße. **Zeiten:** Ganzjährig frei zugänglich.

▶ Um im Karlsruher Zoo und im Stadtgarten für die Bundesgartenschau 1967 Platz zu schaffen, entstand der Tierpark Oberwald, der zu einem beliebten Ausflugsziel geworden ist. Inmitten eines großen, geschlossenen, stadtnahen Erholungswaldes leben auf 16 ha in jeweils mehreren tausend Quadratmeter großen Freigehegen wetterbeständige Wildtiere ge-

Die Runde kann auch um den Oberwaldsee erweitert werden. Nach den Gehegen geht es rechts Richtung Wolfartsweier. Nach kurzer Zeit erreicht ihr das Naturschutzgebiet Erlachsee. Von einer Plattform aus könnt ihr Stockenten und Graureiher beobachten. Am Oberwaldsee schöner Spielplatz mit Grillstelle.

Zutraulich: Das Wild lebt auf großem Waldgelände, kommt aber auch mal an den Zaun

mäßigter und kalter Zonen. Es sind einige exotische Tiere darunter – habt ihr beispielsweise schon einmal etwas vom Vietnamesischen Sikahirsch gehört? Oder ihn gar gesehen? Um die Tiere in ihren natürlichen Lebensräumen zu beobachten, könnt ihr mit dem Rad fahren oder spazieren gehen. Auf beide Arten könnt ihr euch den Tierpark gut erschließen. Am Ende eures Tierrundgangs dürft ihr nicht versäumen, auf dem neu gestalteten Waldspielplatz zu toben!

Vergesst nicht, ein Vogelbestimmungsbuch einzupacken! Zum Beispiel: Handbuch Vögel, Einhard Bezzel, BLV, ISBN 3-8354-0527-1, 7,95 €.

Vogel- & Tierpark Stutensee-Blankenloch

Am Vogelpark 5, 76297 Stutensee-Blankenloch. ✆ 07244/92523. www.stutensee.de. **Bahn/Bus:** Ab ↗ Karlsruhe Hbf Straba 2 bis Marktplatz, von dort S2 Richtung Spöck bis Blankenloch Mühlenweg, 10 Min Fußweg. **Auto:** A5 Ausfahrt 42 Bruchsal, über Karlsdorf nach Stutensee. In Blankenloch Richtung Weingarten, am Ortsausgang hinter der Brücke links. **Zeiten:** 10 Uhr – Einbruch der Dunkelheit. **Preise:** Spende erbeten.

▶ Seit der Einweihung haben sich auf dem mehrfach erweiterten Gelände Fasane, Sittiche und Singvögel angesammelt, leider in oft unbeschilderten Volieren. Die Liebe zum Detail und die Sauberkeit des Parks machen das aber wieder wett. Drei Großvolieren, ein neues Freigehege mit Flamingos und Kranichen sowie Gehege für Ponys, Esel und Damhirsche liegen zwischen großen Gartenflächen.

Vogelpark Neuthard

Vogelschutz- und Zuchtverein Neuthard e.V., Bruchbühlweg 4 – 8, 76689 Karlsdorf-Neuthard. ✆ 07251/414-50, www.vogelpark-neuthard.de. **Bahn/Bus:** ↗ Bruchsal Bhf, Bus 123 bis Karlsdorf-Neuthard. **Auto:** A5 Ausfahrt 42 Bruchsal Richtung Graben-Neudorf, über Industriegebiet Karlsdorf nach Neuthard. **Zeiten:** 10 Uhr – Einbruch der Dunkelheit. **Preise:** Spende erbeten.

▶ In diesem Vogelpark gibt es nicht einfach nur Vögel. In einer herrlichen Parklandschaft könnt ihr beispielsweise auf einem Vogellehrpfad euer Wissen über Käuze, Adler, Uhus und Stelzvögel vertiefen. Das sind Tag- und Nachtgreifvogelarten, die in unserer Region sehr selten sind. Gleich am Eingang stoßt ihr auf **Weißkopfseeadler** und Zwergohreulen. In großen Flugvolieren seht ihr euch Steinadlern direkt gegenüber. Im Bestand sind auch Flamingos und Wasservögel. In einem Streichelzoo bewohnen Esel ein kleines Gehege. Im Tropenhaus leben Aras, Tukane und Sittiche. Auf einem Spielplatz könnt ihr euch zum Ausklang eures Besuches noch einmal austoben.

Zu empfehlen sind die beiden regelmäßigen Feste, die hier im Jahr stattfinden: das Frühlingsfest Anfang Mai und das Lampionfest im August.

*Der **Weißkopfseeadler** ist ein seltener Vogel in Afrika und das Wappentier der USA.*

Tier- und Vogelpark Silberranch

Kronauer Allee 55, 76694 Forst. ✆ 07251/16572, 12335. **Bahn/Bus:** ↗ Bruchsal, ab Bhf Bus 125 bis Forst Hambrücker Straße, 10 Min Fußweg. **Auto:** A5 Ausfahrt 42 Bruchsal, vor Bruchsal nach Forst, nach Waldseehalle links. **Zeiten:** 10 Uhr – Einbruch der Dunkelheit. **Preise:** 2 €; Kinder kostenlos.

▶ Die ursprünglich zwei Vereinsgelände der »Silberranch« haben sich zu einem kleinen Zoo gemausert. Der Tierbestand besteht aus einer Vielzahl an Vogelarten, unter ihnen viele Papageie, Sittiche und Fasane. Hinzu kommen zahlreiche Eulen, darunter verschiedene Uhu-Arten, sowie Sichler, Kronenkraniche und Flamingos. Um als richtiger Tierpark zu gelten, wurden auch bei den Säugetieren einige Exoten angeschafft: neben Guanakos und Grantzebras aus Afrika auch Weißhandgibbons und andere Affenarten. In großen Gehegen hinter dem Tierpark leben Ponys, Steinböcke, Murmeltiere und Damhirsche. Ziegen können gestreichelt werden. Ein Alpengehege mit Großvoliere präsentiert sich als Steingarten. Es gibt einen kleinen Spielplatz sowie einen großen Waldspielplatz in 150 m Entfernung.

Hunger & Durst

Parkschenke, Kronauer Allee 53, 76694 Forst. ✆ 07251/2396. Täglich außer Mi 10 – 22 Uhr.

Als besondere Attraktion nach dem Tierbesuch gibt es eine Runde Minigolf!

Abenteuer- und Erlebniswelten

Wie Robinson Crusoe

Abenteuerspielplatz im Karlsruher Schlosspark, Zugang über den Schlosspark, 76131 Karlsruhe. www.karlsruhe.de. stadtinfo@kmkg.de. **Bahn/Bus:** Ab Hbf S-Bahn bis Marktplatz. **Auto:** A5, Ausfahrt 44 Karlsruhe-Durlach über Durlacher Allee Richtung Wildparkstadion/Universität. **Zeiten:** Ganzjährig frei zugänglich.

▶ Der Patz heißt zu Recht »Robinson-Spielplatz«. Wie der Schiffbrüchige in Defoes Geschichte auf seiner Insel Abenteuer bestanden hat, können die Kinder auf diesem weitläufigen Spielplatz auf Entdeckungsreise gehen. Es gibt eine riesige Kletterspinne, eine Affenschaukel, eine große Rutsche und eine Seilbahn. Der Hit im Sommer ist die **Matschanlage** und eine wilde Nussschalenfahrt, bei der die jungen Piraten selbst mit langen Stöcken durch das Schlossparkbecken paddeln. Mit großer, grüner Wiese zum Fußballspielen und Picknicken. Für die Kleineren gibt es einen separaten Spielplatz mit Mini-Kletterspinne, Rutsche und Holzhäuschen.

Im Höhenflug durch den Hochseil- und Klettergarten der AWO

Kieselweg 42, 76133 Karlsruhe-Durlach. ✆ 0721/35007-154, Fax 35007152. www.awo-karlsruhe.de. awo-reisen@awo-karlsruhe.de. **Bahn/Bus:** Ab Marktplatz Straba 1 bis Durlach Hbf, von dort Stadtbus 42 bis Durlach Killesfeld, dann 7 Min Fußweg. **Auto:** A5 Ausfahrt 45 Karlsruhe-Mitte Richtung Karlsruhe-Wolfartsweier, links in Fiduciastraße, links in Wachhausstraße, links in Kieselweg. **Preise:** Auf Anfrage telefonisch oder im Internet. **Infos:** Informationen zum Programm unter www.awo-reisen.de oder unter ✆ 0721/35007-151.

▶ Das Gelände der AWO liegt wunderschön am Rande des Oberwaldes. Den Hochseil- und Niedrigseilgarten sieht man schon von Weitem. Auch der Klet-

Robinson Crusoe für Erstleser, von Wolfgang Knape, nach Daniel Defoe, Der Bücherbär, Arena Verlag. ISBN 3-401-08825-4, 7,50 €.

An der Matschanlage kann Wasser gepumpt werden und auch bei der Nussschalenfahrt kann man mal über Bord gehen. Also Wechselkleidung mitnehmen!

Happy Birthday!
Feiert eine unvergessliche Kinderparty im Hochseilgarten! Unter Leitung des Fachpersonals gibt es eine breite Auswahl an Gruppenspielen und Klettertouren. Kosten auf Anfrage.

Hoch hinaus: Bis in die Baumwipfel klettert ihr im AWO-Hochseilgarten

terturm ist kaum zu übersehen. Die Pädagogik, die von der AWO hier umgesetzt wird, heißt Training des Teamgedankens und persönliche Selbsterfahrung. Es ist gar nicht so ohne, in schwindelerregender Höhe knifflige Aufgaben gemeinsam mit anderen zu lösen und dabei gut zusammenzuarbeiten! Der Hochseilgarten ist nicht ständig zugänglich. Für Familien gibt es den Familientag, bei dem neben Aktion und Spaß auch pädagogische Effekte in die Kletterpartie einfließen, z.B. Stärkung des Selbstbewusstseins und Vertrauens gegenüber Eltern. Aber auch die Geschicklichkeit und Körperbeherrschung werden auf eine harte Probe gestellt. Besonders empfehlenswert ist auch die **Stadtranderholung** für Kinder 8 – 12 Jahre der AWO auf dem Klettergelände. Das Thema »Wald und Natur« wird den Kindern spielerisch näher gebracht, dazu gibt es ein buntes Programm mit Sport, Basteln und Gruppenspielen.

Aktivspielplatz in der Günther-Klotz-Anlage

Hermann-Veit-Straße, 76135 Karlsruhe. www.karlsruhe.de. stadtinfo@kmkg.de. **Bahn/Bus:** Ab Hbf Bus 62 bis Beiertheim-West, dann zu Fuß zur Günther-Klotz-

Happy Birthday!

Der Spielplatz kann für private Feiern wie Geburtstage gemietet werden. Wegen der großen Nachfrage unbedingt rechtzeitig reservieren!

Anlage. **Auto:** A5 Ausfahrt Karlsruhe-Mitte Richtung Europahalle. **Zeiten:** Aktivspielplatz Di – Fr 14 – 18.30 Uhr, Sa 9 – 14 Uhr. Anlage ganzjährig frei zugänglich.

▶ In Karlsruhe wird sie »die Klotze« genannt – die Günther-Klotz-Anlage zwischen der Südweststadt und Grünwinkel mit ihrem künstlichen Berg »Mount Klotz«. Neben einem riesigen Spielplatz, der keine Wünsche offen lässt, gibt es einen **Aktivspielplatz.** Hier darf gesägt und gehämmert werden, es gibt einen Kletterturm und man kann ein Lagerfeuer machen, um Stockbrot zu grillen. Mitarbeiter des Stadtjugendausschusses sorgen dafür, das nichts passiert. Willkommen sind Kinder 6 – 14 Jahre.

Übrigens hat die wunderschöne Grünanlage noch mehr zu bieten. An der Alb gibt es einen eigens aufgeschütteten Sandstrand, ein besonderes Vergnügen an heißen Sommertagen. An einem See kann man Paddelboote mieten. Außerdem findet hier einmal im Jahr »Das Fest« statt, ein 3-tägiges kostenloses Festival mit Bands, Kinderprogramm, vielen Ständen und Aktionen, ➚ Feste & Märkte.

Kindorado

Indoor-Spielplatz, Daimlerstraße 7, 76185 Karlsruhe. ✆ 0721/7908905, www.kindorado.de. info@kindorado.de. **Bahn/Bus:** Ab Hbf Straba 2 bis Neureuter Straße. **Auto:** A5 Ausfahrt 45 Karlsruhe-Mitte, Richtung Rheinhafen auf B36 bis Abfahrt Knielingen. **Zeiten:** Mo – Fr 14 – 19, Sa, So, Fei, Ferien 10 – 19 Uhr. **Preise:** 3,50 €; Kinder 2 – 12 Jahre Mo – Do 4,90 €, Fr – So und Fei 6,90 €.

Happy Birthday!

Am eigenen Geburtstagstisch kann die Party steigen, das Geburtstagskind hat freien Eintritt. Jeder Gast kostet Mo – Fr inkl. Menü 7,90 € und erhält eine kleine Überraschung.

▶ In diesem Tobepark in Größe XXL gibt es einfach alles: Kletterturm mit drei verschiedenen Großrutschen, Softshooter mit elektronischem Zielen, großer Bällepool, separater Kleinkindspielbereich mit vielen Attraktionen, Trampolinanlage, Parcours für Spielfahrzeuge, Indoorsee mit Tretbooten und Spielinsel, Wabbelberg zum Hüpfen und Klettern, Kletter- und Hüpfdinosaurier mit Rutsche, Elektrokartbahn und separater Spielbereich mit Kicker, Flipper, Airhockey. Wow!

Aktivspielplatz Nordweststadt

Hertzstraße 176d, 76187 Karlsruhe. ✆ 0721/9714-330, www.stadtjugendausschuss-karlsruhe.de. stadtinfo@kmkg.de. **Bahn/Bus:** Ab Hbf Straba 2 Richtung Siemensallee bis Hertzstraße. **Auto:** A5 Ausfahrt 45 Karlsruhe-Mitte, B10 Richtung Rheinhafen, über B36 Richtung Neureut bis Hardtstraße, dann Hertzstraße. **Zeiten:** Do, Fr 13 – 17, Sa 10 – 14 Uhr.

▶ Der Aktivspielplatz Nordweststadt steht unter dem Motto »Feuer, Erde, Wasser, Luft«. Aber keine Sorge – der Spielplatz wird von Sozialpädagogen betreut, es kann also nichts passieren, auch nicht mit dem faszinierenden Element Feuer. Auf dem Abenteuerspielplatz ist vielfältiges handwerkliches Spiel im Außenbereich und im Spielhaus angesagt. Willkommen sind Kinder 6 – 12 Jahre. In den Ferien führt der Stadtjugendausschuss hier mehrtägige Aktionen durch, bei denen es dann ausführlich um eines der Elemente geht.

Spiel ohne Grenzen bei jedem Wetter

Waikila Kinderland, Stuttgarter Straße 89, 76337 Waldbronn. ✆ 07243/766622, 5657-0, Fax 5657-58. www.waikila.de. kontakt@kv-waldbronn.de. **Bahn/Bus:** Ab ↗ Karlsruhe S1, S11 bis Waldbronn-Busenbach, weiter mit Bus 115. **Auto:** A8 Ausfahrt 42 Karlsbad, der Beschilderung nach Waldbronn folgen. **Zeiten:** Kinderland ab Mitte März Mo – Fr 14 – 19, Sa, So, Fei und Ferien 10 – 19 Uhr; Freibad ab Mai Mo – Fr 10 – 20, Sa, So, Fei und Ferien 9 – 20 Uhr. **Preise:** Freibad und Kinderland 6 €, Freibad 3,50 €, Kinderland Mo – Do 2,50 €, Sa, So, Fei 3,50 €; Kinder 2 – 17 Jahre Freibad und Kinderland 6 €, Freibad 2 €, Kinderland Mo – Do 4 €, Sa, So, Fei 5 €; Behinderte 4,80 €.

▶ Das Waldbronner Kinderland ist eine tolle Mischung aus Freibadpark und Indoor-Spielplatz. Auf

Macht den ultimativen Spielplatztest und schreibt uns an den Verlag, welcher euch am besten gefallen hat! info@PeterMeyerVerlag.de.

Happy Birthday!

Kinder bis 12 Jahre können ihren Geburtstag im Waikila feiern. Der Tisch wird dekoriert, das Geburtstagskind erhält freien Eintritt und ein kleines Geschenk. Jeder Gast bezahlt Mo – Fr 3 €, Sa, So 4 €, jeweils zzgl. 15 € Pauschale. Buchbar bei der Kurverwaltung Waldbronn, ✆ 07243/5657-79 oder kontakt@kv-waldbronn.de.

2800 qm gibt es endlos viel Spielvergnügen. Neben dem Riesen-Bällepool und Snappy, dem Riesenkrokodil, gibt es einen Mega-Kletterberg und eine Trampolinanlage, eine Arche Noah, eine Mini-Kartbahn und vieles mehr. Sonderaktionen wie z.B. der Besuch eines Zauberers oder Bastelnachmittage gibt es auch. Im Sommer ist das **Freibad** inklusive. Mit direktem Anschlussweg zum Kinderland bietet das solarbeheizte Bad eine 74-m-Riesenrutsche mit eigenem Landebecken, ein großes Nichtschwimmer- und Erlebnisbecken mit Sprudelbänken, Schwallduschen, Massagedüsen und Wildwasserkanal sowie ein Sportbecken mit 25-m-Bahnen. In einem großen separaten Kinderplantschbereich und Spielplatz fühlen sich die Jüngsten wohl, auf den weiträumigen Südhang-Liegewiesen mit herrlichem Blick über den Nordschwarzwald die Eltern. Für die größeren Kinder gibt es ein Beachvolleyballfeld.

Anlegen, zielen, putten: Minigolf hat's ganz schön in sich!

(Mini-)Golfen wie die Großen

Gartengolf, Giesgrabenweg 38, 76646 Bruchsal. ✆ 07251/302246, www.gartengolf-bruchsal.de. Am ↗ Freibad Bruchsal. **Bahn/Bus:** Ab ↗ Bruchsal S31/S32 bis Schlossgarten. **Auto:** ↗ Bruchsal, Beschilderung Sportzentrum bzw. Gartengolf. **Rad:** Bruchsaler Sportzentrum im unteren Schlossgarten, direkt neben dem Freibad. **Zeiten:** Mai – Aug Mo – Sa 13 – 22, So und Fei 10 – 22 Uhr, März, April und Sep 13 – 20, So und Fei 10 – 20 Uhr. **Preise:** 2,80 €; Kinder bis 13 Jahre 2 €, 14 – 17 Jahre 2,50 €.

▶ Spielen auf Kunstrasen mit Quarzsand – das sorgt für den optimalen Balllauf und gibt den Minigolfern das Gefühl, richtig Golf zu spielen! In Bruchsal, in direkter Nähe zum Schloss und zum Freibad, könnt ihr ganz groß Bälle putten. An einigen kniffligen Bahnen werdet ihr euch sicher die Zähne ausbeißen – beispielsweise an der letzten Bahn, an der ihr mit eurem Ball einen kleinen Bach überwinden müsst. Gar nicht so einfach, und oft müsst ihr dann doch fischen gehen! Gespielt wird über oder durch Hindernisse, die alle aus Naturmaterialien sind. Im Sommer gibt es schöne schattige Plätzchen, einige Sonnenschirme sorgen für Zuflucht bei unbarmherziger Hitze. Aber das Beste ist die Erweiterung um weitere 9 Bahnen auf 27 Bahnen in einem Extrabereich. Weil die aber so richtig schwierig sind, sollten sich erst Kinder ab 12 Jahre an ihnen versuchen. Ansonsten seid ihr auch mit den regulären 18 Bahnen sehr gut ausgelastet!

Klabauterland

Indoor-Spielplatz, Lochwiesen, 76661 Philippsburg. ✆ 07256/800600, www.klabauterland.de. philippsburg@klabauterland.de. **Bahn/Bus:** RE Karlsruhe – Mainz, RB Bruchsal – Germersheim bis Philippsburg Bhf, dann 15 Min Fußweg über An der Salbach bis Lessingstraße und Lochwiesen. **Auto:** A5 Ausfahrt 42 Bruchsal, über B35 nach Philippsburg. **Zeiten:** Mo – Fr 14 – 19, Sa, So, Ferien 10 – 19 Uhr. **Preise:** 3 €; Kinder ab 80 cm Größe 5 €.

▶ Auf 4000 qm Innen- und Außenbereich erwartet euch eine Abenteuerwelt mit Klettergerüst, Hüpfburg, Piratenschiff, Kletterwand und vielen, vielen Rutschen. Ein Karussell, Kartbahn, Trampolinanlage sowie eine Spielanlage für die ganz Kleinen gibt es auch – eben alles, was ihr braucht, um euch so richtig auszutoben, auch wenn es draußen mal wie aus Eimern regnet.

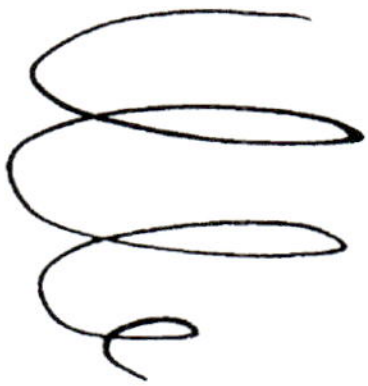

Happy Birthday!
Bei Geburtstagen werden in den Partyräumen verschiedene Menüs angeboten, 3 – 5 € pro Kind. Kuchen darf mitgebracht werden. Ab 8 Gästen Geburtstagskind frei.

Knapp unter den Wolken

Hochseilgarten Kraichgau, Kraichgaustraße 14, 76669 Bad Schönborn-Mingolsheim. ✆ 07253/9892-947, Handy 0173/3267527. www.hochseilgarten-kraichgau.de. info@hochseilgarten-kraichgau.de. Im Kurpark Mingolsheim. **Bahn/Bus:** S3 Karlsruhe – Germersheim bis Bad Schönborn, von dort Bus 132 nach Mingolsheim Rochus-Klinik. **Auto:** A5 Ausfahrt 41 Kronau Richtung Kronau, Bad Schönborn, Östringen.

Zeiten: Einzeltermine jeweils So, ➚ Internet. **Preise:** 49 €; Kinder ab 6 Jahre 35 €.

▶ Der Hochseilgarten Kraichgau ist zwar vor allem für Gruppen ausgelegt, es gibt aber auch immer wieder Termine, an denen auch Einzelpersonen bzw. Familien gerne teilnehmen dürfen. Das ist aber nur etwas für ältere Kinder bzw. Jugendliche, denn es gibt nur wenige Bereiche, in denen auch die Jüngsten ab 4 Jahre einmal mutig kraxeln dürfen. In einem Hochseilgarten geht es weniger um Geschicklichkeit als um Mut, Selbstvertrauen und Kondition. Nach einer Sicherheitseinweisung werden die Teilnehmer mit Gurten und Helmen ausgerüstet, damit sie für die 21 unterschiedlichen Herausforderungen in luftigen Höhen gewappnet sind. Die Parcours mit künstlichen Hindernissen befinden sich in 8 – 10 m Höhe. Dort oben erwarten die Familien dann verschiedene Übungen wie »Dee Buckets« – hier geht es über wackelige Seilschlaufen – oder »Flea Jump«, ein kleiner Sprung, doch so hoch oben ein Wagnis. Was auf dem Boden eine leichte Übung sein mag, wird in 10 m Höhe zur Herausforderung. Doch wer die Aufgaben geschafft hat, darf stolz sein und setzt diese Erfahrung vielleicht auch im Alltag um.

Kinderglück, Herrenstraße 33, 76133 Karlsruhe. Mo – Fr 10 – 18.30, Sa 10 – 16 Uhr. Direkt um die Ecke in der Herrenstraße ist ein wunderschöner Spielzeug- und Kinderbuchladen. Hochwertiges Holzspielzeug, Plüschtiere und schöne Bücher.

Im Anschluss müsst ihr unbedingt dem nahe gelegenen Christkindelsmarkt einen Besuch abstatten, ➚ Festkalender.

Winterspaß und -sport

Eiszeit in Karlsruhe

Stadtwerke Karlsruhe, Friedrichsplatz, 76133 Karlsruhe. ✆ 0721/5383 (Tourist-Information). www.ka-city.de, info@ka-city.de **Bahn/Bus:** S1/S11, S2, S5, Straba 1, 3, 4 bis Herrenstraße oder Marktplatz. **Zeiten:** Nov – Jan Mo – Mi 8 – 21, Do 8 – 20, Fr 8 – 22, Sa 10 – 22, So und Fei 9 – 21 Uhr, Heiligabend 10 – 14, Silvester 10 – 2 Uhr, in den Ferien ab 10 Uhr. **Preise:** 2,50 €; Kinder 2 €; Familien 8 €, Schlittschuhverleih 2,50 €.

▶ Inmitten einer stimmungsvollen Märchenlandschaft erwartet euch jedes Jahr im Winter der Eispalast auf dem Karlsruher Friedrichsplatz. Auf 650 qm könnt ihr um die Wette schlittern oder zur Musik Pirouetten drehen. Für Anfänger gibt es eine Eislauf-Starthilfe in Form eines überdimensionalen Pinguins. Ein Schlittschuhverleih macht das Eislaufvergnügen auch für diejenigen, die keine eigenen Kufenflitzer haben, erst einmal als Versuch möglich.

Winterspaß in der Stadt: Rodeln und Schlittschuhlaufen in der »Klotze«

Hermann-Veit-Straße 7, 76135 Karlsruhe. ✆ 0721/133-6701 (Gartenbauamt), stadtinfo@kmkg.de. **Bahn/Bus:** Ab Hbf Bus 62 bis Beiertheim-West, dann zu Fuß zur Günther-Klotz-Anlage. **Auto:** A5 Ausfahrt 45 Karlsruhe-Mitte Richtung Europahalle.

▶ Gleich zweimal muss die **Günther-Klotz-Anlage** herhalten, wenn es um das Wintervergnügen auf Kufen geht. Zum einen ist der Mount Klotz der einzig wahre Rodelhügel weit und breit, der von sehr steil über flach abfallend alle Steigungsgrade aufweist. Zum anderen ist es der Ruderbootsee, der Schlittschuhfans glücklich machen kann. Dazu muss das Eis aber mindestens 9 cm dick sein und das Gartenbauamt muss ausdrücklich den Startschuss für das Befahren des Sees gegeben haben. Dann steht dem Vergnügen auf einer spiegelglatten Eisfläche nichts mehr im Wege!

Es muss nicht immer ein Schneemann sein! Baut doch mal eine Schneefamilie, also Schneemann, Schneefrau, Schneekinder und einen Schneehund.

Eistreff Waldbronn

Ermlis-Allee 95, 76337 Waldbronn-Busenbach. ✆ 07243/766622, www.eistreff-waldbronn.de. kontakt@kv-waldbronn.de. **Bahn/Bus:** Ab ↗ Karlsruhe S1, S11 bis Busenbach Bhf, von dort Bus 115 bis Eistreff. **Auto:** A8 Ausfahrt 42 Karlsbad Richtung Waldbronn. **Zeiten:** Mi, Do 15 – 22, Fr 15 – 23, Sa 10 – 23, So 10 – 19 Uhr. **Preise:** Mi, Do 3,90 €, Sa, So und Fei 5,90 €; Kinder 6 – 17 Jahre Mi, Do 3,90 €, Sa, So und Fei 4,50 €; Senioren wie Kinder. **Infos:** Schlittschuhverleih 3,50 € für 3 Std.

@ Über das Vereinsangebot des ERC kann man sich unter www.erc-waldbronn.de informieren.

▶ Im Eistreff gibt es gleich zwei Hallen. Beide Eisflächen sind durch eine Passage verbunden, die Aufbereitung erfolgt zeitlich versetzt. In der großen Halle findet Eishockey und -kunstlauf statt, Publikumslauf und Eisdisco gibt's in der kleinen Halle.

HANDWERK UND GESCHICHTE

Bahnen und Betriebe

Karlsruher Schlossgartenbähnle

Schlossplatz 1, 76131 Karlsruhe. ✆ 0721/661457, www.ka-city.de. info@ka-city.de. **Bahn/Bus:** ↗ Schloss. **Auto:** ↗ Schloss. **Zeiten:** März – Sep Sa 11 – 13, So und Fei 11 – 19, Mai – Sep Mo – Fr 13 – 18 Uhr, jeweils alle 20 Min. **Preise:** 2,20 €; Kinder 2 – 15 Jahre 1,30 €; Familien (2 Erw, 2 Kinder) 4,20 €. **Infos:** Verkehrsbetriebe Karlsruhe, ✆ 0721/6107-5885, www.kvv.de.

Huschhusch: Mit der Minibahn durch den Schlosspark

▶ Jeder Karlsruher kennt das lustige Pfeifen, das man in der halben Stadt hören kann. Dann dreht wieder des Karlsruhers liebstes Kind, das Schlossgartenbähnle, seine Runden. Es ist übrig geblieben von der Bundesgartenschau 1967. Aus der gemütlichen Kleinbahn heraus lässt sich der Park am besten überblicken. Während in den Ferien unter der Woche eine Diesellokomotive mit vier Waggons im Einsatz ist, tuckert an Sonn- und Feiertagen die nostalgische Dampflok »Greif« durch den Schlosspark, immer begleitet von einer Schar Kinder, die winkend nebenher rennt. Ein- und Ausstieg ist am Bahnhof nahe dem Schlossgebäude.

Mit der Standseilbahn auf den Turmberg

Verkehrsbetriebe Karlsruhe, Tullastraße 71, 76131 Karlsruhe. ✆ 0721/6107-5885, Fax 6107-5889. www.kvv.de. info@kvv.karlsruhe.de. **Bahn/Bus:** Straba bis Turmberg, dann Anstieg zur Talstation über Bergbahnstraße. **Zeiten:** März – Nov täglich 10 – 20 Uhr, Nov – März Sa, So und Fei 10 – 18 Uhr. Turm frei zugänglich. **Preise:** 2,20 €; Kinder 2 – 15 Jahre 1,30 €; Familien 4,20 €.

▶ Den 256 m hohen Turmberg oberhalb von Durlach mit seinem weithin sichtbaren, 28 m hohen, Turm, kann man über 529 Stufen, das *Hexenstäffele,* erklimmen. Man kann ihn aber auch weitaus abenteuerlicher erfahren – nämlich mit der Turmbergbahn. Das ist die älteste noch im Betrieb befindliche Standseilbahn Deutschlands. 1888 wurde die Turmbergbahn als **Standseil-Zahnradbahn** gebaut. Die Bahn war zweigleisig und der Antrieb funktionierte über Wasserballast. Erst 1965 wurde auf elektrischen Betrieb umgerüstet. Seit 1966 ist die Bahn nur noch eingleisig und hat in der Mitte eine Ausweichstelle. Die Strecke ist 315 m lang, überwindet 100 Höhenmeter und weist eine maximale Steigung von 35 % auf. Ob über das Hexenstäffele oder mit der historischen Bahn – auf dem Turmberg angekommen bietet sich ein herrlicher Blick über die Fächerstadt.

Der Turm wurde übrigens im 13. Jahrhundert erbaut und war Teil einer Burganlage. Nach einer Restaurierung kann er nun über eine schmale Wendeltreppe und mehrere Aussichtsplattformen wieder bestiegen werden. Zwischen Zinnen aus den typischen robust und wehrhaft wirkenden Buckelquadern späht ihr in alle Richtungen, entdeckt die Rheinebene, den Pfälzerwald und das Elsass.

Wie von Zauberhand gezogen: Mit der Standseilbahn auf den Turmberg

*Von den in Deutschland ursprünglich 5 **Standseilbahnen,** die mit Wasser betrieben wurden, ist heute nur noch die in Wiesbaden in Betrieb. Ihr findet sie in **»Wiesbaden & Rheingau mit Kindern«** von Eberhardt Schmitt-Burke, Peter Meyer Verlag, ISBN 3-89859-431-8, 12,95 €.*

Unter Dampf durchs Albtal

Historischer Dampfzug der Ulmer Eisenbahnfreunde, Sektion Ettlingen, Bahnhofstraße 6, 76275 Ettlingen. ✆ 0721/883316 (Otto Haas), Fax 151586897. www.ulmer-eisenbahnfreunde.de. albtal@uef-dampf.de. **Bahn/Bus:** Ab ↗ Karlsruhe S1, S11 bis Ettlingen Bhf. **Zeiten:** Die aktuellen Betriebstage sind auf der Internetseite aufgelistet. **Preise:** Einfache Fahrt 4 €; Kinder

Bei Schnee den Schlitten nicht vergessen!

Besonderer Leckerbissen sind die Nikolausfahrten am 6. und 7. Dezember. Da steigt der Nikolaus persönlich in die Albtalbahn mit ein und beschert die Kinder. Die Plätze für diese Fahrten sind sehr begehrt, Karten gibt es nur im Vorverkauf.

Sehr beeindruckend ist der fantasievoll angelegte **Garten** der Majolika. Mit viel Grün und den Wassersäulen, den Tierfiguren und Vogeltränken, alles aus Keramik gefertigt, übt er eine besondere Faszination aus.

6 – 14 Jahre 2 €. **Infos:** Auskunft und Anmeldung bei Otto Haas, Dammerstockstraße 28, 76199 Karlsruhe, ✆ 0721/883361 (Mo – Fr) oder per eMail.

▶ Die Strecke zwischen Ettlingen und Bad Herrenalb wird normalerweise von den ganz normalen Bahnen der Karlsruher Verkehrsbetriebe befahren. An einigen Wochenenden im Jahr gibt es aber Ausnahmen. Da schnaufen alte, schwergewichtige Dampfzüge das romantische Albtal hinauf. Die Ulmer Eisenbahnfreunde und die Albtal-Verkehrsgesellschaft betreiben diese historische Bahn. An den Dampftagen fährt sie zweimal von Ettlingen nach Bad Herrenalb und wieder zurück; die Fahrt dauert 40 Minuten. Anschlusszüge der KVV gibt es im ganzen Gebiet. Sämtliche Dampfzüge sind bewirtschaftet, in den Planzügen kostenlose Fahrradbeförderung.

Zu Besuch in der Keramikmanufaktur

Staatliche Majolika Manufaktur Karlsruhe GmbH, 76131 Karlsruhe. ✆ 0721/912377-0, Fax 912377-8. www.majolika-karlsruhe.de. info@majolika-karlsruhe.de. **Bahn/Bus:** Ab Hbf S1/11, 2 – 4, 6 bis Herrenstraße, 10 Min Fußweg über Schloss und Blauer Strahl. **Auto:** Am Schlosspark, über Willy-Brandt-Allee, Abfahrt Ahaweg. Durchfahrt Ahaweg für Besucher der Manufaktur und Parkplatz frei. **Zeiten:** Mo – Do 9 – 11 und 12.30 – 15 Uhr, Fr 9 – 11 Uhr. Weitere Führungen nach Absprache. **Preise:** Führungen Gruppen bis 15 Pers 75 €, über 15 pro Person 5 €; Führungen Gruppen bis 15 Kinder ab 6 Jahre 50 €, über 15 pro Person 3 €.

▶ Mit einer Keramikmanufaktur verbindet man staubige Räume, in denen getöpfert wird. Man denkt an Hochöfen und dunkle Werkbänke – bei der Karlsruher Majolika weit gefehlt! Hier betritt man eine andere Welt: In den hellen, modernen Räumen glänzt es überall! Hier werden die Kunstwerke verkauft, die von Künstlern mit der Hand geschaffen wurden. Im Rahmen von Führungen kann man den Künstlern bei der Arbeit über die Schulter spicken. Die Führungen selbst werden von Künstlern durchgeführt. Echte Schmankerl in der Vorweihnachtszeit sind die **Märchenlesungen,** die immer zu den Adventswochenenden jeweils Sa und So um 14 und 16 Uhr stattfinden. Kinder ab 3 Jahre dürfen mit einer beispielsweise als gestiefelter Kater verkleideten Märchenleserin ins alte Brennhaus gehen, wo sie in kuscheliger Atmosphäre, bei Christstollen und heißer Schokolade einem Märchen lauschen. Anschließend darf jedes Kind seine eigene Märchenfliese bemalen, die es natürlich mit nach Hause nehmen kann. Telefonische Anmeldung sinnvoll, 7 € pro Kind.

Schlossbesichtigungen

Badisches Landesmuseum im Karlsruher Schloss: Von der Steinzeit bis heute

Schlossplatz, 76131 Karlsruhe. ✆ 0721/926-6514, Fax -6801. www.landesmuseum.de. info@landesmuseum.de. **Bahn/Bus:** S1, S4, S11 bis Marktplatz.

Beliebter Tummelplatz: Die Wiesen vorm Karlsruher Schloss werden für alle Gelegenheiten genutzt

Happy Birthday!
Kindergeburtstag mit bis zu 14 Freunden im Schloss! Angeboten werden spannende Zeitreisen in verschiedene Epochen oder Reisen in die moderne Welt. Mo – Fr 65 €, Sa, So 75 €, zzgl. Materialkosten. Buchungsservice: ✆ 0721/9266520.

Auto: A5 Ausfahrt 44 Karlsruhe-Durlach. **Zeiten:** Di – Do 10 – 17, Fr – So 10 – 18 Uhr (Sammlungsausstellung). **Preise:** 4 €; Kinder ab 6 Jahre 0,50 €; Familien 8 € (Eltern, alle eigenen Kinder). **Infos:** jeden Fr 14 – 18 Uhr Eintritt frei.

▶ Im Museum des Schlosses kann die ständige Sammlung besichtigt werden, bei deren Exponate es sich sowohl um Bodenfunde der Ur- und Frühgeschichte handelt als auch um Kunstwerke der Antike bis zur Gegenwart. Eine eine steinzeitliche Höhle oder eine römische Villa sind für Kinder besonders spannend. Daneben gibt es immer wieder auch Wechselausstellungen, die von umfangreichem Programm begleitet werden: In der Offenen Werkstatt, bei Familienführungen (Erw 2 €, Kinder 0,50 €, jeweils zzgl. Eintritt) und Ferienaktionen (Kinder 7 – 10 Jahre 30 € pro Woche) lernen Kinder die Gebräuche vergangener Kulturen kennen. Bei beiden Ausstellungsarten ist Ausprobieren angesagt. Fühlen und Riechen ist ausdrücklich erlaubt, sodass ein Geschichtserlebnis mit allen Sinnen gewährleistet ist. Kinder können sich außerdem mit einem speziell für die jüngeren Besucher konzipierten Audioguide (Leihgebühr 2 €) auf den Weg machen, der kindgerecht den Alltag der Menschen »Zwischen Burg, Stadt und Kathedrale« schildert. Sehr empfehlenswert ist schließlich die Besteigung des Aussichtsturms.

Vorhang auf, das Spiel beginnt

Kinderführung im Ettlinger Schloss, 76275 Ettlingen. ✆ 07243/101-273, 101-471, www.ettlingen.de. info@ettlingen.de. **Bahn/Bus:** Ab ↗ Karlsruhe S1, S11 bis Ettlingen Erbrinz. **Zeiten:** Mi – So 10 – 17 Uhr, Führungen Sa, So 14 Uhr und nach Vereinbarung. **Preise:** 2,50 €; Kinder ab 12 Jahre 1,50 €.

▶ Kammerdiener Edmond empfängt die jungen Gäste ab 5 Jahre und führt sie unter dem Motto »Vorhang auf, das Spiel beginnt« durch das Schloss – von den dunklen Kellerräumen über geheimnisvolle Wendeltreppen hinauf auf den Turm der mittelalterlichen Burg bis zu den Schätzen auf dem Dachboden. Fragen zu den ausgestellten Kunstwerken können in gemeinsamen Aktionen beantwortet werden. Im Kinderatelier ist im Anschluss Zeit kreativ zu sein. Neben den Führungen für Kinder werden Familienprogramme und Workshops zu verschiedenen Themenbereichen sowie Begleitprogramme für Kinder zu den Kunstausstellungen angeboten.

Freitags ist ab 14 Uhr der Eintritt frei!

Barockschloss Bruchsal

Schlossraum 4, 76646 Bruchsal. ✆ 07251/742661, Fax 742664. www.schloss-bruchsal.de. info@schloss-bruchsal.de. **Bahn/Bus:** Ab Karlsruhe S31, S32 bis Bruchsal Schlossgarten. **Auto:** A5 Ausfahrt 42 Bruchsal, Richtung Innenstadt. Schloss liegt direkt an B3. **Zeiten:** Di – So 9.30 – 17 Uhr. **Preise:** Inkl. Museen 5 €; Kinder ab 6 Jahre 2,50 €. **Infos:** Für Sonderführungen unter ✆ 07222/978178, 9349881 (Service-Center), service@schloss-bruchsal.de.

▶ Kleine Zeitreise gefällig? Wie wäre es mit einer Reise ins **Barock?** Die Damen lustwandeln mit weiten Reifröcken durch den Park, die Herren unterhalten sich geschäftig in steifen Fracks und mit schwarzen Zylindern auf dem Kopf. Im beeindruckenden Bruchsaler Schloss und dem barocken Schlossgarten drumherum fühlen sich die Besucher in die mondäne Welt des verschwendungstüchtigen 18. Jahrhunderts versetzt. 1722 legte Fürstbischof Kardinal Damian Hugo von Schönborn den Grundstein zum Schloss, das heute 50 Einzelgebäude umfasst. Das Schloss beherbergt das **Städtische Museum für Ur- und Frühgeschichte,** Mineralogie, Münzen und Medaillen sowie das Deutsche Musikautomatenmuseum. Der Schlosspark ist achsensymmetrisch auf das Schloss ausgerichtet mit aufwändigen Wasserspielen wie sie die Barock- und Rokokozeit liebten, Skulpturen und einem schönen, etwas abseits liegenden Spielplatz.

Barock: Das weit geschwungene Treppenhaus ist typisch barock

*Als **Barock** bezeichnet man das Zeitalter zwischen 1575 und 1770. Der Begriff kommt aus Portugal, wo man unregelmäßig geformte Perlen als »barocco«, d.h. »schiefrund« oder »merkwürdig« bezeichnete.*

Happy Birthday!

Die schöne Schlosskulisse eignet sich gut für Kindergeburtstage. Tanzen, Schminken und Verkleiden wie Prinzen und Prinzessinnen oder Themenführungen sind möglich. Kosten je nach Angebot.

Entdeckungsreisen im Schloss Bruchsal

Kinderführung im Bruchsaler Schloss, Schlossraum 4, 76646 Bruchsal. ✆ 07251/742661, Fax 742664. www.schloss-bruchsal.de. info@schloss-bruchsal.de. **Bahn/Bus:** Ab ↗ Karlsruhe S31, S32 bis Bruchsal Schlossgarten. **Auto:** A5 Ausfahrt 42 Bruchsal Richtung Innenstadt. Schloss an der B3. **Zeiten:** Di – So 9.30 – 17 Uhr. **Preise:** 9 €; Kinder ab 5 Jahre 4,50 €.

▶ Ein Schlossdrache namens Dami führt die jungen Besucher durchs Bruchsaler Schloss. Kinder ab 5 Jahre gehen auf Entdeckungsreise, Kinder 7 – 12 Jahre schauen sich die Barockepoche schon etwas genauer an. Die Führungen erklären spielerisch, wie sich das Leben am Hof damals zwischen dem 16. und 18. Jahrhundert abspielte. In zwei besonderen Themenführungen hört ihr Geschichten von Gnomen und Zwergen oder erfahrt vom Geheimnis des Fächers. Alles Erlebte dürft ihr in der Kinderwerkstatt schließlich gestalterisch umsetzen.

Museen und Stadtführungen

Kindermuseum in der Staatlichen Kunsthalle

Hans-Thoma-Straße 2 – 6, 76133 Karlsruhe. ✆ 0721/9263359, Fax 9266788. www.kunsthalle-karlsruhe.de. info@kunsthalle-karlsruhe.de. **Bahn/Bus:** S1, S4, S11 bis Marktplatz. **Auto:** A5 Ausfahrt 44 Karlsruhe-Durlach. **Zeiten:** Di – Fr 10 – 17, Sa, So, Fei 10 – 18 Uhr. **Preise:** 6 €; Kinder frei; Familien (2 Erw, Kinder) 10 €.

▶ Die Staatliche Kunsthalle Karlsruhe beherbergt auch ein Kinder- und Jugendmuseum. Hier gibt es wechselnde Ausstellungen mit unterschiedlichen Themen, die von museumspädagogischen Aktionen begleitet werden. In der Malwerkstatt finden tolle Kurse statt. Da können Kinder sowohl allein oder an Samstagen auch gemeinsam mit ihren Eltern kreativ tätig werden.

Faszination Tier und Natur

Naturkundemuseum Karlsruhe, Erbprinzenstraße 13, 76133 Karlsruhe. ✆ 0721/1752111, Fax 1752110. www.naturkundemuseum-karlsruhe.de. museum@naturkundeka-bw.de. **Bahn/Bus:** S1/S11, S2, S5, Straba 1, 3, 4 bis Herrenstraße. **Auto:** Parkhäuser Friedrichsplatz, Landesbibliothek oder IHK. **Zeiten:** Di – Fr 9.30 – 17, Sa, So und Fei 10 – 18 Uhr. **Preise:** 3 €; Kinder 6 – 15 Jahre 2 €; Familien 6 €. **Infos:** ermäßigter Preis bei Besuch des Zoos und des Naturkundemuseums innerhalb eines Monats (Erw 4,50, Kinder 6 – 15 Jahre 2 €).

Foto: Michael Früchtl

Am Spieltisch: Erkennst du die verschiedenen Holzarten?

▶ Im Naturkundemuseum können große und kleine Besucher sehen, wie viel es über Tiere und Pflanzen zu erfahren gibt. Sei es am riesigen Schädel des ausgestorbenen Tyrannosaurus Rex oder an der quicklebendigen Klapperschlange – hier könnt ihr toll beobachten, forschen und entdecken! Für die Geologen unter euch sind sicher die Fossilienfunde, die Mineralien und das Leben in der Urzeit spannend. Für die Tierfans werden die Modelle der Tiere aus Afrika und den Polargebieten, sowie der einheimischen Tiere interessant sein. Die Attraktion des Hauses ist sicher das **Vivarium.** Hier leben echte exotische Tiere von Pfeilgiftfrosch bis Krake und Katzenhai. Farbenfrohe Fische aus tropischen Gewässern gleiten durch naturnah gestaltete Aquarien – unter anderem Nemo und Dorie aus dem Film »Findet Nemo«! Neben der Dauerausstellung locken ständig wechselnde Sonderausstellungen junge Forscher ins Museum. Da geht es mal um die Steinzeitmenschen, mal um den Wald, spannend ist es auf jeden Fall im-

Happy Birthday!

Es gibt mehrere Geburtstagsprogramme für verschiedene Altersgruppen: für die Kleineren eine Führung mit Bastelaktion, für die Älteren eine Rallye oder eine ganz spezielle Führung. Der Preis richtet sich nach Angebot und Wochentag.

mer! Daneben finden regelmäßig Kinderkurse zu verschiedenen naturkundlichen Themen statt – hierzu sollte man sich früh anmelden, die Plätze sind schnell vergeben!

Zentrum für Kunst und Medientechnologie (ZKM)

Lorenzstraße 19, 76135 Karlsruhe. ✆ 0721/8100-0, Fax 8100-1139. www.zkm.de. info@zkm.de. **Bahn/Bus:** Ab Hbf S2 Richtung Siemensallee bis ZKM. **Auto:** A5 Ausfahrt 45 Karlsruhe-Mitte, auf Südtangente Richtung Landau bis Abfahrt Nr. 5 Europahalle. Auf Brauerstraße Richtung Innenstadt direkt zum ZKM. **Zeiten:** Mi – Fr 10 – 18, Sa, So 11 – 18 Uhr. **Preise:** 5 €; Kinder ab 7 Jahre 2 €; Familien 10 €, Fr ab 14 Uhr freier Eintritt. **Infos:** Anmeldung Workshop unter ✆ 0721/81001330 oder workshops@zkm.de.

▶ Das ZMK gilt zu Recht als eines der innovativsten Ausstellungshäuser der Welt, denn hier bekommt ihr einen Vorgeschmack auf die Zukunft, inklusive Anfassen, Erfahren und Begreifen. Im Medium Buch, wie es in Zukunft wohl aussehen wird, »blättert« ihr, indem ihr mit einem elektronischen Stift auf die Tischplatte klickt. Daraufhin geht ein Licht an und aus, ein Apfel schrumpft Bissen für Bissen, eine Tür geht auf und zu. Durch das Drücken von Knöpfen, durch Körperbewegungen, Audio- und Videoaufnahmen werdet ihr sogar selbst Bestandteil der Installationen. Es werden auch Workshops angeboten. Sie beinhalten Höhepunkte wie das Programmieren eines Roboters oder das Erstellen eigener Computerspiele.

Zum ZKM gehört auch das **Museum für Neue Kunst,** in dem vor allem wechselnde Sonderausstellungen stattfinden. Es besteht aus den vier Instituten *Bildmedien, Musik und Akustik, Film und Medien* sowie *Wirtschaft.* Dieser Teil des Museums ist in seiner Kombination mit dem Zentrum für Kunst und Medientechnologie ein tolles Beispiel für die Verknüpfung von Wissenschaft und Kunst.

Verkehrsmuseum Karlsruhe

Werderstraße 63, 76137 Karlsruhe. ✆ 0721/374435, 562622, www.karlsruhe.de/kultur/verkehrsmuseum. verkehrsmuseum-karlsruhe@t-online.de. **Bahn/Bus:** Ab Hbf Straba 3 bis Werderstraße, Linie 2, S1 und S4 bis Kongresszentrum. **Zeiten:** So 10 – 13 Uhr. **Preise:** 3 €; Kinder ab 5 Jahre 1 €; Familien (2 Erw, Kinder) 5 €.

▶ Sonntagmorgens um 10 Uhr habt ihr einen festen Termin im Karlsruher Verkehrsmuseum. Dort düsen nämlich ICEs für euch um die Wette, Güterzüge tuckern gemächlich durch die Lande, damit ihr die Waggons zählen könnt, und Regionalbahnen laden am Bahnhof Fahrgäste ein und aus. Bis 13 Uhr ist das

DER KARLSRUHER DANIEL DÜSENTRIEB

▶ **Karl Friedrich Drais** wurde 1775 in Karlsruhe geboren. Eigentlich war er Förster, zeigte aber mehr Begabung für Erfindungen. 1813 entwickelte er ein aufsehenerregendes Gefährt, eine vierrädrige »Fahrmaschine ohne Pferde«, angetrieben durch den innen sitzenden Menschen. Dieses Gefährt stellte er sogar dem in Karlsruhe zu Besuch weilenden russischen Zaren vor, der ganz begeistert war – nicht so der damals bekannte Karlsruher Architekt Weinbrenner und der Ingenieur Tulla. Weil es ihnen nicht gefiel, stellte Drais 1817 dann ein neues Gefährt vor: das Zweirad. Auf diesen Vorläufer unseres heutigen Fahrrads setzte man sich rittlings und stieß sich mit den Füßen vom Boden ab. Über dem Vorderrad war eine Lenkstange als umgekehrte Deichsel angebracht. Um die Nützlichkeit seiner Erfindung zu demonstrieren, fuhr Drais von Mannheim zum Relaishaus bei Schwetzingen und zurück in weniger als einer Stunde. Die Pferdepost brauchte damals für diese Strecke vier Stunden. Vom Großherzog erhielt Drais für diese Erfindung sogar den Titel eines Professors der Mechanik. Drais machte sein Zweirad überall berühmt – etwa durch Vorführungen in Baden-Baden und Frankfurt sowie in Nancy und Paris. Aber auch durch zahlreiche, nicht lizensierte Nachbauten fand seine »Laufmaschine« rasche Verbreitung, sodass schon 1819 Leute auf zum Teil eisernen Zweirädern in England und Amerika herumfuhren. ◀

Verkehrsmuseum fest in den Händen der großen Modelleisenbahnanlage im obersten Stockwerk. Und ihr dürft eure eigenen Bahnen sogar mitbringen und selbst steuern! Auch Busse, Kleintransporter, Sattelzüge und Autos kurven selbstständig und wie von Zauberhand geführt über die 80 qm große Landschaft. Nebenbei dürft ihr den Bastlern auch noch beim Gestalten der Landschaft mit Felsen, Häusern, Straßen und Tunnels zuschauen. Außer diesem sonntäglichen Ereignis hat das Museum natürlich noch mehr zu bieten. Ungefähr 40 Motorräder und Automobile sind zu bestaunen, das älteste ist ein Ford Modell ✆ von 1904. Im Zusammenhang mit den Anfängen des Straßenverkehrs darf natürlich auch die Draisine nicht fehlen, ein zweirädriges Fahrzeug ohne Pedale, eine sogenannte Laufmaschine, dessen Erfinder **Karl Friedrich Drais** aus Karlsruhe stammte.

Städtisches Museum im Schloss Bruchsal

Schönbornstraße, 76646 Bruchsal. ✆ 07251/79-253, 79-380, Fax 7911380. www.ettlingen.de. info@ettlingen.de. **Bahn/Bus:** Ab ↗ Karlsruhe S31, S32 bis Bruchsal Schlossgarten. **Auto:** A5 Ausfahrt 42 Bruchsal, Richtung Innenstadt. Das Schloss liegt direkt an der B3. **Zeiten:** Di – So 10 – 17 Uhr. **Preise:** 5 €; Kinder ab 6 Jahre 2,50 €; Familien 12,50 €.

▶ Für Kinder ist von allen im Bruchsaler Schloss untergebrachten Museen das Städtische Museum sicher am interessantesten. Es dokumentiert die Geschichte der Bruchsaler Region von der Steinzeit bis zur Gegenwart. Die Ausstellung zeigt neben der Ur- und Frühgeschichte der Stadt eine Mineraliensammlung, Münzen und Medaillen Bruchsals sowie archäologische Funde von der Jungsteinzeit bis zum Mittelalter. Ein Schwerpunkt der Ausstellung liegt auf dem Bereich der *Experimentellen Archäologie:* Mit originalgetreuen Nachbildungen steinzeitlicher Werkzeuge versuchen die Wissenschaftler, den Alltag von vor

Wintermärchen: Das Schloss Bruchsal im Schnee

6000 Jahren wieder lebendig werden zu lassen. Steinäxte, Webstühle, Geräte aus Knochen und Holz lassen erahnen, wie vielfältig das Leben und wie schwer doch das Überleben für die Menschen in der Steinzeit gewesen sein muss. Ein ganz besonderes Erlebnis für Kinder ist das Maskottchen des Städtischen Museums, der Steinzeitjunge »Michi« vom Michaelsberg bei Untergrombach. Auf vielen interessanten Texttafeln erzählt Michi von seinem Leben in der Steinzeit und das in einer Sprache, die für Kinder besonders gut verständlich ist. Er berichtet vom Feuermachen und Getreideanbau, vom Jagen und Brotbacken, von Webstühlen und Werkzeugen – eben von allem, was er selbst jeden Tag erlebt.

© Landesmedienzentrum Baden-Württemberg

Das schwarze Schaf der Familie: Schnecki Wasser spuckend

Kindergartenmuseum Bruchsal

Hochstraße 5 – 6, 76646 Bruchsal. ✆ 07251/93250, www.bruchsal.de. info@bruchsal.de. **Bahn/Bus:** Ab ↗ Bruchsal Bhf Max-Bus 181 Richtung Weiherberg bis Hochstraße. **Auto:** A5 Ausfahrt 42 Bruchsal, B35 (Nordumgehung) nach Bruchsal. **Zeiten:** Jeden letzten Sa im Monat 14 – 18 Uhr; Führungen telefonisch vereinbaren. **Preise:** 2 € als Spende erbeten.

▶ Im Kindergarten wart ihr alle früher oder seid ihr vielleicht sogar immer noch. Aber habt ihr euch schon einmal Gedanken darüber gemacht, wie es in einem Kindergarten im 19. Jahrhundert aussah und womit die Kinder gespielt haben? Hier seid ihr an der richtigen Stelle. Das Kindergartenmuseum zeigt Gegenstände zur Geschichte und Entwicklung des Kindergartens: Spiele, Puppen, Kindergartenmobiliar, Bücher zur Beschäftigung. Die heutige Erzieherin war früher eine einfache Kindsmagd, die die Kinder beaufsichtigte.

Versucht doch einmal zu vergleichen: Wäre der Kindergarten, wie er früher war, schöner als der von heute?

Mit Spannung durch die Stadt

Stadtführungen Bruchsal und Heidelsheim, Touristcenter Bruchsal, Am Alten Schloss 2, 76646 Bruchsal. ✆ 07251/50594-61, Fax 5059465. www.bruchsal-erleben.de. touristcenter@btmv.de. **Bahn/Bus:** ab ↗ Bruchsal S31, S32 bis Schlossgarten, S9 Richtung Bretten/ Mühlacker bis Heidelsheim Nord und Heidelsheim Bhf. **Zeiten:** März – Okt. **Preise:** Heidelsheim: 2,50 €, Bruchsal: 40 € bis 35 Pers; Heidelsheim: Kinder ab 6 Jahre 1 €, Bruchsal: 40 € bis 35 Pers. **Infos:** Führungen in Heidelsheim: Peter und Marliese Schwedes, Biffachstraße 2a, 76646 Bruchsal-Heidelsheim, ✆ 07251/5404, Marliese.Schwedes@arcor.de.

▶ In Bruchsal und Heidelsheim werden Stadtführungen zum Mitmachen angeboten. Auf spielerische Art erkunden 8- bis 12-Jährige mit vielen Fragen und Antworten die Geschichte der Stadt. Ihr startet im **Mittelalter.** In Heidelsheim stellt euch die Fremdenführerin im Gewand einer Bürgerwehrfrau vor wie die Menschen damals gelebt haben. Wenn ihr euch nicht denken könnt, wie mühsam es allein schon war, Wasser aus dem Brunnen zu holen, dürft ihr das hier gern ausprobieren! Auch ein echter Türmer in historischer Uniform begrüßt die jungen Gäste. Beim Besteigen des Katzenturms erfahrt ihr, was es mit dem Angstloch auf sich hat und mit welchen Mitteln die Bauern damals bestraft wurden. Natürlich ist auch das Leben der Kinder zu damaliger Zeit ein Thema der Führungen. Treffpunkt für die Führung in Bruchsal ist das Barockschloss, in Heidelsheim der Marktbrunnen am Marktplatz.

Im ***Mittelalter*** *war der Unterschied zwischen Arm und Reich sehr groß. Während Ferdinand, Enkel der Markgräfin, in seinem Jagdschlösschen pompös Kindergeburtstag feiern durfte, lebte das Kind einer Handwerkerfamilie zusammen mit 11 Geschwistern in einem kleinen Häuschen, wo es bescheidener als Ferdinand Geburtstag feierte.*

BÜHNE, LEINWAND & AKTIONEN

Theater

Figurentheater Marotte

Kaiserallee 11, 76133 Karlsruhe. ✆ 0721/841555, Fax 859697. www.marotte-figurentheater.de. info@marotte-figurentheater.de. **Bahn/Bus:** S1, 2, 5, 11 und

Straba 1, 5, 6 bis Mühlburger Tor. **Zeiten:** Die Spielzeiten richten sich nach den aufgeführten Stücken. **Preise:** 5 €; Kinder ab 3 Jahre 5 €. **Infos:** Für Kinder unter 3 Jahre kein Einlass.

▶ Der Klassiker im Repertoire des Figurentheaters ist der gute alte Petterson mit seinem Kater Findus. Ob nun das Zeltabenteuer der beiden ins Wasser fällt oder sie ungewollt ein Feuerwerk abfackeln – mit diesem kauzigen Gespann kann man Kinder immer wieder begeistern. Natürlich bietet das Marotte noch andere Stücke. Neben Eigenproduktionen treten auch Gastspieler anderer namhafter Figurentheater auf. In Karlsruhe ist kein zweites Theater so gut geeignet, schon die Kleinsten mit Spaß in die Theaterwelt einzuführen.

Die Belohnung fürs Stillsitzen wartet gleich nebenan: Auf dem Spielplatz **Nottinghamanlage** können sich die jungen Zuschauer nach dem Theatergenuss austoben.

Sonntags um Drei

Stadtinformation Ettlingen, 76275 Ettlingen. ✆ 07243/101-380, www.ettlingen.de. info@ettlingen.de. **Bahn/Bus:** Ab ↗ Karlsruhe S1, S11 bis Ettlingen. **Zeiten:** So 15 Uhr. **Infos:** Prospekte mit dem Programm im Rathaus sowie in der Stadtinformation und den Ortsverwaltungen erhältlich.

▶ Viel gute Laune und Unterhaltung bietet das Ettlinger Kinder- und Familienprogramm »Sonntags um Drei«: Jeden Sonntag um 15 Uhr wird etwas Besonderes geboten, von der Stadtführung über Kindertheater bis hin zu Aktionen im interaktiven Museum. Bei den Ettlinger Schlossfestspielen wird jährlich ein Kinderstück aufgeführt, auch das im Rahmen der sonntäglichen Veranstaltung. 8- bis 15-jährige Gewässerdetektive und Naturspürnasen kommen bei den waldpädagogischen Entdeckungstouren ebenfalls auf ihre Kosten, wenn sie entlang der Moosalb unterwegs sind und das Gewässer erforschen. Speziell die Fischtreppe und Tiere in und an der Moosalb werden untersucht. In eine ganz andere Richtung gehen die Zeitreise durchs Barock oder das Sibylla-Fest, sowie die Forschungsreise auf dem Walderlebnispfad Spessart oder die Natour + Kultour mit Neptun am Bismarckturm.

Figurentheater Himmelreicher

Seppel Streit, Hans-Thoma-Straße 22, 76307 Karlsbad-Langensteinbach. ✆ 07202/3161, www.himmelreicher.com. info@himmelreicher.com. **Bahn/Bus:** Ab ↗ Karlsruhe S11 bis Langensteinbach St. Barbara. **Zeiten:** Termine im Internet, Vorstellungsbeginn jeweils 15 Uhr. **Preise:** 4 €; Kinder ab 3 Jahre 4 €.

Fahrende Leute – in früherer Zeit ***Himmelreicher*** *genannt – gaben der 1982 gegründeten Bühne ihren Namen.*

▶ Wenn man keine Säcke mehr schleppen kann und deshalb verkauft werden soll, wird es höchste Zeit, davonzulaufen und nach einem neuen Anfang Ausschau zu halten. Den hofft der Esel in Bremen zu finden. Wie es ihm dabei ergeht und wen er unterwegs trifft, wird in dem beliebten Märchen von den Bremer Stadtmusikanten erzählt. Es ist nur eins der beliebten Kinderstücke, die beim Puppentheater **Himmelreicher** für Kinder aufgeführt werden. Anspruchsvolle Unterhaltung für Menschen ab 3 Jahre mit eigenen Stücken und Bearbeitungen ist garantiert, vor allem bekannte Märchen bestimmen das Programm. Das Puppentheater gastiert in Bibliotheken, Kindergärten, Kulturzentren, Schulen, Theatern und auf Festivals und hat in Karlsbad seine feste Spielstätte.

Theater Hautnah

Badische Landesbühne, Am Alten Schloss 24, 76646 Bruchsal. ✆ 07251/727-22. www.dieblb.de. **Bahn/Bus:** S31, 32 bis Schlossgarten. **Zeiten:** Je nach Aufführung. **Preise:** 7 €; Kinder ab 4 Jahre 4 €.

Zuschauen ist klasse, Selberspielen noch viel besser! Für Gruppen, die sich im Schauspiel ausprobieren wollen, bietet die BLB-Theaterpädagogin Kurse an zu Körperausdruck und Mimik, Stimme und Sprache, Mut zum Auftritt, Zusammenspiel mit anderen.

▶ Kinder brauchen Theater – das Theater braucht die Kinder. Für die 4- bis 14-Jährigen bietet die Landesbühne jedes Jahr bis zu 5 Stücke an: mal als Theaterereignis auf der großen Bühne, mal als mobile Produktion im Klassenzimmer, die Theater hautnah erlebbar macht. Das aktuelle Programm ist dem Spielzeitheft oder der Internetseite zu entnehmen. Doch wo ist Theater schöner als unter freiem Himmel? Die frechen, opulenten und oft musikalischen Freilichtstücke der Badischen Landesbühne ziehen jeden Sommer begeisterte kleine und große Zuschauer an. Es wurden bereits Stücke wie »Das Dschungelbuch« oder »Peter Pan« gezeigt, aber auch brandaktuelle Aufführungen wie »Tintenblut«. Zu allen Kinderstücken gibt es außerdem Vor- und Nachbereitungen sowie theaterpädagogisches Begleitmaterial. Und für diejenigen, die einmal hinter die Kulissen eines Profitheaters schauen wollen, wird auf Wunsch eine Führung organisiert.

Kinder- und Jugendtreffs

Jubez

Kronenplatz 1, 76133 Karlsruhe. ✆ 0721/935193, www.jubez.de. info@jubez.de. **Bahn/Bus:** Ab Hbf S4, Straba 2 bis Kronenplatz.

▶ Offene Werkstätten wie Töpferwerkstatt, Holzwerkstatt und Medienwerkstatt für Kinder 6 – 8 Jahre und Fotolabor, Textilwerkstatt und Volleyball für Jugendliche 15 – 28 Jahre. Daneben gibt es wechselnde Kursangebote.

Stadtjugendausschuss e.V., Moltkestraße 22, 76133 Karlsruhe. Das Jubez ist eine Einrichtung des Stadtjugendausschusses.

Kinder- und Jugendhaus Pfinztal

Lehmgrubenstraße, 76327 Pfinztal-Berghausen. ✆ 0721/9462816, Fax 9462818. www.kjh-pfinztal.de. **Bahn/Bus:** S5 bis Berghausen Stadion.

▶ Kreativkurse wie »Kleckern, Klotzen und Gestalten – hier könnt ihr euch entfalten« für Grundschulkinder gehören ebenso zum Programm wie Jungen-, Mädchen- oder der Kindertreff Klick Klack für Kids ab 6 Jahre, bei dem ihr euch mit anderen Kindern treffen, neue Spiele lernen oder alte neu entdecken könnt. Ihr könnt frei oder zusammen mit den Betreuern spielen, euch verkleiden, schminken, Musik machen oder sonstwie beschäftigen.

Feste Termine

Karlsruher Bücherschau

Regierungspräsidium, Karl-Friedrich-Straße 17, 76133 Karlsruhe. ✆ 0721/9264059, www.buecherschau.de. post@buchhandelsverband.de. **Bahn/Bus:** Ab Hbf S1, S4, S11 oder die Linien 2, 3, 4 bis Marktplatz. **Auto:**

FESTKALENDER

Fastnacht: Bruchsal-Obergrombach: **Nachtumzug** mit Zünften, Hästrägern und Guggenmusikern.
So, Durlach: Großer **Umzug** durch die Durlacher Innenstadt und Altstadt.
Di, Karlsruhe: Traditioneller **Umzug** mit 100 Wagen.

Pfingsten: Hoepfner **Burgfest.**

Mai, Juni: Anfang, Vogelpark Neuthard: **Frühlingsfest.**
Ende Mai – 2. Mo im Juni, Karlsruhe: **Frühjahrsmess** mit großem Rummel auf dem Messplatz.

Juni: 3. Wochenende, Karlsruhe: **Stadtgeburtstag** in der gesamten Innenstadt mit vielen Kinderaktionen.
Letztes Wochenende, Karlsruhe: **Hafen-Kultur-Fest** mit kostenlosen Hafenrundfahrten, Dampfzugfahrten und mobiler Spielaktion.

Juli: 1. Wochenende, Durlach: **Altstadtfest.**
Bruchsal: großer **Stadtflohmarkt** vor dem Schloss in der Schönbornstraße und auf dem Gymnasiumplatz.
1. Wochenende, Walzbachtal: **Historische Baustelle:** Historische Baumaschinen und Lkw in Aktion im Steinbruch des Zementwerks Lafarge in Wössingen.
Mitte – Ende, Bruchsal: **Theatersommer,** 22 Open-Air-Aufführungen in 14 Tagen für Kinder und Erwachsene im Schlossgarten. www.dieblb.de.
3. Wochenende, Königsbach-Stein: **Ritterspiele:** Spektakel mit Rittern hoch zu Ross, Kämpfen, Bräuchen und Lagerleben in historischen Gewändern sowie Markttreiben, Turniere, Gaukler, Musik und Feuerspucker. www.ritterspiele-koenigsbach-stein.de.

A5 Ausfahrt 44 Karlsruhe-Durlach, über B10 Richtung Stadtmitte. **Zeiten:** Nov – Dez Mo – So 10 – 20 Uhr.

▶ Um die 20.000 Bücher aus mehreren hundert Verlagen werden bei der jährlichen Bücherschau angeboten, darunter auch zahlreiche Kinderbücher und -spiele. Im Kinderland gibt es neben der Kinder- und Jugendbuchausstellung ein Rahmenprogramm mit

	3. Wochenende, Bruchsal-Obergrombach: **Burgfest** mit »Bundschuhlager«. In geraden Jahren.
	Letztes Wochenende, Bad Schönborn: **Lichterfest,** bei der Posidonienschieferwand mit Musik-Feuerwerk. Bei schlechtem Wetter in der Kraichgauhalle.
Juni – August:	Ettlingen: **Schlossfestspiele.** Freilichttheater im Schloss. Musicals, Revuen, themenorientierte Sonderprogramme, Konzerte, Lesungen.
August:	Ende, Karlsruhe: **Lichterfest** im Zoo mit riesigen beleuchteten Zootieren, Tausenden von Kerzen und Lampions und Mondscheinlesungen.
September:	Mitte, Karlsruhe: **Theaterfest** im Staatstheater.
	2. – 3. Wochenende, Bruchsal: **Herbstjahrmarkt** auf dem Messplatz.
Oktober:	Mitte, Bruchsal: **Süddeutsche Europatauschbörse für altes Spielzeug:** Es werden wertvolle alte Spielsachen vergangener Epochen und Stücke der neueren Produktion angeboten.
	Weihnachtsmärkte
1. Advent – 23. Dez:	Mo – Sa 10 – 23, So 11 – 23 Uhr, Karlsruhe: Traditioneller **Christkindlesmarkt,** auf dem Marktplatz rund um die Pyramide sowie Märchenszenen in der City.
1. – 4. Advent:	täglich 11 – 21 Uhr, Durlach: **Märchenhafte Weihnachtsstadt,** mit mittelalterlichem Markt, Märchenerzählern, Gauklern, Hofnarren und Musikanten an der Karlsburg.
1. – 4. Advent:	täglich 12 – 20 Uhr, Bruchsal: **Holz- und Kübelmarkt,** Höhepunkt: Rathausplatz im Feuerzauber.

Auf der Karlsruher Bücherschau ist auch der Peter Meyer Verlag oft vertreten. Haltet Ausschau nach seinen Ausflugsführern!

Lesungen für Kinder, Malaktionen, Theaterstücken und Kinofilmen. Es gibt immer ein Gastland und ein Schwerpunktthema, für die Kinder war das beispielsweise einmal Astrid Lindgren. 3,5 Wochen lang heißt die Devise im Regierungspräsidium »Anfassen, anschauen, lesen«.

Das Fest

Stadtjugendausschuss Karlsruhe, Hermann-Veit-Straße, 76135 Karlsruhe. ✆ 0721/781721-3, 781721-4, Fax 66487949. www.dasfest-karlsruhe.de. **Bahn/Bus:** Ab Hbf mit Bus 62 bis Beiertheim-West, dann zu Fuß zur Günther-Klotz-Anlage. **Auto:** A5 Ausfahrt Karlsruhe-Mitte Richtung Europahalle.

▶ Jeder Karlsruher weiß, was mit »Das Fest« gemeint ist. 3 Tage lang ist die Stadt rund um die Günther-Klotz-Anlage am vorletzten Wochenende vor den baden-württembergischen Sommerferien im Ausnahmezustand. Mittags werden die Kinder vor allem mit dem kreativen Angebot der Mobilen Spielaktion bespaßt. Es ist kaum zu glauben, was aus dem antiken roten Doppeldecker-Bus alles zutage gefördert werden kann! Parallel finden auf der Bühne für Kinder Mitmachtheater, Zirkus oder lustige Kindertheaterstücke statt. Wenn es heiß ist, können sich die Kinder in den Plantschbecken abkühlen oder am See eine Runde Ruderboot fahren. Unzählige Stände sorgen für das leibliche Wohl. An den Abenden spielen namhafte Bands, meist sind auch attraktive Musiker für Jugendliche dabei.

Das Fest in Karlsruhe zählt ganz sicher mittlerweile zu den größten »Für umme und draußen«-Festivals in Deutschland.

ZENTRALER KRAICHGAU

HEIDELBERG & KURPFALZ

KLEINER ODENWALD

KARLSRUHE & RHEIN

ZENTRALER KRAICHGAU

NATURPARK NECKAR-ZABER

HEILBRONN & NECKAR

PFORZHEIM & ENZ

ORTE, INFO & VERKEHR

FERIENADRESSEN & EINKAUFEN

KARTEN & REGISTER

Das »Land der tausend Hügel« ist ein Kinderland, weil es überschaubar ist, eigentlich ein Ferien-Eldorado für die ganze Familie. Warum das so ist? Man kann Urlaub auf dem Ferienhof, dem Bauernhof oder dem Reiterhof machen.

Freizeit- und Action-Ziele liegen immer ganz nah dran: Auf den Spuren der Römer zu wandeln macht genauso viel Spaß wie das berühmte Technik-Museum in Sinsheim, wo Weltattraktionen und Raritäten zuhauf auf euch warten. Die Erlebnispfade sind wirkliche Erlebnisse und auch die Schwimmbäder der Region können sich sehen lassen. Neckar, Rhein, Odenwald und Schwarzwald flankieren das Gebiet und bieten selbst wieder jede Menge neue Möglichkeiten für spannende Aktivitäten.

DIE TOSKANA DEUTSCHLANDS

TIPPS FÜR WASSERRATTEN

Frei- und Hallenbäder

Sole-Wellenfreibad Bad Rappenau

Salinenstraße 37, 74906 Bad Rappenau. ✆ 07264/862143, Fax 862182. www.badrappenau.de. gaesteinfo@badrappenau.de. **Bahn/Bus:** RB Heilbronn – Mannheim oder Steinsfurt bis Bad Rappenau, ab Bhf Bus 681 bis Englert, dann 10 Min Fußweg. **Auto:** A6 Ausfahrt 35 Bad Rappenau Richtung Bad Rappenau, Bad Wimpfen. **Zeiten:** Mai – Sep täglich 8 – 20 Uhr. **Preise:** 3 €; Kinder 6 – 15 Jahre 2,50 €.

▶ Von Mitte Mai – Mitte September ist Badesaison im solarbeheizten **Sole**-Wellenfreibad Bad Rappenau. Insgesamt 1444 qm Wasserfläche bieten das Schwimmerbecken, das Wellenbecken und das Kinderplantschbecken. Der **Massagebrunnen,** Schwalldusche, Massagedüsen, Bodensprudler, 1-m-Sprungbrett und Kinderrutschen versprechen pures Badevergnügen. Der Massagebrunnen ist angeblich sogar eine Bad Rappenauer Erfindung, die sich auf der ganzen Welt durchgesetzt hat! Freizeitspaß auf dem Trockenen bieten die Beachvolleyballfelder, Tischtennis-

Sole (aus dem Spätmittelhochdeutschen sul, sol: Salzbrühe) ist eine Salz-Wasser-Lösung. Bei Verwendung von Sole, also Salzwasser, anstatt aufbereiteten Trinkwassers spricht man von Mineral- oder Solebädern.

Den Kraichgau im Blick: So ein tolles Panorama seht ihr vom Sinsheimer Burgturm aus

platten und der Spielplatz für Kinder. Blühende Blumenrabatten und Schatten spendende Bäume kennzeichnen den parkartigen Charakter des Freibads.

Bäderwelt Bretten

Beheiztes Freibad und Hallenbad, Max-Planck-Straße 1, 75015 Bretten. ✆ 07252/9514-0, www.stadtwerke-bretten.de. info@stadtwerke-bretten.de. **Bahn/Bus:** Ab ↗ Karlsruhe S1, S4 bis Bretten, ab Bhf Bus 733 bis Im Grüner. **Auto:** Über B293 nach Bretten, über Melanchthonstraße in Max-Planck-Straße. **Zeiten:** Mitte Mai – Aug Mo, Mi, Fr 9 – 20, Di und Do 6.30 – 20, Sa, So und Fei 8 – 20 Uhr, Sep täglich 9 – 19 Uhr. **Preise:** 3 €; Kinder ab 6 Jahre 1,50 €; Behinderte, Studenten wie Kinder.

▶ Beheiztes **Freibad** mit 50-m-Becken, Kinderplantschbecken, Spaß- und Freizeitbecken sowie Rasenanlage mit Spielgeräten. Besonderen Spaß habt ihr auf einer 65-m-Rutsche und im Wildwasserkanal mit Strömungsdüsen. Für die jüngsten Badegäste gibt es einen Kleinkinderspielplatz mit Matschbereich, der Babywickelraum ist nicht weit. Der Kiosk hat eine Freiterrasse.

Das **Hallenbad,** das sich ebenfalls im Bäderpark Bretten befindet, schließt während der Freibadsaison ab Mitte Mai. Hier gibt es ein 1-m- und 3-m-Brett, Schwimmer- und Nichtschwimmerbecken. Mi und Do ist Warmbadetag.

Freibad Gemmingen

Freizeitweg, 75050 Gemmingen. ✆ 07267/1248, www.gemmingen4u.de. post@gemeinde-gemmingen.de. Am Ortsrand. **Bahn/Bus:** Ab ↗ Eppingen S4 bis Gemmingen Bhf, von dort 10 Min Fußweg. **Auto:** Von Eppingen B293 via Gemmingen. **Zeiten:** Täglich 8.30 – 20 Uhr, Do ab 6 Uhr. **Preise:** 2,50 €; Kinder ab 5 Jahre 1,50 €; Familienjahreskarte 50 €.

▶ Die schöne Anlage bietet ein großes Schwimmbecken mit zwei Sprungtürmen, ein Kinderbecken

Seid ihr gut im Brustschwimmen? Dann macht doch einmal einen »Fuß-Schwimm-Wettkampf«! Legt euch auf den Rücken ins Wasser und schwimmt mit den Füßen voran mit Brust-Armzug so schnell es geht zu einem vorher vereinbarten Ziel. Das macht sogar den Zuschauern Spaß, denn ihr liegt mit dem ganzen Körper ruhig im Wasser wie auf einem Sofa und nur die Arme rudern heftig.

und eine große Liegewiese mit vielen Bäumen. Euren Hunger könnt ihr zwischendurch an einem Kiosk mit Sitzmöglichkeiten stillen. Auch Umkleideräume, Toiletten, Duschen und Schließfächer sind vorhanden.

Plantschen in Badeseen

Römersee und Villa Rustica

Bad Rappenau-Zimmerhof. **Bahn/Bus:** Ab ➚ Bad Wimpfen Friedhof Bus 684 bis Fünfmühlental, von dort circa 1 km zu Fuß in südliche Richtung. **Auto:** A6 Ausfahrt 35 Bad Rappenau, Richtung Gundelsheim bis Bad Rappenau-Zimmerhof. **Zeiten:** Frei zugänglich.

▶ Der Römersee ist ein angestauter See in Bad Rappenau, der seinen Namen von dem hier frei gelegten römischen Gutshof hat, der Villa Rustica. Die Fundamente des römischen Gutshofs befinden sich direkt am See. Gut erhalten und besonders tauglich dafür, Römer zu spielen, ist die Nordecke mit einem Kellerraum, der zwei gemauerte Nischen sowie einen Lichtschacht hat. Die Räumlichkeiten, die sich rund um diesen Kellerraum gruppieren, könnten die ehemaligen Wohnräume sein. Die **Villa Rustica** ist für Besucher frei zugänglich. Am Römersee befindet sich eine Grillstelle.

*Als **Villa Rustica** bezeichnet man ein Landhaus bzw. Landgut aus dem Römischen Reich. Sie war Mittelpunkt eines landwirtschaftlichen Betriebs und bestand meist aus einem Hauptgebäude und mehreren, innerhalb eines ummauerten Hofs gelegenen Wirtschafts- und Nebengebäuden.*

Trubel am Badesee in Ubstadt-Weiher

Freizeitzentrum Hardtsee, Ubstadter Seeweg, Ubstadt-Weiher. ✆ 07251/9613-94, Fax -95. www.hardtsee.de. info@hardtsee.de. **Bahn/Bus:** Ab ➚ Karlsruhe S3 bis Ubstadt-Weiher. **Auto:** A5 Ausfahrt 42 Bruchsal, Richtung Ubstadt-Weiher. **Preise:** 2,80 €; Kinder ab 6 Jahre 1,50 €.

▶ Ein 800 m langer Sandstrand, ein azurblauer See – wieso solltet ihr in den Süden fahren? Auch am Hardtsee in Ubstadt-Weiher könnt ihr Sandburgen bauen und plantschen bis zum Umfallen. Es gibt zwei Spielplätze, Beachvolleyball- und Streetballfelder und

Direkt am See befindet sich der ➚ Campingplatz Freizeitzentrum Hardtsee.

sogar einen Skatepark. Der See ist eingeteilt in einen eigenen Kinderbadebereich, einen Schwimmer-, Nichtschwimmer- und einen Wassersportbereich. Auf der Liegewiese spenden zahlreiche Bäume Schatten und eine Gaststätte mit Biergarten sowie zwei Kioske sorgen für das leibliche Wohl.

RAUS IN DIE NATUR

Skaten und Radeln

Sinsheim on Skates

Sinsheim. ✆ 07261/404-119 (Stadtverwaltung), Fax 404-165. www.sinsheim.de. stadtmarketing@sinsheim.de. **Länge:** 12 bzw. 21 km, mit steilen Streckenabschnitten. **Bahn/Bus:** Ab ➚ Eppingen RB Richtung Heidelberg bis Sinsheim Museum. **Auto:** A6 Ausfahrt 33 Sinsheim, ab Ausfahrt gut ausgeschildert. **Infos:** Auskunft, auch über den Termin der Veranstaltung, gibt die Stadtverwaltung Sinsheim.

Achtung!
Bei schlechtem Wetter wird der Lauf verschoben! Vorsichtshalber vorher anrufen (auch Wetter-Hotline).

▶ »Sinsheim on Skates« ist in den letzten Jahren zum Geheimtipp für alle Fans des Inlinersports geworden. Unzählige Skater kommen aus der ganzen Region, um hier einfach Sport und Spaß pur zu erleben. Auch Rollifahrer sind herzlich willkommen. Ihr habt die Wahl, entweder eine Strecke von 12 km zu skaten oder, wenn ihr im Laufen so richtig fit seid, sogar am Halbmarathon mit 21 km teilzunehmen. Auf der Strecke gibt es zwei kostenlose Getränkestände. Bitte an Schutzausrüstung inklusive Helm denken! Abfahrt ist am ➚ Auto & Technik Museum.

Auf zwei Rädern am Kraichgau entlang: Von Bretten nach Bruchsal

Bretten. **Länge:** 16,5 km, leichte Strecke, nur kurze Steigungen; Beschilderung Heidelberg-Schwarzwald-Bodensee-Radweg. **Bahn/Bus:** ➚ Bretten bzw. ➚ Bruchsal.

@ Infos zum Schloss Gondelsheim findet ihr unter www.schloss-gondelsheim.info.

▶ Vielleicht schaut ihr euch das hübsche Bretten noch etwas genauer an, bevor ihr euch auf eure

Foto: Michael Früchtl

Auf ausgewiesenen Radwanderwegen kommen auch kleine Radler groß raus

Drahtesel schwingt. Ihr könnt den Marktplatz mit seinen schönen Fachwerkhäusern und den **Hundlesbrunnen** besichtigen. Reste der Stadtbefestigung, die aus der Zeit vor dem großen Stadtbrand im 18. Jahrhundert stammen, sind auch einen Besuch wert. Eure Radeltour startet dann am **Bahnhof,** euer Weg ist als »Heidelberg-Schwarzwald-Bodensee-Radweg« ausgeschildert. Unter der Bahnlinie hindurch geht es auf die wenig befahrene Straße nach Rinklingen. Ihr passiert **Rinklingen** und zwei kleine Tunnel und gelangt nach **Diedelsheim,** wo ihr auf einen asphaltierten Weg stoßt, dem ihr durch die weiten Felder und entlang dem Saalbach folgt. In **Gondelsheim** steuert ihr auf das Schloss zu. Verträumt und verschlafen liegt das noch junge Schloss in einem schneewittchenhaften Park. Ein Spielplatz am Beginn des Parks bringt schon etwas Leben in die Idylle. Nach einem notwendigen Stopp folgt ihr dem Radweg und zweigt vor der Bahnlinie rechts ab. Ihr erklimmt eine kurze Steigung von 10 Höhenmetern bis zum Bahnwärterhaus und freut euch danach über einen tollen Ausblick auf den Kraichgau. Dann geht es auch schon wieder bergab nach **Helmsheim** und **Heidelsheim,** wo ihr die Innenstadt jeweils umfahrt. Nach Heidelsheim radelt ihr in mehreren Schleifen wieder etwas berg-

KOMPASS: Kraichgau, 1:50.000, Wander- und Radkarte, 7,50 €.

Hunger & Durst

Gasthaus LöwenThor, Bruchsaler Straße 4, 75053 Gondelsheim. ✆ 07252/6676. www.loewenthor.de. So – Do 11 – 23.50, Fr und Sa 11 – 0.50 Uhr. Bezaubernder Innenhof, Haus im gotischen Stil.

auf und seht schon die ersten Kirchturmspitzen von **Bruchsal.** Ihr erreicht die Stadt über einen beidseits baumhoch bewachsenen Traumpfad in zwei Kehren bergab. Von Bruchsal könnt ihr dann mit der Bahn nach Hause fahren.

DIE SAGE VOM BRETTENER HUNDLE

▶ Was macht ein Hund aus Stein an der Stiftskirche? Und was hat es mit dem Hundlesbrunnen in der Fußgängerzone auf sich? Hier lest ihr die wunderliche Geschichte vom Brettener Hundle: Die Stadt Bretten wurde einst von einem großen, feindlichen Heer belagert und von allem Nachschub abgeschnitten. Die Nahrungsvorräte wurden immer weniger, weshalb eine Übergabe an die Belagerer schließlich ernsthaft in Erwägung gezogen werden musste. Da kam einer der Ratsherren auf eine rettende Idee. Man solle doch, so schlug er vor, die letzten noch vorhandenen Proviantreste zusammentragen, damit einen kleinen Hund mästen und diesen dann, wenn er so richtig rund und fett geworden sei, vor das Stadttor schicken. Wenn der Feind das Tierchen sähe, müsse er annehmen, dass man innerhalb der Stadtmauern noch Lebensmittel in Fülle habe, was Erwartungen auf ein baldiges Aushungern zunichte machen und vielleicht zu einem Ende der Belagerung führen könnte.

Gesagt, getan: Die Brettener trugen ihre letzten Vorräte zusammen und der kleine Hund konnte einige Tage lang geradezu in Futter schwelgen. Rasch und für jedermann sichtbar nahm er dabei an Gewicht und Umfang zu. Als er so richtig rund und fett war, schickte man ihn tatsächlich vor das Stadttor ins feindliche Lager hinein. Der gewünschte Effekt trat ein. Als die Feinde den gemästeten Hund sahen, nahmen sie an, dass die Stadt wohl noch reichlich Vorräte habe und die Belagerung folglich noch Ewigkeiten dauern könne. Also beschlossen sie, die Belagerung zu beenden und zogen unverrichteter Dinge ab. In ihrem Verdruss schlugen sie dem armen Hündlein seinen Schwanz ab und jagten es verstümmelt in die Stadt zurück. Dem zurückgekehrten Hund – dem Retter der Stadt – sollen die Bürger Brettens anschließend aus Dankbarkeit ein steinernes Denkmal gesetzt haben. ◀

Wandern und Spazieren

Unbeschwertes Sommerglück: An der Burg Steinsberg

Eroberung der Burg Steinsberg

Triebweg, 74889 Sinsheim-Hammerau. www.burg-steinsberg.de. info@burg-steinsberg.de. **Länge:** Hammerau – Burg Steinsberg 2 km, sehr einfacher Weg, auch mit Kleinkindern und Kinderwagen geeignet. **Bahn/Bus:** ↗ Sinsheim. **Auto:** A6 Ausfahrt 34 Sinsheim-Steinsfurt, Richtung Eppingen, bis Reihen Beschilderung Burg Steinsberg folgen, dann nach Hammerau. Am Ortseingang Wanderparkplatz.

▶ In der kleinen Siedlung Sinsheim-Hammerau gibt es einen Wanderparkplatz mit Wanderkarte. Hier geht es los Richtung Burg Steinsberg. Zunächst müsst ihr den Triebweg suchen, indem ihr vom Parkplatz nach rechts geht. Bergauf Richtung Wald erreicht ihr dann den **Triebweg,** dem ihr ein ganzes Stück durch den Wald folgt. Der kurze Weg wird mit den verschiedenen Tafeln spannend, die euch Interessantes zum Thema Wald und seinen Bewohnern erzählen. Ihr marschiert auf dem **Lehrpfad** mit der Wegmarkierung 5 bis zu einer *Grillhütte,* die ihr links liegen lasst und weiter geradeaus geht. Bald stoßt ihr auf eine viel befahrene Straße. Vorsicht, die Autos können hier ganz schön schnell vorbeidüsen! Ihr überquert die Straße und auf der anderen Seite folgt ihr dem asphaltierten Weg bergauf. Nun seid ihr schon auf der Zielgeraden zur Burg. Nur noch eine Kehre nach links und schon seht ihr die trutzige Burganlage inmitten von Weinbergen thronen. Sie wartet nur darauf, von euch erobert zu werden!

*Auf einem **Triebweg** wurden einst Kühe, Schafe, Ziegen oder Schweine auf die Weide getrieben.*

Mitte Mai: Weilerer Dorffest auf der Burg Steinsberg,
Anfang Juli: Mittelalterliches Treiben. Infos unter ✆ 07261/65266.

Und fünfmal mahlt die Mühle: Durch das Fünfmühlental bei Bad Rappenau

Maierhof, 74906 Bad Rappenau-Zimmerhof. www.badrappenau.de. gaesteinfo@badrappenau.de. **Länge:** 5 km einfacher Weg (bis Burg Guttenberg), auch für kleinere Kinder gut machbar, bei trockener Witterung für Kinderwagen geeignet. **Bahn/Bus:** Ab ↗ Bad Wimpfen Friedhof Bus 684 bis Bad Rappenau-Zimmerhof Fünfmühlental. **Auto:** A6 Ausfahrt 35 Bad Rappenau, Richtung Gundelsheim bis Zimmerhof.

Hunger & Durst

Landgasthof Mühlenschenke, Familie Schmitt, Mühlenschenke, 74936 Siegelsbach-Heinsheim. ✆ 07264/1744. www.landgasthof-muehlenschenke.de. Mo Ruhetag. Gasthof am Ende des Fünfmühlentals, Spielplatz.

▶ Mühlen sind nicht nur was Romantisches für Erwachsene. Dass Mühlen auch für euch Kinder spannend sein können, erfahrt ihr gleich fünfmal bei eurer Wanderung durch das *Fünfmühlental* bei Bad Rappenau. Es sind 5 Wassermühlen, die euch hier begegnen. Die Mühlen wurden früher von Holzrädern, später von Turbinen angetrieben, die Wasserkraft wurde über Wehre und Mühlgräben zugeleitet. Die Mühlen mahlten überwiegend Getreide. Durch das Fünfmühlental fließt der Mühlbach, ein westlicher Zufluss des Neckars.

Der Einstieg in die Tour ist im Ort **Zimmerhof** beim **Maierhof.** Beim Durchwandern des Tals kommt ihr am Golfplatz, an einer Kneippanlage, an einem Karpfenteich, einem Wildgehege und einem Grillplatz vorbei – und natürlich an den fünf Mühlen. Die erste Mühle auf der Strecke ist die *Kugelmühle,* die aus

Foto: Thomas Hansen

Romantik pur: Im Mühlental

dem Jahr 1717 stammt und ihren Namen von der zugehörigen Kugelwiese hat. Es folgen die *Barthsmühle* und die *Sommersmühle,* Letztere stammt aus dem 16. Jahrhundert und hatte als einzige der Mühlen 2 Mahlgänge. Hier findet ihr auch das Wildgehege. Das Schlusslicht bilden die *Schnepfenhardter Mühle,* hinter der ein Steg über den Mühlbach Richtung Burg Guttenberg führt, und die **Maysacksche Mühle.** Die Maysacksche Mühle befindet sich kurz vor der Einmündung des Mühlbachs in den Neckar in Neckarmühlbach und ist seit 1357 als Burgmühle der Burg Guttenberg bekannt. Seit dem 18. Jahrhundert hat sich das Aussehen der Mühle nicht verändert, weswegen sie besonders interessant ist.

Wenn ihr noch fit seid, könnt ihr die Tour erweitern und die ➚ Burg Guttenberg erklimmen.

Rund um den Kreuzbergsee

Am Kreuzbergsee, 76684 Östringen-Tiefenbach. www.oestringen.de. buergermeisteramt@oestringen.de. **Bahn/Bus:** Ab ➚ Bruchsal S31 nach Odenheim, Bus 134 bis Tiefenbach Kreuzbergsee. **Auto:** A5 Ausfahrt 41 Kronau, über Düren, Michelfeld, Waldangelloch nach Tiefenbronn. Circa 1 km vor dem Ort links Wanderparkplatz Kreuzbergsee. **Infos:** Für Kinderwagen ungeeignet.

▶ Baden kann man in dem schönen See nicht. Aushalten lässt es sich hier trotzdem gut. Am Naherholungsgebiet Kreuzbergsee gibt es tolle Wanderwege, einen Weinlehrpfad, einen Waldspielplatz und mit dem **Restaurant Kreuzberghof** eine gute Einkehrmöglichkeit für Wanderer. Ihr habt die Möglichkeit, den idyllischen See zu umrunden, dabei kommt ihr teilweise durch urwaldähnliche Gebiete. Der Weg ist nicht sehr anstrengend und macht Spaß. Ihr könnt aber auch höher hinaus auf den gleichlangen Kreuzweg gehen, der zur *Kreuzbergkapelle* führt, die wiederum ausgeschildert ist. Das ist schon etwas anstrengender, aber sehr spannend, wenn man die Inschriften der einzelnen Stationen des Kreuzweges liest. Oben belohnt euch ein schöner Blick über das

Hunger & Durst

Restaurant Kreuzberghof, Am Kreuzbergsee 1, 76684 Östringen-Tiefenbach. ✆ 07259/9110-0. www.kreuzberghof.de. Mo – So 11 – 21.30 Uhr, Frühstück (Hotel) ab 7 Uhr. Schöne Terrasse, direkt am See, eigener Kiosk.

Kraichgauer Hügelland. Ihr könnt auch einfach nur unten am See sitzen, Enten füttern und auf dem Waldspielplatz turnen.

Von Hirschen und Galgen: Hohlwegwanderung mit Sternwarte

Ubstadt-Weiher-Zeutern. www.ubstadt-weiher.de. gemeinde@ubstadt-weiher.de. **Länge:** 6 km mit teilweise sehr steilen Anstiegen, nicht für Kinderwagen geeignet; teilweise Beschilderung des Weges mit Stadtbahnwanderweg. **Bahn/Bus:** Ab ↗ Bruchsal S31 bis Bhf Zeutern. **Auto:** A5 Ausfahrt 42 Bruchsal, über Ubstadt-Weiher und Stettfeld nach Zeutern, Ausschilderung Friedhof.

*Ein **Hohlweg** entsteht durch Erdabtragungen. Früher haben die Wagenräder der Pferdegespanne den feinkörnigen Lössboden fein zermahlen. In den entstandenen Rillen floss das Regenwasser ab und schwemmte den Lössboden talabwärts. Je mehr Erde abgetragen wurde, desto mehr Brocken brachen seitlich ab. So verlagerte sich der Weg nach unten.*

▶ Was könnte wohl ein **Hohlweg** sein? Wortgetreu ist der Weg ausgehöhlt, das heißt, zwischen Wänden rechts und links geht man wie durch eine Schlucht. Im Kraichgau gibt es wegen des feinkörnigen Lössbodens, der typisch für die Region ist, einige solcher sogenannter Hohlwege. Sie sind immer unbefestigt und führen meist bergan. Das liegt einfach daran, dass Regen und Schmelzwasser die Fahrrinnen der Fuhrwerke oder häufig benutzten Viehwege ausgewaschen hat. Je steiler der Weg, desto mehr!
Wenn ihr eure Wanderung am Friedhof in Zeutern startet, steigt ihr schon am ersten Hohlweg ein, dem **Hirschhohl.** Er ist 650 m lang und zeigt euch gleich, wie faszinierend es ist, eine solche Schlucht zu durchlaufen. Ihr folgt dem Hohlweg bergauf, bis der gut ausgebaute **Stadtbahnwanderweg** kreuzt. Hier wendet ihr euch nach links. Vorbei geht es an der Hütte *Zeuterner Himmelreich,* wo man wunderschön picknicken kann. Ihr verlasst den Stadtbahnwanderweg an einer Abzweigung und geht rechts. Bald seht ihr das mechanische Planetarium der ↗ **Sternwarte** vor euch thronen. Den steilen Anstieg zur Sternwarte müsst ihr unbedingt in Kauf nehmen, es lohnt sich! Nach den faszinierenden Eindrücken vom Planetensystem folgt ihr der asphaltierten Straße, bis euch

ein Schild mit der Aufschrift »Naturschutzgebiet« rechts in die geheimnisvolle **Galgenhohle** schickt. Ihr marschiert wie durch einen Urwald, rechts und links 13 m hohe Lösswände. Der gruselige Name der Hohle kommt nicht von ungefähr. Tatsächlich war diese Stelle eine Hinrichtungsstätte, die erhöht stehenden Galgen waren zur Abschreckung weithin sichtbar. Sobald ihr die Hohle verlassen habt, folgt ihr dem Feldweg, bis der Stadtbahnwanderweg wieder kreuzt.

»Durch diese hohle Gasse muss er kommen« – aber das bezog Schillers Wilhelm Tell nicht auf den Galgenhohl …

Natur und Umwelt erforschen

Natur- und Erlebnispfad Kirchardt

Schwaigerner Weg, 74912 Kirchardt. www.kirchardt.de. rathaus@kirchardt.de. **Länge:** 3,5 km, gut begehbar, eine Steigung, für Kinderwagen geeignet. **Bahn/Bus:** Ab ➚ Sinsheim Bhf Bus 741 bis Kirchardt Ortsmitte, 15 Min Fußweg. **Auto:** A6 Ausfahrt 34 Sinsheim-Steinsfurt, über die B39 nach Kirchardt, dort Richtung Industriegebiet.

▶ Der Weg ist nicht nur deshalb schön, weil er abwechslungsreich erst durch den Wald und später an Feldern vorbei führt, die mit Grundnahrungsmitteln wie Kartoffeln und Rüben bebaut sind. Der Weg ist vor allem spannend, weil es verschiedene Stationen

Die Wanderung könnt ihr gut mit einem kleinen Grillfest verbinden, also die Würstchen einpacken!

Auf dem Erlebnispfad gibt's viel zu tun

und Tafeln gibt, die euch über den Wald und die Felder informieren und das auf wirklich vielfältige Art und Weise! So fordern sie euch z.B. auf, die beschriebenen Dinge im Wald zu suchen. An den Stationen dürft ihr all eure Sinne einsetzen: Gegenstände ertasten, mathematische Aufgaben lösen, akustische Experimente durchführen, durch Spiele lernen, Spaß beim Sprungvergleich haben, Messübungen vornehmen und euren Sammeltrieb ausleben. Los geht's am Grillplatz beim Wanderparkplatz, von hier führt der Weg entlang dem Rückweg und dann rechts durch den Filz-Kätheri-Weg. Dann zweigt der Weg in den Neuwiesenweg ab. Nach dem Wald geht es durch die Felder zunächst entlang dem Windengraben und nach der ersten Abbiegung rechts zurück zum Grillplatz. Wegen des langen Wegteils durch die Felder inmitten der Hügellandschaft, sollte man an heißen Tagen die Mittagszeit meiden.

Essigs Hofladen, Ittlinger Straße 12, 74912 Kirchardt. ✆ 07266/912268. www.nudelhaeusle.de. Mo, Di, Do 10 – 12, Mo, Do 17 – 18, Fr 10 – 18, Sa 9 – 13 Uhr. Hoferzeugnisse vom Bauernhof.

Blick in die Sterne in freier Natur

Sternwarte Kraichtal, Roland Zimmermann, Albert-Schweitzer-Straße 16, 76703 Kraichtal-Oberöwisheim. ✆ 07251/69608, www.sternwarte-kraichtal.de. info08@sternwarte-kraichtal.de. **Bahn/Bus:** Ab ↗ Bruchsal S32 bis Oberöwisheim Bhf, 15 Min Fußweg. **Auto:** Oberöwisheim durchfahren, an der Gabelung rechts Richtung Wald, links nach Zeutern. Steiler Weg Rebanlage hinauf, bis kleines Häuschen rechts, gleich danach links abbiegen. Nach 100 m rechts Sternwarte. **Zeiten:** Ganzjährig frei zugänglich.

▶ Ihr wisst ja sicher, was eine Sternwarte ist. Das ist ein Ort, wo mit wissenschaftlichen Instrumenten der

@ Informiert euch auch auf der Internetseite über regelmäßige Tage der Offenen Tür und Aktionen für Kinder.

Sternhimmel, Himmelskörper und andere Objekte im Weltraum beobachtet werden kann. Meist braucht man dazu Teleskope, alles ist ein wenig abstrakt und vor allem innerhalb geschlossener Räume. In Oberöwisheim aber gibt es eine Sternwarte so richtig zum Anfassen und das auch noch unter freiem Himmel! Es gleicht schon fast einem Abenteuerspielplatz, was der Betreiber hier zur Veranschaulichung astronomischer und astrologischer Vorgänge aufgebaut hat. Da gibt es beispielsweise das Modell der vier Jahreszeiten, der Planetenweg ist mit insgesamt 16 Tafeln nachgebaut und führt euch über das Grundstück von der Sonne hinauf bis zum Asteroidengürtel. Im Zentrum der Sternwarte findet ihr das mechanische Planetarium mit den Planeten und den Sternbildern. Hier kommt ihr den Sternen so richtig nahe, denn was der Astronomieunterricht in der Schule nicht schafft, passiert hier spielerisch: Ihr erfahrt viele spannende Sachen über unser Sternen- und Planetensystem durch Ausprobieren.

Der Betreiber bittet darum, alles pfleglich zu behandeln und keinen Müll zu hinterlassen.

Pferde und wilde Tiere

Tierpark Bretten

Jörg Willig, Salzhofen 9, 75015 Bretten.
© 07252/7256, Fax 86721. www.tierpark-bretten.de. info@tierpark-bretten.de. **Bahn/Bus:** Ab ↗ Bretten Bus 733 Richtung Pforzheim bis Tierpark. **Auto:** B294 Bretten – Pforzheim, Abzweigung K3568 Richtung Sprantal, Königsbach-Stein. **Zeiten:** März – Sep 9 – 18, Okt, Nov 9 – 17 Uhr. **Preise:** 3 €; Kinder 3 – 15 Jahre 1,50 €; Behinderte, Gruppen ab 12 Pers 1,50 €. **Infos:** Tierfutter 0,50 €.

▶ Der Brettener Tierpark ist nicht einfach ein Tierpark im herkömmlichen Sinn. Hier habt ihr richtig Kontakt zu den Tieren, Streichelzoo trifft es deshalb schon eher, aber auch nicht richtig. In Bretten spaziert ihr mit der ganzen Familie nicht nur zwischen einheimi-

Tierkontakt garantiert: Im Tierpark Bretten kommen die Ziegen von allein zum Gefüttertwerden

schen und exotischen Tieren hindurch, sondern erlebt diese ganz unmittelbar. In großen Freigehegen sind nur Tiere untergebracht, die sich vertragen und sich den Besucherkontakt gerne gefallen lassen. So hat jedes Tier seinen Freiraum und den Besuchern wird die hautnahe Begegnung mit den Tieren ermöglicht. Hautnah im wahrsten Sinne des Wortes – wenn eine Ziege oder ein Esel mal richtig Hunger hat, schnappt sie oder er euch schon mal die komplette Futtertüte aus der Hand! Unter den frei laufenden Tieren sind Kängurus, Nandus, Damhirsche, Alpakas, Ziegen, Schafe, Esel, Schweine und zeitweise Ponys.

Mit der Kutsche durch den Kraichgau

Roland Hotz, Beim Mühltor 12, 76073 Kraichtal. ✆ 07250/236, Fax 236. Handy 0160/1882280. www.kutschfahrten-hotz.de. info@kutschfahrten-hotz.de. **Bahn/Bus:** Ab ↗ Bruchsal S32 Richtung Menzingen bis Münzesheim. **Preise:** 1 Std 65 €, 2 Std 130 €, jede weitere Std 60 €.

▶ Kaltblüter bringt bekanntlich nichts aus der Ruhe, also ist es auch keine Frage, dass die Pferde des Kutschers Roland Hotz euch sicher überallhin kutschieren. Angeboten werden sowohl Tages- als auch Rundfahrten und ihr könnt wählen zwischen der Fahrt in einer Wagonette für maximal 6 oder einem Planwagen für bis zu 14 Personen. In beiden Fahrzeugen geht es durchs Kraichgauer Hügelland – vorbei an Streuobstwiesen und Weinbergen, durch Hohlwege und Wälder hindurch. Ihr werdet staunen, wie trittsicher die Pferde die Hohlwege meistern, die schon für einen zweibeinigen Menschen ohne Kutsche hintendran eine Herausforderung sein können!

Vogel- und Tierpark Östringen

Wilhelm-Busch-Straße 12, 76684 Östringen. ✆ 07253/27358, 2070, Fax 20799. www.oestringen.de. buergermeisteramt@oestringen.de. **Bahn/Bus:** S3 Bruchsal – Germersheim bis Bad Schönborn-Kronau, ab dort Bhf Bus 132 bis Östringen Alte Post. **Auto:** A5 Ausfahrt 41 Kronau, B292 Richtung Sinsheim, ab Östringen Ortsmitte nahe Kreuzung nach Rettigheim/Wiesloch (Waldstraße). **Zeiten:** Täglich 10 Uhr – Einbruch der Dunkelheit. **Preise:** Spende erbeten.

▶ In dem von Wald umgebenen Vogel- und Tierpark Östringen finden sich Sittiche, Flamingos, Weißstörche und diverse heimische und exotische Singvögel. Zudem sind Pony, Damwild und eine Pavianfamilie zu sehen.

Spielplätze und Gärten

Funnyland

Indoor-Spielplatz, Im Keltenwiesen 1, 74889 Sinsheim. ✆ 07261/62111, Fax 62111. www.funnyland-sinsheim.de. kinderspielpark@yahoo.de. **Bahn/Bus:** RB Eppingen – Heidelberg bis Sinsheim Bhf, von dort Bus 761, 768 bis Sinsheim-Dühren Mühlrain. **Auto:** A6 Ausfahrt 33 Sinsheim, Richtung Sinsheim-Dühren, am Ortseingang erste Straße links. **Zeiten:** Mo – Fr 14 – 19, Sa, So, Fei und Ferien 10 – 19 Uhr. **Preise:** 3 €; Kinder ab 2 Jahre bis 90 cm 3 €, größer als 90 cm 5 €. **Infos:** Sonderaktionen wie Oma- und Opa-Tag, Kinder- oder Kaffeetag, Termine ↗ Internet.

▶ Spielen und Austoben bei jedem Wetter. Das besondere Freizeiterlebnis für die ganze Familie auf 1400 qm! Ihr könnt die Ritter-Hüpfburg erstürmen, das dreistöckige Kletterparadies mit Ballbecken tes-

Happy Birthday!
Kindergeburtstage im separaten Partyraum mit verschiedenen Angeboten zwischen 7,50 und 10,50 € pro Kind. Das Geburtstagskind und 2 Erw haben freien Eintritt.

ten, das Abenteuerkrokodil bezwingen oder euch am Bullenreiten probieren. Hase Bugs Bunny sorgt für gute Laune und die Kleinkinderspielfläche bietet Platz zum Krabbeln und Entdecken.

Der Park von Schloss Schomberg

Eppinger Straße, 75050 Gemmingen. www.gemmingen.de. post@gemeinde-gemmingen.de. **Bahn/Bus:** S4 Karlsruhe – Weinsberg bis Gemmingen, ab Bhf 10 Min Fußweg. **Auto:** A6 Ausfahrt 34 Sinsheim-Steinsfurt, über die L592 nach Gemmingen.

▶ In Gemmingen liegt in einem parkartigen Wäldchen das klassizistische Schloss Schomberg von 1821. Mittelpunkt des Geländes ist der **Schlossparkteich,** der von einer eigenen Quelle gespeist wird. Hier können die Enten gefüttert werden. An seinem nördlichen Ufer steht ein 8-eckiger Holzpavillon. Es gibt verschiedene Veranstaltungen, Konzerte, Kinderaufführungen und auch ein Freilichtkino im Schlosspark.

Alle 2 Jahre (in geraden Jahren) findet im Juli auf dem gesamten Areal das Parkfest statt, das von Gemminger und Stebbacher Vereinen ausgerichtet wird.

HANDWERK UND GESCHICHTE

Betriebe, Burgen & Schlösser

Erlebniswelt Töpfern

Majolica Tairnbach, 69242 Mühlhausen-Tairnbach. © 06222/62001, Fax 61407. www.majolica.de. hasenmuehle@majolica.de. **Bahn/Bus:** Ab ↗ Heidelberg Richtung Karlsruhe bis Rot-Malsch Bhf, von dort Bus 702 bis Tairnbach. **Auto:** A6 Ausfahrt 33 Sinsheim auf B39 Richtung Dühren – Eschelbach, in Eichtersheim rechts Richtung Mühlhausen, nach 2 km rechts nach Tairnbach. **Zeiten:** Mo – Do 9 – 12, Di – Do 13 – 16 Uhr und nach telefonischer Vereinbarung.

▶ Die Anlage ist über 4000 qm groß und jeder Quadratmeter davon ist spannend. Hier könnt ihr nicht nur beim Töpfern zusehen, sondern auch selbst Hand anlegen. Die sogenannte Halbfertigware wartet nur darauf, von Nachwuchskünstlern bearbeitet zu werden. Die komplette gläserne Keramikproduktion ist außerdem mit praktischen Hinweisschildern bestückt, sodass ihr euch ein Bild von der Verarbeitung des Werkstoffes Ton zu einem fertigen Artikel machen könnt. Ihr werdet staunen, wie viel Arbeit z.B. hinter der Fertigung einer Namenstasse steckt.

Gruppen ab 10 Personen bekommen nach vorheriger Anmeldung eine Führung durch die Produktionsräume und erhalten jede Menge Hintergrundinformationen.

Der Kompass des Kraichgaus

Burg Steinsberg, Steinsbergstraße 1, 74889 Sinsheim-Weiler. www.sinsheim.de. rathaus@sinsheim.de. **Bahn/Bus:** RB Eppingen – Heidelberg bis Sinsheim, ab Bhf 10 Min Fußweg oder Bus 771 bis Quellbergweg und 5 Min Fußweg. **Auto:** A6 Ausfahrt 34 Sinsheim-Steinsfurt, Richtung Eppingen, Beschilderung Burg Steinsberg folgen. **Zeiten:** Turm täglich 12 – 21 Uhr. **Preise:** 0,50 €; Kinder ab 10 Jahre 0,30 €.

▶ Egal, aus welcher Richtung ihr kommt – schon von Weitem seht ihr den Bergfried, den 30 m hohen Turm der Burganlage Steinsberg. Daher auch der Name: Kompass des Kraichgaus, weil die Burg mit ihrer Lage auf dem 300 m hohen Bergkegel wie eine Wegmarke aus weiter Entfernung zu erkennen ist. Bevor ihr die Burg erobern könnt, müsst ihr bis zum Haupttor der Anlage 3 Vortore passieren, deren mittleres 1436 erbaut wurde und noch einen zweigeschossi-

Die Burg kann man auch zu Fuß erreichen, ↗ Wanderung »Eroberung der Burg Steinsberg«.

Was ihr auf dem Planetenweg gelernt habt, könnt ihr hier anwenden: Himmelsrichtungen bestimmen auf Burg Steinsberg

Hunger & Durst

Restaurant Burg Steinsberg, Steinsbergstraße 1, 74889 Sinsheim-Weiler. ✆ 07261/65266. www.burg-steinsberg.de. März – Okt Mi – So 11 – 23, Nov und Dez Mi – So 12 – 23, Jan und Feb So 11 – 18 Uhr. Im Innenhof der Burg Sandkasten für die Kleinen.

Das Geschlecht der Freiherren von Gemmingen war sehr reich und besaß verschiedene Burgen im Kraichgau. Ihr ***Wappen*** *zeigt einen blau-gold gestreiften Schild, einen Helm mit Umhang, hinter denen zwei Büffelhörner aufragen.*

gen Wehrturm mit Wehrgang besitzt. Das dritte Tor zeigt eine Neidfratze, die böse Geister aus der Burg fernhalten soll. Von der Kernburg sind die Verteidigungsmauern und der Bergfried erhalten und saniert. Der achteckige Turm kann bestiegen werden und für alle, die den abenteuerlichen Aufstieg schaffen, gibt's zur Belohnung einen atemberaubenden Rundblick mit Erläuterungen.

Versunkenes Märchenschloss

Gemmingensches Unterschloss, Babstadter Straße, 74906 Bad Rappenau. www.badrappenau.de. gaesteinfo@badrappenau.de. **Bahn/Bus:** RB Heidelberg – Bad Friedrichshall bis Bad Rappenau Bhf. **Auto:** A6 Ausfahrt 35 Bad Rappenau, über L1107 nach Bad Rappenau. **Zeiten:** Park frei zugänglich, Schloss nur im Rahmen von Stadtführungen und Sonderaktionen. **Infos:** Auskunft zu Ausstellungen und Öffnungszeiten bei Birgit Böhm, Kulturamt, ✆ 07264/922161 (vormittags).

▶ Wie es da majestätisch aus dem Wasser herausragt, wirkt das Unterschloss in Bad Rappenau, als wäre es nicht von dieser Welt. Wie kann ein Schloss um Himmels willen im Wasser stehen, werdet ihr euch fragen. Hier ist es so, dass das Gebäude auf in die Erde eingerammte Eichenbaumstämmen steht – naja, und das Wasser ist nur an 3 Seiten. Dennoch ist das Wasserschloss das Wahrzeichen der Stadt. Es liegt im historischen Zentrum Bad Rappenaus und hat einen schönen Park mit einem See, der vom Mühlbach gespeist wird. Der Mühlbach fließt ganz nah vorbei und ihr könnt ihn auf einer Wanderung ins ➚ *Fünfmühlental* kennen lernen.

Das **Wasserschloss** ließ sich 1603 Ritter Eberhard von Gemmingen bauen. Sehenswert am Schloss ist vor allem das herrliche Spätrenaissance-Portal am Treppenturm, dessen oberen Abschluss ein aus Sandstein gefertigtes Brustbild des Bauherrn ziert. Darunter seht ihr das in beeindruckender Steinmetzarbeit ausgeführte **Wappen** Gemmingen-Rodenstein.

Museen und Führungen

Stadtmuseum Sinsheim

Wilhelmstraße 14 – 16, 74889 Sinsheim. ✆ 07261/404182, Fax 4044545. www.sinsheim.de. museum@sinsheim.de. **Bahn/Bus:** RB Eppingen – Heidelberg bis Sinsheim, ab Bhf 10 Min Fußweg oder Bus 741, 771, 773 bis Sparkasse. **Auto:** A6 Ausfahrt 33 Sinsheim. **Zeiten:** Mi, So 14 – 17 Uhr. **Preise:** 1,50 €; Kinder 0,50 €; Schüler, Auszubildende, Studenten 0,50 €. **Infos:** Führungen nach Voranmeldung, ✆ 07261/404950.

▶ Sinsheim ist eine sehr alte Stadt. Sie wurde erstmals 770 im **Lorscher Codex** erwähnt und hat eine interessante und wechselreiche Geschichte. 1561 wurde sie als Hauptstadt des Kraichgaus bezeichnet. Im Stadtmuseum könnt ihr auf eine spannende und anschaulich gestaltete Zeitreise von der Steinzeit bis in die Zeit des wilhelminischen Kaiserreichs gehen. Angefangen beim Lebensraum der Steinzeitmenschen über die Zeit der Kelten und Römer, die Schlacht bei Sinsheim 1674 und den großen Brand 1689 bis in die Neuzeit gibt es hier allerhand zu bestaunen.

*Der **Lorscher Codex** ist ein sehr altes handschriftliches Buch, in dem die Geschichte des ehemaligen Reichsklosters Lorsch, alte Verträge und Urkunden aus der Region gesammelt sind. Es stammt aus dem 12. Jahrhundert.*

Auto & Technik Museum Sinsheim

Museumsplatz, 74889 Sinsheim. ✆ 07261/9299-0, Fax 13916. www.technik-museum.de. **Bahn/Bus:** RB Eppingen – Heidelberg bis Sinsheim, ab Bhf 5 Min Fußweg oder Bus 741, 771, 773 bis Sparkasse. **Auto:** A6 Ausfahrt 33 Sinsheim, ab dort gut ausgeschildert. **Zeiten:** Mo – Fr 9 – 18, Sa, So und Fei 9 – 19 Uhr. **Preise:** 13 €; Kinder 6 – 14 Jahre 11 €; Gruppen, Behinderte 11 €. **Infos:** Es gibt Kombitickets für Museum und IMAX 3D-Filmtheater: Erw 16,50 €, Kinder 14 €.

▶ Wer schon einmal auf der A6 zwischen Mannheim und Heilbronn gefahren ist, kann die spitze Schnauze nicht übersehen haben, die fast senkrecht in den Himmel schaut und der Original-Concorde der Air

France gehört. Das ist aber nicht der einzige Höhepunkt hier. Auf über 30.000 qm Hallenfläche erwarten euch mehr als 3000 Ausstellungsstücke, darunter Oldtimer, Motorräder, Formel-1-Rennwagen und Lokomotiven. Besonders empfehlenswert ist eine Museumsführung, die etwa 2 Stunden dauert und bei der die Museumsmitarbeiter die Gäste mit auf eine Zeitreise nehmen, die garantiert nicht langweilig wird! Spaß lautet auch die Devise im frei zugänglichen **Spiel- und Gastronomiebereich.** Dort donnern große und kleine Besucher in Springbooten aus 10 m Höhe in die Tiefe oder sausen eine 18 m hohe Flugzeugrutsche hinunter. Wer es weniger waghalsig mag, kann sich auf dem Kinderspielplatz austoben.

Im **IMAX 3D-Filmtheater** werden Kinder und Erwachsene von stündlich wechselnden, spektakulären 3D-Filmen auf einer riesigen Leinwand von »Bildern zum Anfassen« verzaubert.

Ein interessanter Zeitvertreib für Kinder ist das Museumsquiz, das Kinder während des Museumsbesuches lösen können. Man kann es aus dem Internet herunterladen: www.technik-museum.de/download/quiz_snh.pdf.

Häuptlinge und Apachen

Indianermuseum Bretten, Steinzeugstraße 33 – 35, 75015 Bretten-Diedelsheim. ✆ 07252/965758, www.indianermuseum-bretten.de. thomasmerbt@hotmail.com. **Bahn/Bus:** ↗ Bretten, ab Bhf 10 Min Fußweg oder Bus 146 Richtung Diedelsheim bis Rathaus. **Auto:** B294 nach Bretten. **Zeiten:** April – Sep Di – So 14 – 18 Uhr, Okt – März Sa, So und Fei 14 – 17 Uhr. **Preise:** 4 €; Kinder ab 1 m 2,50 €, über 1,40 m 3 €; Behinderte 2,50 €.

▶ Hier könnt ihr die »richtige« Welt der Indianer Nordamerikas kennen lernen. Das Indianerleben in der Prärie wird nachgestellt mit Pferden, Tipis, Jagd- und Tanzszenen. Die Kinder bestaunen das Fell von Biber, Kojote, Bison, Wolf & Co., und viele Gegenstände im Indianermuseum dürfen sogar angefasst werden. In Sonderausstellungen erfahren Kinder beispielsweise etwas über die Lebenswelt der Indianerkinder oder lernen Interessantes über indianische Musikinstrumente. Zwei waschechte Indianer, ein

Happy Birthday!

Für Gruppen ab 6 Kinder 7 – 13 Jahre und 12 € pro Person gibt es ein Aktivprogramm. Es wird gebastelt, gesungen und getrommelt, im Freien werden Jagdspiele veranstaltet, mit Pfeil und Bogen geschossen oder im Tipi Feuer gemacht. Auf Wunsch mit Pizzaservice.

Shoshone und ein *Navaho,* bieten im Museum Workshops und Ferienprojekte an.
Direkt neben dem Museum wurden als **Freilichtmuseum** Gebäude der ersten Amerikaner rekonstruiert und ein kleiner Lehrgarten angelegt.

Von Schmiedewerkzeugen und Bügeleisen

Graf-Eberstein-Schloss, Hauptstraße 89, 76073 Kraichtal-Gochsheim. ✆ 07250/77-44, Fax 77-75. www.kraichtal.de. info@kraichtal.de. **Bahn/Bus:** Ab ↗ Karlsruhe S32 bis Kraichtal-Gochsheim, 10 Min Fußweg. **Auto:** A5 Ausfahrt 42 Bruchsal, über B35 Richtung Philippsburg, Germersheim. **Zeiten:** April – Okt So 14 – 17 Uhr und nach Vereinbarung. **Preise:** 1,50 €; Kinder ab 10 Jahre 0,50 €.

▶ Burgromantik auf Schloss Graf Eberstein! Ihr fühlt euch nicht nur in ein anderes Jahrhundert zurückversetzt, ihr erlebt im **Heimatmuseum** des Schlosses auch den Alltag des 16. Jahrhunderts. Im 2. Stock wurde zur Veranschaulichung der damaligen Lebensumstände ein Wohnbereich mit Wohn- und Arbeitszimmer, Küche und Schlafzimmer eingerichtet. Die Einrichtungen einer **Küferei,** einer Brennerei und einer Schmiede geben Kindern einen Eindruck von der Arbeitsweise alter Handwerke, wobei die Küferei fast ausgestorben ist und Schmiede ebenfalls nur noch selten gebraucht werden. So richtig kurios allerdings ist die Ausstellung der weltgrößten Bügeleisensammlung. Stolze 1300 Bügelgeräte aus allen Epochen und Ländern können hier bestaunt werden.

*Das Wort **Küfer** kommt vom lateinischen cupa = kufe = Tonne, Fass. Gemeint ist der Handwerker, der Holzfässer baute, vorwiegend für Wein, aber auch für Bier und andere Flüssigkeiten oder für Papier, das nicht nass werden durfte.*

Römermuseum Stettfeld

Marcellusplatz, 76698 Ubstadt-Weiher-Stettfeld. ✆ 07253/70298, www.roemermuseum-stettfeld.de. info@roemermuseum-stettfeld.de. **Bahn/Bus:** Ab ↗ Karlsruhe S3, S31 bis Stettfeld, ab Bhf Bus 132 bis Löwenplatz. **Auto:** A5 Ausfahrt 42 Bruchsal, über B35 und Lußhardtstraße zum Marcellusplatz. **Zeiten:** So

10 – 12, 14 – 17 Uhr. **Preise:** 2 €; Kinder ab 6 Jahre 1 €. **Infos:** Für Besuchergruppen nach Vereinbarung ✆ 07253/5323 (Herr Fischer) oder ✆ 07251/61714 (Gemeinde Ubstadt-Weiher).

*Da **Stettfeld** zwischen 100 und 260 n.Chr. an der Kreuzung zweier römischer Fernstraßen lag, konnten seine damaligen Bewohner – Einheimische und römische Siedler – vom Handel über diese Straßen profitieren.*

▶ **Stettfeld** scheint zu römischen Zeiten sehr wohlhabend gewesen zu sein. Die Keramik-, Glas- und Metallfunde, kunstvolle Figuren aus Sandstein und vieles mehr aus der römischen Vergangenheit Stettfelds sind in vielen Einzelausgrabungen und aus einem großen römischen Gräberfeld zutage gefördert worden. Auch der Straßenbau und die Vermessungstechnik der Römer werden im Römermuseum näher beleuchtet. Ein originalgetreues Chorobat-Nivelliergerät steht zu Vermessungsübungen auf dem Stettfelder Marcellusplatz zur Verfügung. Da könnt ihr Messübungen machen wie die Römer.

Lecker, lecker, lecker! Deutsches Zuckerbäckermuseum

Hintere Gasse 2, 76703 Kraichtal-Gochsheim. ✆ 07250/77-44, Fax 77-75. www.kraichtal.de. kultur@kraichtal.de. **Bahn/Bus:** Ab ↗ Karlsruhe S32 nach Kraichtal-Gochsheim. **Auto:** A5 Ausfahrt 42 Bruchsal, über B35 Richtung Philippsburg, Germersheim. **Zeiten:** April – Okt So 14 – 17 Uhr oder nach Vereinbarung. **Preise:** 1,50 €; Kinder ab 10 Jahre 0,50 €.

*Das **Zuckerbäckerhandwerk** gibt es seit dem 15. Jahrhundert. Lange blieben die süßen Köstlichkeiten nur dem Adel vorbehalten, da Rohrzucker teuer und selten war. Erst ab dem 19. Jahrhundert, nach der Herstellung von Rübenzucker, konnte auch die Allgemeinheit naschen.*

▶ Ihr findet das Zuckerbäckermuseum in einem ehemaligen Stall- und Scheunengebäude in Gochsheim. Hier dürft ihr einen Blick hinter die Kulissen der Entstehung von Werken aus Schokolade, Marzipan, Zucker und Eis werfen. Zu besonderen Anlässen gibt es spezielle Vorführungen im Museum. Ihr könnt den Backraum eines **Zuckerbäckers,** die Wiener Kaffeestube eines früheren Karlsruher Cafés, einen Raum zur Herstellung von Fondant und Marzipan sowie eine Baumkuchenmaschine, eine Nuss- und eine Zwiebackmühle besichtigen. Außerdem könnt ihr euch beim Anblick von Schokoladen- und Marzipanformen das Wasser im Mund zusammenlaufen lassen.

Kinder- und Jugendtreffs

Jugendhaus Bretten

Bahnhofstraße 13/1, 75015 Bretten. ✆ 07252/788-92, Fax 974793. www.bretten.de. jz-bretten@awo-ka-land.de. **Bahn/Bus:** ↗ Bretten.

▶ Für die jungen Brettener stehen im Jugendhaus viele Angebote zur Verfügung: Schülerhilfe, Bastelnachmittage und Töpferkurse sind immer gut besucht. In den Sommermonaten sorgt das Spielmobil für Sport, Spiel und Spaß. Im Zentrum des Jugendhauses steht das Angebot Offene Tür, das von Pädagogen betreut wird. Die Cafeteria des Jugendhauses ist ein beliebter Treff zum Unterhalten und Kennenlernen. Tischtennis, Kicker und Billard werden genauso gern gespielt wie Brett- und Kartenspiele. Eine Attraktion über die Stadtgrenzen hinaus ist die Disco freitagabends.

Café ImPuls

Grabengasse 8, 75889 Sinsheim. ✆ 07261/404-163, www.sinsheim.de. jugendpflege@sinsheim.de. **Bahn/Bus:** RB Eppingen – Heidelberg bis Sinsheim.

▶ Im Café ImPuls finden Treffen, Besprechungen, Gruppenangebote und Workshops der Stadtjugendpflege statt. Nachhilfegruppen treffen sich ebenfalls dort. Die Mädchengruppe am Freitag besuchen Mädchen im Alter 10 – 16 Jahre. Grundschüler treffen sich zum gemeinsamen Spielen und Basteln.

Jugendhaus Kraichtal

Friedrichstraße 69, 76703 Kraichtal-Unteröwisheim. ✆ 07251/3924466, www.kraichtal.de. jz.kraichtal@awo-ka-land.de. **Bahn/Bus:** Ab ↗ Karlsruhe S32 bis Unteröwisheim.

▶ Es gibt regelmäßige Angebote wie Kinder- und Jugendtreff mit Hausaufgabenbetreuung und freiem Spiel. Daneben werden auch offene Treffs, sportliche Events und gelegentlich Filmabende angeboten.

BÜHNE, LEINWAND UND AKTIONEN

Das **Gemmingensche Unterschloss** wird für kulturelle Zwecke genutzt. Im geräumigen Foyer des Erdgeschosses finden ab und zu Wechselausstellungen und im Schlosshof während der Sommermonate Theateraufführungen und Konzerte statt.

FESTKALENDER

Pfingsten: Sinsheim: **Fohlenmarkt**, traditionsreiches Volksfest mit Krämermarkt, großem Vergnügungspark und Programm in der Elsenzhalle, mit großem Feuerwerk.

Angelbachtal: **Pfingstmarkt** mit Straßenfest, am So verwandeln ca. 40.000 Kerzen den Park in eine Märchenlandschaft.

Juni, Juli: Ende bzw. Anfang, 4 Tage, Bretten: **Peter- und Paul-Fest,** mittelalterliches Spektakel auf dem Marktplatz und in der Altstadt. Bretten feiert seine Geschichte mit Handwerkern, Spielleuten und Gauklern. Höhepunkte: Zapfenstreich, Brillantfeuerwerk, historischer Festumzug am So, Kinderfest. Info: www.peter-und-paul-fest.de.

Juli: Anfang – Mitte, Angelbachtal-Eichtersheim: **Internationale Highland-Games** im Schlosspark, Wettbewerbe, Dudelsackbands.

2. Wochenende, Burg Streichenberg: **Historisches Burgfest** mit mittelalterlichem Markt.

Mitte, Östringen: **St.-Ulrichs-Jahrmarkt,** mit 200 Verkaufsständen in der Ortsmitte und rund um den Kirchberg, mit verkaufsoffenem So.

August: 2. Wochenende, Angelbachtal: **Ritterturnier** und **Mittelalterlicher Markt** im Schlosspark.

September: 2. Wochenende, Sinsheim: großer **Flugtag** auf dem Segelflugplatz mit Vorführungen, Rundflugmöglichkeiten und Bewirtung. Info: www.flugtag-sinsheim.de.

Oktober: 2. Wochenende, Sinsheim: **Sinsheimer Herbst** mit Krämermarkt und verkaufsoffenem Sonntag.

November: Letztes Wochenende, Kraichtal-Münzesheim: **Weihnachtsmarkt,** im alten Ortskern.

Dezember: 1. Advent, Sinsheim: **Karitativer Weihnachtsmarkt.**

1. Wochenende, Östringen: **Weihnachtliches Treiben,** Kirchberg in der Ortsmitte.

Anfang Dezember – kurz vor Heiligabend, Bretten: **Weihnachtsmarkt,** in der Fußgängerzone. Über 20 Hütten, vielfältiges Rahmenprogramm, Eislaufbahn.

NATURPARK NECKAR-ZABER

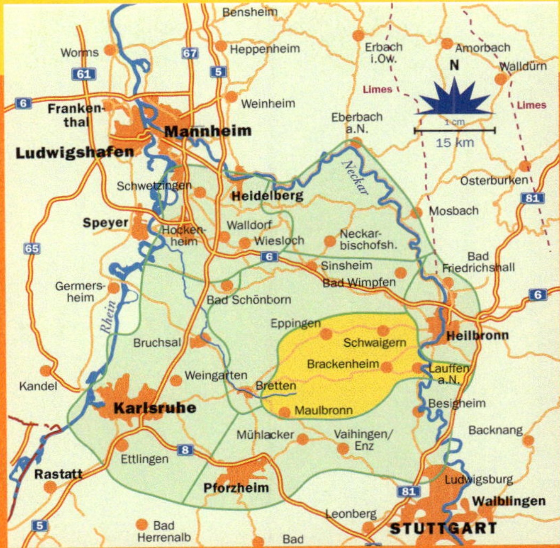

HEIDELBERG & KURPFALZ

KLEINER ODENWALD

KARLSRUHE & RHEIN

ZENTRALER KRAICHGAU

NATURPARK NECKAR-ZABER

HEILBRONN & NECKAR

PFORZHEIM & ENZ

ORTE, INFO & VERKEHR

FERIENADRESSEN & EINKAUFEN

KARTEN & REGISTER

Tripsdrill

Abseits des Touristenrummels können im hügeligen Naturpark mit den beiden Höhenzügen Stromberg und Heuchelberg nicht nur die Erwachsenen prima entspannen. Alte Walddörfer, abenteuerliche Burgen, Schlösser und das Kloster von Maulbronn auf der einen Seite, Familienunterkünfte, Bauernhöfe und tolle Ausflugsziele auf der anderen Seite machen die Region zu einem abwechslungsreichen Urlaubsziel für die ganze Familie.

Rad- und Wandertouren gibt es massenweise, viele davon sind als Mitmach-Lehrpfade für Kinder besonders spannend. Seinen Namen verdankt die Region dem Flüsschen *Zaber,* das den Zaberfelder Badesee *Ehmetsklinge* mit kühlem Nass versorgt und bei Lauffen in den Neckar mündet. Landschaftlich sehr reizvoll liegt ein weiteres erfrischendes Ziel für Rad- oder Wandertouren, der *Katzenbachsee,* zwischen Pfaffenhofen und Zaberfeld.

NATUR PUR

Landesvermessungsamt Baden-Württemberg: Naturpark Stromberg-Heuchelberg, Topografische Karte, 1:50.000, RV-Karte. Wanderkarte. ISBN 3-890-21610-2, 6,90 €.

Frei- und Hallenbäder

Freibad Schwaigern

Gemminger Straße, 74193 Schwaigern. ✆ 07138/3871, www.schwaigern.de. info@schwaigern.de.
Bahn/Bus: Ab ↗ Heilbronn S4 bis Schwaigern, ab Bhf 10 Min Fußweg oder Bus 671, 672 bis Gemminger Straße. **Auto:** Ab Heilbronn über B293 nach Schwaigern. **Zeiten:** Mai – Aug 8 – 20 Uhr. **Preise:** 3,50 €; Kinder 5 – 8 Jahre 1,60 €.

▶ Im Freibad von Schwaigern erwarten euch ein Schwimmer- und ein Nichtschwimmerbecken mit einer 85-m-Riesenrutsche und einer Kinderbadeplatte. Das Wasser hat angenehme 25 Grad und auf der ausgedehnten Liegewiese gibt es unter den Bäumen auch genügend Schattenplätze. Babywickelraum, Schließfächer, Umkleiden und ein Kiosk mit Terrasse sind ebenfalls vorhanden.

TIPPS FÜR WASSERRATTEN

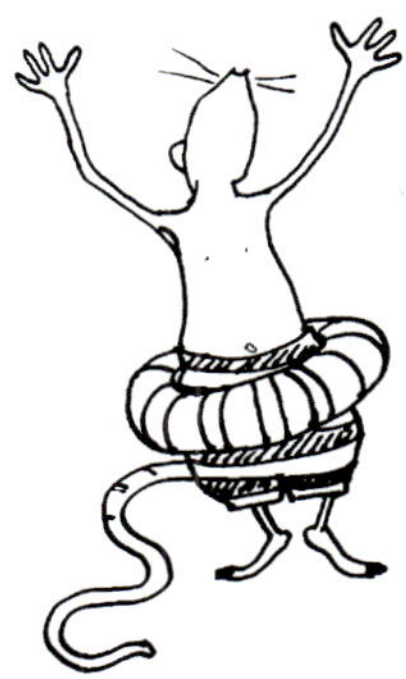

Da geht's ab: Im Freizeitpark Tripsdrill

Hallenbad Eppingen

Berliner Ring, 75031 Eppingen. ✆ 07262/6467, www.eppingen.de. rathaus@eppingen.de. **Bahn/Bus:** ↗ Eppingen, ab Bhf S4, Bus 674, 676 bis Eppingen West, dann 5 Min Fußweg. **Auto:** Von Bretten bzw. Heilbronn B293 Abfahrt Brettener Straße nach Eppingen. **Zeiten:** Di – Fr 16 – 21.30, Sa 9 – 18, So 9 – 12 Uhr. **Preise:** 3 €; Kinder ab 5 Jahre 1,50 €.

Am Samstag finden 13 – 15 Uhr Kinderspiele statt.

▶ Neben einem Schwimmerbecken mit Sprungbrettern und einem niedlichen Kleinkindbereich ist das Besondere am Eppinger Hallenbad, dass es spezielle Badezeiten für Familien gibt.

Baden und Kanu fahren

Sommer, Sonne, Sonnenschein am Badesee Ehmetsklinge

Zaberfeld. **Bahn/Bus:** Ab ↗ Heilbronn Bus 661, 663 bis Zaberfeld, Ev. Kirche, dann circa 1 km zu Fuß Richtung Leonbronn. **Auto:** B293 über Bretten und Oberderdingen Richtung Zaberfeld. Die Ehmetsklinge liegt zwischen Leonbronn und Zaberfeld auf der linken Seite. **Zeiten:** Ganzjährig frei zugänglich.

Die Ehmetsklinge ist Ausgangspunkt für tolle Wanderungen, z.B. auf dem See-Rundweg zum ↗ Katzenbachsee oder der Rundweg Ehmetsklinge.

▶ Abgeschieden und beschaulich ist es hier nicht gerade an einem richtig tollen Sommertag. Stattdessen reiht sich Sonnenschirm an Sonnenschirm und der idyllisch gelegene See ist ordentlich bevölkert. Dafür wird hier aber auch einiges geboten: Am Seekiosk könnt ihr euch nicht nur mit dem Lebensnotwendigen wie Eis eindecken, sondern auch ein Tretboot mieten oder gegen eine Gebühr Sonnenschirme und Schwimmwesten leihen. Sogar Kompressoren stehen hier bereit, um gegen ein geringes Entgelt eure Luftmatratze oder das Schlauchboot in null Komma nix aufzupusten. Und dann könnt ihr über den See schippern und euch gelegentlich über die Rutsche am Tretboot ins erfrischende Nass gleiten lassen. Die DLRG hat vom Strand aus alles sicher im Blick

Es gibt am letzten Parkplatz eine **Grillstelle,** direkt am Waldrand. Für schlechtes Wetter überdachte Feuerstelle.

Strampeln, strampeln: Wer ans andere Ufer will, muss feste strampeln

und einem unbeschwerten Badetag mitten im Naturpark Stromberg-Heuchelberg steht nichts im Wege!

Hunger & Durst

Wirtshaus am See, Fronhälde, 74374 Zaberfeld-Michelbach. ✆ 07046/881195, www.ehmetsklinge.de. Okt – April Mo Ruhetag. Gaststätte direkt am See, mit Terrasse.

Plantschen im Baggersee Katzenbach

Zaberfeld. **Bahn/Bus:** Ab ↗ Heilbronn mit Buslinien 661 und 663 bis Zaberfeld, Ev. Kirche. **Auto:** Über Brackenheim nach Zaberfeld, der Katzenbachstausee liegt vor dem Ort. **Zeiten:** Ganzjährig frei zugänglich.

▶ Der von Schilf und Wald umgebene Badesee ist die Mühe des steilen Anstiegs wert. Auf weitflächigen Liegewiesen gibt es genug Platz, um Ruhe und Entspannung zu finden oder sich so richtig auszutoben. An diesem naturbelassenen Baggersee kommt ihr so richtig in Ferienstimmung. Die Wiesen reichen direkt bis ans Wasser und unter den großen alten Bäumen findet man an heißen Sommertagen auch Schatten. Für ganz kleine Badegäste geht es an der Bucht am hinteren Teil des Sees besonders flach ins Wasser. Ein Kiosk ist vorhanden, ebenso Umkleideräume und Toiletten. Wenn es so richtig heiß wird, ist hier allerdings auch einiges los.

Für Wanderer und Spaziergänger gibt es einen schönen 1 km langen Rundwanderweg, der durch Wald und Schilf führt. Auf dem Weg kommt man an einer Grillhütte mit Sonnenterrasse vorbei.

Idyllischer Stausee zum Baden: Elsenzer See

Elsenz. **Bahn/Bus:** ↗ Eppingen Bhf. Von dort Bus 675 bis Elsenz Rathaus. Gegenüber geht ein Fußweg 150 m

Alle Spieler stehen im Kreis mit einer Wasserflasche vor ihren Füßen. Mit einem kleinen Ball versuchen sie, die Flaschen der anderen umzuschießen. Der Spieler, dessen Flasche getroffen wurde, muss den Ball aufheben und »Stopp« rufen. So lange der Ball noch auf dem Boden rollt, darf der Spieler, der geworfen hatte, das Wasser ausleeren. Gewonnen hat, wer als Letzter noch Wasser in seiner Flasche hat.

Wenn der See ordentlich zugefroren ist, kann man darauf wunderbar Schlittschuh laufen.

Zu jeder Jahreszeit ist der schön angelegte Weg rund um den See zu empfehlen.

zum See. **Auto:** Ab Ortsmitte Ausschilderung Elsenzer See folgen. **Zeiten:** Ganzjährig frei zugänglich.

▶ Im Eppinger Stadtteil Elsenz liegt mitten im hügeligen Kraichgau dieser kleine beschauliche Stausee. An der Südseite des Sees befindet sich ein bewirteter Seekiosk, geöffnet Mai – Okt. Für die Kleinen ist ein Kinderspielplatz vorhanden, auf die Größeren warten ein Beachvolleyballfeld und eine Tischtennisplatte. Ganz neu wurde für Kinder ein schöner Sandstrand mit einem eigenen Badebereich angelegt.

Mühlbacher See

Mühlbach. Am Rand des Ortes. **Bahn/Bus:** Ab ↗ Eppingen Bhf Bus 676 bis Mühlbach. **Auto:** Von Eppingen aus auf der B293 Richtung Mühlbach.

▶ Der Stausee in Mühlbach ist zu jeder Jahreszeit ein naturnahes Erlebnis! Besonders im Sommer lädt der kleine See, der eine hervorragende Wasserqualität hat, zum Baden ein. Ob ihr euch beim Sonnenbad im weichen Sandstrand oder auf der grünen, schattenreichen Liegewiese vergnügt, den großen, schönen Spielplatz ausprobiert oder euch im Kiosk einen Snack, ein Eis oder ein Kaltgetränk gönnt, bleibt euch überlassen. Auch sanitäre Einrichtungen wie Toiletten und Duschen sind beim Kioskhäuschen, das den ganzen Sommer über geöffnet hat, zu finden. Parkmöglichkeiten sind ausreichend vorhanden.

Naturfreibad Tiefer See

Maulbronn. **Bahn/Bus:** Ab ↗ Bretten Bus 700, 705 bis Maulbronn Kloster. **Auto:** A8 Ausfahrt 44 Pforzheim-Nord Richtung Bretten, Maulbronn. **Zeiten:** Mai – Sep 10 – 19 Uhr. **Preise:** 1,50 €; Kinder 4 – 15 Jahre 0,75 €; Familien 3,30 €. **Infos:** 30 Min Ruderboot 3 €, Tretboot 3,50 €.

▶ Der Tiefe See wird von der *Salzach,* die nordöstlich von Maulbronn entspringt, gespeist und liegt unmittelbar in östlicher Richtung oberhalb der ehemaligen ↗ Zisterzienserabtei Maulbronn. Er wurde von den

Mönchen vermutlich schon beim Bau des Klosters in der ersten Hälfte des 12. Jahrhunderts angelegt. Er diente nicht nur als Wasserreservoir, sondern auch der **Fischzucht.** Heute kann man im Tiefen See auf natürliche Art baden und gleichzeitig den Komfort eines Freibades genießen – Umkleidekabinen, Duschen und Toiletten sind vorhanden. Für die kleinen Badegäste gibt es ein Nichtschwimmerbecken. Auf der Sonnenterrasse mit Blick über den See könnt ihr kleine Speisen und Getränke genießen. **Tret- und Ruderboote** laden zu einer Fahrt über den See ein. Der Bootsbetrieb startet und endet jeweils 2 Wochenenden vor bzw. nach der Badesaison.

*Mit den **gezüchteten Fischen** konnten die Mönche ihren eigenen Speiseplan während der Fastenzeit aufwerten. Oft profitierte auch die arme Bevölkerung von der Fischzucht.*

Aalkistensee bei Maulbronn

Maulbronn. **Bahn/Bus:** Ab ↗ Bretten Bus 700, 705 bis Maulbronn Kloster. **Auto:** A8 Ausfahrt 44 Pforzheim-Nord, über die B294 und Neulingen bis Ölbronner Straße (L611). Der Zufahrtsweg zum See zweigt links ab.

▶ Der Aalkistensee befindet sich in der Nähe von Bretten. Entstanden ist der See durch eine natürliche Aufstauung. Mönche der Klöster Ölbronn und Maulbronn bewahrten darin für die Fastenzeit Aale in Kisten auf. Daher stammt der Name **Aalkistensee.** Der See ist so richtig was für Naturfreunde: Vogelfreunde können Blässhühner, Graureiher, Haubentaucher, Schwäne, Wildgänse und andere Vogelarten beobachten, die wie der See unter Naturschutz stehen. Baden ist zwar nicht erlaubt, aber dafür eignet sich der See bestens zum Wandern oder als Rastplatz bei Fahrradtouren. Neben dem See könnt ihr ein Fischzuchtbecken zum Aussetzen von Fischen in den See bestaunen.

Erste Bootserfahrungen

*Der **Aalkistensee** ist übrigens das größte Stillgewässer des Kraichgaus!*

Den Neckar im Kanu erleben

Kanustation der Zugvögel in Lauffen, Die Zugvögel, Sägemühle 3, 74321 Bietigheim-Bissingen (Geschäftsstelle). ✆ 07142/920128, Fax 74227. www.diezugvoegel.de. info@diezugvoegel.de. **Bahn/Bus:** ↗ Lauffen

Hunger & Durst

Neckarterrassen, Neuberg 11, ✆ 07133/964849. www.neckarterrassen-lauffen.de. Mi – Mo 11 – 23 Uhr. Italienisches Restaurant, direkt über der Kanustation.

Freibad Lauffen, ✆ 01733/4331, Mai, Sep 9 – 20 Uhr, Juni, Juli 8.30 – 21 Uhr, Aug 8.30 – 20 Uhr. Erw 3,70 €, Kinder 6 – 18 Jahre und Ermäßigte 1,80 €.

a.N. **Auto:** B27 von Besigheim ca. 1 km vor Ortseingang rechts zum Jachthafen hinter dem Freizeit- und Erholungsgebiet Forchenwald (beschildert). **Zeiten:** 1. Mai – Mitte Okt So und Fei 13 – 17 Uhr. **Preise:** 1 Std Schnuppertour Erw 8 €; Kinder 6 – 10 Jahre 4 €; Familienpreis in einem Boot: bei 2 Erw fahren 2 Kinder unter 10 Jahre kostenlos mit. **Infos:** Kanustationen-Infoband und Anmeldung unter ✆ 07142/3756637.

▶ Erfahrene Kanutouristiker geben ausführliche Einweisungen in die Paddeltechnik. So kommen auch die Neulinge unter den Kanuten mit dem Fortbewegungsmittel der Indianer, dem Canadier, schnell zurecht. Das Fortbewegungsmittel der Eskimos, 1er- und 2er-Kajaks, kann ebenfalls für Rundtouren gemietet werden. Die Kanustation liegt im Freizeit- und Erholungsgebiet Forchenwald am Jachthafen Lauffen hinter dem **Freibad.**

RAUS IN DIE NATUR

Radeln

Mit dem Radl nach Tripsdrill

Lauffen a.N. **Länge:** 28 km, nur eine kurze, steile Steigung. **Bahn/Bus:** Ab ↗ Heilbronn RE, RB bis Lauffen Bhf. **Auto:** A6 Ausfahrt 36 Heilbronn-Untereisesheim Richtung Heilbronn über B293 nach Lauffen.

▶ Was kann es Motivierenderes geben als einen Freizeitpark als Ziel für eine Radtour? Wahrscheinlich radeln die Kids doppelt so schnell wie sonst, um möglichst bald in der Achterbahn zu sitzen. Also los geht's. Ihr startet in **Lauffen** auf dem Radweg parallel zur Bundesstraße und folgt dem Weg in südwestliche Richtung bis nach Meimsheim/Hausen. Hier erklimmt ihr in einem kurzen, steilen Anstieg, der zwischen den beiden Hauptstraßen durch ein kleines Wäldchen führt, eine Anhöhe, von der ihr einen herrlichen Blick auf euer Ziel Michaelsberg bei Tripsdrill habt. Nach ca. 6 km folgt ihr in **Meimsheim** der Hauptstraße Richtung Bönnigheim/Cleebronn. In

Bönnigheim sind die Kirche und das Stadttor besonders sehenswert. Danach schwenkt ihr auf den *Zabergäu-Radweg* bis Tripsdrill ein. Der Rückweg nach Lauffen ist sehr einfach zu finden: Ihr braucht bloß auf dem Radweg nach Bönnigheim zu fahren, der parallel zur kaum befahrenen Landstraße verläuft. In Bönnigheim folgt ihr dem Hinweisschild nach **Kirchheim** und von dort geht es auf dem *Neckar-Radwanderweg* zurück nach Lauffen.

Von Sternenfels zur Burgruine Blankenhorn: Radrundwanderung mitten im Zabergäu

Länge: Insgesamt und ohne Abkürzungen 20 km einfache Strecke, teilweise steile Anstiege und Abfahrten.

Bahn/Bus: Ab ➚ Bretten S9 bis Mühlacker Bhf, ab dort Bus 702 bis Sternenfels.

▶ Dies ist eine Fahrt durch das Herz des Zabergäus, die man an allen auf der Strecke beschriebenen Stationen starten kann. Der komplette Weg führt von Sternenfels zur Burgruine Blankenhorn nach Güglingen. Ihr startet in **Sternenfels** auf dem Parkplatz am Rotenberg und schlagt euch in Richtung Häfnerhaslach in den Wald hinein. Nach ca. 1 km an der Weggabelung rechts auf den westlichen Rennweg (ausgeschilderter Radweg nach Bönnigheim) abbiegen. Auf diesem Radweg bleibt ihr für 10 km, bis links der »Sternweg« (Schotterweg) abzweigt. Diesem bis zur Beschilderung **Ruine Blankenhorn** folgen. Auf der ➚ Burgruine könnt ihr das alte Gemäuer erforschen oder zur Belohnung an der öffentlichen Grillstelle Würstchen brutzeln. Nicht vergessen, die schönen Ausblicke nach Pfaffenhofen, Eibensbach, zu Schloss Neipperg und zur Steinsburg zu genießen!

Nach der Rast könnt ihr mit eurem Fahrrad entweder in den Zug steigen oder ihr seid wieder so fit, dass ihr den Heimweg auch noch schafft. Ihr radelt dann wieder Richtung Sternenfels, solltet aber bei dem Schild »Naturdenkmal« unbedingt dem Weg zum

Hunger & Durst

Grüner Baum, Hindenburgstraße 1, 74336 Brackenheim-Botenheim. ✆ 07135/5357. www.gruener-baum-botenheim.de. Di – Fr 11.30 – 13.30, ab 16.30 Uhr, Sa 11.30 – 13, So 11.30 – 14, ab 16.30 Uhr, Mo Ruhetag. Direkt am Radweg, Biergarten, Metzgerei.

»Weißen Steinbruch« folgen. Der **Weiße Steinbruch** ist ein Fundort von Wirbeltierskeletten des Mittleren Stubensandsteins. Eine kleine Aussichtsplattform ermöglicht hier schöne Ausblicke ins Zabergäu. Danach nehmt ihr den Weg zurück auf den Rennweg und fahrt auf gleichem Weg zurück bis nach Sternenfels zum Startpunkt.

Wandern und Spazieren

Viele Wege führen um Eibensbach

Eibensbach. **Länge:** Gesamtweg ca. 8 km mit Waldlehrpfad und Burgruine Blankenhorn, 180 m Höhendifferenz. Kürzeste Strecke ca. 5 km, 100 m Höhenunterschied, und mittlerer Weg ca. 7 km, 120 m Höhenunterschied (kinderwagentauglich). **Bahn/Bus:** Ab ↗ Brackenheim Bus 663 bis Eibensbach Kirche. **Auto:** Wanderparkplatz an der L1110 zwischen Eibensbach und Ochsenbach. **Infos:** Einen Faltplan mit den genauen Beschreibungen und weitere Informationen gibt es bei der Stadt Güglingen, ✆ 07135/1080.

▶ Ab dem **Sportgelände** *Äußerer Riedgraben* in Eibensbach sind über einen Rundweg von etwa 8 km Länge Erlebnis- und Erholungspunkte zusammengefasst, die sich allesamt für eure heutige Wanderung lohnen. Ihr könnt die Strecke zur Gänze gehen oder an zwei Stellen abkürzen. Euer Wegsymbol ist das Wappen von Eibensbach, die Armbrust. Der Pfeil zeigt in Richtung des Wegverlaufs. Auf einem Wanderschild könnt ihr euch den Weg aussuchen, ihr habt die Wahl zwischen der langen Version von 8 km, dieser Weg ist blau eingezeichnet. Der mittlere Weg ist gelb markiert und hat etwa 7 km Länge und der kürzeste Weg, rot markiert, beträgt 5 km. Wenn ihr gegen den Uhrzeigersinn startet, erreicht ihr auf allen Wegvarianten die **Streuobstwiesen** und anschließend das **Bannholz,** einen Wald, der in der Feudalherrenzeit mit einem Jagdbann belegt war. Während

der lange Rundweg dann auf den Waldlehrpfad abbiegt, führen euch die beiden anderen am Brunnen am Spießhäldeweg vorbei. Auf dem **Lehrpfad** findet ihr fast alle im nördlichen Stromberg vorkommenden Bäume beschrieben. Außerdem erobert ihr die ↗ **Burgruine Blankenhorn** über die sogenannte *Himmelsleiter,* die über 111 Stufen zur Burg führt. Alle 3 Wege gemeinsam führen dann am Milchbrunnen vorbei, dessen kalkhaltiges Wasser eine milchige Fär-

Versucht auf dem Waldlehrpfad, ob ihr mit geschlossenen Augen die Bäume anhand ihrer Rinde oder Blätter wiedererkennt!

DER EIBENSBACHER KUHHIRTE

▶ Ein armer Kuhhirte aus Eibensbach hütete seine Kühe einst im Spätherbst in der Nähe der Ruine Blankenhorn und sah, als er mit seiner Herde heimgehen wollte, eine große, schöne Schlüsselblume am Wegesrand stehen. Die hatte er sonst nie in dieser Jahreszeit blühen sehen, brach sie deshalb ab und steckte sie sich an seinen Hut. Bald war ihm der Hut so auffallend schwer, dass er ihn abnahm – da steckte statt der Blume ein silberner Schlüssel daran. Zugleich sah er eine schneeweiße Jungfrau vor sich stehen, die ihm sagte, er solle mit dem Schlüssel die Tür aufschließen, die er plötzlich am Berg sah. Dann dürfe er von den goldenen und silbernen Schätzen, die er finden werde, so viel mitnehmen, wie er wollte. Sie fügte hinzu: »Vergiss das Beste nicht!« Und das wiederholte sie dreimal. Aufgeregt öffnete der Hirte mit dem silbernen Schlüssel die Tür und füllte seine Taschen und Ärmel mit Gold und Silber. Bald überfiel ihn jedoch solche Angst, dass er mit seinen Schätzen das Weite suchte und in der Eile nicht daran dachte, auch den Schlüssel mitzunehmen. Doch das war schlecht. Denn so blieb die geheimnisvolle Weiße Frau weiterhin verzaubert. Und die Tür konnte er später nicht mehr finden, obwohl er immer wieder danach suchte. Allerdings brauchte er keine weiteren Schätze mehr, denn er hatte beim ersten Mal reichlich mitgenommen. Weil er aber befürchtete, seine Mitbürger würden ihm nicht glauben, woher er plötzlich so viel Geld hatte, wanderte er nach Amerika aus. Schon lange ist es her, dass dies geschah. Seither hat schon mancher bei Blankenhorn nach Schätzen gesucht und gegraben, aber keiner hat was gefunden. ◀

bung hat. Am **Backhaus** mit Brunnen und Vereinshaus und der Marienkirche vorbei geht es zurück zum Parkplatz.

Baden, wandern, wieder baden

Von der Ehmetsklinge zum Katzenbachsee. **Länge:** 6,5 km langer Rundweg Ehmetsklinge – Katzenbachsee – Ehmetsklinge; steiler Anstieg vor dem Katzenbachsee; Markierung Seen-Weg. **Bahn/Bus:** Ab ↗ Heilbronn Bus 661, 663 bis Zaberfeld, Ev. Kirche, dann Fußmarsch Richtung Leonbronn. **Auto:** B293 über Bretten und Oberderdingen Richtung Zaberfeld. Die Ehmetsklinge liegt zwischen Leonbronn und Zaberfeld auf der linken Seite.

Sämtliche Badeutensilien für einen Strandtag mitnehmen!

▶ Heute gibt's eine Wanderung, die nach Badestopps schreit. Ihr startet am ↗ **Stausee Ehmetsklinge,** wo ihr euch ein erstes Mal in die Fluten stürzen könnt. Dann lasst ihr den Trubel des Sees hinter euch und macht euch auf den Weg zu dem etwas ruhigeren ↗ **Katzenbachsee.** Eine Karte an der Ehmetsklinge weist euch den Weg, unterwegs könnt ihr euch an den blau-weißen Schildern mit der Aufschrift Seen-Weg orientieren. In welche Richtung ihr geht, ist

Praktisch: Den Lehrpfad könnt ich gleich auch als Trimmpfad nutzen

egal, da es sich ja um einen Rundweg handelt. Natürlich müsst ihr euch am Katzenbachsee zur Belohnung auch ins kühle Nass werfen, bevor ihr den Rückweg zur Ehmetsklinge antretet. Alternativ könnt ihr aber auch die Ehmetsklinge zuerst auf dem **Wald- und Baumlehrpfad** umrunden, bevor ihr euch ein Bad genehmigt. Neben interessanten Infos über Wald und Bäume habt ihr herrliche Aussichten auf den See, den Stromberg und den Heuchelberg und ihr kommt am Naturschutzgebiet vorbei. Der Rundweg ist 3 km lang, dauert eine Stunde und ist einfach zu gehen.

Umwelt und Lehrpfade

Naturerlebnis Krainbachhof

Marina Boger, Krainbachhöfe 3, 74193 Schwaigern-Massenbachhausen. ✆ 07138/7357, Fax 1732. www.krainbachhof.de. boger.marina@web.de. **Bahn/Bus:** Ab ↗ Heilbronn S4 bis Schwaigern, von dort Bus 671 bis Massenbach Volksbank. **Auto:** A6 Ausfahrt 35 Bad Rappenau Richtung Schwaigern. Der Hof liegt zwischen Massenbachhausen und Kirchhausen. **Zeiten:** Je nach Angebot. **Preise:** Jedes Angebot 1/2 Tag inkl. Verpflegung 20 €, ganzer Tag 40 €, Tageskurse 32 €.

▶ Hier erwartet euch ein Erlebnishof vom Feinsten. Alles rund um den Bauernhof, Bauernhoftage nur für Jungs, alles rund um das Pony, Getreidetage und Ponyreiten für Kinder ab 2 Jahre sind nur ein paar Stichworte. Hasen, Kälbchen, Ziegen und Schweine streicheln und füttern, mit den Tretschleppern Futter aufladen, bei den Hühnern Eier holen, Strohburghüpfen, Schaukeln oder einfach richtig Stallluft schnuppern – das ist für Kinder einfach ein tolles Erlebnis.

Bei den **Getreidetagen** dreht sich alles um die Frage: »Wer weiß eigentlich, wie unser tägliches Brot entsteht?« Klar, der Hauptbestandteil ist Mehl. Aber wisst ihr auch, wie Mehl hergestellt wird? Ihr lernt

Happy Birthday!

Auf Anfrage können auf dem Krainbachhof auch Kindergeburtstage gefeiert werden.

viel über den Weg vom Korn zum Brot, und es ist ja Ehrensache, dass ihr nach dem Mahlen der Körner euer eigenes Brot backt. An den sogenannten **Apfeltagen** schließlich geht ihr den Fragen nach, wie alt ein Apfelbaum werden kann, welche Apfelsorten es gibt, wie man Äpfel erntet und was man so alles aus ihnen machen kann. Nach dem gemeinsamen Sammeln von Äpfeln presst ihr frischen Saft.

Benno Bauer zeigt euch den Weg

Landwirtschafts-Erlebnisweg, 74336 Brackenheim. ✆ 07135/933-525 (Tourist-Information Zabergäu), www.brackenheim.de. info@brackenheim.de. **Länge:** 4,8 km, nur eine kleine Steigung. Für Regenwetter und für Kinderwagen gibt es eine extra Strecke; Bauer als Wegmarkierung. **Bahn/Bus:** ↗ Brackenheim. **Auto:** A6 Ausfahrt 34 Sinsheim-Steinsfurt, Richtung Eppingen bis Brackenheim, Beschilderung Schulzentrum und Sporthalle folgen.

▶ Er sieht aus, wie man sich einen Landwirt eben so vorstellt: blaue Latzhose, eine Kappe auf dem Kopf, Gummistiefel und natürlich eine Mistgabel in der Hand. Das ist Benno Bauer, der euch heute auf spielerische und sehr spannende Art ein bisschen die Welt der Landwirtschaft näher bringt. Der sympathische Mann wird euch als Wegmarkierung zu den Stationen führen, an denen ihr entweder kleine Experimente durchführen, Natur und Tiere beobachten oder Interessantes über die Landwirtschaft lernen dürft. Los geht's bei der Sporthalle in Brackenheim, wo ihr zunächst an regelrechten Obst-Plantagen vorbei marschiert. Ihr inspiziert im weiteren Verlauf das Umland vom Hochsitz aus, beobachtet ein Bienenvolk im gläsernen Bienenstock und führt am Bach kleine Gewäs-

Mitmachen und ausprobieren: Auf dem Landwirtschafts-Erlebnisweg gibt's immer wieder Neues zu entdecken

ser-Experimente durch. Mehr soll über die interaktiven Stationen aber nicht verraten werden, lasst euch einfach überraschen! Es gibt nur eine kleine Strecke, die mit dem Kinderwagen nicht machbar ist. Für diese Teilstrecke gibt es eine Alternative, die ihr auf dem Plan am Anfang des Naturpfades blau eingezeichnet findet. Diesen Alternativweg solltet ihr auch wählen, wenn es regnet.

An sehr heißen Tagen kann der Weg nicht während der Mittagszeit gewandert werden, da es unterwegs so gut wie keinen Schatten gibt.

Den Wald mit allen Sinnen erleben: Waldfühlpfad Eppingen

Eppingen. **Länge:** 3 km, mittelschwer, nicht für Kinderwagen geeignet; 2 – 3 Std; Markierung Waldfühlbaum. **Bahn/Bus:** ↗ Eppingen, ab Bhf Bus 673 bis Zylinderhof, dann 5 Min Fußweg. **Auto:** Eppingen in südliche Richtung durchfahren, Bahnlinie passieren, ab dem freien Feld Beschilderung folgen. **Infos:** Auf dem Waldlehrpfad werden Führungen angeboten. Infos beim Forstamt, Außenstelle Eppingen, ✆ 07262/60911-0.

▶ Ein besonderer Höhepunkt in der Natur ist der **Eppinger Waldfühlpfad** – ein interaktiver Walderlebnispfad, der euch mit 12 verschiedenen Mitmachstationen in die wunderbare Welt des Waldes entführt. Dabei lernt ihr viel über Themen wie »Bäume sind Energie«, »Bäume sind Musik«, »Bäume sind astrein«. Außerdem werdet ihr eine Menge Spaß an der Tierweitsprunggrube, auf dem Barfußpfad und dem Holzweg haben. Los geht's am **Jägersee** bei Eppingen. Ihr könnt vorab schon eine Runde um den See drehen und auf dem Vogellehrpfad eine Menge über Eisvogel, Fischreiher und Abendsegler lernen. Danach sucht ihr bei der Jägersee-Hütte nach dem Wegsymbol, einem lustigen Baum mit der Unterschrift »Eppinger Waldfühlpfad«. Ziemlich schnell führt euch der Waldfühlbaum mitten hinein in den Laubmischwald. Die erste große Attraktion ist der toll angelegte **Barfußpfad,** der ganz schön knifflig ist – Schuhe aus und Augen zu, nicht schummeln! Nach den nächsten Stationen könnt ihr erst einmal in den

Freundlicher Baum: Er zeigt den Weg zum Waldfühlpfad

Hasenfuß: Wer springt weiter als ein Hase?

Waldhängematten entspannen, dann geht es über einen Trampelpfad abwärts zum Ende des Lehrpfads auf den **Holzweg.** Das ist ein langer Steg, der mitten durch den grünen Wald verlegt ist. Den Pfad kann man bei jedem Wetter machen. Besonders empfehlenswert ist er für das Frühjahr und den Sommer, da es im Wald sehr schattig ist und der Barfußpfad bei warmem Wetter auch mehr Spaß macht.
An manchen Stellen des Weges, vor allem auf dem Holzweg, herrscht Rutschgefahr bei Nässe!

Wisst ihr, woher das Sprichtwort »Auf dem Holzweg sein« kommt? In Wäldern werden nach dem Abholzen von Bäumen häufig Schneisen geschlagen, die nur dem Abtransport dienen. Da diese Holz-Wege aber meist abrupt dort enden, wo der Baum geschlagen wurde, führen sie ins Nichts. Somit stehen sie für einen Irrtum.

Pferde und wilde Tiere

Pferdeparadies Krainbachhof

Marina Boger, Krainbachhöfe 3, 74193 Schwaigern-Massenbachhausen. ✆ 07138/7357, Fax 1732. www.kraichbachhof.de. boger.marina@web.de. **Bahn/Bus:** Ab ↗ Heilbronn S4 bis Schwaigern. **Auto:** A6 Ausfahrt 35 Bad Rappenau Richtung Schwaigern. Der Hof liegt zwischen Massenbachhausen und Kirchhausen. **Zeiten:** Jeden So 15 – 18 Uhr. **Preise:** 1/2 Tag inkl. Verpflegung 20 €, ganzer Tag 40 €, Tageskurse 32 €. **Infos:** Genaue Termine findet ihr im Internet.

▶ Oft ist es schwierig, ein Ponyreit-Angebot für die Allerkleinsten zu finden, obwohl gerade die Kleinen so gern auf einem Pferd sitzen! Auf dem Krainbachhof ist es möglich und zwar für Kinder schon ab 2 Jahre. Die Ponys werden geführt, eine Voranmeldung ist nicht nötig. An Kinder ab 5 Jahre richtet sich das Angebot »Rund ums Pferd«. Die Kinder lernen Wichtiges über die Pferdepflege und die Pferdehaltung. Ausmis-

ten, Füttern, Pflegen und schließlich Reiten sind feste Bestandteile des Programms. Zusätzlich werden Kenntnisse über die verschiedenen Pferderassen, die Farben der Pferde und den Körperbau eines Pferdes vermittelt.

Tierpark Schwaigern im Leintal

Peter Gessmann, Freudenmühle 1, 74193 Schwaigern. ✆ 07138/5225, Fax 810567. www.tierpark-schwaigern.de. leintalzoo@t-online.de. **Bahn/Bus:** Ab ↗ Heilbronn S4 bis Schwaigern, dann 25 Min Fußweg bis zum Leintal. **Auto:** A6 Ausfahrt 35 Bad Rappenau, über Massenbachhausener Straße L1107 nach Schwaigern. **Rad:** Der Radweg zwischen Leingarten und Schwaigern führt direkt am Tierpark vorbei. **Zeiten:** Sommer täglich 10 – 18, Winter bis 16 Uhr. **Preise:** 4 €; Kinder 3 – 15 Jahre 2 €; Gruppen ab 15 Pers 2 €.

▶ Die Affen sind die Hauptattraktion des Leintalzoos. Gelegentlich werden Jungtiere, die von der Mutter nicht angenommen werden, von der Tierpflegerin mit der Flasche aufgezogen. Dann kommt einmal am Tag die Ersatzmama mit ihrem Windelkind zum Gehege und erzählt Interessantes zur Aufzucht kleiner Schimpansen. Ansonsten seht ihr im Tierpark Kraniche, Papageien und Wellensittiche in den Vogelvolieren. Kleinere Kinder sind begeistert vom Haustierbereich mit Ponys, Eseln, Zwergziegen und Meerschweinchen, die gefüttert werden dürfen. In Feuchtbiotopen, auf Wiesen und in Vogelschutzgehölzen können Wasserschildkröten, Schmetterlinge, Libellen, Frösche und Eidechsen beobachtet werden.

Sehr schön ist der Spielplatz, den die Eltern von der Terrasse des Kiosks aus gut im Blick haben.

Der Tierpark beherbergt die größte zusammenhängende Schimpansengruppe Deutschlands mit Jung- und Alttieren.

Klammeraffe: Schimpansenkind

Wildparadies Tripsdrill

74389 Cleebronn. © 07135/9999, Fax 999666. www.tripsdrill.de. info@tripsdrill.de. **Bahn/Bus:** Ab ↗ Bietigheim Bus 567 bis Cleebronn Tripsdrill. **Auto:** A6 Ausfahrt 34 Sinsheim, Beschilderung »Tripsdrill« oder A81 Ausfahrt 13 Mundelsheim. **Zeiten:** März – Nov 9 – 18, Nov – März Sa, So, Fei und Ferien 9 – 17 Uhr. **Preise:** 7 €; Kinder 4 – 11 Jahre 4,50 €; Gruppen, Behinderte, Senioren 4,50 €.

▶ Nur einen Wildkatzensprung vom ↗ Erlebnispark Tripsdrill entfernt liegt das Wildparadies Tripsdrill. Dort trefft ihr nicht nur auf Braunbären, Wölfe und Luchse, sondern auch auf Adler und Geier. Ganz neu ist das Feuchtbiotop mit Fisch, Frosch und Kröterich. Außerdem erwarten euch ein Walderlebnispfad, ein Abenteuerspielplatz und ein Barfußpfad. Täglich um 14.30 Uhr findet eine Wildfütterung statt – außer freitags, da haben die Tiere ihren Fastentag.

Happy Bär's-Day!
Für das Geburtstagskind ist der Eintritt frei. Mit Eintritt ins Wildparadies, Essen und einem Getränk an der Geburtstagstafel und dem betreuten Basteln mit Naturmaterialien kostet das Angebot pro Kind 15 €.

Erlebniswelten, Spiel- und Grillplätze

Kinderparadies an der Heuchelberger Warte

74211 Leingarten. © 07131/401849, Fax 900190. www.heuchelberger-warte.de. heuchelberg.warte@t-online.de. **Bahn/Bus:** Ab ↗ Heilbronn S4 bis Schwaigern, dann S4 bis Leingarten-Mitte. **Auto:** A6 Ausfahrt 35 Bad Rappenau, Richtung Schwaigern bis Leingarten, dort zur SB-Haltestelle Leingarten-Mitte oder hinauf zum Turm. **Zeiten:** Mo – Fr 12 – 23, Sa 11 – 23, So 10 – 23 Uhr.

▶ Das hier oben ist Biergarten, Abenteuerspielplatz, Kinder-Action, Natur und Kultur in einem. Wie das geht? Ganz einfach: Die Heuchelberger Warte direkt neben dem Wartturm ist eine Erlebnisgastronomie mit regelmäßigen Angeboten und Programmen für Kinde auf 315 m Höhe am Höhenzug des Heuchel-

Es gibt eine tolle Fußgängerrallye ab der S-Bahnstation Leingarten-Mitte hinauf zur Warte. Sie führt durch das Naherholungsgebiet Eichbott, vorbei am Schützenheim und einem Waldspielplatz und hat einige interaktive und spannende Stationen auf dem Weg. Die Rallye findet man im Internet.

bergs. Zunächst solltet ihr eure Aufmerksamkeit dem schlanken Turm widmen, einem ehemaligen Wartturm, der 1483 erbaut wurde und früher eine Zollstation war. An diesem Turm führte die Straße vorbei, auf der man vom Württembergischen Gebiet zur freien Reichsstadt Heilbronn kam. Der Wächter kam nur über eine Leiter zu seiner Wohnung hinauf Bei Gefahr zog er die Leiter hinter sich nach oben. Heute könnt ihr den Turm über Treppen erklimmen und den Rundumblick über das württembergische Unterland genießen. Danach geht es direkten Wegs zu Mecki. Mecki ist eine Art Plüsch-Igel, der sich immer allerhand für seine jungen Besucher einfallen lässt. Jeden So und Fei 14 – 17 Uhr gibt es Aktionen wie Indianerfest, Ritterturniere, Spaß-Olympiaden und sogar Harry-Potter-Quidditchturniere. Neben den wechselnden Angeboten könnt ihr an diesen Tagen immer Pony reiten und im Archäologie-Camp nach Schätzen aus der Steinzeit graben.

Flagge zeigen: Auf der Heuchelberger Warte

Erlebnispark Tripsdrill

74389 Cleebronn. ✆ 07135/9999, Fax 999666. www.tripsdrill.de. info@tripsdrill.de. **Bahn/Bus:** Ab ➚ Bietigheim Bus 567 bis Tripsdrill. **Auto:** A6 Ausfahrt 34 Sinsheim, Beschilderung »Tripsdrill« oder A81 Ausfahrt 13 Mundelsheim. **Zeiten:** April – Nov 9 – 18 Uhr. **Preise:** 21 €; Kinder 11 – 16 Jahre 17,50 €; Gruppen, Behinderte, Senioren wie Kinder. **Infos:** Das ➚ Wildparadies ist im Eintrittspreis für den Park inklusive.

▶ Es ist die Liebe zum Detail, die diesen Park rund um die **Altweibermühle** auszeichnet und unvergleichbar macht. Seien es die liebevoll verzierten Suppentassen, in denen man kreiselnd seine Bahnen zieht, oder die lustigen Wagen des Tausendfüßlers, die das Achterbahnfahren zum besonderen Erlebnis machen, oder auch die altmodische Kaffeemühle, die an Kasperls Kaffeemühle erinnert. Hier fühlen sich Kinder aller Altersklassen wohl. Während die Großen und Mutigen auf der nagelneuen Holzachterbahn *Mam-*

*Im 17. Jahrhundert verbreitete sich die Sage von einer Mühle, in der Frauen wieder jung gemahlen wurden. 1929 entstand dann die erste **Altweibermühle,** um der Geschichte des sagenumwobenen Ortes gerecht zu werden. Seitdem gilt diese älteste Attraktion als Ursprung von Tripsdrill.*

Da bleibt kein Auge trocken: In einem alten Mehlsack geht's durch den Mühlbach

mut in luftigen Höhen und unter der Erde ins Schwitzen geraten, lassen es die Kleineren beim Seifenkistenrennen oder bei einer spritzigen Mühlbach-Fahrt etwas ruhiger angehen. Der ganze Park, übrigens schon 1929 erbaut und somit der älteste Freizeitpark Deutschlands, bietet jede Menge schattige Plätzchen, die zum Ausruhen und Picknicken einladen. Im Sommer kann man sich außerdem bei einer Fahrt in Omas nostalgischen und überdimensional großen Badewannen auf einer sehr nassen Schussfahrt abkühlen. Im ganzen Parkbereich findet man die für die Region typischen Fachwerkfassaden, was dem Park ein sehr naturgetreues Äußeres gibt. Nur 10 Minuten vom Trubel entfernt liegt das zum Park gehörende ↗ Wildparadies.

DschungelFun

Indoor-Park, Frauenbrunner Straße 4, 75031 Eppingen. ✆ 07262/61012-70, Fax -71. www.dschungelfun.de. info@dschungelfun.de. **Bahn/Bus:** ↗ Eppingen, ab Bhf Bus 676 bis Eppingen West, dann 10 Min Fußweg. **Auto:** A5 Ausfahrt 42 Bruchsal auf B35, über Ubstadt-Weiher und Zaisenhausen nach Eppingen. **Zeiten:** Mo – Fr 14 – 18.30, Sa, So und Fei 11 – 18.30 Uhr. **Preise:** 2,90 €; Kinder ab 2 Jahre Mo – Do 3,90 €, Fr – So und Fei 4,90 €.

▶ Der Indoorspielplatz DschungelFun hat jede Menge für euch zu bieten. Auf einer Fläche von 700 qm wartet ein 5 m hohes Klettergerüst, das mit zahlreichen Attraktionen ausgestattet ist. Rutschen laden ebenso ein wie Seilbrücken und Kriechtunnel, die es auf dem Weg durch das riesige Labyrinth zu bewältigen

Happy Birthday!
Für Geburtstagspartys gibt es zwei DschungelFun-Pakete für 6,90 bzw. 8,90 € pro Geburtstagsgast inkl. Eintritt und Mini- oder Maxi-Menü.

gibt. Auf die kleinsten Besucher unter euch warten im abgetrennten Kleinkindbereich Soft-Spielgeräte sowie ein überdimensionales Bällebad mit über 18.000 Bällen. Mit den Fahrzeugen machen große und kleine Kinder den Parcours unsicher und brausen à la Schumi um die Kurven. Hüpfspaß gibt es sowohl auf der Trampolinanlage als auch auf der Hüpfburg.

Auf Schneewittchens Spuren im Kraichgau Märchenwald

Klosterstraße, 75057 Kürnbach. ✆ 07258/1496, Fax 40205. www.maerchenwald-kuernbach.de. info@ maerchenwald-kuernbach.de. **Bahn/Bus:** Ab ➚ Bretten Bus 144 bis Kürnbach Ober-Tor-Platz. **Auto:** Von ➚ Bretten über B293 nach Kürnbach. **Zeiten:** März – Okt 10 – 18, Juni – Aug 10 – 19 Uhr. **Preise:** 3,50 €; Kinder 3 – 16 Jahre 3,50 €; Behinderte, Gruppen, Senioren 3,50 €, Familien 12,50 €.

▶ Das ist ja wie im Märchen hier! Schneewittchen wird für euch lebendig, ebenso Rotkäppchen, Aschenputtel und Dornröschen – eben alle, die ihr sonst nur aus dem Märchenbuch kennt. Im Märchenwald führt euch der Märchenpfad durch ein schönes schattiges Waldgelände. Vor allem jüngere Kinder finden hier viel Abwechslung. Sie erleben den Wald, begeben sich auf eine Fantasiereise bei den Märchenszenen und haben Spaß an kleineren Fahrattraktionen wie elektrische Autos, Lokomotiven und Motorräder. Ein historisches Dampfkarussell dreht ebenfalls fröhlich seine Runden. Eine Go-Kart-Bahn, die auch die Eltern nutzen dürfen, führt über 250 m durch den kleinen Park. Zu rutschig darf es hier allerdings nicht sein, diese Bahn ist nur bei schönem Wetter geöffnet. Und kennt ihr schon das Hindernisbillard PitPat? Das ist eine Mischung aus Billard und Minigolf, da könnt ihr gegen eure Eltern antreten. Am Ende eures Besuchs müsst ihr natürlich unbedingt noch auf den Abenteuerspielplatz und die Kleineren

Die meisten Fahrgeschäfte kosten 0,50 €, deshalb ausreichend entsprechende Geldstücke mitnehmen.

unter euch, die unter 3 Jahre jung sind, fühlen sich auf dem Spielplatz Lilliput sicher wohl. Der Märchenwald wirkt etwas in die Jahre gekommen, aber für Kinder unter 6 Jahre ist er sicher einen Ausflug wert.

Happy Birthday!
Geburtstagspartys kosten den normalen Eintritt plus 5 € pro Bierbankgarnitur im Pavillon. Ein Feuer in der Grilltonne kann ebenfalls für 5 € zur Verfügung gestellt werden. Vorbereitete, individuell auf den Geburtstag angepasste Stationen können als Rallye mit Karten an den Maisholmen befestigt werden. Geburtstagskinder haben freien Eintritt.

Rebstock-Golf und Maislabyrinth

Sabine Sick, Zeisigweg 10, 74336 Brackenheim. ✆ 07135/960720, Fax 960720. www.wengerter-golf.de. **Bahn/Bus:** Ab ↗ Heilbronn Bus 661 bis Brackenheim ZOB, von dort 15 Min Fußweg. **Auto:** Ab Brackenheim Richtung Stockheim, am Ortsausgangsschild rechts in Zeisigweg. **Zeiten:** Golf Mai – Okt Sa und So 10 – 18 Uhr, Aug täglich 10 – 18 Uhr, Maislabyrinth ab Juli. **Preise:** Golf 4 €, Maislabyrinth 1 €; Kinder 4 – 12 Jahre 3 € Golf, Maislabyrinth 1 €.

▶ Hier könnt ihr euch in freier Natur so richtig austoben. Ihr könnt durch ein Maislabyrinth irren oder das bislang in Deutschland einzigartige **Wengerter Golf** spielen. Was das ist? Na, in einer Weinregion wird nicht einfach Minigolf gespielt! Da wird statt eines Schlägers ein Rebstock genommen und statt eines Golfballs ein Tennisball. Und los geht's zu den Stationen, die den Werdegang eines Rebstocks beschreiben. An Station 1 spielt ihr das Pflanzen des Weinstocks nach, dann sind an den nächsten Stationen die landwirtschaftlichen Geräte eure Hindernisse. Am Ende spielt ihr, wie kann es anders sein, euren Ball in eine Flasche und endet damit genau dort, wo auch der Wein oder der Traubensaft landen.
Seid ihr noch fit? Dann nichts wie ab mit euch ins **Maislabyrinth!** Mal schauen, wie oft ihr euch im übermannshohen Urwald aus Pflanzen verirrt! Aber keine Angst – bis jetzt ist noch jeder wieder heil aus dem Irrgarten herausgekommen!

Grillplatz Aspen

Ordnungsamt, Marktplatz 1, 74336 Brackenheim-Dürrenzimmern. ✆ 07135/105-132, Fax 105-188. www.brackenheim.de. info@brackenheim.de. **Auto:**

Nach Dürrenzimmern Richtung Nordhausen, Beschilderung Waldschenke Hörnle folgen.

▶ Der Grillplatz liegt 500 m östlich des familien- und kinderfreundlichen Ausflugslokals **Waldschenke Hörnle**.

Grillplatz beim Schlossberg

Bürgermeisteramt, 75447 Sternenfels. ✆ 07045/970-4024, Fax 9704015. www.sternenfels.org. info@sternenfels.org. **Bahn/Bus:** Ab ↗ Bretten S9 bis Mühlacker, von dort Bus 702 bis Sternenfels Maulbronner Straße.

▶ Bei der Erholungsanlage Schlossberg, mit Spielwiese, großem Spielgelände mit verschiedenen Spielgeräten, Rastplatz und Aussichtsturm *GuG* (Geschichte und Geologie im Turm).

Betriebsbesichtigungen

Einmal schleusen, bitte!

Wehr Lauffen a.N., Kanalstraße 9, 74348 Lauffen a.N. ✆ 07133/200621, www.lauffen.de. info@lauffen-a-n.de. **Bahn/Bus:** Ab ↗ Heilbronn RB bis Lauffen, ab Bhf Bus 651 bis Uferstraße oder Bus 652 bis Marktplatz. **Auto:** A81 Ausfahrt Ilsfeld nach Lauffen, dort erste Ampel links Richtung Stuttgart, Eppingen, Brackenheim.

▶ Ein Sonntagsausflug zur Schleuse? Wozu soll das gut sein? Also wenn ihr denkt, das sei nicht spannend, habt ihr sicher noch nie zugeschaut, wie sich ein großes Schiff durch eine **Schleuse** zwängt. Eine Fußgängerbrücke führt über die Schleusenanlage. Von hier oben aus könnt ihr den Schleusenbetrieb toll beobachten. Ihr seht zwei nebeneinander liegende Schleusenkammern. Da können zwei Schiffe gleichzeitig abgefertigt werden. Während das eine zu Tal geschleust wird, wird das andere nach oben gehoben. Unter der Woche könnt ihr das Spektakel ganz

Hunger & Durst

Waldschenke Hörnle, Holunderweg 7, 74336 Brackenheim-Dürrrenzimmern. ✆ 07135/12515. www.waldschenke-hoernle.de. Mo – Sa ab 11 Uhr, So, Fei ab 10 Uhr.

HANDWERK UND GESCHICHTE

*Der Wasserstand eines Flusses wird von einer **Schleuse** so weit angehoben, dass der Fluss für Schiffe passierbar ist. Dafür müssen die Schiffe einen Höhenunterschied überwinden. Das Schiff fährt in die Schleuse. Bei geschlossenen Toren wird die Schleusenkammer bis zur Höhe des Oberwassers geflutet, bei Talfahrt wird sie geleert.*

oft beobachten, während an Sonntagen schon um 16 Uhr Feierabend ist.

Führungen durch das Burgmuseum werden im Rahmen von Stadtführungen für Gruppen angeboten. Hierfür können spezielle Termine, auch am Wochenende, vereinbart werden.

Burgen und Klöster

Die Lauffener Grafenburg

Museum in der Rathausburg, Stadtverwaltung Lauffen, Rathausstraße 10, 74348 Lauffen a.N. ✆ 07133/106-11, www.lauffen.de. info@lauffen-a-n.de. **Bahn/Bus:** Ab ↗ Heilbronn RB bis Lauffen, ab Bhf Bus 651 bis Uferstraße oder Bus 652 bis Marktplatz bzw. Karlstraße. **Auto:** A6 Ausfahrt 36 Heilbronn-Untereisesheim, Richtung Heilbronn über B293 nach Lauffen. **Zeiten:** Mo – Do 8 – 12 und 13.30 – 16, Fr 8 – 12 Uhr.

▶ Die Lauffener Rathausburg, auf der Vogelinsel gelegen, besitzt den deutschlandweit einzigen erhaltenen Wohnturm aus der Salierzeit. Er ist also schon über 900 Jahre alt. Er beherbergt eine Ausstellung zum Alltag der Menschen in der Lauffener Grafenburg im 11. Jahrhundert und zu den Grafen von Lauffen im Spiegel ihrer Zeit. Ihr seht Einrichtungsgegenstände aus der Salierzeit und könnt ein Stück 11. Jahrhundert live erleben. Es gibt nicht nur Hinweise, dass es auf Burgen damals schon Kachelöfen und Fußbodenheizungen gab, euch werden sicher außerdem die mittelalterlichen Schachfiguren und Würfel bekannt vorkommen.

Burgruine Blankenhorn

Güglingen-Eibensbach. www.gueglingen.de. **Bahn/Bus:** Ab ↗ Brackenheim Bus 663 bis Eibensbach Kirche. **Auto:** Über die B293 und Bretten Richtung Brackenheim, in Oberderdingen rechts nach Güglingen abbiegen. **Zeiten:** Ganzjährig zugänglich. **Preise:** Eintritt frei.

▶ Die Ruine der Burg Blankenhorn ist ein beliebtes Ausflugsziel. Beeindruckend ist die aus Sandstein-Buckelquadern gebaute Schildmauer, die heute noch sehr gut erahnen lässt, wie mächtig die Burg gewirkt

▶ Vor vielen, vielen Jahren lebte auf **Burg Blankenhorn** ein grausamer Ritter. Die ganze Umgebung wollte er mit Gewalt unter seine Herrschaft bringen und der Edelmann von Schloss Magenheim bei Cleebronn sollte ihm dabei helfen. Als dieser sich weigerte, zog der Blankenhorner hasserfüllt mit seinen Mannen zum Schloss Magenheim, überfiel und eroberte es im Handumdrehen! Zum Schluss verschleppte er eine hübsche Magd hinüber auf seine Burg. Doch die wollte auf keinen Fall seine Frau werden. Daraufhin ließ er sie bei lebendigem Leib einmauern! Doch zur Strafe für seine schweren Sünden verwandelte sich der Ritter von Blankenhorn in einen weißen Hund mit feuerroten Augen, der bis heute zu nächtlicher Stunde zwischen Blankenhorn und Magenheim herumgeistern muss … ◀

DER WEISSE HUND

haben muss. Im Hofinneren wurde eine überdachte Grillstelle eingerichtet. Die Burg ist eine Besonderheit, weil sie als einzige Stauferburg nördlich der Alpen auf einem schief anlaufenden Fuß, einer Futtermauer, steht. Auf der Tafel im Burghof erfahrt ihr mehr interessante Einzelheiten darüber. Um die Burg herum führt ein toller Rundweg, den man auf 3 verschiedene Arten gehen kann.

Bezaubernde Grillstelle: Die aus Stämmen gefertigten Tische und Stühle sind neu, Grill und Sitzgelegenheiten überdacht. Mit Grillhütte. Für kleinere Gruppen jederzeit frei zugänglich, für größere Veranstaltungen das Forstamt Eppingen, ✆ 07262/609110, informieren.

Versteckte Märchenburg: Die Ravensburg

Sulzfeld. www.burg-ravensburg.de. restaurant@weingut-heitlinger.de. **Bahn/Bus:** Ab ↗ Bretten und ↗ Eppingen S4 bis Sulzfeld. **Auto:** B293. **Zeiten:** Während der Restaurantöffnungszeiten.

▶ Hier könnte Dornröschen ihren 100-jährigen Schlaf gehalten haben. Verwunschen und mächtig liegt die Burg auf dem Sporn eines kleinen Hügels. Die Anlage gliedert sich in die eigentliche, von einem tiefen Graben umgebene, ortsseitig gelegene Kernburg mit Bergfried, Wehrtürmen und Wohngebäuden sowie die bergseitig gelegene, jüngere Vorburg mit Wirtschaftsgebäuden. Die Burg ist während der Öffnungszeiten des Burgrestaurants frei zugänglich, der Bergfried kann tagsüber bestiegen werden und bietet einen einmaligen Ausblick über die weite Landschaft des zentralen Kraichgaus. In einem der beeindruckenden historischen Keller wurde im Sommer 2006 eine Traukapelle eingerichtet. Höhepunkt der Burg ist jedoch der geheimnisvolle unterirdische Wehrgang hinter der Zwingermauer, der von unerschrockenen Besuchern besichtigt werden kann.

Hunger & Durst

Restaurant Burg Ravensburg, 75050 Sulzfeld. ✆ 07269/914191. www.burg-ravensburg.de. Mi – So 11.30 – 22.30 Uhr. So und Fei bei schönem Wetter auch kleine Speisen in Selbstbedienung zu niedrigen Preisen.

Das sagenhafte Kloster Maulbronn

Klosterhof 5, 75433 Maulbronn. ✆ 07043/9266-10, Fax 9266-11. www.maulbronn.de. info@kloster-maulbronn.de. **Bahn/Bus:** Ab ↗ Bretten Bus 700, 705 bis Maulbronn Kloster. **Auto:** A8 Ausfahrt 44 Pforzheim-Nord Richtung Bretten, Maulbronn. **Zeiten:** Mai – Okt 9 – 17.30, Nov – Feb Di – So 9.30 – 17 Uhr. **Preise:** 5,50 €; Kinder ab 6 Jahre 2,80 €; Familien 13,80 €. **Infos:** Sonderführungen Erw 9 €, Kinder 4,50 €, Audio-Guide-Führung 2 €.

Über die verschiedenen Rundwanderwege rund um das Kloster gibt es im Infozentrum eine Broschüre.

DER SCHWUR

▶ In der evangelischen Kirche der Klosteranlage fehlt im Gemäuer ein einzelner Stein. Der ist nicht etwa im Laufe der Zeit herausgefallen oder hat den Mönchen während der Bauarbeiten gefehlt – nein, das hat eine ganz besondere Bewandtnis: Im Mittelalter haben Räuber in der Gegend von Maulbronn gewohnt. Als die erfuhren, dass Mönche hier ein Kloster bauen wollen, waren sie natürlich nicht gerade begeistert. Die Mönche mussten den Räubern schwören, dass sie das Kloster nicht zu Ende bauen würden. Der Schwur ist verewigt in den Handabdrücken an der Wand in unmittelbarer Nähe zu dem fehlenden Stein. Mit diesen Abdrücken wurde der Schwur besiegelt. Eines Tages wurde die Kirche eingeweiht. Die Räuber ärgerten sich, denn sie dachten, die Kirche sei nun doch fertig gebaut. Da zeigten ihnen die Mönche den fehlenden Stein und beharrten darauf, dass die Kirche ja gar nicht fertig sei! ◀

▶ Verlassene Ruinen sucht ihr vergeblich, aber verwunschene Ecken werdet ihr sicher einige finden im Kloster Maulbronn von 1147, eine der besterhaltenen Klosteranlagen nördlich der Alpen. Deshalb wurde das ehemalige Zisterzienserkloster auch von der UNESCO in die Liste des Weltkulturerbes aufgenommen. Zu entdecken gibt es hier einiges: Die Klosterkirche birgt allerhand spannende Sagen, der Klosterhof erinnert an mittelalterliche Zeiten, ein riesiger Brunnen verleitet zum Plantschen und eine herrliche alte Linde mitten im Hof spendet im Sommer Schatten. Innerhalb der hohen Mauer ist eine kleine Welt für sich versteckt, denn hier befinden sich hier auch das Rathaus, die Polizei und einige Restaurants. Die Holzbrücke, die ins Innere der Anlage führt, wirkt wie aus dem Mittelalter selbst. Man erwartet jeden Moment, einen Mönch mit wehender Kutte herbei eilen zu sehen.

Schöne Wanderwege durch Streuobstwiesen oder durch den schattigen Wald rund um das Kloster runden den Ausflug ab.

Bei speziellen Führungen können Kinder ins Mittelalter und in die Welt der Mönche abtauchen.

An der Klosterruine Maulbronn: Wo ist die Stelle mit dem fehlenden Stein?

Das Kloster beherbergt noch immer die 1556 gegründete Klosterschule. 1548 kehrten nach einem Krieg die Mönche ein letztes Mal ins Kloster zurück.

Museen und Stadtführungen

So haben die Römer gelebt

Römischer Gutshof, Ilsfelder Straße, 74348 Lauffen a.N. ✆ 07133/12222, 5865, Fax 962687. www.lauffen.de. info@lauffen-a-n.de. **Bahn/Bus:** Ab ↗ Heilbronn RB bis Lauffen, ab Bhf Bus 651, 652 bis Ilsfelder Straße. **Auto:** B27 Richtung Ilsfeld. Nach knapp 2 km ist rechts ein Parkplatz ausgeschildert, von dort noch 300 m zu Fuß. **Zeiten:** Ganzjährig frei zugänglich.

▶ Das römische Landgut wurde 1978 ausgegraben. Die Grundmauern sind gut erhalten und zusammen mit den ausgegrabenen Gegenständen kann man schön nachvollziehen, wie die Römer bis zum 3. Jahrhundert n.Chr. auf einem landwirtschaftlichen Anwesen hier im Neckarraum wohl gelebt haben. Die Grundmauern an der Ilsfelder Straße von vier Gebäuden können jederzeit frei besichtigt werden. Die ausgegrabenen Funde des Gutshofs sind im **Museum der Stadt Lauffen** ausgestellt. Dort gibt es eine ständige Sammlung zur Vor- und Frühgeschichte sowie Sonderausstellungen und Kulturveranstaltungen.

Museum der Stadt Lauffen, Klosterhof 4, 74348 Lauffen. ✆ 07133/12222, Sa und So 14 – 17 Uhr. Eintritt frei.

Märchen-Wanderung in Lauffen

Tourist Information Neckar-Zaber, Heide Böhner, 74348 Lauffen a.N. ✆ 07133/12798, 07135/933525, Fax 07135/933526. www.neckar-zaber-tourismus.de. info@neckar-zaber-tourismus.de. **Bahn/Bus:** Ab ↗ Heilbronn RB bis Lauffen Bhf. **Zeiten:** Zweimal jährlich im Frühjahr und Herbst, So 14 Uhr. **Preise:** 4 €; Kinder ab 5 Jahre 2 €.

▶ Diese **Stadtwanderung** ist speziell für euch Kinder! Kommt mit und lauscht spannenden Märchen an historischen Orten wie dem Museum im Klosterhof, der Regiswindiskirche und der Salierburg. Die Märchenführung dauert 3 Stunden. Zum Abschluss gibt es Hirsebrei und Früchtemus. Treffpunkt ist der Parkplatz Hagdohl.

Zu Gast bei den Römern: Das Römermuseum in Güglingen

Marktstraße 18, 74363 Güglingen. ✆ 07135/93611-23, www.gueglingen.de. info@roemermuseum-gueglingen.de. **Bahn/Bus:** Ab ↗ Heilbronn Busbhf Bus 661 bis Güglingen Neues Rathaus. **Auto:** Ab Bretten über L1103 Richtung Zaberfeld bis Güglingen oder ab Heilbronn über L1106 Richtung Brackenheim nach Güglingen. **Zeiten:** Di, Mi, Fr 14 – 18, Do 16 – 19, Sa, So und Fei 11 – 18 Uhr. **Preise:** 4 €; Kinder ab 6 Jahre 3 €;

Gruppen ab 10 Pers 3 €, Familien 10 €. **Infos:** zu Führungen unter ✆ 07135/10824.

▶ Römische Landgüter kennt ihr schon, auch ausgegrabene einzelne Funde aus der Römerzeit – aber könnt ihr euch auch eine komplette Kleinstadt aus römischen Zeiten vorstellen? Im nagelneuen Römermuseum in Güglingen, erst 2008 eröffnet, könnt ihr schauen, wie die vor 2000 Jahren ausgesehen haben muss. Auf dem Freigelände des Museums seht ihr antike Gebäude mit den originalen Baumaterialien und Werkstücken. Außerdem wurden eine Straße aus Stampflehm mit eingegrabenen Wagenspuren und eine überdachte, öffentliche Verkaufs- und Durchgangszone rekonstruiert. Im Haus könnt ihr auch in den Alltag der **Legionäre** hineinhören und ihn euch auf viele mediale Weisen zugänglich machen. Vieles ist zum Anfassen und Entdecken, die Materialechtheit spricht vor allem Kinder an, für die an einigen Stellen Lerneinheiten geplant sind.

© Annette Sievers

Gespielt wurde um Nüsse oder gar den Sold: Römisches Mühlespiel

Legionäre nannte man früher die Soldaten des römischen Heeres.

Die Steinhauerstube im Dorfmuseum

Hauptstraße 1, 75433 Maulbronn-Schmie. ✆ 07043/6425, 103-16, -17, www.maulbronn.de. info@maulbronn.de. **Bahn/Bus:** Ab ↗ Bretten Bus 700, 705 bis Maulbronn Kloster. **Zeiten:** April – Okt jeweils am 1. und 3. So des Monats 14 – 18 Uhr. **Infos:** Führungen für Gruppen und Schulklassen nach Vereinbarung.

▶ Die Geschichte der Schmieer **Steinhauer** ist in dem kleinen Museum im Dachgeschoss des Rathauses, einem mächtigen, reich verzierten Fachwerkgebäude von 1568, mit vielen Exponaten, Bildern und Texten anschaulich dargestellt. Hier könnt ihr historische Steinhauerwerkzeuge und beeindruckende Beispiele alter Handwerkskunst bestaunen. Gegenüber dem Museum erinnert der kunstvoll gestaltete Dorfbrunnen an das frühere Steinhauerhandwerk in Schmie.

Zur Blütezeit 1880 bis zum 1. Weltkrieg gab es etwa 120 Steinhauer in Schmie. Da die Gegend ein gro-

Der erste aus Schmie stammende und gleichzeitig bedeutendste Steinhauer war Conrad von Schmie. Seine Spuren hat er im nahen Zisterzienserkloster Maulbronn zwischen 1493 und 1517 hinterlassen. Sein Handwerk hat er wahrscheinlich in einer damals führenden Werkstatt erlernt.

BÜHNE, LEINWAND UND AKTIONEN

ßes Vorkommen an gelbem und rotem Sandstein hat, war es zu der Zeit eine gute Erwerbsmöglichkeit. Leider wurden viele Steinhauer wegen ihrer verstaubten Lungen nur 40 – 50 Jahre alt.

Theater

Babuschka-Theater

Puppen- und Figurentheater, Barbara Scheel, Leiergasse 17, 75021 Eppingen. ✆ 07262/7963, Fax 3049. www.babuschka-theater.de. info@babuschka-theater.de. **Bahn/Bus:** ↗ Eppingen, nur wenige Min Fußweg zum Theater. **Auto:** Ab Bretten bzw. Heilbronn B293 Abfahrt Brettener Straße nach Eppingen, rechts in die Küfergasse, links ab in die Leiergasse. **Zeiten:** Okt – April. **Preise:** 5 €; Kinder 5 €; Gruppen ab 15 Pers 4,50 € pro Person. **Infos:** Eine Kartenreservierung, telefonisch oder per eMail, ist verbindlich. Kartenvorverkauf auch über die Buchhandlung Holl & Knoll in Eppingen und Brackenheim.

▶ **Babuschka** – das ist Theater hautnah: zum Anfassen, Riechen, Hören, Fühlen und zum Sehen natürlich. Im Winterhalbjahr gibt es im Haus an der südlichen Stadtmauer Erzähltheater für Kinder. Dann erzählt Barbara Scheel, unterstützt von Tischpuppen, Märchen aus allen Ländern der Welt. Ob die Geschichten aus Sri Lanka stammen oder aus Usbekistan, aus Russland oder aus Vietnam – die Erzählerin legt immer besonderen Wert darauf, dass ihre großen und kleinen Zuhörer auch etwas über die Kultur des jeweiligen Landes erfahren. Nach dem Stück nimmt sich die Märchenerzählerin immer Zeit, Fragen zu beantworten oder etwas zu erklären. Weil das Theater so winzig ist, gibt es bei den Stücken für die ganz Kleinen 3 – 8 Jahre nur Karten für 25 Kinder. Für ihre kleinen Gäste tut Barbara Scheel alles, um den Theaterbesuch so angenehm wie möglich zu machen. Wer zu früh kommt, darf in Kinderbüchern

Happy Birthday!
Geburtstagsgesellschaften sind bei Babuschka willkommen. Näheres telefonisch erfragen.

Babuschka nennt man in Russland Holzfiguren, die eine Bäuerin in Tracht zeigen und innen hohl sind. Macht man die Figur auf, ist eine kleinere Figur darin und so weiter.

schmökern oder im großen Garten spielen. Mit Frau Scheel als psychologischer Fachfrau bietet Babuschka auch therapeutisches Puppenspiel für Behinderte an.

Vorhang auf für die Sternenfelser Puppenbühne

Sandbergweg 8, 75447 Sternenfels. ✆ 07045/9127-70, Fax 912770. www.sternenfelser-puppenbuehne.de. kontakt@sternenfelser-puppenbuehne.de. **Bahn/Bus:** Ab ↗ Bretten S9 bis Mühlacker, von dort Bus 702 bis Sternenfels Schule. **Auto:** Aus Richtung Pforzheim über die B294 und Maulbronn nach Sternenfels. Der Sandbergweg zweigt von der Mühlacker Straße rechts ab. **Zeiten:** Je nach Stück und Aufführungsort. **Preise:** Erw und Kinder ab 3 Jahre 4 €. **Infos:** Preise für den Mitmach-Zirkus je nach Angebot und Gruppe.

▶ Lasst euch überraschen von lebendigen Geschichten, bezaubernden Figuren, Puppen, Masken und fantastischem Spiel. In einer kuscheligen Scheune ist die Sternenfelser Puppenbühne untergebracht. Aber nicht nur hier und im Umland könnt ihr die Puppen spielen sehen, es gibt auch Gastspiele im restlichen Deutschland und sogar im Ausland. Die Leiterin der Puppenbühne schreibt und inszeniert die Stücke selbst. Auf Wunsch gestaltet das Team Kinderfeste, Workshops und Fortbildungen im Bereich Theater.

In den Ferien wird ein **Mitmachzirkus** angeboten, bei dem sich die jungen Darsteller verkleiden und schminken und ihre Geschicklichkeit erproben können.

Happy Birthday!

Wer selbst mal auf der Bühne stehen und mit dem Puppenbühnen-Team ein Theaterstück erfinden möchte, der sollte sich zum Geburtstag ein Theaterfest zum Mitmachen wünschen.

Kinder- und Jugendtreffs

Jugendtreff Oberderdingen

Aschinger Straße 25/1, 75038 Oberderdingen. ✆ 07045/201274, Fax 201290. jz.oberderdingen@awo-ka-land.de. **Bahn/Bus:** ↗ Bretten, ab Bhf Bus 144 bis Oberderdingen Amthof.

▶ Regelmäßig angeboten werden Projekte, Offener Treff, Tanzstunde, Kinderspiel- und Basteltag, Mädchentreff und Kochtag.

FESTKALENDER

Juli: Mitte, Lauffen a.N.: **Kinderfest Lauffen a.N. vor 100 Jahren,** traditionelles ganztägiges Stadtfest mit großem Festzug.

August: Ende, Sternenfels: **Sandbauernfest,** vielfältiges Marktangebot mit Erzeugnissen und kunsthandwerklichen Produkten aus der Sandbauernzeit.

September: 2. Wochenende, Sternenfels: **Internationales Theaterkunst-Festival,** Workshops professioneller Künstler für Kinder, Jugendliche und Erwachsene zu verschiedenen Themen. Infos unter www.theaterkunst-festival.de.

3. Wochenende, Brackenheim: **Märchenhaftes Brackenheim,** an beiden Tagen mittelalterlicher Markt in der Innenstadt, Märchenmeile mit Märchenaufführungen von Kindergärten, Schulen und Vereinen.

Dezember: 1. Wochenende, Maulbronn: **Weihnachtsmarkt,** Motto »Markt für die Sinne und die Seele«, im Klosterhof des Klosters Maulbronn. 120 festlich geschmückte Stände mit Kunsthandwerk, Spielzeug und Kulinarischem.

Jeden So, Cleebronn, Wildpark Tripsdrill: **Tierweihnacht,** mit Waldgottesdienst, Wildfütterung, Krippengehege, Mitmachständen für Kinder sowie Besuch und Geschenke vom Nikolaus. Im Wildpark-Eintritt enthalten.

HEILBRONN & NECKAR

HEIDELBERG & KURPFALZ

KLEINER ODENWALD

KARLSRUHE & RHEIN

ZENTRALER KRAICHGAU

NATURPARK NECKAR-ZABER

HEILBRONN & NECKAR

PFORZHEIM & ENZ

ORTE, INFO & VERKEHR

FERIENADRESSEN & EINKAUFEN

KARTEN & REGISTER

Drei Kirchtürme tief unterm Neckar
Gut 230 Meter tief sind die Heilbronner Förderschächte, mitten im Zentrum des Württembergischen Salzbeckens, das hier bis zu 40 Meter »dick« ist und von 170 bis 210 m Tiefe reicht. In Kochendorf beginnt das Salz in 150 m Tiefe und hat eine »Mächtigkeit« von bis zu 25 m.
Die Schächte führen zunächst durch lockere Kiesablagerungen des Neckars, dann durch feste Gesteine des Keupers und Oberen Muschelkalkes. In diesen Bereichen stehen zum Teil Schichten mit starker Süßwasserführung an. Durch sorgfältige Abdämmung der Schächte wird das Wasser vom Steinsalzlager ferngehalten. Die nach unten folgenden Anhydritschichten sind wasserfrei und haben seit ihrer Ablagerung die drei Salzschichten vor Süßwasser geschützt. Abgebaut werden nur die untere und ein Teil der mittleren Schicht.
Steinsalz

In Heilbronn sind Kinder und Familien herzlich willkommen: Abenteuerspielplätze, die Spielgeräte in der Fußgängerzone und das Spielschiff am Hafenmarkt lassen im Großstadtleben keine Langeweile aufkommen.

Heilbronn hat außerdem einen hohen Freizeitwert und bietet verschiedene Möglichkeiten zum aktiven Mitmachen, zum Beispiel bei den Kinderprogrammen der Städtischen Museen. Spezielle Kinderstadtführungen verbinden Spiel und Spaß mit Informationen über Heilbronn. In direkter Nachbarschaft macht Bad Wimpfen der Kinderstadt Heilbronn Konkurrenz. Hier könntet ihr Wochen damit zubringen, die Stadt auf spielerische Art zu erkunden – mal als Märchenspiel, mal auf Mittelalter-Art, aber immer spannend. Apropos Mittelalter: Zu erwähnen wären auch noch einige Burgruinen und Türme in der Region, die ihr unbedingt erforschen müsst! Natürlich solltet ihr auch dem Neckar Beachtung schenken, der das Gebiet begleitet und auf dem euch Wasserspaß in allen Variationen erwartet.

Frei- und Hallenbäder

Hallenbad Soleo

Untere Neckarstraße 21, 74072 Heilbronn. ✆ 07131/56-2534, www.stadtwerke-heilbronn.de. info@stadtwerke-heilbronn.de. **Bahn/Bus:** ↗ Heilbronn, S4 bis Neckarturm am Kurt-Schumacher-Platz, Stadtbus 5, 12, 31 – 33, 41 und 42 bis Soleo. **Zeiten:** Mo 13 – 18, Di, Do 8 – 20, Mi 8 – 21, Fr 6 – 21, Sa 8 – 18, So 8 – 17 Uhr. **Preise:** 3,10 €; Kinder 4 – 17 Jahre 1,70 €.

▶ Sonnenschein das ganze Jahr über – das Freizeitbad lässt mit Sport, Spiel und Spaß auch den trübsten Tag zum sonnigen Erlebnis werden! 30 Grad Wassertemperatur, Unterwasser-Massagedüsen, Sitzsprudler und Nackendusche – da können es sich Jung und Alt so richtig gut gehen lassen. Für kleine

AUF BURGEN UND TÜRMEN

Landesvermessungsamt Baden-Württemberg: Heilbronn – Naturpark Stromberg, 1:50.000, Freizeitkarte. ISBN 3-890-21610-2, 6,90 €.

TIPPS FÜR WASSERRATTEN

Wie in allen Heilbronner Bädern gibt es auch im Soleo eine Vielzahl an Kursangeboten für Kinder.

Betriebsbesichtigung unter Tage: Im Salzbergwerk Bad Friedrichshall (ab 2011 wieder möglich)

Zwei Mannschaften halten je einen Eimer mit Wasser an einem geheimen Ort versteckt. Dort werden die Wasserpistolen aufgefüllt, mit denen die Spieler der gegnerischen Mannschaft bespritzt werden. Ziel ist es natürlich, sich gegenseitig so richtig nass zu machen. Wer schlau ist, versucht dabei, den gegnerischen Wassereimer umzuwerfen und den eigenen zu schützen!

Wasserratten gibt es einen abgetrennten Eltern-Kind-Bereich mit Plantschbecken und Spielmöglichkeiten. Nebenan ziehen die erprobten größeren Schwimmer ihre Bahnen im wettkampftauglichen 25-m-Becken oder wetteifern miteinander an den Sprungtürmen. Und schließlich lädt ein Restaurant zur Stärkung ein.

Sprung aus luftigen Höhen im Freibad Neckarhalde

74074 Heilbronn. ✆ 07131/56-3614, Fax 56-2500. www.stadtwerke-heilbronn.de. info@stadtwerke-heilbronn.de. **Bahn/Bus:** ↗ Heilbronn, Bus 1, 5, 10, 61 bis Kurt-Schumacher-Platz, Bus 31, 32, 41 und 42 bis Rosenberg. **Auto:** Von Heilbronn aus Richtung Neckarhalde, Freibad. **Rad:** Neckarradweg. **Zeiten:** Mo – Fr 6 – 20 Uhr, Sa, So und Fei 8 – 20 Uhr. **Preise:** 3,10 €; Kinder 4 – 17 Jahre 1,70 €.

▶ Ein bisschen Mut braucht man schon, um wirklich abzuspringen, wenn man in 10 m Höhe über dem Becken steht. Aber keine Sorge – wem das zu brutal ist, dem stehen auch das 1-, 3- oder 5-m-Brett zur Verfügung. Außerdem gibt es Spielwiesen, Tischtennisplatten, Schach- und Mühlespielfelder, Spielgeräte und einen Kinderspielplatz für die jungen Badegäste. Und die Allerkleinsten vergnügen sich im großen Plantschbecken.

Freibad Gesundbrunnen

Saarlandstraße, 74080 Heilbronn-Neckargartach. ✆ 07131/46700, www.stadtwerke-heilbronn.de. info@stadtwerke-heilbronn.de. **Bahn/Bus:** ↗ Heilbronn, Bus 10 bis Saarlandstraße. **Auto:** A6 Ausfahrt 36 Heilbronn-Untereisesheim, über Neckartalstraße L110 nach Neckargartach. **Zeiten:** Täglich 9 – 20 Uhr. **Preise:** 3,10 €; Kinder 4 – 17 Jahre 1,70 €.

▶ Alles, was nach »gesund« klingt, ist ja für euch Kinder erst einmal abschreckend. Aber keine Angst – im Freibad Gesundbrunnen werdet ihr nichts Abschreckendes finden. Im Gegenteil: Das tolle Familienbad mit Riesenrutsche, Sonneninsel und Massagebrunnen ist sogar richtig Aktivurlaub für einen Tag! Das Bad ist solarbeheizt, hat ein 50-m-Sportbecken und für Mutige den Sprungturm mit 1- und 3-m-Brett. Über die Riesenrutsche saust ihr direkt ins Spiel- und Spaßbecken. Natürlich gibt es für die Kleinsten auch ein Kinderbecken mit eigenem Wasserfall und eine große Wasser-Sand-Spielecke mit Wasserlauf. Klingt alles nicht wirklich nach »gesund«, oder?

Es ist toll im Aquatoll!

Am Wilfenseeweg, 74172 Neckarsulm. © 07132/20000, Fax 20000-20. www.aquatoll.de. email@aquatoll.de. **Bahn/Bus:** RE Heilbronn – Mannheim/Neckarelz/Würzburg bis Neckarsulm Bhf, ab dort Bus 32 bis Aquatoll. **Auto:** A6 Ausfahrt 37 Heilbronn/Neckarsulm, Richtung Neckarsulm, Aquatoll-Beschilderung folgen. **Zeiten:** Mo, Di, Do, Fr 10 – 22, Mi, Sa, So und Fei 9 – 22 Uhr. **Preise:** 1,5 Std Mo – Fr 4,50 €, Sa, So und Fei 6,50 €, 3 Std 7,50 bzw. 9,50 €, Tageskarte 12 bzw. 15 €; Kinder bis 16 Jahre 1,5 Std Mo – Fr 4 €, Sa, So und Fei 6 €, 3 Std 6 bzw. 8 €, Tageskarte 8,50 bzw. 11,50 €; Familien, Studenten, Auszubildende, Behinderte mit einer Begleitperson und Gruppen wie Kinder.

▶ Im Badebereich des Aquatolls wird Spaß groß geschrieben, vor allem ältere Kinder und Jugendliche kommen hier auf ihre Kosten. Die verschiedenen Spaßbecken, die Powerrutschen, das Black-Hole und der Wildwasserfluss werden schon dafür sorgen. Aber es wird auch an die Kleineren gedacht. Betreuung gibt es ab 3 Jahre im Tuki-Club. Seit Herbst 2008 heißt es außerdem im Aquatoll: »Alle Mann fertig zum Entern« in der Piratenlandschaft auf 700 qm. Durch eine aquarienähnliche Unterwasserwelt gelangt ihr vom Aquatoll zur geheimen Welt der Piraten, eine tropische Wasserlandschaft, die an eine Theaterkulisse erinnert. Im **Außenbereich** vermittelt das beheizte Becken bis in den Herbst hinein Sommergefühle.

Happy Birthday!

Für alle Kinder bis 16 Jahre: 3 Std Badespaß inkl. Essen und Getränk – für das Geburtstagskind gratis, pro Gast 9 €. Das Angebot gilt an 7 Tagen vor und nach dem Geburtstag (ausgenommen So und Fei).

Nur fliegen ist schöner!

Mineral-Freibad Bad Wimpfen, Heinsheimer Straße, 74206 Bad Wimpfen. ✆ 07063/319, Fax 932884. www.mineralfreibad.de. goering@baederbetriebe.de. **Bahn/Bus:** ↗ Bad Wimpfen Bhf, dann Bus 603 bis Freibad. **Auto:** A6 Ausfahrt 35 Bad Rappenau, über Bad Rappenau nach Bad Wimpfen. **Zeiten:** Mai – Mitte Sep Mo – Fr 12 – 20, Sa, So, Fei und Ferien 10 – 20 Uhr. **Preise:** 2 €; Kinder 4 – 16 Jahre 1 €.

Beim Sprung aus 10 m Höhe denkt ihr, ihr würdet fliegen!

▶ Es gibt ein kombiniertes Schwimmer-Nichtschwimmerbecken und ein Kinderbecken mit Kleinkindbereich. Außerdem sind eine Wasserrutsche und ein Kinderspielplatz, ein Kiosk mit Biergarten und Liegewiesen auf verschiedenen Terrassen vorhanden. So weit, so gut. Der wirkliche Hit im Mineral-Freibad allerdings ist der Sprungturm. Aus welcher Höhe wollt ihr euch denn heute in die Tiefe stürzen? Aus 1 m? 3? Oder gar 5? Mehr? Dann hat das Freibad auch noch 7,5 und 10 m im Angebot! Also packt schnell eure Badesachen und euren Mut zusammen und nichts wie los!

Paddeln und Boot fahren

Bootsvermietung Paradies am Neckar

74074 Heilbronn. Handy 0163/6770119. www.heilbronn-marketing.de. info@heilbronn-marketing.de. Beim Freibad Neckarhalde. **Bahn/Bus:** ↗ Heilbronn, Bus 1, 5, 10, 61 bis Kurt-Schumacher-Platz, Buslinien 31, 32, 41 und 42 bis Rosenberg. **Zeiten:** April – Okt täglich ab 12 Uhr. **Preise:** Tretboot 7 €, Motorboot 15 €, Elektroboot 18 €, Solarboot 10 €, Rikscha 8 €, jeweils pro Stunde. **Infos:** Die Boote können auch über die Tourist Information gemietet werden, ✆ 07131/562270.

▶ Ihr könnt gemächlich über den Neckar tuckern. Ihr könnt aber auch richtig sportlich sein und im Tretboot über den Neckararm düsen. Wonach auch immer euch der Sinn steht – bei der Bootsvermietung Paradies am Neckar bekommt ihr das richtige Boot dafür.

Paddeln auf den Spuren von Mark Twain

Tourist-Information Bad Wimpfen/Gundelsheim, Carl-Ulrich-Straße 1, 74206 Bad Wimpfen. ✆ 07063/ 9720-0, Fax 9720-20. www.mark-twain-tour-odenwald.de. info@badwimpfen.org. **Bahn/Bus:** ↗ Bad Wimpfen.

▶ Man muss für die Angebote auf dem Neckar schon ein bisschen tiefer in die Tasche greifen, aber dafür erlebt ihr ein Abenteuer, das ihr sicher nicht so schnell vergesst! Die Tourist-Information in Bad Wimpfen hält einige Angebote bereit, den Neckar auf den Spuren des berühmten Schriftstellers **Mark Twain** zu erkunden. Wie wäre es mit einer Tipi-Tour, um zu erleben, wie einst die echten Indianer unterwegs waren? Oder einfach eine Schnuppertour, bei der ihr auf den Geschmack kommen könnt? Neben Pauschalen mit Übernachtungen gibt es natürlich auch Angebote, bei denen ihr einfach so den Neckar hinabpaddelt. Tipp: »Unterwegs mit Mark Twain«. Eine Stunde Unterhaltung mit dem Mann vom Mississippi, jeden 2. Sa im Monat April – Okt, 16 Uhr, ab Blauer Turm.

Foto: Karin Ruß

Paddeln oder Raumfahrt? Die Verpackung ist ähnlich unförmig …

Mark Twain wurde am 30.11.1835 in Florida geboren und ist am 21. April 1910 in England gestorben. Er ist vor allem als Autor der Abenteuer von Tom Sawyer und Huckleberry Finn bekannt. Außerdem war er Soldat und Goldgräber und ging später auf Weltreise. Dabei kam er u.a. durch das Neckartal und wanderte zu Fuß, reiste mit dem Pferdegespann und mit dem Floß durch die Kur- und Kaiserpfalz.

Bummeln auf dem Neckar

Personenschifffahrt Stumpf, Friedrich-Ebert-Brücke, 74072 Heilbronn. ✆ 07131/85430, Fax 620187. www.schifftours-heilbronn.de. info@schifftours-heilbronn.de. **Bahn/Bus:** ↗ Heilbronn, Bus 1, 5, 10, 61 bis Saarlandstraße. **Zeiten:** Verschiedene Saisonzeiten: Ostern – Mai, Mai – Juli, Juli – Sep, Sep – Okt.

▶ Anlegestelle und Fahrkartenhaus für alle Schiffstouren ist an der Friedrich-Ebert-Brücke. Von hier geht es neckarauf- oder abwärts, es gibt Rundfahrten oder Sonderfahrten – welches Ziel auch immer es sein soll, die beiden Linienschiffe »Barbarossa« und »Neckarbummler« bringen euch hin. Die Kinderfahrpreise gelten für 4- bis 12-Jährige. Alle nachfolgenden Fahrpreise gelten für Hin- und Rückfahrt:

- nach Bad Wimpfen, Erw 10 €, Kinder 7 €;
- eine 2-stündige Hafenrundfahrt in Heilbronn kostet für Erw 9 €, für Kinder 6 €;
- wer lieber den Neckar aufwärts schippern möchte, fährt nach Lauffen am Neckar. Dafür zahlen Erw 10 €, Kinder 7 €.

Zwischen Heilbronn und Gundelsheim können Fahrräder mitgenommen werden. Vorher telefonisch anmelden! Die Fahrradbeförderung kostet 2 €.

Taxi, bitte!

Personenschifffahrt Stumpf, Friedrich-Ebert-Brücke, 74072 Heilbronn. ✆ 07131/85430, Fax 620187. www.schifftours-heilbronn.de. info@schifftours-heilbronn.de. **Bahn/Bus:** ↗ Heilbronn, Bus 1, 5, 10, 61 bis Saarlandstraße. **Zeiten:** 1. Mai – Mitte Sep Di – So und Fei ab 13, Mitte Sep – Mitte Okt Sa und So ab 13 Uhr. **Preise:** Alle Preise gelten für die Hin- und Rückfahrt. Bis Stadion Erw 3 €, Kinder 4 – 12 Jahre 2 €, bis Sontheim Erw 5 €, Kinder 3 €. Familienfahrten: Kinder bis 4 Jahre frei. **Infos:** Anlegestellen Sonthofen, Fischerheim, Stadion/Food Court, Heilbronn Fußgängerzone.

▶ Der Unterschied zu den großen Neckarschiffen ist, dass Taxiboote kürzere Strecken zurücklegen. Außerdem haben nur etwa 50 Personen Platz an Bord. Zusteigen ins Taxiboot könnt ihr an der Anlegestelle Heilbronn Fußgängerzone und fahrt dann entweder bis Stadion/Food Court oder bis Sonthofen Fischerheim. Auf gar keinen Fall verpassen solltet ihr eine **Hafenrundfahrt** mit Schleusung und allerhand Seemannsgarn, dem ihr unterwegs lauschen könnt. Die Rundfahrt findet immer Mo um 14.15 Uhr statt und dauert 2 Stunden. Erw 9 €, Kinder 6 €.

Radeln und Skiken

Auf dem Neckartalradweg von Heilbronn nach Bad Wimpfen

Länge: 19,5 km, gut zu bewältigen, eben, steiler Anstieg vor Bad Wimpfen; Beschilderung Neckartalradweg. **Bahn/Bus:** ↗ Heilbronn.

▶ Der Neckartalradweg führt, wie der Name schon vermuten lässt, entlang dem gesamten Neckartal. Das müsst ihr nicht alles radeln, denn das wären insgesamt über 100 km. Deshalb steht für euch heute nur ein Teilstück auf dem Programm, nämlich von Heilbronn nach Bad Wimpfen. Das sind knappe 20 km, die gut zu schaffen sind und an tollen Zwischenzielen vorbeiführen. Los geht's in **Heilbronn,** wo ihr auf der linken Neckarseite in nördliche Richtung allmählich die Stadt hinter euch lasst. Auf dem Weg findet ihr ständig Hinweisschilder auf den Neckartalradweg, ihr könnt also nicht falsch fahren. Direkt hinter Heilbronn erreicht ihr **Neckarsulm** mit seinem ↗ Zweiradmuseum. Ein Schloss mit Turm und zahlreiche andere Reste der Stadtbefestigung sind noch erhalten und ebenfalls sehenswert. Der Radweg führt ab Neckarsulm wieder zurück auf die rechte Neckarseite und dann nach rechts auf eine Insel. Zwischen Neckar und Neckarkanal geht es weiter. Falls ihr dem Salzbergwerk in *Kochen* einen Besuch abstatten wollt, biegt ihr nach rechts ab und überquert den Neckar auf der Schleusenanlage. Das lohnt sich aber erst ab 2011 wieder, denn im Moment ist das Bergwerk leider geschlossen. Der normale Neckarradweg zweigt nach links ab und überquert den Neckar in Richtung *Untereisesheim.* Auf der linken Neckarseite radelt ihr schließlich bis *Wimpfen* im Tal mit seinem römischen Ursprung und »erklettert« dann die mittelalterliche Festungsstadt **Bad Wimpfen,** wo es allerhand zu sehen, entdecken und erleben gibt.

Bikeline Radtourenbuch, Neckar-Radweg. Von der Quelle nach Mannheim, Esterbauer Verlag, ISBN 3-85000-026-0, 12,90 €.

Ski plus Bike ist Skike

Tourist-Information Bad Wimpfen, Carl-Ulrich-Straße 1, 74206 Bad Wimpfen. ✆ 07063/97200, www.bad-wimpfen.org. info@badwimpfen.org. **Bahn/Bus:** ↗ Bad Wimpfen. **Zeiten:** Auf Anfrage, Dauer 1 Std. **Preise:** 15 € pro Person/Std; 15 € pro Kind/Std.

▶ Habt ihr schonmal was vom neuesten Hit gehört, der Skiken heißt? Diese neue Sportart ist eine Mischung aus Ski- und Fahrradfahren. Die Lauftechnik gleicht dem Skating-Stil beim Skilanglauf mit dem Unterschied, dass diese Sportart ganzjährig und bei jedem Wetter, außer bei Schnee, möglich ist. Skiken ist sehr einfach und in jedem Alter zu erlernen. Wegen der Luftbereifung der Skikes ist der Sport außerdem – im Gegensatz zu Inlineskaten – in fast jedem Gelände möglich. In Bad Wimpfen habt ihr die Gelegenheit, unter professioneller Anleitung in diese Sportart hineinzuschnuppern. Es werden geführte Skike-Touren inklusive Ausleihe von Skikes und Stöcken angeboten. Dazu erhaltet ihr eine Einweisung und Anpassung der Skikes.

Persönliche Schutzausrüstung (Fahrrad- oder Skatinghelm sowie Knie- und Ellenbogenschützer) sollten mitgebracht werden.

Umwelt und Lehrpfade

Naturschutzgebiet Köpfertal

Länge: Rundweg 4 km, für Kinderwagen nicht geeignet. **Bahn/Bus:** Ab ↗ Heilbronn Karlstor Bus 1 oder ab Hbf S4 bis Trappensee. **Auto:** A6 Ausfahrt 37 Heilbronn/Neckarsulm, über B27 nach Heilbronn.

▶ Ihr werdet es nicht glauben, dass das Köpfertal wirklich zu einer Großstadt gehören soll. Hier erwartet euch die Stille eines Bachtals mit Bruchwald, Sumpfbereichen und Tümpeln. Dieses Naturschutzgebiet wird euch auch auf Trab bringen, wenn ihr sonst zu faul zum Laufen seid. Im Frühjahr findet ihr den Laich von Grasfröschen, Molche schwimmen herum und wer Glück hat, entdeckt auch mal ein Reptil. Besonders empfehlenswert ist die Tour an einem heißen Sommertag, da der größte Teil der Strecke schön schattig im Wald liegt und ihr euch dann an den Bachläufen vergnügen könnt.

Start ist an der Busendhaltestelle **Trappensee.** Ihr biegt auf den Wanderweg des Schwäbischen Albvereins ein und marschiert entlang dem Köpferbach ca. 2 km, bis ihr den *Köpfer* erreicht. Der Bach bleibt euer Begleiter, er ist mal ein Minisee, mal fließt er durch ein offenes Wiesental. Über kleine Brücken überquert ihr ihn immer wieder und ihr fühlt euch sicher längst wie im Dschungel. Dann betretet ihr den Wald und plötzlich liegt statt des schlanken Bächleins ein stiller Stausee vor euch! Es ist der **Köpferstausee,** ein Hochwasserrückhaltebecken. Über einen schmalen Pfad erreicht ihr von hier aus die **Köpferanlage,** bestehend aus einer Kapelle mit dem Mönchskopf, einem gefassten Köpferbrunnen, einem alten Musikpavillon und alten Tischen, Bänken und Brücken aus Stein, alles Ende des 19. Jahrhunderts erbaut. Sicher spürt ihr schnell die sonderbare Stimmung, die von diesem ungewöhnlichen Ort ausgeht.

Eine echte Richtstätte war der Köpfer übrigens nie, obwohl 1814 hier ein Raubmörder geköpft wurde. Die Flurbezeichnung Köpfer leitet sich wohl von den umgebenden Bergköpfen Büchelberg, Saubuckel und Braunberg ab.

Foto: Michael Früchtl

Das muss alles mal richtig umgegraben werden …

Der Keuperweg

Naturschutzgebiet Schilfsandsteinbruch beim Jägerhaus, Jägerhausstraße, Heilbronn. **Länge:** 3 km, für Kinderwagen geeignet, Markierung »Keuperweg«. **Bahn/Bus:** ↗ Heilbronn, Bus 1 Mi und Sa 2 x täglich, So und Fei stündlich bis Jägerhaus/Waldweide. **Auto:** A6 Ausfahrt 37 Heilbronn/Neckarsulm, über B27 nach Heilbronn. **Infos:** Dr. Wolfgang Hansch, ✆ 07131/562302.

▶ Hier kommt eine kleine Zeitreise durch 1 Mio Jahre Erdgeschichte: Auf dem geologischen Lehrpfad, der am Jägerhaus startet, durchquert ihr die ehemaligen Steinbrüche. Wer genau hinschaut, erkennt am Wegesrand die verschiedenfarbigen Gesteinsschichten in Rot und Grau. Über viele Jahrhunderte hinweg wurde in der Region um Heilbronn Schilfsandstein gebrochen, der als geschätzter Werkstein gilt. Warum aber die Namensgebung des berühmten Steins ein Irrtum ist, erfahrt ihr auf dem Geopfad ebenso wie viele andere interessante Informationen auf den 13 Stationen. Beispielsweise, wie der berühmte **Heilbronner Schilfsandstein** überhaupt entstanden ist, aus dem ursprünglich die ganze Stadt gebaut wurde. Ihr solltet außerdem unbedingt einen Abstecher in das ruhig gelegene Naherholungsgebiet **Alter Steinbruch Jägerhaus** machen. Der idyllische Keuperweg zwischen Wald und Weinbergen ist übrigens auch ohne die geologische Begleitung einen Spaziergang

Die begehrten Steine aus dem ***Heilbronner Schilfsandsteinbruch*** *wurden übrigens auch für Teile des Kölner Doms und des Amsterdamer Bahnhofes verwendet!*

STEINREICH: DER SCHILFSANDSTEIN VON HEILBRONN

▶ 1460 wird die Zufahrt zur »Steingrube« erstmals urkundlich erwähnt. Zu dieser Zeit bildeten die Heilbronner Steinbrecher bereits ein eigenes Handwerk. Das zeigt, welch große Bedeutung der Sandsteinabbau in der Stadt hatte. Über viele Jahrhunderte garantierten die Steinbrüche Wohlstand und Reichtum. Ein Chronist schrieb einmal, dass Heilbronn sich glücklich schätzen könne, unter den schwäbischen Städten diejenige zu sein, die im wahrsten Sinne des Wortes steinreich ist! Der berühmte Stein ist leicht zu bearbeiten und sogar in großen Quadern verwendbar. Der gute Ruf des Heilbronner Schilfsandsteins weitete sich aus, im 17. Jahrhundert wurde er für Bildsäulen, Wappensteine und Skulpturenschmuck am Heidelberger Schloss verwendet. Im 19. Jahrhundert waren die Steinbrüche die größten in Württemberg. 1968 schließlich kam der Sandsteinabbau zum Erliegen. Heute ist dort ein Naturschutzgebiet. Stück für Stück erobert sich die Natur das Gelände zurück. ◀

wert, es bieten sich euch wunderbare Blicke weit ins Land.

Auf schmalen Pfaden wandeln: Erlebnispfad Untergruppenbach

Länge: 6 km, mit dem Kinderwagen können Zwischen- und Zufahrtswege neben den Waldwegen genutzt werden. Großes rotes E als Markierung. **Bahn/Bus:** ↗ Heilbronn, Bus 642, 645 bis Untergruppenbach. **Auto:** A81 Ausfahrt Heilbronn-Untergruppenbach.

▶ Balanciert auf einem Baumstamm, haltet mitten im Wald Mittagsruhe auf Waldliegen oder nehmt Platz auf einem Waldthron – das alles erlebt ihr unter anderem auf dem Erlebnispfad Untergruppenbach. Entlang der Strecke gibt es verschiedene Stationen zum Spielen, Entdecken und Erleben. Auf Infotafeln werden die Stationen erläutert. Die Rundstrecke führt über abwechslungsreiche Wege und schmale Pfade, durch schönen Wald, vorbei an der Burg Stettenfels mit ihrer herrlichen Aussicht und über die Lutz-Siegel-Hütte, an der ein großer Waldspielplatz auf euch wartet und wo ihr sogar Gelegenheit habt, ein paar Würstchen auf dem Grill zu brutzeln. Ich empfehle euch, hier eure Wanderung zu starten, da man hier gut parken kann. Am Koppenbrünnle mit seinen romantischen Waldteichen und Holzfiguren kommt ihr auf dem Rundweg ebenfalls vorbei.

Faltblätter zum Erlebnispfad sind im Rathaus und auf ↗ Burg Stettenfels erhältlich.

Hof Stettenfels, Herr Fritz, 74199 Untergruppenbach. ✆ 07131/70777. Mo – Fr 15 – 19, Sa 8 – 17 Uhr. Hofladen mit Direktvermarktung.

Waldkindergarten Laubfrosch

c/o Buchernstraße 5/1, 74223 Flein. ✆ 07131/2049-470, www.waldkindergarten-hn.de. info@waldkindergarten-hn.de. **Bahn/Bus:** Ab ↗ Heilbronn Bus 61 bis Flein. **Zeiten:** Mo – Fr 9 – 13 Uhr. **Preise:** 110 € pro Monat. **Infos:** Mitgliedsbeitrag 13 € pro Jahr.

▶ Es hat schon seinen Grund, dass ein Waldkindergarten oft als »Kindergarten ohne Dach und Wände« bezeichnet wird. Denn die betreuten Kinder verbringen mit ihren Erzieherinnen den Kindergartenalltag in freier Natur, d.h. im Wald, auf der Wiese oder am

Strand, und das bei jedem Wetter. Auch im Waldkindergarten Laubfrosch schätzen die jungen Fröschlein das Toben und Spielen in der Natur sehr. Sie kriechen, matschen, springen, balancieren und werkeln ausschließlich mit Naturmaterialien. Für alle Fälle haben die Kinder natürlich einen Bauwagen zur Verfügung. Eine Gruppe besteht aus maximal 15 Kindern 3 – 6 Jahre und 2 Erzieherinnen.

Besonders lustig ist ein Planwagenkorso, Marco Zwickl hat mehrere Planwagen für Ausfahrten zur Verfügung.

Kutsch- und Planwagenfahrten

Eine Kutschfahrt, die ist lustig...

Hufschmied und Kutschfuhrhalterei, Marco Zwickl, Hohe Straße 4, 69429 Waldbrunn. ✆ 06274/5111, Handy 0171/ 5481419. www.waldbrunn.de. m.zwickl@gmx.de. **Zeiten:** Auf Anfrage. **Preise:** Eine Fahrt unter 10 Pers kostet für 2 Std 110 €, über 10 Pers 11 € pro Pers für 2 Std.

▶ Ansässig ist das Kutschunternehmen zwar in Waldbrunn, aber oft reist Marco Zwickl mit seinen Kaltblütern auch nach Bad Wimpfen, um großen und kleinen Gästen vom Planwagen aus die Gegend zu zeigen. Meist geht es auf Wald- und Feldwegen entlang, oft auch auf dem Neckartalweg, die Wünsche der Fahrgäste werden nach Möglichkeit berücksichtigt. 16 – 17 Gäste haben Platz auf dem Wagen. Man kann den Kutscher mitsamt seinem Wagen mieten und im Bereich Kleiner Odenwald und Heilbronner Land kann er Pferde und Kutschen für eine lustige Ausfahrt überall hinbringen. Das ist nur eine Kostenfrage, denn das Verladen der Pferde und eine 2- bis 3-stündige Planwagenfahrt kostet einen Pauschalbetrag von 250 €. Eine Planwagenfahrt, wo und wohin auch immer, kann man täglich in Anspruch nehmen.

So geht's auch: Ross und Reiter

Exkursion auf dem Planwagen

Naturhof Lang, Thomas Lang, Wimpfener Straße 24/1, 74172 Neckarsulm. ✆ 07132/43427, Fax 44085.

www.naturkost-lang.de. lang@naturkost-lang.de. **Bahn/Bus:** RE Heilbronn – Mannheim bis Neckarsulm. **Zeiten:** Auf Anfrage. **Preise:** Planwagenfahrt pauschal 150 € plus 12 € pro Pers.

▶ Auf dem Biohof der Familie Lang wohnen auch zwei regionaltypische süddeutsche Kaltblutpferde mit dem ihnen eigenen ruhigen, freundlichen Charakter. Mit diesen beiden starken Pferden werden Planwagenfahrten angeboten. Sie führen durch Feld, Wald, Wiese und Weinberg. Vom Kutscher erfahrt ihr während der Tour Wissenswertes über ökologischen Landbau und Naturräume in der direkten Umgebung. Die Fahrt dauert ca. 3 Std, mindestens 8, maximal 14 Pers.

Während der Fahrt gibt es eine Weinprobe für die Erwachsenen und eine Käseprobe für euch.

Gärten und Erlebniswelten

Ein Tag im Wertwiesenpark

Neckarhalde, 74074 Heilbronn. www.heilbronn.de. info@heilbronn.de. **Bahn/Bus:** Ab Hbf Bus 61 bis Allee Post West, Bus 41 bis Wertwiesen. **Auto:** Richtung Neckarhalde, Freibad. Parkmöglichkeiten nach dem Freibad. **Zeiten:** Frei zugänglich.

▶ Der Wertwiesenpark erstreckt sich entlang dem Neckar zwischen der Kernstadt und dem Stadtteil Sontheim. Auf einer Größe von 15 ha bietet der Park viele Möglichkeiten für Freizeitspiele auf den beiden großen Spielwiesen, für Spaziergänge am Neckarufer, ein Kneippbad oder auch für Grillabende an schönen Sommertagen. Zwei Spielplätze am nördlichen und südlichen Eingang (Neckarhalde und Kolpingstraße) und ein Wasserspielplatz runden das Spielangebot für kleine und größere Kinder ab; eine Halfpipe steht für Skater zur Verfügung. Einzelne Stationen im Park mit Geschicklichkeitsübungen bilden einen richtigen kleinen Trimmpfad für sich.

Auf dem Neckarradweg innerhalb des Parks lässt es sich auch super inlinern!

Am Eingang Neckarhalde befindet sich eine Minigolfanlage mit Kiosk, ✆ 07131/2040093. Kinder 2, Erw 2,50 €.

An besonders kalten Tagen im Winter kann man auf dem zugefrorenen **Pfühlsee** Schlittschuh laufen.

Hunger & Durst

Restaurant-Café Trappensee, Jägerhausstraße 159, 74074 Heilbronn. ✆ 07131/171843. www.trappensee.de. Täglich 11.30 – 22 Uhr, Mo Ruhetag.

Happy Birthday!

Das Geburtstagskind hat freien Eintritt. Speisen und Getränke dürfen mitgebracht werden oder pro Geburtstagsgast 3 € für ein Menü.

Spaß im Pfühlpark

Richard-Becker-Straße, 74076 Heilbronn. www.heilbronn.de. info@heilbronn.de. **Bahn/Bus:** S4 bis Pfühlpark, Bus 1 bis Pfühlbrunnen, Pfühlpark Nord/Süd.

▶ Als Naherholungsgebiet und Ausflugsziel ist der Pfühlpark bei den Heilbronnern sehr beliebt. Natürlich liegt das zu einem großen Teil an dem tollen Spielplatz mit Kletterturm und Tunnelrutsche und dem Kletternetz. Auch für Sportbegeisterte ist der Park mit den Spielwiesen und den Tischtennisplatten attraktiv. Im östlichen Teil des Parks befindet sich der romantische **Pfühlsee.** Von einem Holzdeck aus kann der ganze See mitsamt seiner Tier- und Pflanzenwelt überblickt werden. 400 m weiter gelangt man zum **Trappensee,** an dem ein Seeschlösschen, ein Restaurant und ein Biergarten liegen.

Trampoline im Indoor-Spielplatz

Viehweide 91, 74080 Heilbronn. ✆ 07131/3902828, Fax 3902597. www.trampoline-heilbronn.de. info@trampoline-heilbronn.de. **Bahn/Bus:** Bus 1, 5 bis Jäckleinstraße. **Auto:** Von A6 aus Richtung Heilbronn, weiter Neckartalstraße bis Abfahrt Nordheim/ Brackenheim. **Zeiten:** Mo – Fr 14 – 19, Sa, So, Fei 10.30 – 19, Sommerferien Sa bis 21.30 Uhr. **Preise:** 3 €; Kinder ab 2 Jahre 6 €; Mo Väter mit mind. 1 Kind ab 2 Jahre frei, Di Mütter, Do pro Kind 2 Erw frei (Eltern, Großeltern), Behinderte und Senioren ab 60 Jahre frei.

▶ Toben und spielen auf 3000 qm – das Trampoline ist der größte Kinderabenteuerspielplatz der Region! Hier ist immer schönes Wetter, bei Sonnenschein könnt ihr im großen **Außenbereich** die Westernstadt *Neckarrado* besuchen, den rasanten *Butterfly* testen oder, wenn ihr noch etwas kleiner seid, das Bootsbecken entdecken. Das *Rondello* ist ein Karussell für die ganze Familie – konzipiert auch für Rollstuhlfahrer. Im **Innenbereich** fordern Rennrodelbahn, Ballpool, Eishockeytisch, ein gigantisches Kletterlabyrinth mit Riesenrutsche, Wackelpudding, Mega-Trampoline, Klettervulkan und vieles mehr die Geschicklichkeit heraus. Sogar einen Kinder-Freefall und eine Hallenachterbahn hat das Trampoline zu bieten.

Abenteuerspielplatz Kreuzgrund

ASPIK, Matthias Heiber, Fliederweg, 74080 Heilbronn-Böckingen. ✆ 07131/485606, Handy 0174/5657408. www.aspik-heilbronn.de. aspikhn@gmx.de. **Bahn/ Bus:** Ab ↗ Heilbronn S4 bis Böckingen. **Auto:** Grünewaldstraße vorbei an Grünewaldschule, links bergauf, dann zu Fuß Fliederweg hinauf. **Zeiten:** Sa 9.30 – 12.30 Uhr außer Weihnachtsferien, zusätzliche Aktionen. **Infos:** Wenn man für 30 € pro Jahr und Familie Mitglied wird, gibt es Ermäßigungen bei den mehrtägigen Freizeiten.

▶ *Aspik* ist eine Elterninitiative, die für Kinder eine besondere Art Erlebniswelt geschaffen hat. Hier im Kreuzgrund sollen die Kinder ihren Bewegungsdrang ausleben und ihre Bewegungsfähigkeit schulen, Erfahrungen mit der Natur aus erster Hand sammeln, Abenteuer erleben und aktiv sein. Zur Verfügung stehen zwei Bauwagen als Aufenthaltsraum mit Heizung und Materiallager, ein Unterstand mit Lagerraum im Dachgeschoss, eine Kletterwand mit integriertem Rasenmäherunterstand und Aussichtsplattform, eine Feuerstelle mit Dreibein und Bänken sowie eine Lehmhütte mit Herd und Feuerstelle – also wenn das nicht nach Abenteuer riecht! Die Kinder ab 6 Jahre werden von einer pädagogischen Fachkraft betreut. Im Sommer gibt es Aktivitäten, die immer unter einem bestimmten Motto stehen, z.B. »Ritter« oder »Indianer«. Ein solches Programm umfasst dann 5 Nachmittage, jeweils 15.30 – 18.30 Uhr. Auch im Winter wird ein Themencamp angeboten, das dann allerdings nur 3 Tage dauert.

Simsalabim

Indoor-Park, Im Unterwasser 17, 74235 Erlenbach. ✆ 07132/3809747, Fax 488755. www.simsalabim-erlenbach.de. info@simsalabim-erlenbach.de. **Bahn/Bus:** Ab ↗ Heilbronn S4 bis Weinsberg Bhf, von dort Bus 631 bis Erlenbach Rathaus. **Zeiten:** Mo – Fr 13 – 19, Sa, So, Fei und Ferien 10 – 19 Uhr. **Preise:** 3 €; Kinder 2 – 16 Jahre 6 €; Rentner ab 65 Jahre frei.

▶ Es erwartet euch ein riesiges Abenteuer-Kletterlabyrinth mit 56 verschiedenen Spielelementen, Bällepools, Softballkanonen, Mutbrücken und Riesenwellenrutsche. Eine Trampolin-Anlage, Aladdins Mega-Hüpfschloss, die Orient-Express-Eisenbahn auf der Sandoase, der Wabbelberg, eine Doppel-Rollenrutsche und die Elektro-Kartbahn garantieren einen unvergesslichen Abenteuertag.

Ein Tretfahrzeug-Parcours unter dem Kletterturm, ein Fußball- und Basketball-Extra-Spielraum mit Torwandschießen, ein Nostalgie-Karussell, Lern- und Malcomputer, Ferrari-Fahrsimulatoren, Flipper, Airhockey, Kicker und vieles mehr warten auf die größeren Besucher.

Happy Birthday!

Das Geburtstagskind hat freien Eintritt. Ab 10 Kinder hat die zweite erwachsene Begleitperson freien Eintritt. Geburtstagskuchen darf mitgebracht werden. Die Geburtstags-Arrangements sind ab 5 Kinder buchbar und kosten je nach Umfang 8,50 – 11 €.

Grillen am Waldspielplatz

Bonfelder Straße, 74206 Bad Wimpfen. ✆ 07063/53130, www.badwimpfen.de. stadtverwaltung@bad-wimpfen.de. **Bahn/Bus:** ↗ Bad Wimpfen. **Auto:** Von Bad Rappenau aus Richtung Bonfeld auf die L1107, die Bonfelder Straße zweigt links ab.

▶ Wenn ihr von Bad Wimpfen aus Richtung Bonfeld fahrt, findet ihr am Waldrand eine öffentliche Grillstelle. Hier dürft ihr ohne Voranmeldung eure Steaks grillen. Ihr könnt auch unter ✆ 07063/53130 nachfragen, ob der Grillplatz an eurem Wunschtermin schon besetzt ist. Eine Reservierung ist das aber keine, es kann so lediglich verhindert werden, dass an besagtem Tag ganz viele Leute genau da grillen wollen. Direkt am Grillplatz ist ein Waldspielplatz.

Stockbrotbacken: Ein bisschen Geduld braucht's schon!

Foto: Kirsten Wagner

Winterspaß

Eisvergnügen in der Lavatec-Arena

HEC, Im Hospitalgrün 2, 74072 Heilbronn. ✆ 07131/6448-0, -110. www.stadtwerke-heilbronn.de. info@stadtwerke.heilbronn.de. **Bahn/Bus:** Ab Hbf Bus 1, 5, 8, 10, 12, 60 oder Stadtbus bis Kurt-Schumacher-Platz. **Auto:** A6 Ausfahrt 37 Heilbronn-Neckarsulm, B27 Richtung Innenstadt. **Zeiten:** Mitte Aug – Mitte Mai Mo – Fr 8.30 – 11.30 und 13 – 15.45, Mi 20 – 22, Sa 14 – 17, So 11 – 16 Uhr. **Preise:** 5 €; Kinder 6 – 12 Jahre 3,70 €, 13 – 17 Jahre 4,20 €; Familien (2 Erw, 3 Kinder) 18 €. **Infos:** Schlittschuhmiete 3 € pro Paar.

▶ Die Lavatec-Arena steht für alle Eislauffans aus Stadt und Region zum Schlittschuhlaufen offen. Egal, ob Eishockeyspieler, Schlittschuhläufer, Eisprinzessin oder Zuschauer – in der Lavatec-Arena hat jeder seinen Spaß! Umkleiden und ein Schlittschuhverleih finden sich im Erdgeschoss an der Ostseite. Der Haupteingang mit Kassen befindet sich an der dem Neckar zugewandten Südseite.

Happy Birthday!
In der Lavatec-Arena kann auch Geburtstag gefeiert werden. Das kostet 3,50 € pro Gast.

Betriebsbesichtigungen

Einmal in der Zeitung sein: Hinter den Kulissen der Heilbronner Stimme

Tina Bierlin, Allee 2, 74072 Heilbronn. ✆ 07131/615-231, Fax 615-386. www.stimme.de. tina.bierlin@stimme.de. **Bahn/Bus:** ↗ Heilbronn. **Zeiten:** Auf Anfrage.

▶ Wahrscheinlich gibt es kein Produkt, das so spannend produziert wird wie eine Tageszeitung. Wenn ihr mal eure journalistische Nase in die Hintergründe der Entstehung einer Zeitung stecken wollt, könnt ihr dies als private Gruppe oder mit der Schulklasse zusammen tun. Zur Veranschaulichung gibt es bei der Heilbronner Stimme erst einmal eine Multimedia-Schau. Darüber könnt ihr euch dann mit den Zeitungsmachern bei einem anschließenden Getränk in

HANDWERK UND GESCHICHTE

Achtung!

Das **Salzbergwerk** in Kochen ist bis 2011 geschlossen!

der Kantine unterhalten und erfahrt dabei noch einiges mehr über die Entstehung der Zeitung. Natürlich dürft ihr euch auch die Druckstraße anschauen, was nicht nur für junge Nachwuchs-Ingenieure sehr spannend ist. Schließlich landet ihr beim Versand, sodass ihr Station für Station den Weg einer Tageszeitung verfolgt habt. Eine Anmeldung bei Tina Bierlin für eine solche Führung ist erforderlich.

Teller und Tassen aus dem Töpferhaus

Majolica Hasenmühle, 74189 Weinsberg. ✆ 07134/8755, Fax 2864. www.majolica.de. hasenmuehle@majolica.de. **Bahn/Bus:** ↗ Heilbronn, ab Hbf S4 bis Weinsberg Bhf. **Auto:** A81 Ausfahrt 10 Weinsberg/Ellhofen, B39 Richtung Eberstadt bis Landeskrankenhaus, Abzweigung zur Hasenmühle links. **Zeiten:** Mo – Fr 10 – 12 und 14 – 18, Sa 10 – 17 Uhr.

▶ Wollt ihr einmal eine echte Keramik-Manufaktur von innen ansehen? Den Mitarbeitern bei ihrer wundervollen Arbeit über die Schultern schauen? Dann seid ihr in der Hasenmühle richtig. Hier wird noch mit der Hand gearbeitet, sei es das Bemalen der Keramik oder das Freidrehen, das Rollern, Gießen und Stanzen – alles in allem eine sehr spannende Angelegenheit! Bekannt ist die Majolica besonders für ihre hübschen Namenstassen. Der Hit für junge Gäste ist sicher auch das original nachgebaute Ulmer Münster mit einer Turmhöhe von über 1,60 m, das komplett aus Keramik gefertigt ist! Auf Verkaufsmessen und Weihnachtsmärkten der Region ist die Töpferei auch regelmäßig vertreten.

Happy Birthday!

Es werden Töpfernachmittage für Kindergeburtstage angeboten. Vorab kann ein Programm festgelegt werden, pro 5 Kinder wird je eine erwachsene Begleitperson benötigt. Der Spaß kostet 9 € pro Kind.

Türme und Ruinen

Hafenmarktturm

Sülmer Straße, 74072 Heilbronn. www.heilbronn.de. info@heilbronn-marketing.de. **Bahn/Bus:** S3, S4 bis Rathaus. **Auto:** A6 Ausfahrt 37 Heilbronn-Neckarsulm,

über B27 nach Heilbronn.

▶ Der **Hafenmarktturm** ist ein Überbleibsel eines ehemaligen Franziskanerklosters und steht mitten in der Heilbronner Innenstadt. Den Turmabschluss bildet heute ein handgeschmiedeter Phönix aus der Asche, Symbol für das Wiederaufstehen der Stadt nach dem Luftangriff der Alliierten im 2. Weltkrieg im Dezember 1944. Um 11 und um 19.20 Uhr, den Zeitpunkten des Angriffs, ertönen abwechselnd fünf Volkslieder. Wer den über 50 m hohen Turm erklimmen will, kann sich den Schlüssel gegen eine Kaution von 10 € bei der Tourist-Information, Kaiserstraße 17 (Mo – Sa), oder beim Stadtarchiv, Eichgasse 1 (Sa, So, Fei) abholen. Neben dem Turm gibt es einen hübschen neuen **Spielplatz** in Schiffsform.

Spielen am Hafenmarktturm von Heilbronn

*Der Name **Hafenmarktturm** hat nichts mit einem Schiffshafen zu tun. »Hafen« ist die Mundartbezeichnung für Topf oder Geschirr. Schon im 15. Jahrhundert wurden am Fuße des Turms irdene Krüge und Schüsseln verkauft. Einmal im Jahr, im Oktober, wird diese Tradition mit einem internationalen Töpfermarkt wiederbelebt.*

Der Sturz des Käthchen

Käthchenhaus, Marktplatz, 74072 Heilbronn. www.heilbronn.de. info@heilbronn-marketing.de.
Bahn/Bus: ↗ Heilbronn, zahlreiche Linien bis Marktplatz.

▶ Das gotische Steinhaus am Marktplatz stammt aus dem 14. Jahrhundert und wurde früher von dem Heilbronner Reformator **Johannes Lachmann** bewohnt. Ihr erkennt das Haus an dem berühmten Erker, an den Lachmann Brustbilder der Propheten Jesaja, Jeremias, Hosea und Habakuk anbringen ließ.

Benannt wurde das Haus nach der Titelheldin von Heinrich von Kleists Drama »Das Käthchen von Heilbronn«, historisches Ritterspiel. 1843 bezeichneten gedruckte Reiseführer erstmals das mittelalterliche Gebäude als »Käthchenhaus«. Aus dem Erkerfenster soll sich der Geschichte zufolge das verzweifelte Mädchen gestürzt haben. Leider kann man ihn nicht von innen besichtigen.

Burgruine Weibertreu

74189 Weinsberg. © 07134/6834, Fax 22700. www.weinsberg.de. birgit.muenz@weinsberg.de. **Bahn/Bus:** Ab ➚ Karlsruhe oder ➚ Heilbronn S4 bis Weinsberg. **Auto:** A81 Ausfahrt 10 Weinsberg/Ellhofen, über die B39 nach Weinsberg. **Zeiten:** April – Sep 10 – 20 Uhr, Sep, Okt 10 – 18 Uhr, Nov – März 11 – 16 Uhr. **Preise:** 1,50 €; Kinder ab 3 Jahre 0,50 €; Gruppen Schüler 0,80 €, Erw 1 €.

▶ Die Weibertreu ist die Ruine einer wahrscheinlich im frühen 11. Jahrhundert erbauten Burg in Weinsberg. Der Zugang zur Burg befindet sich im Süden und ist von der Stadt und von einem Parkplatz unterhalb des Berges aus auf einem Fußweg durch die Weinberge möglich, der dann durch einen Mauerdurchbruch auf Höhe des ehemaligen dritten Eingangstors ins Innere führt. Außerdem gibt es noch den ursprünglichen, sehr steilen Zugangsweg (Treu-Weiber-Weg) im Nordosten. Von der ehemaligen Burganlage existieren noch die Ringmauer und der südöstliche Turm des Hauptgebäudes (rund, oben achteckig), der bestiegen werden kann. Vom Turm aus führt eine Mauer zu den Türmen des ehemaligen Palas, dem Wohntrakt der Burgherren, hinter dem sich ein Steinbruch befindet. Eine große und flache Zisterne südlich des früheren Hauptgebäudes wurde 1961 ausgegraben. In der westlichen Ringmauer existiert noch ein Teil des Wehrgangs. In der ehemaligen sogenannten Kapelle ist ein kleines **Museum** eingerichtet, in dem Fundstücke und Fotos der Gra-

Bekannt ist die Burg durch die namengebende Treu-Weiber-Begebenheit vom 21. Dezember 1140, als nach der Kapitulation der belagerten Burg die Frauen, später »Treue Weiber von Weinsberg« genannt, ihre Männer vor der Hinrichtung retteten, indem sie sie auf dem Rücken den Berg hinuntertrugen.

bungsarbeiten 1959/61 präsentiert werden. Ins Mittelalter zurückversetzt fühlt ihr euch, wenn an den Schießscharten des Dicken Turmes die Äolsharfen ertönen!

Roter Turm in Bad Wimpfen

Bollwerkgasse, 74206 Bad Wimpfen. www.badwimpfen.de. stadtverwaltung@badwimpfen.de. **Bahn/Bus:** RB Heilbronn – Steinsfurt bzw. Mannheim bis Bad Wimpfen Bhf, 5 Min Fußweg. **Auto:** A6 Richtung Mannheim bis Ausfahrt Heilbronn/Obereisesheim, Richtung Heilbronn Ausfahrt Bad Rappenau. **Zeiten:** Ostern – Okt Sa, So und Fei 11 – 17 Uhr. **Preise:** 1 €; Kinder ab 3 Jahre 0,50 €, Führung 5 €.

▶ Der Rote Turm ist ein Bergfried aus dem Mittelalter. Er diente als Fluchtturm für die königliche Familie, worauf die edlere Innenausstattung schließen lässt. Der Turm mit den Schießscharten und dem markanten Aborterker brannte 1647 völlig aus, der erhaltene Rumpf ist 23 m hoch. Im Inneren befindet sich noch ein romanischer Kamin. Die beiden unteren Geschosse waren im Zweiten Weltkrieg Luftschutzräume. Der Turm beheimatet heute eine Ausstellung zum Leben im mittelalterlichen Wimpfen, die jedoch nur wenige Tage im Jahr geöffnet ist. Zu bestaunen gibt es u.a. Ritterrüstungen, Waffen und Keramik.

Zum Thema Ritterleben werden **Kinder- und Erlebnisführungen** ab 8 Jahre angeboten: Sator-arepo-tenet-opera-rotas – wer löst das Geheimnis der Zauberformel? Großherzige Männer und furchtlose Frauen müssen sich im staufischen Wehrturm schwierigen Aufgaben stellen. Oder: Wer hat den Almosenbeutel entwendet? Wie spielt man Burenball? Was wiegt ein Kettenhemd? Buchbar April – Okt, ab 20 Pers.

Hunger & Durst

Lukulos am Blauen Turm, Burgviertel 5, 74206 Bad Wimpfen. ✆ 07063/6957. www.lukulos-am-blauen-turm.de. April – Sep täglich 11 – 23 Uhr. Sehr kinderfreundlich! Terrasse, Spielecke und großes Speiseangebot.

Seinen Spitznamen verdankt er seiner roten Spitze: Der Rote Turm

Happy Birthday!
Hier kann Kindergeburtstag mit vielen spannenden Themen gefeiert werden, wie z.B. auf den Spuren des Mammuts wandeln, Thema Mittelalter etc. Kosten pauschal für max. 15 Kinder ab 5 Jahre 60 €, Dauer etwa 2 Std.

Museen und Stadtführungen

Nicht nur alte Knochen: Besuch im Archäologie-Museum

Deutschhofstraße 6, 74072 Heilbronn. © 07131/56-2295, 56-3144, Fax 56-3194. www.museen-heilbronn.de. christina.jacob@stadt-heilbronn.de. **Bahn/Bus:** Ab Hbf S4 bis Böckingen West. **Auto:** A6 Ausfahrt 37 Heilbronn-Neckarsulm Richtung Stadtmitte. **Zeiten:** Di – Fr 10 – 13 und 14 – 17 Uhr, 1. Do im Monat bis 21 Uhr, Sa, So, Fei 11 – 17 Uhr. **Preise:** Sammlung frei, Führung 1,50 €; Kinder Sammlung frei, Führung 1 €.

▶ Funde aus Neuzeit, Mittelalter und Frühmittelalter sind thematische Schwerpunkte im Archäologie-Museum Heilbronn. Der gläserne Sarg des Horkheimer Reiters ist einer der älteren Funde, gefolgt von der römischen Besiedlung Ende des 1. Jahrhunderts bis hin zur Steinzeit. Oder ihr versucht euch an einer Runde Mittelalter-Schach!

Im Archäologie-Museum finden regelmäßig **Familienführungen** statt. Im Anschluss an den Ausstellungsrundgang werden die Kinder gemeinsam mit ihren Eltern in einem Workshop aktiv. Die genauen Termine entnehmt ihr am besten dem Veranstaltungskalender auf der Internetseite der Heilbronner Museen. Für Kindergruppen gibt es zudem »Kochen wie die Römer« oder »Modenschauen mit Toga und Tunika«.

Spielraum Kunstwerk

Deutschhofstraße 6, 74072 Heilbronn. © 07131/56-2889, www.spielraum-kunstwerk.de. spielraum-kunstwerk@web.de. **Bahn/Bus:** Ab Hbf S4 bis Böckingen West. **Auto:** A6 Ausfahrt 37 Heilbronn-Neckarsulm Richtung Stadtmitte. **Zeiten:** Di – Fr 15 – 16.30 Uhr. **Preise:** Regelmäßige Angebote kostenlos, Ferienworkshops 5 €, 3 Std. **Infos:** Anmeldung unter © 07131/56-2295 oder per eMail.

▶ Spielraum Kunstwerk ist eine museumspädagogische Einrichtung für 5- bis 10-Jährige innerhalb der

Städtischen Museen im Deutschhof. Kinder werden in eigenen Werkstätten und Ateliers aktiv, wo sie malen, werken und experimentieren können. Regelmäßige und kostenfreie Nachmittagsangebote sind die Malwerkstatt, Spielraum-Künstler, Mittwochs-Abenteuer und Mini-Maler. Daneben gibt es ein ständig wechselnde Programme und Ferienworkshops, die sich thematisch an den Ausstellungen der Städtischen Museen orientieren. So steht z.B. Heilbronn als Skulpturenhauptstadt hier im Zentrum. Die Kinder dürfen nach einer Führung durchs Museum selbst künstlerisch aktiv werden. Treffpunkt für alle Veranstaltungen ist immer der Haupteingang (Foyer) der Städtischen Museen Heilbronn im Deutschhof.

Schöne Grüße von den Dinos

Naturhistorisches Museum, Kramstraße 1, 74072 Heilbronn. ✆ 07131/56-2295, 56-3144, Fax 56-3194. www.museen-heilbronn.de. museen-hn@stadt-heilbronn.de. **Bahn/Bus:** Ab Hbf Bus 1, 5, 10 bis Rathaus. **Auto:** A6 Ausfahrt 37 Heilbronn-Neckarsulm, über B27 nach Heilbronn. **Zeiten:** Di – Fr 10 – 13 und 14 – 17 Uhr. **Preise:** Eintritt frei.

▶ Beeindruckende Exponate, Modelle, Dioramen sowie Fotos und Grafiken laden zu einer fiktiven Reise durch die Erdgeschichte ein. Gezeigt werden über 210 Mio Jahre alte Tier- und Pflanzenreste aus dem Trias, beispielsweise der längste versteinerte Baumstamm, ein fossiler Meeresboden oder die Überreste der ältesten Dinosaurier Europas. Daneben sind folgende Themen attraktiv aufbereitet: Entstehung der Erde, Bewegungen der Kontinente, Minerale und Gesteine, Planet des Lebens sowie die Entwicklung des Menschen mit den Rekonstruktionen aller drei europäischer Menschenformen. Moderne Medien wie Computer und Video machen das Angebot zugänglich.

Reizendes Kerlchen: Der 5 t schwere Parasaurolophus war aber bloß ein harmloser Pflanzenfresser, der sein Horn als Trompete benutzte

Exotisch ist die Stadtführung auf dem Schiff: Unterwegs zum Heilbronner Osthafen wird Interessantes über die Stadt erzählt.

Die riesige Heilbronner Rathausuhr zeigt außer den Stunden die Mondphasen und Sternkreiszeichen an

Spielend durch die Stadt

Tourist-Information, Kaiserstraße 17, 74072 Heilbronn. ✆ 07131/56-2270, www.heilbronn-marketing.de. info@heilbronn-marketing.de. **Bahn/Bus:** ↗ Heilbronn. **Preise:** 57 € pro Gruppe bis 35 Kinder ab 6 Jahre.

▶ Informationen über die Stadt und Geschichten über die Vergangenheit Heilbronns werden mit viel Spiel und Spaß vermittelt. Dabei wird die Bewegungsfreude von Kindern genutzt und zum Schluss gibt es auch noch eine Belohnung. Nicht nur Fremde und Gäste können bei diesem Stadtspiel einiges erfahren, sondern auch alteingesessene Heilbronner. Das Stadtspiel dauert 90 Minuten und ist für Kinder 6 – 9 Jahre konzipiert.

Stadtführungen

Tourist-Information, Kaiserstraße 17, 74072 Heilbronn. ✆ 07131/56-2270, www.heilbronn-marketing.de. info@heilbronn-marketing.de. **Bahn/Bus:** ↗ Heilbronn. **Zeiten:** Auf Anfrage. **Preise:** 2 – 55 € für 1 – 2,5 Std.

▶ Die Tourist-Information hält in Heilbronn einige Angebote bereit, um auch Kinder für Stadtführungen zu begeistern. Da gibt es einmal natürlich die ganz normale Stadtführung, die täglich zu Fuß durch die Heilbronner Innenstadt führt. Es gibt aber auch spezielle Führungen für Kinder, Jugendliche und Familien. Bei diesen Angeboten werden die Touren an das Alter der Teilnehmer angepasst.

▶ Die wohl berühmteste Geschichte Heilbronns ist die des Käthchens, die der Schriftsteller *Heinrich von Kleist* 1807/08 verfasst hat: Katharina, die schöne Tochter des Waffenschmieds Theobald Friedeborn, trifft in der Werkstatt ihres Vaters den Grafen vom Strahl und verliebt sich in ihn. Ein Traum offenbart ihr ihn als ihren zukünftigen Ehemann. Das Mädchen ist vom Graf wie magisch angezogen und verfällt dem Zwang, ihm überall hin zu folgen. Dabei stürzt sie aus einem Fenster und bricht sich die Knochen. Kaum ist sie wieder gesund, folgt sie dem Grafen auf seine Burg. Dieser jedoch beachtet das Mädchen nicht, sondern befreit Kunigunde von Thurneck, in der er die Kaisertochter vermutet und die ihm in einem Traum vermeintlich als Ehefrau angekündigt worden war. Kunigunde ist jedoch bloß auf seine Ländereien aus und nutzt die Gunst der Stunde, um durch Heirat an ihr Ziel zu gelangen. Der ehemalige Verlobte Kunigundes erfährt von ihren Heiratsabsichten und greift voll Zorn Burg Thurneck an, die dabei in Brand gerät. Kunigunde, beunruhigt durch die plötzliche Sorge des Grafen vom Strahl um Käthchen, bittet diese, etwas aus den Flammen zu retten. Sie hofft, das Mädchen damit in den sicheren Tod zu schicken. Ein Cherub aber kommt ihr zu Hilfe. Graf vom Strahl erkennt die Intrige und entdeckt, dass Käthchen in Wahrheit die (uneheliche) Tochter des Kaisers ist. Käthchen und Graf vom Strahl heiraten schließlich. ◀

DAS KÄTHCHEN VON HEILBRONN

Historischer Industriepark

Weipertstraße 49, 74076 Heilbronn-Neckargartach. ✆ 07131/56-2599, 56-2594 (Führung), Fax -2579. www.heilbronn.de. info@heilbronn-marketing.de. **Bahn/Bus:** Ab Hbf Bus 5 bis Europaplatz. **Auto:** An der K9562 zwischen Heilbronn-Neckargartach und Heilbronn-Frankenbach. **Zeiten:** Nach Absprache. **Preise:** Bis 20 Pers 50 €, ab 21 Pers 100 €.

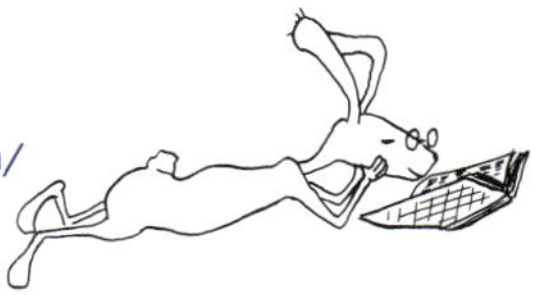

▶ In den alten Gemäuern einer Papierfabrik befindet sich der Industriepark. Die frühere Fabrik war ab 1904 eine Pumpstation zur Wasserversorgung. Die Anlage ist im Museum noch in Funktion, ebenso eine Hammerschmiede mit Wasserrad und Schmiede-

Für Schulklassen ist die Besichtigung kostenlos!

hämmern aus dem 19. Jahrhundert. Was nicht mehr in Aktion bestaunt werden kann, wurde zumindest originalgetreu nachgebildet. Der Besuch dieses interessanten Museums ist nur in Gruppen ab 15 Teilnehmern möglich. Terminabsprache telefonisch, die Führung dauert etwa eine Stunde.

Tuff tuff tuff die Eisenbahn …

Süddeutsches Eisenbahnmuseum, Leonhardstraße 15, 74080 Heilbronn-Böckingen. ✆ 07131/3907434, www.eisenbahnmuseum-heilbronn.de. museum@seh-sueddeutsches-eisenbahnmuseum-heilbronn.de. **Bahn/Bus:** Ab Hbf S3 oder S4 Richtung Karlsruhe bis Sonnenbrunnen, von dort in Leonhardstraße. **Auto:** A6 Ausfahrt 36 Ober-/Untereisesheim, Richtung Heilbronn. **Zeiten:** März – Okt Sa, So, Fei 10 – 18 Uhr. **Preise:** 4 €; Kinder 6 – 14 Jahre 2 €; Familien (2 Erw, bis 3 Kinder) 8 €.

▶ 20 restaurierte Dampf- und Diesellokomotiven sind hier ausgestellt, teilweise stammen sie noch von 1848, als die erste Lokomotive den **Heilbronner Bahnhof** erreichte. Anschaulich werden hier Fahrzeuge restauriert, junge Eisenbahnfans können das spannende Arbeiten hautnah miterleben. Besonders sehenswert ist der Original-Ringlokschuppen, der letzte im Originalzustand erhaltene Ringlokschuppen aus der Zeit der Königlich Württembergischen Staatseisenbahn.

*Am 27. Juni 1848 erreichte die erste Dampflok den **Heilbronner Bahnhof,** damals ein Kopfbahnhof in der Achse der heutigen Bahnhofstraße. Es gab eine dreigleisige Bahnsteighalle für Ankünfte, Abfahrten und durchfahrende Züge – dieses Gebäude gibt es heute noch!*

So badeten die Römer

Römisches Badehaus in der Villa Rustica, Römerbadweg 3, 74189 Weinsberg. www.weinsberg.de. birgit.muenz@weinsberg.de. **Bahn/Bus:** Ab ↗ Karlsruhe oder ↗ Heilbronn S4 bis Weinsberg. **Auto:** A81 Ausfahrt Weinsberg/Ellhofen, über die B39 nach Weinsberg. **Zeiten:** Ganzjährig frei zugänglich.

▶ Wenn ihr euch schon immer gefragt habt, wie die Römer wohl gebadet haben, könnt ihr euch jetzt anhand einer Original-Ausgrabung ein Bild davon machen. Als Anfang des 20. Jahrhunderts am Fuße der ↗ Ruine Weibertreu ein Baum gepflanzt werden sollte, kam der vollständige Grundriss einer kleinen, gut erhaltenen und typischen römischen Badeanlage ans Licht. Weitere Grabungen förderten zudem Teile eines ländlichen Wohnhauses zutage, einer Villa Rustica. All diese Zeugnisse römischer Vergangenheit wurden restauriert.

Die Funde zählen zu den ältesten erhaltenen römischen Bauten in Baden-Württemberg. Die Entstehungszeit wird auf 150 n.Chr. geschätzt.

So eine Schweinerei!

Sammler- und Glücksschweinemuseum, Kronengässchen 2, 74206 Bad Wimpfen. ✆ 07063/6689, www.schweinemuseum.de. info@schweinemuseum.de.
Bahn/Bus: ↗ Bad Wimpfen, 10 Min Fußweg über Carl-Ulrich-Straße und Langgasse. **Auto:** A6 Ausfahrt 35 Bad Rappenau über Bad Rappenau nach Bad Wimpfen.
Zeiten: 10 – 17 Uhr, Nov – März nur Sa, So und Fei.
Preise: 1,60 €; Kinder bis 1 m 0,50 €, Kinder ab 1 m 1,30 €.

▶ Habt ihr schon einmal Sinn und Charakter eines Schweins erforscht, von »Au Schwarte« mal abgesehen? Nein? Dann wird's Zeit! Im einzigen Schweinemuseum der Welt könnt ihr staunen über die 10.000 Borstentiere, die hier in acht Räumen in Vitrinen, auf Tischen und auf dem Boden ausgestellt sind. Natürlich sind es keine echten Schweine, sondern die kleinen rosa Freunde sind aus Keramik, Holz, Glas, Pappe, Plastik, Plüsch und Bernstein. Sie führen nicht nur verschiedene Funktionen aus (natürlich als Sparschwein, aber auch als Bürste oder Stopfei), nein, sie sind auch dargestellt, wie sie brav die Schulbank drücken oder Geige spielen! Schweine in allen Variationen sind also viel mehr als nur Glücksbringer. Früher wurde ein Schwein sogar als »Dienstsau« eingestellt und schnüffelte für den Zoll nach Drogen! Als Andenken an euren Besuch bei den Schweinchen könnt ihr im Museumsshop stöbern – einen alten Glückspfennig als Glückssymbol erhaltet ihr aber auf jeden Fall mit der Eintrittskarte!

Woher kommt der Ausdruck »Schwein gehabt«? Schweine waren früher bei Griechen und Römern, aber auch im Mittelalter, eine Art Machtsymbol. Wer viele Schweine besaß und sie entweder verkaufen oder schlachten konnte, hatte auch Nahrung und materielles Glück.

Bad Wimpfen ist eine Entdeckungsreise wert

Kinderführungen der Extra-Klasse

Tourist-Information, Carl-Ulrich-Straße 1, 74206 Bad Wimpfen. ✆ 07063/ 9720-0, Fax 9720-20. www.badwimpfen.de. info@badwimpfen.org. **Bahn/Bus:** ↗ Bad Wimpfen. **Zeiten:** Nach Absprache.

▶ Bad Wimpfen kann man mit gutem Recht eine Kinderstadt nennen. Allein das Angebot an speziell für Kinder konzipierten Führungen durch die Stadt lohnt einen Besuch. Da geht es beispielsweise mit der sagenhaften Märchenprinzessin Sieglinde in hohe Türme, für die Bad Wimpfen berühmt ist, und in winkelige Gassen. Beim Erzählen, alten Kinderspielen, kreativem Schnitzen und bäuerlichem Schmausen wird die Stadt mit allen Sinnen erlebt. Verkleiden und ein szenisches Märchen sind inbegriffen. Das kostet pro Person 10 € und dauert drei Stunden. Eine kleine Zeitreise können Kinder ab 8 Jahre bei den Mittelalterlichen Spielen unternehmen. Diese beinhalten eine Stadtführung, ein mittelalterliches Mahl sowie Spiel und Spaß beim Bogenschießen und Lanzenstechen. Kosten pro Person 11 €, Dauer 4 Stunden. Auch mit dem Nachtwächter kann man sich auf Erkundungstour begeben. Unter dem Motto »Laterne statt Lichtschalter« geht es mit Laternen in das nächtliche Bad Wimpfen; 4 € für eine Stunde. Ein besonderes Leckerli sind die Stadtführerkurse für Kinder ab 9 Jahre. Kinder werden selbst zu Stadtführern ausgebildet und führen dann selbstständig andere Kinder durch die Stadt. Die Kursgebühr beträgt 20 €. Es gibt noch viel mehr Angebote für spannende Stadterkundungen, Auskunft über das komplette Programm erteilt die Tourist Information.

Kindertheater & Jugendtreffs

Kulturfestival Youth Art

74072 Heilbronn. www.heilbronn.de. info@heilbronn-marketing.de. **Bahn/Bus:** ↗ Heilbronn. **Infos:** Das ausführliche Programmheft ist erhältlich bei der Tourist-Information oder beim Schul-, Kultur- und Sportamt.

▶ Jedes Jahr im April und Mai finden in Heilbronn die Jugendkulturwochen »Youth Art« statt, Veranstalter ist das Schul-, Kultur- und Sportamt. Das ist eine Veranstaltung, bei der Vereine und Organisationen für ein abwechslungsreiches und interessantes Programm für Kinder und Jugendliche ab 12 Jahre sorgen. Um die 20 Veranstaltungen gehen über die Bühne, die dazu beitragen sollen, den deutschen Jugendlichen die Kultur von Jugendlichen aus anderen Herkunftsländern aus ganz unterschiedlichen Blickwinkeln näherzubringen und umgekehrt sollen die Jugendlichen aus anderen Herkunftsländern Interessantes über die deutsche Kultur erfahren. Konzerte, Theateraufführungen, Kleinkunst und Tanzaktionen stehen auf dem Programm. Die Kinder schauen dabei nicht einfach zu, sondern sollen im Rahmen von Workshops selbst kreativ werden.

Theaterverein Känguru

Bettina Reichmann, Jägerhausstraße 159, 74074 Heilbronn. www.heilbronn.de. info@heilbronn-marketing.de. **Bahn/Bus:** Ab Hbf Bus 1, S4 bis Trappensee. **Preise:** Erw, Kinder ab 3 Jahre 4 €. **Infos:** Kartenvorverkauf in der Osianderschen Buchhandlung, Fleiner Straße 3, 74072 Heilbronn, ✆ 07131/203660.

▶ Der gemeinnnützige Theaterverein Känguru spielt einmal im Monat mit verschiedenen Künstlern und Theatergruppen im Saal neben der Gaststätte Trappensee auf. Aus dem Kängurubeutel werden mal Kinder- oder Puppentheater, mal Geschichten mit Marionetten oder Märchen geschüttelt. Zielgruppe sind Kinder 3 – 6 Jahre. Es gibt sowohl klassische als

@ Nähere Informationen gibt es immer vier Wochen vor dem Festival auf www.heilbronn.de, dort unter der Rubrik »Kultur und Freizeit«.

Schul-, Kultur- und Sportamt, Marktplatz 11, Heilbronn. ✆ 07131/563167, andrea.jung@stadt-heilbronn.de.

auch moderne Stücke, aber um die Aufmerksamkeit der jungen Zuschauer nicht überzustrapazieren, dauern die Stücke nie länger als eine Stunde.

Kindertheater Radelrutsch

Hirtenstraße 1, 74199 Heilbronn-Donnbronn. ✆ 07131/484720, Fax 910283. www.radelrutsch.de. info@radelrutsch.de. **Bahn/Bus:** Ab Hbf Bus 5, 11, 12

FESTKALENDER

Februar: Ende, Heilbronn: **Heilbronner Pferdemarkt,** einer der größten traditionellen Jahrmärkte in einer Innenstadt mit Prämierungen der Pferde, Krämermarkt und Fahrgeschäften.

Mai: Wechselnder Termin, Bad Wimpfen: **Aktionstag Roter Turm,** mit Attraktionen, Informationen und mittelalterlichen Handwerksständen rund um die Stauferzeit.

Mai, Juni oder Juli: Wechselnder Termin, Bad Wimpfen: **Wimpfener Stauferfest,** mit Wettstreit von Grafen und Fürsten des gesamten Reiches und mittelalterlichem Marktleben. Am Neckarufer in der Talstadt.

Juni: Heilbronn: **Neckarvergnügen** bzw. alle 4 Jahre im Wechsel **Neckarfest,** Programm zu Land und Wasser mit Bühnen, Kinderfest, Neckarparade und sportlichen Wettbewerben.

3. Wochenende, Bad Wimpfen: **Brückenfest Bad Wimpfen »natürlich mobil«,** die sonst viel befahrene Brücke wird zur gemütlichen »Hocketse«.

Ende, Bad Wimpfen: **Talmarkt,** einer der ältesten Märkte Deutschlands mit allem, was zu einem Fest für die ganze Familie gehört.

Juli: Mitte, Heilbronn: **Lichterfest,** der alte Neckar rund um den Hagenbucher See wird zur Erlebnismeile.

August: Anfang, **Neckar 2000 – flussgelaunt von Ort zu Ort,** Veranstaltung entlang dem Neckar von Bad Friedrichshall bis Gundelsheim mit Schiffspendelverkehr, und Liniengruppen 30, 40 bis Berliner Platz oder mit allen Stadtbahnen bis Harmonie. **Auto:** A6 Ausfahrt 36 Heilbronn-Neckarsulm, Richtung Innenstadt/Zentrum, dem Parkleitsystem K3-Theaterforum folgen. **Zeiten:** Regelmäßige Spielzeiten im Kammertheater Sep – April. **Preise:** 7 €; Kinder ab 3 Jahre 5 €.

▶ Das Heilbronner Kinder- und Jugendtheater Radelrutsch hat seine feste Spielstätte in den Kammer-

Schiffskorso mit fünf Feuerwerken. In den beteiligten Orten Feste am Neckarufer. Info: www.flussgelaunt.de.

1. und 2. Woche, Heilbronn: **Unterländer Volksfest,** 10-tägiges Volksfest mit Attraktionen wie Achterbahnen, Karussells und Riesen-Feuerwerk.

Ende, Heilbronn: **Sommertheater – Straßentheaterfest,** internationale Straßenkünstler präsentieren Artistik und Comedy in der Innenstadt.

4. Wochenende, Ilsfeld: **Holzmarkt,** Holzmesse in urtümlicher Atmosphäre mit Krämermarkt und Vergnügungspark.

September: Wechselnder Termin, Bad Wimpfen: **Aktionstag Roter Turm,** mit Attraktionen, Informationen und mittelalterlichen Handwerksständen rund um die Stauferzeit.

November: letztes Wochenende, Heilbronn: **Märchendorf Heilbronn,** der Deutschhof wird in ein Märchendorf verwandelt. Märchenerzähler erzählen bei knisterndem Feuer Geschichten aus der ganzen Welt.

Dezember: Ende Nov – 22. Dez, Heilbronn: **Weihnachtsmarkt,** auf Marktplatz, Killiansplatz und in Sülmerstraße mit 100 Holzhäuschen und einer Krippe unter den Rathausarkaden.

1. – 3. Advent, Sa, So, Bad Wimpfen: **Altdeutscher Weihnachtsmarkt,** Kinder werden von Christkind und Nikolaus beschenkt, Konzerte.

spielen Heilbronn, bespielt aber auch Stadt- und Landkreis Heilbronn mit mobilen Theaterstücken und gibt Gastspiele außerhalb dieses Gebietes. Bekannte Stücke wie Peterchens Mondfahrt werden ebenso aufgeführt wie Bibelgeschichten oder Stücke für Jugendliche. Die Kinder lassen sich allerdings von den Darstellungen nicht einfach nur berieseln – viel Aktion und vor allem Interaktion macht das Theatergeschehen sehr lebendig. Auch an die Allerkleinsten wird gedacht. Mit »Gute Nacht, mein Bär« werden Kinder ab 3 Jahre ins Reich der Träume entführt. Da das Programm und die Zeiten sehr unregelmäßig sind, empfiehlt es sich, im Internet das aktuelle Programm nachzuschauen.

Olga Jugendzentrum

Olgastraße 45, 74072 Heilbronn. © 07131/58522, 9199617, www.olga.heilbronner-jugendhaus.de. olga@heilbronner-jugendhaus.de. **Bahn/Bus:** ↗ Heilbronn, 10 Min Fußweg.

▶ Im Olgazentrum wird viel Sport angeboten, vor allem Fußball. Aber auch kreative Angebote wie Töpfern kommen nicht zu kurz. Besonders erwähnenswert ist die Zukunftsbörse, eine Beratung rund um Schule, Ausbildung, Familie und Freundschaft.

PFORZHEIM & ENZ

HEIDELBERG & KURPFALZ

KLEINER ODENWALD

KARLSRUHE & RHEIN

ZENTRALER KRAICHGAU

NATURPARK NECKAR-ZABER

HEILBRONN & NECKAR

PFORZHEIM & ENZ

ORTE, INFO & VERKEHR

FERIENADRESSEN & EINKAUFEN

KARTEN & REGISTER

Wer denkt, das hier ist nur die Pforte zum Nordschwarzwald, der hat sich gehörig geirrt. Vielfältiger kann eine Region kaum sein. Das Gebiet liegt nicht nur im Herzen Baden-Württembergs zwischen Karlsruhe und Stuttgart, es bildet auch mit den unterschiedlichen Angeboten so richtig herzhaft was für junge Menschen.

Auf der einen Seite die Städte Pforzheim, Mühlacker, Vaihingen und Bietigheim-Bissingen, die gerade für euch Kinder eine Menge attraktive Angebote im Gepäck haben. Vor allem einige besonders tolle und herausragende Schwimmbäder seien euch hier ans Herz gelegt. Auf der anderen Seite dann wieder wilde Landschaften und Eldorados wie die Besigheimer Felsengärten oder unzählige Möglichkeiten, die Region über das Flüsschen Enz entweder auf dem Wasser oder mit dem Rad auf abwechslungsreichen Wegen kennen zu lernen.

Frei- und Hallenbäder

Hallen- und Freibad Enztalbad

Walter-de-Pay-Straße 37, 71665 Vaihingen/Enz. ✆ 07042/970130, Fax 970135. www.enztalbad.de. info@enztalbad.de. **Bahn/Bus:** Ab Pforzheim S5 bis Vaihingen/Enz, ab Bhf Bus 592 bis Enzbrücke, 10 Min Fußweg. **Auto:** A8 Ausfahrt 45A Pforzheim-Ost auf die B10 Richtung Pforzheim, Vaihingen/Enz bis Vaihingen. **Zeiten:** Hallenbad: Di, Do, Fr 15 – 21.30, Mi 8 – 12 und 15 – 21.30, Sa 8 – 17, So 7.30 – 13.30 Uhr. Freibad: Mai, Juni 9 – 20.30, Juli, Aug 8.30 – 21, Sep 9 – 20 Uhr. **Preise:** 2,50 €; Kinder ab 6 Jahre 1,40 €; Studenten, Behinderte wie Kinder.

▶ Das Enztalbad kann man getrost Familienbad nennen! Kombiniert aus Hallen- und Freibad findet hier die ganze Familie nass-fröhlichen Wasserspaß. Das **Freibad** hat ein heizbares Mehrzweckbecken, ein Nichtschwimmer- und ein Kinderplantschbecken.

ENZ-ZÜCKEND!

LVA BW: Pforzheim-Enztal-Nagoldtal 1:50.000, Naturpark Schwarzwald-Mitte/Nord. Mit Radwanderwegen. Karte des Schwarzwaldvereins. ISBN 3-89021-595-2, 6,90 €.

TIPPS FÜR WASSERRATTEN

Luftiger Picknickplatz: Am Büchenbronner Turm

Das Freigelände ist sehr gepflegt mit einer Liegewiese und einem gesonderten Eltern-Kind Bereich. Im **Hallenbad** ist donnerstags immer 15 – 18 Uhr Spielenachmittag angesagt!

Hunger & Durst

Bistro Pellegrino, Holzgartenstraße 26, 74321 Bietigheim-Bissingen. ✆ 07142/45529. Di – Fr 10 – 22 Uhr, Sa, So und Fei 8 – 20 Uhr.

Bad am Viadukt

Holzgartenstraße 26, 74321 Bietigheim-Bissingen. ✆ 07142/74517, Fax 74523. www.bietigheim-bissingen.de. tourismus@bietigheim-bissingen.de. **Bahn/Bus:** ↗ Bietigheim-Bissingen, ab ZOB Bus 553, 554, 567 bis Auwiesenbrücke, von dort 5 Min Fußweg. **Auto:** A81 Ausfahrt Ludwigsburg-Nord, B27 bis Bietigheim-Bissingen. **Zeiten:** Di, Mi, Fr 10 – 22, Do 6 – 22, Sa, So, Fei 8 – 20 Uhr. **Preise:** 7,60 €, Sa, So und Fei 8,60 €; Kinder 6 – 17 Jahre 5,10 €, Sa, So und Fei 5,60 €; Studenten, Behinderte wie Kinder.

▶ Ein echtes Familienbad: Die Jüngsten lieben den Schiffchenkanal und die drei Wasserspeier im 30 Grad warmen Plantschbecken. Die Größeren und die ganz Großen stehen eher auf die 52 m lange Rutsche, von der sie unermüdlich ins Nass sausen. Wer Entspannung sucht, der zieht sich ins Solebecken im Freien mit seinen Massagedüsen oder in die Dampfgrotte, wo ätherische Öle gesundheitsfördernde Wohlgerüche verströmen, zurück. Sportliche stürzen sich vom 3-m-Sprungturm ins Schwimmerbecken. Auch Saunafreunde und Kneippanhänger kommen auf ihre Kosten. Zwischendurch oder nach dem Badespaß stärken sich Alt und Jung im Restaurant, im Bistro oder in der Cafeteria.

Badepark Ellental: Freibad mit Riesenrutsche

Im Fischerpfad 6, 74321 Bietigheim-Bissingen. ✆ 07142/74522, www.bietigheim-bissingen.de. tourismus@bietigheim-bissingen.de. **Bahn/Bus:** ↗ Bietigheim-Bissingen, dann Fußmarsch durch das ehemalige Landesgartenschaugelände. **Auto:** A81 Ausfahrt Ludwigsburg-Nord, B27 bis Bietigheim-Bissingen. **Zeiten:**

Mo – Do 9 – 21, Fr 6 – 21, Sa, So und Fei 8 – 21 Uhr. **Preise:** 4 €; Kinder 6 – 17 Jahre 2,50 €; Studenten, Behinderte wie Kinder.

▶ Sie ist 158 m lang, 14,5 m hoch und damit die größte Freirutsche Süddeutschlands. Wer die kurvenreiche Strecke bis ins Schwimmbecken hinuntersausen will, muss an schönen Sommertagen schon etwas Geduld mitbringen. Denn natürlich ist die Rutsche der Renner im Badepark Ellental. Und oft reicht die lange Wendeltreppe, die hinaufführt, nicht aus, um alle Wartenden aufzunehmen. Begehrt ist aber auch das Wellenbecken, in dem die Brandung mit 1,20 m hohen Wellen angerauscht kommt. Zudem gibt es Sport- und Sprungbecken, einen Eltern-Kind-Bereich, einen Massagepilz, Streetball- und Beachvolleyballfelder, Tischtennisplatten, eine Wärmehalle, eine Cafeteria und einen überdachten Grillplatz.

Mineralparkfreibad Besigheim

Jahnstraße 17, 74357 Besigheim. ✆ 07143/32264, www.besigheim.de. stadtverwaltung@besigheim.de. **Bahn/Bus:** Ab ➚ Bietigheim-Bissingen Bus 560 bis Besigheim Bhf, von dort Bus 560 bis Freibad. **Auto:** A81 Ausfahrt 15 Ludwigsburg-Nord auf die B27 Richtung Ludwigsburg, Bietigheim-Bissingen bis Besigheim. **Rad:** Neckartalradweg. **Zeiten:** Mai, Sep 8 – 20, Juni, Juli, Aug 7.30 – 21 Uhr. **Preise:** 4 €; Kinder ab 6 Jahre 2 €.

▶ Das Mineralparkfreibad hat ein Springer- und ein Schwimmerbecken, sowie zwei Becken für Kinder, alle 25 Grad warm. Eine Wasserrutsche, ein Sprungturm, Sprungbretter und Startblöcke sorgen für Action. Für Gesundheitsbewusste gibt es eine Kneippanlage. Auf der Liegewiese oder im Restaurant mit großer Terrasse kann man den Badetag genießen.

Hunger & Durst

Freibadkiosk Besigheim, Jahnstraße 17, 74357 Besigheim. ✆ 07143/830384. Bei schönem Wetter 10 – 21 Uhr.

Freibad Mühlacker

Rappstraße 36, 75417 Mühlacker. ✆ 07041/861664, www.muehlacker.de. stadt@muehlacker.de. **Bahn/Bus:** ➚ Mühlacker, Bus 101, 102, 700, 748, 751 bis Gym-

nasium, 576 bis Im Käppele, 103 bis Wertle, 713 bis Goethestraße. **Auto:** A8 Ausfahrt 45A Pforzheim-Ost über B10 nach Mühlacker, dort Beschilderung. **Rad:** Direkt am Enztalradweg. **Zeiten:** 9 – 20 Uhr. **Preise:** 2,50 €; Kinder und Jugendliche bis 18 Jahre 1,50 €; Behinderte, Schüler, Studenten 2 €.

▶ Das modern gestaltete Mühlacker Freibad bietet Besuchern in allen Altersklassen ein attraktives Badevergnügen. Es gibt eine 80 m lange Riesenrutsche, ein beheiztes Nichtschwimmerbecken und ein beheiztes 50-m-Becken. Der Hit für die jüngsten Badegäste ist ein beheiztes Kinderplantschbecken aus Edelstahl auf zwei Ebenen mit Rutschen, Wasserdüse und Sonnensegel. Ganz neu angelegt hat im Freibad auch ein Piratenschiff. Das große Holzspielschiff lädt die etwas größeren Kinder und auch Jugendliche zum Spielen und Träumen ein. Für die Jüngeren wurde der Kleinkinder-Spielbereich neu gestaltet, die Eltern können die Kleinen von den Bänken aus im Auge behalten.

Große Freiheit an Bord des Mühlacker Freibads

Baden und Paddeln

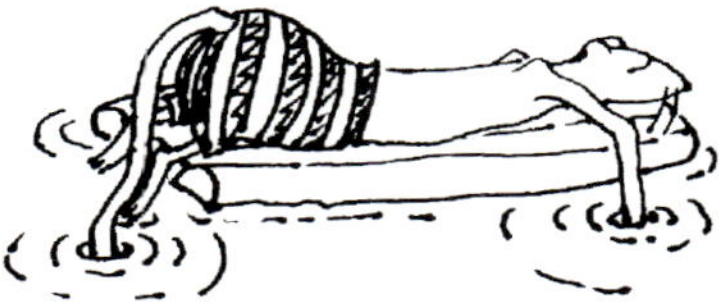

Oase Herrmannsee

Herrmannseeweg, Pforzheim-Büchenbronn. **Bahn/Bus:** Ab Pforzheim Hbf Bus 743, 744 bis Herrmannsee. **Auto:** A8 Ausfahrt 44 Pforzheim-West, Richtung Pforzheim auf Büchenbronner Straße und Pforzheimer Straße, Abzweigung rechts Herrmannseeweg. **Zeiten:** Ganzjährig frei zugänglich.

▶ Ein Badesee ist der Herrmannsee nicht, aber dafür ist rund um den See so gut wie alles geboten, wonach euch der Sinn stehen könnte. Wie wäre es z.B. mit einer Ruderbootfahrt auf dem Gewässer? Einer Runde Minigolf? Oder wollt ihr lieber dem weitläufigen Wildgehege mit Mufflons, Wildschweinen und Damwild einen Besuch abstatten? Am See könnt ihr auch in aller Ruhe den Enten zuschauen oder die zahlreichen Fische füttern. Ihr könntet aber auch ganz wenige Kilometer marschieren, dann gelangt ihr zum **Büchenbronner Aussichtsturm,** einer abenteuerlichen Konstruktion, die nur für Mutige und Schwindelfreie ist. Eine gusseiserne Rohrskelettkonstruktion sorgt dafür, dass ihr auf jeder der 124 Stufen in die Tiefe blicken könnt. Gänsehaut gehört mit zum Aufstieg! Von oben werdet ihr aber mit einem Blick belohnt, der an manchen Tagen bis zum fernen Heidelberg reicht. Im Anschluss an den abwechslungsreichen Tag am See könnt ihr in der **Gaststätte Herrmannsee** einkehren. Für den Aufenthalt am See könnt ihr euch im Restaurant und dem angeschlossenen Kiosk selbst versorgen.

Vom Wanderparkplatz der Gaststätte Herrmannsee aus folgt ihr der Wegmarkierung Weiße Raute mit Tannenbäumen und Wellen, um den **Büchenbronner Aussichtsturm** zu erreichen. Dem von diesem Weg links abzweigenden felsigen Pfad folgt ihr bergauf zum Turm.

Hunger & Durst

Hotel-Restaurant Herrmannsee, Herrmannseeweg 5, 75180 Pforzheim. ✆ 07231/71871. www.hotel-herrmannsee.de. Mi – Mo 11 – 20 Uhr. Beim Restaurant befindet sich auch die Minigolfanlage, Erw 1,80, Kinder 1,50 €.

Bootsverleih am Viadukt

Bietigheim-Bissingen. ✆ 07142/62203. Am Viadukt. **Bahn/Bus:** ↗ Bietigheim-Bissingen, ab ZOB Bus 553, 554, 567 bis Auwiesenbrücke, von dort 5 Min Fußweg. **Zeiten:** März – Okt 10.30 – 20 Uhr.

▶ Kleines Bootshaus, Verleih von Ruder- und Tretbooten.

Kanufahren will gelernt sein

Kanumarkt Bietigheim, Holzgartenstraße 23, 74321 Bietigheim-Bissingen. ✆ 07042/819369, 0170/2188345. www.kanumarkt.de. info@kanumarkt.de. Direkt an der Enz unterhalb der Auwiesenbrücke. **Bahn/Bus:** ↗ Bietigheim-Bissingen, ab ZOB Bus 553, 554, 567 bis Auwiesenbrücke. **Auto:** Ab ↗ Heilbronn B27 vorbei am Bietigheim Bhf ins Enztal. **Preise:** Je nach Tour und Dauer 10 – 22 €; Kinder ab 10 Jahre 1-tägiger Schnupperkurs 79 €, 2-tägiger Grundkurs 145 €.

▶ Hier erlernt ihr das Kajak- und Canadierfahren. Der Schwerpunkt des Kurses liegt im praktischen Bereich, aber auch Sicherheit, der Umgang mit Flussführern, kleine Materialkunde und Naturschutz werden nicht zu kurz kommen. Der Kurs dauert einen Tag, ihr müsst dafür mindestens 10 Jahre alt und Schwimmer sein. Bei einem 2-tägigen Kurs wird am zweiten Tag ein längerer Flussabschnitt befahren. Ihr könnt aber auch privat Kanus mieten und auf eigene Faust die Enz entlangpaddeln.

Die gemieteten Kanus werden zur Einstiegsstelle gebracht und am Ausstieg wieder abgeholt.

Paddeln auf der Enz

Kanutouren Die Zugvögel, Sägmühle 3, 74321 Bietigheim-Bissingen. ✆ 07142/920128, 74227, Fax 920195. www.diezugvoegel.de. info@diezugvoegel.de. **Bahn/Bus:** ↗ Bietigheim-Bissingen. **Auto:** A81 Ausfahrt Ludwigsburg-Nord, vor Bietigheim Richtung Markgröningen-Tamm. **Zeiten:** Täglich 9 – 18 Uhr. **Preise:** 14 € für 2 Stunden; Kinder bis 10 Jahre 7 €; Familien 24 € (2 Erw, Kinder). **Infos:** Kanustationen-Infoband und Anmeldung unter ✆ 07142/3756637.

Happy Birthday!

Kanutouren für Kindergeburtstage werden täglich nach Absprache durchgeführt.

▶ Das Angebot der Zugvögel ist umfangreich: Ihr könnt hier Kanus mieten und wie die Indianer über die Enz paddeln. Die Zugvögel-Kanuvermietung beinhaltet eine ausführliche Einweisung in Paddeltechnik, Sicherheit und Naturschutz. Oder doch lieber zusammen mit einer Gruppe und einem Führer das Gewässer erkunden? Ob als Einzelperson, mit der Gruppe oder der Familie – spannende und unvergessliche Touren sind euch sicher! Ein besonderes Angebot bietet die Kanuschule. Anfänger und Fortgeschrittene aller Altersklassen können in ein Trainingsprogramm für Kajak und Canadier einsteigen. Alle Kurse werden von erfahrenen Ausbildern durchgeführt. In Theorie und Praxis wird der sichere Umgang mit dem Boot auf verschiedenen Gewässern vermittelt, wobei auch das Thema »Kanufahren und Naturschutz« eine große Rolle spielt. Die Gruppengrößen sind begrenzt. So kann auf Fragen und Bedürfnisse jedes Teilnehmers eingegangen werden.

Viele Touren erfordern keine oder wenig kanutechnische Vorkenntnisse. Aufgeschlossenheit und die Freude an der Natur sind beste Voraussetzungen für eure Erlebnisse.

Radeln und Skaten

RAUS IN DIE NATUR

Auf Inlinern durchs Enztal gleiten

Bietigheim-Bissingen. **Länge:** 15 km, nur kurze Anstiege, mittelschwer; Skateschild als Wegmarkierung. **Bahn/Bus:** ↗ Bietigheim-Bissingen, ab ZOB Bus 553, 554, 567 bis Auwiesenbrücke. **Auto:** A81 Ausfahrt Ludwigsburg-Nord, B27 bis Bietigheim-Bissingen.

▶ Über Brücken, lange Geraden und durch Kurven führt euch dieser richtig coole Skaterweg. Auf gut ausgebauter Strecke gleitet ihr entlang der Enz von Bietigheim bis Bissingen, streift den Stadtteil Untermberg und rollt gemächlich durch das idyllische Enztal.

Auf gleicher Strecke geht es zurück nach Bissingen, wo die Enz überquert wird und der Rückweg vorbei an der Eishalle und dem Badepark Ellental führt. Ihr startet, noch ohne die Inliner, am Parkplatz beim

Ein Skateschild weist euch den Weg – es macht richtig Spaß, sich von den Schildchen und den Piktogrammen leiten zu lassen!

↗ **Bad am Viadukt** in Richtung City bzw. Historische Altstadt. Ihr entdeckt das Skateschild, biegt links ab und schnallt an, sobald ihr auf Flussniveau seid. Der Weg verläuft am Fluss entlang bis nach **Bissingen** hinein, an der Rommelmühle vorbei zur Enz und am Fluss entlang weiter. Nach 8 km kommt ihr an den Endpunkt der Strecke, an dem ihr wendet. Nach einem kurzen Anstieg wird die ↗ Eishalle erreicht. Der Weg führt über den Fußweg vorbei am ↗ Badepark Ellental zum Fischerpfad. Von da an geht es wieder abwärts, vorbei an Schul- und Sportanlagen, zurück ins Enztal und unter dem Viadukt hindurch zum Ausgangspunkt. In der nahen Altstadt sollte den Eltern nun schon ein Eis für eure sportliche Aktivität zu entlocken sein!

Von der Enz bis zum Neckar auf dem Enztalradweg

Mühlacker. **Länge:** 48 km Gesamtstrecke, wenig Steigungen, für Kinder gut zu bewältigen. **Bahn/Bus:** ↗ Mühlacker, Bus 101, 102, 700, 748, 751 bis Gymnasium, 576 bis Im Käppele, 103 bis Wertle, 713 bis Goethestraße. **Auto:** A8 Ausfahrt 45A Pforzheim-Ost über B10 bis ↗ Mühlacker Freibad. **Infos:** Radfahrerhotline DB, ✆ 01805/151415 (0,12 €/Min), www.bahn.de/bahnundbike.

▶ Eigentlich beginnt dieser schöne Radweg von einem Fluss zum anderen schon in Enzklösterle im Schwarzwald. Wir steigen jedoch erst bei **Mühlacker** ein, denn es soll ja auch den Jüngeren unter euch Spaß machen und für alle zu schaffen sein. Der Enztalradweg ist gut beschildert, sodass es ab Mühlacker auch schon sofort losgehen kann. Vom ↗ Freibad radelt ihr etwa 17 km nach **Vaihingen,** unterwegs habt ihr tolle Blicke auf das natürliche Enztal. Ab Vaihingen dürft ihr für 3,5 km direkt an der Enz entlang fahren, bis ihr nach **Enzweihingen** gelangt. Ihr passiert die Enzbrücke und nehmt Kurs auf Oberriexingen und Bietigheim-Bissingen. In Höhe der

Stadt Markgröningen stoßt ihr auf eine 180-Grad-Kehre der Enz, das *Enzeck.* Möglicherweise entdeckt ihr sogar Fischreiher, die im nahen Wehr auf Beute lauern. Durch das frühere Gartenschaugelände erreicht ihr nach insgesamt 38 km **Bietigheim-Bissingen,** wo ein Besuch lohnt. Vielleicht könnt ihr euch im ↗ Bad am Viadukt ins kühle Nass stürzen? Nach einer kurzen Passage durch den Wald und entlang der Weinberge erreicht ihr das historische **Besigheim.** Hier könntet ihr das Fahrzeug wechseln und auf ein Neckarschiff umsteigen! Das letzte Streckenstück führt euch nach **Walheim,** wo ihr im ↗ Römerhaus Relikte aus der Römerzeit bestaunen könnt. Ab Bietigheim-Bissingen müsst ihr für diesen Abschnitt noch mal 10 km lang in die Pedale treten. In Walheim mündet die Enz in den Neckar und auch der Enztalradweg ist hier zu Ende.

Ab Walheim könnt ihr euch mit der Bahn bequem zum Ausgangspunkt eurer Tour zurückfahren lassen. Natürlich könnt ihr auch an jedem Streckenabschnitt der Route die Tour beenden.

Hunger & Durst

Restaurant Rommelmühle, Flößerstraße 60, 74321 Bietigheim-Bissingen. ✆ 07142/ 9938490. www.brauhaus-rommelmuehle.de. Di – Fr ab 17 Uhr, Sa ab 14 Uhr, So ab 11 Uhr, Mo Ruhetag. Biergarten, direkt am Enzufer am Radweg gelegen.

Wandern, Klettern, Reiten

Die Schwäbischen Dolomiten: In den Felsengärten von Hessigheim

Am Felsengarten, Hessigheim. Einstieg an der Landstraße zwischen Besigheim und Ottmarsheim, **Länge:** 2,5 km, kurz aber anspruchsvoll, nicht für Kinderwagen geeignet; Wegmarkierung Blaues Kreuz. **Auto:** A81 Ausfahrt 15 Ludwigsburg-Nord, über B27 nach Besigheim. **Rad:** Auf dem Neckartalradweg entlang dem Neckar oder auf dem Enztalradweg bis Besigheim.

▶ Heute lernt ihr eine besonders spannende Gegend kennen – ihr entdeckt die **Felsengärten,** die bei *Hessigheim* liegen. Die schroffen, hoch aufragenden Muschelkalkfelsen sind sehr beeindruckend und oft genug wird euch unterwegs der Atem stocken, wenn es

Segeln im Felsengarten: Gemeinsam ist alles möglich

durch enge Schluchten geht. Der Start der Wanderung ist kurz vor Besigheim, wo ihr erst einmal mitten in die Weinberge hineinmarschiert. Eure Wegmarkierung ist das Blaue Kreuz. Nach einer Wandertafel geht es links die Treppen hinauf und ab hier wandert ihr auf einem urwaldähnlichen Pfad. Der Blick rechts hinunter auf den Neckar ist umwerfend! Bald nähert ihr euch den großen Felsen und ahnt, warum sie die »Schwäbischen Dolomiten« genannt werden. An schönen Tagen könnt ihr Kletterer an den Felsen beobachten oder auch das Kribbeln im Bauch spüren, wenn ihr selbst an den Felskanten steht. Seltene Pflanzen- und Tierarten leben hier – wenn ihr gut auf den Weg achtet, erhascht ihr vielleicht einen Blick auf eine kleine Schlange? Ansonsten behaltet den Himmel im Auge, denn nicht selten gleitet ein Adler oder ein anderer großer Greifvogel über euch hinweg. Ihr haltet euch immer auf dem schmalen *Dschungelpfad,* bis an einer Verzweigung rechts eine Steintreppe abwärts führt. Diese lauft ihr hinab, stoßt auf einen asphaltierten Weg, der eine Etage tiefer als der bisherige Weg liegt, und folgt diesem zurück zu den Weinbergen und dem Startpunkt der Tour.

Hunger & Durst

Fasanenhof, Familie Schnurr, Römerweg 1, 74394 Hessigheim. ✆ 07143/40670. www.fasanenhof-hessigheim.de. Sep – Juli täglich 11.30 – 21 Uhr, Di Ruhetag. Hofladen, Biergarten, Kinderspielplatz und Tiergehege.

Klettern in den Hessigheimer Felsengärten

Am Felsengarten, Hessigheim. www.hessigheim.de. **Bahn/Bus:** Ab ↗ Bietigheim-Bissingen RB bis Besigheim, von dort Bus 459 bis Hessigheim. **Auto:** A81 Ausfahrt 15 Ludwigsburg-Nord, über B27 nach Besigheim. **Rad:** Auf dem Neckartalradweg entlang dem Neckar oder auf dem Enztalradweg bis Besigheim.

▶ Die Hessigheimer Felsengärten bieten im ganzen Umland die einzige Möglichkeit, in der Natur zu klettern. Schon 1920 zog es die Bergvagabunden an die Muschelkalkfelsen über dem Neckar. Während man früher lediglich kleine Gipfel erklommen hat und das Klettern in den Felsengärten gutes Training für große Touren in den Alpen war, erreicht man heute schwindelerregende Höhen und das Sportklettern ist eine eigene Disziplin. 130 Kletterrouten vom 3. bis 9. Schwierigkeitsgrad können sich auch wirklich sehen lassen. So ist für jeden etwas dabei: Anfänger oder Fortgeschrittener, Kind oder Erwachsener. Es gibt allerdings Kletterregeln für dieses Naturschutzgebiet, über die der Deutsche Alpenverein Auskunft gibt und die unbedingt eingehalten werden müssen! Zum Beispiel ist das Klettern nur an bestehenden Routen erlaubt, auf den Felsköpfen darf nicht gelagert und neue Haken nur in Absprache mit der Naturschutzbehörde angebracht werden.

DAV Sektion Ludwigsburg e.V., Ludwigsburg. ✆ 07141/927893, Fax 924942. www.alpenverein-ludwigsburg.de. info@alpenverein-ludwigsburg.de.

Barfußpfad Ötisheim

Ötisheim. ✆ 07041/951010 (Gemeinde Ötisheim), www.barfusspark.info/parks/oetisheim.htm. **Länge:** 1,5 km, Kinderwagen nicht erlaubt. **Bahn/Bus:** S9 ab Mühlacker Richtung Bretten bis Ötisheim, 20 Min zu Fuß. **Auto:** An L1132 gelegen, am Kreisverkehr Richtung Maulbronn Beschilderung. **Zeiten:** 1. Mai – 31. Okt 7 – 21 Uhr. **Preise:** Eintritt frei. **Infos:** Am Ein- bzw. Ausgang des Barfußpfades befindet sich für dringende Fälle ein Dixi-Klo.

Handtuch nicht vergessen!

▶ Habt ihr Mut? Den werdet ihr nämlich brauchen auf dem Barfußpfad Ötisheim! Hier geht es nicht einfach nur über Stock und Stein. Das zwar auch, aber ihr müsst auch eine große Schlammlandschaft und einen eiskalten Bachlauf überwinden! Aber der Reihe nach: Der gut gepflegte Pfad startet am **Naturfreundehaus** am Ortsrand von Ötisheim. Er führt durch ei-

Kleine Matschkur gefällig? Der Barfußpfad ist voller Überraschungen

nen schönen Laubwald und hat etwa 20 Erlebnisstationen. Da ist einmal die angenehme Unterlage mit Rindenmulch, hingegen sind Sand und Kies schon eine größere Herausforderung. Ihr balanciert über Stämme und Hindernisse aus Holz und Stein. Höhepunkt ist aber mit Sicherheit die Schlammstrecke, bei der ein 10-jähriges Kind locker bis zu den Oberschenkeln im Matsch versinkt. Es ist ein wahres Fest, dadurch zu waten, ohne dafür geschimpft zu werden! Gutes, vor allem warmes Wetter wäre also von Vorteil für diesen Ausflug. Denn am Ende wartet noch ein eiskalter Bach auf euch, den ihr durchwaten müsst und danach seid ihr richtig erfrischt! Am Ende des Barfußpfades könnt ihr euch mit dem Schlauch an der Waschstelle abbrausen und die Füße waschen. Stattet doch dem Waldspielplatz am besten auch gleich einen Besuch ab.

Das **Naturfreundehaus** kann man für private Feiern anmieten, es ist ansonsten nicht bewirtschaftet.

Kinderferien im Reitstall Kölle

Werner und Wolfgang Kölle, Im Lauffener Feld 8, 74357 Bönnigheim. ✆ 07143/960171, Fax 960172.

Handy 0177/3115923. www.reitstall-koelle.de. wolfgang@reitstall-koelle.de. **Auto:** A8 Ausfahrt 45A Pforzheim-Ost, über B10 Richtung Vaihingen, über Freudental nach Bönnigheim. **Zeiten:** 5-Tages-Freizeit immer 2 Wochen in den Sommerferien. **Preise:** Ponystunde 15 €; Kinder 8 – 12 Jahre 200 €.

▶ Der Hit, den der Reitstall Kölle bietet, ist mit Sicherheit die Fünf-Tages-Freizeit in den Sommerferien. Von morgens früh bis nachmittags dreht sich alles ums Pferd. Das richtige Verhalten im Umgang mit dem Tier wird vermittelt, es wird an der Longe geritten und ihr könnt sogar einen Spaziergang mit dem Pferd machen. Neben so viel Bewegung könnt ihr zum Ausgleich Pferdebilder malen, mit dem Traktor fahren oder im Heu toben. Die Freizeiten richten sich gezielt an Kinder, die noch nicht reiten können. Am Ende der Woche gibt es ein Abschlussfest im Stall mit einer Elternvorführung. Der Reitstall Kölle bietet auch einzelne Ponystunden für Kinder ab 6 Jahre an. Dabei geht es zunächst um den Umgang mit dem Pferd und um kleine, vorsichtige Reitanfänge.

Pferdewagenfahrten im Wildpark Hagenschieß

Tiefenbronner Straße 9, 75175 Pforzheim. ✆ 07231/393328, www.pforzheim.de. pressestelle@stadt-pforzheim.de. **Bahn/Bus:** ↗ Pforzheim, Bus 5 bis Seehaus, Hochschule/Wildpark. **Auto:** Im Stadtgebiet Pforzheim der Beschilderung Hochschule bzw. Wildpark folgen. **Zeiten:** So, Fei und Ferien ab 14 Uhr, am besten Fr vorher anrufen. **Preise:** 2 €.

▶ Wenn das Wetter schön ist, heißt der Treffpunkt am Wochenende Oberer Spielplatz. Dort im Wildpark Hagenschieß startet nämlich die Fahrt mit dem Pferdewagen. Genauer gesagt mit einer langen Kutsche, gezogen von zwei kräftigen **Ardennern** namens *Nick* und *Nomat,* die es als **Rückenpferde** gewohnt sind, schwere Gefährte zu ziehen. 20 – 25 Personen können im Wagen Platz nehmen, und dann wird eine gro-

*Der **Ardenner** ist ein schweres, massiges Kaltblutpferd. Der Name des Tieres stammt aus Frankreich, aus den Ardennen. Er gilt als eine der ältesten Pferderassen, denn schon zu Zeiten der Römer diente er als Reitpferd.*

***Rückenpferde** nennt man Pferde, die im Wald gefällte Bäume zum nächsten befahrbaren Weg transportieren.*

ße Runde durch den Wildpark gedreht, die etwa 10 Minuten dauert.

Tierparks und Gärten

Die grüne Mitte Bietigheim-Bissingens

Bürgergarten, Bietigheim-Bissingen. **Bahn/Bus:** ↗ Bietigheim-Bissingen, ab Bhf Bus 553, 554, 567 bis Auwiesengarten, 5 Min Fußweg. **Zeiten:** Ganzjährig frei zugänglich.

▶ Zwischen den Toren der historischen Altstadt von Bietigheim und der beeindruckenden Kulisse des Enzviadukts liegt der Bürgergarten. Er verdankt seine Entstehung der Landesgartenschau von 1989. Der innerstädtische Park findet mit Staudengarten, Wasserachse und Feuchtbereich regen Anklang bei Groß und Klein. Der Feuchtbereich wird durch den *Streifelbach* gespeist, damit sich ein natürlicher Lebensraum für die Tier- und Pflanzenwelt erhalten kann. Besonders beliebt bei Kindern sind der Streichelzoo mit Tieren des Bauernhofs und die Vogelvolieren. Richtig austoben können sich Kinder auf dem nahe gelegenen Spielplatz mit seinem abenteuerlichen Spielturm mit der 19 m langer Rutsche und originellen Schaukeln.

Gleich nebenan lädt ein Tretbootverleih zu einer Bootsfahrt auf der Enz ein, 11 – 20 Uhr, Tretboot 5 € pro 30 Min, 10 € pro Std.

Mehr als nur ein Tierpark: Wildpark Hagenschieß

Carsten Schwarz, Tiefenbronner Straße 9, 75175 Pforzheim. ✆ 07231/393328, www.pforzheim.de. **Bahn/Bus:** ↗ Pforzheim, ab Bhf Bus 5 bis Seehaus, Hochschule/Wildpark. **Auto:** ↗ Pforzheim, Beschilderung Hochschule bzw. Wildpark. **Zeiten:** Kinderbauernhof/Streichelzoo bis 17.30 Uhr, restlicher Tierpark ganzjährig rund um die Uhr. **Preise:** Eintritt frei, aber Mo – Fr 2 €, Sa, So und Fei 4 € pro Auto, Futtertüte 1 €. **Infos:** Im Internet kann ein Wildparkquiz heruntergeladen werden.

Happy Birthday!
Kindergeburtstage tierisch natürlich. Die Kinder sind an diesem Tag die Tierpfleger. Sie lernen einiges und dürfen Dinge tun, die sie noch nie gemacht haben, z.B. Elche knutschen oder Blasrohr schießen! Kosten: 70 € pauschal, Dauer: ca. 2,5 Std, Mindestalter 6 Jahre. Für 4- bis 5-jährige Kinder gibt es kürzere Führungen für 50 €, Dauer ca. 1,5 Std.

Das Tier funktioniert nicht? Vielleicht hat der Kerl gerade null Bock

▶ Im Wildpark leben über 400 Tiere – das kann man sich erst gar nicht vorstellen, aber wenn ihr da seid, werdet ihr euch wundern, wie die Tiere auf der über 16 ha großen Fläche fast verschwinden. Hier gibt es eigentlich so ziemlich alles: An einem Gehege bewundert ihr Luchse, während nebenan Elche eure Aufmerksamkeit auf sich ziehen. Sogar ein **Przewalski-Pferd** ist vertreten. Aber auch Fische, Frösche, Lurche und Vögel aus den verschiedensten Regionen unserer Erde könnt ihr bestaunen. Natürlich sind der Kinderbauernhof und der Streichelzoo mit Ziegen und Lamas ein Muss für euch Kinder. Im Streichelzoo darf wie im ganzen Wildpark gefüttert werden, aber dafür gelten besondere Regeln: Es darf nur das Wildparkfutter verwendet werden und zwar überall dort, wo an den Gehegen grüne Tafeln hängen. Bei roten Tafeln ist das Füttern der Tiere nicht erlaubt. Neben weiteren Attraktionen wie der Vogelstimmenwand mit Barfußpfad, dem Baumlehrpfad und den Erlebnisspielplätzen gibt es für Kinder in den Sommerferien die Möglichkeit, sich zum Junior-Ranger ausbilden zu lassen. Das kostet 50 € für eine Woche, Mindestalter 10 Jahre. Frühzeitig anmelden!

Das Przewalski-Pferd ist übrigens nach dem russischen Expeditionsreisenden Nicolai Przewalski benannt. Er hat 1878 diese einzige Wildpferd-Unterart, die es noch gibt, entdeckt.

Familienparadies mitten in der Stadt

Freizeit- und Erlebnispark Enzauenpark, Hohwiesenweg, 75175 Pforzheim. www.pforzheim.de. presse@stadt-pforzheim.de. **Bahn/Bus:** ↗ Pforzheim, ab Bhf Bus 1, 10 bis Enzauenpark. **Auto:** A8 Ausfahrt Pforzheim-Ost, über B10 stadteinwärts, beim Famila-Einkaufcenter links ab. **Rad:** Direkt am Enztalradweg.

Zeiten: Ganzjährig frei zugänglich. **Preise:** Manche Veranstaltungen kosten Eintritt.

▶ Der Enzauenpark ist nicht nur wegen des größten Biergartens der Umgebung ein ideales Ausflugsziel. Seit der Landesgartenschau 1992 zieht der Park mitten in der Innenstadt große und kleine Besucher an. Bei Kindern sehr beliebt sind Wasserspielplatz, Spiel- und Bewegungsweg mit Kletter- und Turngeräten oder Spielpark Römerauen, der die Kinder mit natürlichen Materialien zum Spielen anregt. Für die Sportlichen steht eine große Basketballwiese und der Radweg zur Verfügung. Es gibt ebene Spazierwege zwischen Alleen und Stauden oder am Stillgewässer entlang. Ganzjährig geöffnet, von April – Oktober im Park zudem rund 100 Veranstaltungen für alle Altersgruppen, darunter Open-Air-Kino, Theateraufführungen und Märkte.

Hunger & Durst

Enzauenpark Biergarten Daudert, Frank Daudert, Hohwiesenweg 34, 75175 Pforzheim. ✆ 07231/565197. Je nach Wetter April bzw. Mai – Sep bzw. Okt täglich 10 – 22 Uhr. Mitten im Park, im Selbstbedienungsrestaurant gibt es Eis, Kuchen, Pommes und größere Gerichte.

Spielplätze und Erlebniswelten

Robinsonspielplatz

Freiberger Straße 81, 74321 Bietigheim-Bissingen. ✆ 07142/61478, www.robinsonspielplatz.de. kontakt@robinsonspielplatz.de. **Bahn/Bus:** ↗ Bietigheim-Bissingen, ab Bus-Bhf 5 Min zu Fuß. **Auto:** A81 Ausfahrt 15 Ludwigsburg-Nord, über die B27/Stuttgarter Straße nach Bietigheim. Die Freiberger Straße zweigt rechts ab. **Zeiten:** Täglich 14 – 18, Ferien 10 – 17 Uhr.

▶ Auf einer großen Wiese liegt der Abenteuerspielplatz »Robs«. Vom Bastelangebot über Spiele und sportliche Angebote bis zu Festen gibt es hier ein buntes Abenteuerprogramm für euch. Auch Fußball wird auf dem nahe gelegenen Fußballfeld gespielt. Spielgeräte wie Schaukel, Federball, Stelzen etc. sind auf dem Platz vorhanden. Das Schwimmbecken mit Rutsche hat im Sommer Hochbetrieb. Neben Fahrradtouren und Ausflügen zu interessanten Zielen wie z.B. einem Bauernhof, zum Schloss Monrepos oder der historischen Altstadt Bietigheims werden auch Übernachtungen in Zelten mit Lagerfeuer auf dem Robs angeboten. Ihr dürft euch sogar eine eigene Holzhütte bauen. Im Werkzeugmagazin stehen euch dazu die notwendigen Geräte und Werkzeuge zur Verfügung. Auch bei der Gartenarbeit dürft ihr mithelfen und die Hasen und Meerschweinchen pflegen, die einen eigens erbauten Stall bewohnen und bei schönem Wetter mit euch auf der Wiese in Auslaufgehegen herumtollen. Auch Gänse, Katzen und zwei Schweinchen leisten euch Gesellschaft.

Besonders beliebt sind die in den Sommerferien stattfindenden Aktionswochen zu einem bestimmten Thema. In den letzten Jahren konnten die Kinder die Welt der Indianer, Piraten oder der alten Römer kennen lernen.

Woobie-Park

Mannheimer Straße 13, 75179 Pforzheim. ✆ 07231/4257576, www.woobie-park.de. info@woobie-park.de. **Bahn/Bus:** Ab ↗ Pforzheim Hbf Bus 722 bis Karlsruher Straße. **Auto:** A8 Ausfahrt 43 Pforzheim-West, über B10 Richtung Pforzheim-Zentrum bis Gewerbegebiet Wilferdinger Höhe. **Zeiten:** Mo – Fr 13 – 19, Sa, So, Fei und Ferien 10 – 19 Uhr. **Preise:** Erw kostenlos; Kinder 1 – 3 Jahre 3 €, ab 3 Jahre 5,50 €.

▶ Es bleiben keine Wünsche offen, denn bei diesem Indoor-Spielplatz erwarten euch Röhrenrutschen, Super-Hüpfburgen, ein Trampolin, Soft-Air-Kanonen und ein 40 qm großes Kletterlabyrinth. Den Kleinen stehen in einem abgegrenzten Bereich Hüpfburg, Ballbecken und Bauklötze zur Verfügung. Der Hit im Woobie-Park ist die Übernachtungsparty! Bringt einfach euren Schlafsack mit und dann dürft ihr für 15 € toben bis zum Umfallen und gleich morgens nach dem Frühstück damit weitermachen. Das müsst ihr aber natürlich rechtzeitig anmelden.

Happy Birthday!

Im Standardpaket für 8,90 € pro Kind ist neben dem Eintritt auch das Woobie-Menü enthalten sowie ein Überraschungsgeschenk für die Geburtstagsgesellschaft. Kuchen darf mitgebracht werden. Das Geburtstagskind hat freien Eintritt.

Fuxini

Indoor-Spielplatz, Pforzheimer Straße 113/1, 75417 Mühlacker. ✆ 07041/815470, www.fuxini.de. info@fuxini.de. **Bahn/Bus:** ↗ Mühlacker, ab Bhf Bus 101, 102, 576, 748 bis Goethestraße, 5 Min Fußweg. **Auto:** Aus Richtung Pforzheim über B10 nach Mühlacker, am

Happy Birthday!
Für die Geburtstagsparty gibt es verschiedene Varianten, 6,50 – 9,30 €. Ab 6 zahlenden Gästen haben das Geburtstagskind und 2 Erw freien Eintritt.

 An Sonntagen sind vergünstigte Tageskarten erhältlich, sodass der Familientag auch einmal auf dem Eis stattfinden darf.

Ortsschild rechts zu den Tennisplätzen. **Zeiten:** Mo – Fr 14 – 19, Sa, So, Fei und Ferien 10 – 19 Uhr. **Preise:** 3 €; Kinder ab 2 Jahre 6 €; Gruppen nach Vereinbarung.

▶ Im Indoorbereich findet ihr eine schöne, 2000 qm große Halle sowie folgende Attraktionen für Groß und Klein: Riesenkletterturm mit einer 10 m langen Doppelrutsche, Funshootern und Riesenkorkenzieherrutsche, Klettervulkan, Trampolinanlage, Fußball-/Basketballfeld, eine Kletterwand, doppelte Rollenrutsche, Airhockey, Kicker, Bagger, Kleinkind-Eisenbahn und einen Kleinkindbereich mit eigenem Kletterturm und Bällchenbad, eine Go-Kart-Bahn, Kinderlerncomputer und verschiedene Kiddy Rides.

Wintersport und -spaß

Eishalle im Ellental

Fischerpfad 4 – 6, 74321 Bietigheim-Bissingen. ✆ 07142/74-828, Fax 74-829. www.bietigheim-bissingen.de. eishalle@bietigheim-bissingen.de. **Bahn/Bus:** ↗ Bietigheim-Bissingen Bhf, von dort zu Fuß durch das ehemalige Landesgartenschaugelände. **Auto:** A81 Ausfahrt Ludwigsburg-Nord, B27 bis Bietigheim-Bissingen. **Zeiten:** Sep – März Mo – Fr 13 – 16, Sa 14 – 17, So und Fei 10 – 16 Uhr. **Preise:** Mo – Fr 4,30 €, So und Fei 5 €; Kinder 6 – 17 Jahre Mo – Fr 3 €, So und Fei 3,50 €; Behinderte, Studenten wie Kinder.

▶ In der Eishalle Ellental in Bietigheim-Bissingen ist ab Ende September Spaß in der Eisarena angesagt. Kleine und große Eisläufer tummeln sich gemeinsam auf dem Eis und haben ihren Spaß – egal, ob bei ersten Gleitversuchen oder bei Pirouettendrehungen. Für Familien mit älteren Kindern oder Jugendliche gibt es samstags ab 18 Uhr eine Eisdisco, bei der nach schnellen Rhythmen auf dem Eis getanzt werden darf.

Kunsteisbahn Ellental

Fischerpfad 4 – 6, 74321 Bietigheim-Bissingen. ✆ 07142/74828, Fax 74829. www.bietigheim-bissingen.de. eishalle@bietigheim-bissingen.de. **Bahn/Bus:** ↗ Bietigheim-Bissingen, ab Bhf S5 Richtung Bad Wildbad bis Ellental, von dort 10 Min Fußweg. **Zeiten:** Letzte Woche im Sep – März. **Preise:** 3 Std 4,30 €, So und Fei 5 €; Kinder 6 – 17 Jahre 3 Std 3 €, So und Fei 3,50 €; Studenten, Behinderte wie Kinder. **Infos:** Schlittschuhverleih 4 €.

▶ Hier könnt ihr euch so richtig aufs Glatteis führen lassen. Auf 1800 qm Eisfläche habt ihr genügend Platz, euch auszutoben und viele Pirouetten zu drehen! Die Laufzeit ist auf 3 Stunden beschränkt.

In dieser Halle trainiert übrigens der Eishockeyclub »Steelers«, der in der 1. Eishockey-Bundesliga spielt.

Eissportzentrum St. Maur

Hohwiesenweg 4, 75175 Pforzheim. ✆ 07231/560702, www.pforzheim.de. presse@stadt-pforzheim.de. **Bahn/Bus:** ↗ Enzauenpark. **Zeiten:** Okt – März Di, Mi, Fr 15 – 22, Sa 11 – 18, So und Fei 10 – 19 Uhr. **Preise:** 4,50 €; Kinder 6 – 15 Jahre 3,50 €.

▶ Beim ↗ Enzauenpark gibt es das Eissportzentrum St. Maur. Neben dem freien Laufen erwartet euch jeden Sonntag eine Stunde Kinderdisco.

Betriebsbesichtigungen

HANDWERK UND GESCHICHTE

Historische Ölmühle Illingen

Familie Krauth, Mühlstraße 1/1, 75428 Illingen. ✆ 07042/22580, Fax 9118773. www.oelmuehle-illingen.de. info@oelmuehle-illingen.de. **Bahn/Bus:** RE aus Heidelberg oder Stuttgart bis Illingen, ab Bhf 5 Min Fußweg. **Auto:** B10 aus Richtung Pforzheim oder B35 aus Richtung Bruchsal bis Illingen, unter Bahnbrücke durch, Parkplatz am Bahndamm. **Zeiten:** Nach Vereinbarung. **Preise:** Gruppen 18 – 22 Pers 15 €.

▶ Vor 150 Jahren gab es praktisch in jedem siebten Dorf eine Ölmühle. Waren es in Baden-Württemberg bis 1960 insgesamt rund 200 Ölmühlen, so sind es heute nur noch eine Handvoll, die Speiseöl produzieren. Diese haben jedoch mit den ursprünglichen Mühlen nicht mehr viel gemein. Die Ölmühle Illingen allerdings konnte in ihrem ursprünglichen Zustand erhalten werden – alles erfüllt wie eh und je seine Aufgabe. Die Ölmühle ist ein Museum zum Anfassen, in dem mit dem historischen Handwerkszeug von 1904 Öl hergestellt wird. Ihr könnt beobachten, wie Walzen und Zahnräder angetrieben und massige Mühlsteine und hydraulische Pressen in Bewegung gesetzt werden.

Museen und Stadtführungen

Alarm für Naschkatzen: Das Bonbonmuseum in Vaihingen

Industriestraße 9 – 11, 71655 Vaihingen/Enz-Kleinglattbach. ✆ 07042/907-0, Fax 907-129. www.bonbonmuseum.de. j.hein@jung-europe.de. **Bahn/Bus:** ↗ Vaihingen/Enz, ab Bhf Bus 592 Richtung Gündelbach bis Kleinglattbach Nordbhf. **Auto:** A81 Ausfahrt Stuttgart-Zuffenhausen oder Ludwigsburg-Nord, A8 Ausfahrt Pforzheim-Ost. **Zeiten:** Mo – Fr 10 – 17.30, Sa 10 – 12.30 Uhr. **Preise:** Eintritt frei.

▶ Wo kommen eigentlich die Bonbons her? Erfunden wurde das »gut-gut«, so die wörtliche Übersetzung, im Vorderen Orient schon im 8. Jahrhundert. Die Fabrikproduktion begann aber erst im 20. Jahrhundert. Den geschichtlichen Verlauf könnt ihr im Museum selbst nachverfolgen. Außerdem findet ihr Antworten auf Fragen wie: Warum hilft ein Bonbon gegen Husten? Ihr werdet außerdem sicher euren Spaß dabei haben, im Bonbonmuseum Schaufenster-Werbefiguren in Bewegung zu setzen. Hinzu kommen Filme über die Herstellung von den runden Leckerlis. Schließlich könnt ihr noch einen Blick auf eine authentische Ladeneinrichtung eines 100 Jahre alten

Kolonialladens aus der Stuttgarter Calwerstraße werfen. Nach so viel süßer Verführung ist es nur selbstverständlich, dass ihr eure Lust auf Süßes gleich in Nascherei umsetzt. Dazu besichtigt ihr am besten noch das Gummibären-Land der JUNG-Bonbonfabrik. Hier gibt es alles, was kleine und große Schleckermäuler begehren.

Unheimliches in Bietigheim

Tourist-Information, Marktplatz 10, 74321 Bietigheim-Bissingen. ✆ 07142/74-227, -299 (Presseamt). www.bietigheim-bissingen.de. presseamt@bietigheim-bissingen.de. **Bahn/Bus:** ↗ Bietigheim-Bissingen, ab Bhf Bus 553, 554, 567 bis Pfarrstraße. **Zeiten:** Okt – März Fr 19 Uhr, April – Sep Fr 20 Uhr. **Preise:** 3,50 €, Gruppen bis 25 Pers pauschal 50 €; Kinder 6 – 18 Jahre 2 €. **Infos:** Treffpunkt der öffentlichen, freitäglichen Nachtwächterwanderung ist der Hillerplatz.

▶ Ganz schön gruselig, was da früher teilweise passiert ist. Und die Geschichten, die euch der Nachtwächter bei einem Gang durch die Altstadt von Bietigheim-Bissingen erzählt, sind umso gruseliger, wenn es dunkel ist und dadurch die Figuren aus den Geschichten tatsächlich zum Leben zu erwachen scheinen. Einmal im Monat findet freitags eine solche Führung mit Sagen und Anekdoten statt. Ihr könnt einfach eine offene Führung besuchen, deren Termine ihr beim Presseamt der Stadtverwaltung anfragen könnt.

Ihr könnt eure eigene private Führung buchen, zum Beispiel als Abschluss für eine Kindergeburtstagsfeier. Da könnt ihr dann messen, wer von euch der Mutigste ist.

Die Kinder meinen: Ohne Autos wäre Besigheim noch viel schöner

Die Römer am Neckar

Römerhaus, Römerstraße 16, 74399 Walheim. ✆ 07143/80410 (Rathaus), www.walheim.de. info@walheim.de. **Bahn/Bus:** Ab

Es gibt spezielle Führungen durchs Römerhaus, bei denen römische Kleidung ausprobiert werden darf. Anmeldungen im Rathaus. Eine Führung kostet 20 €.

➚ Heilbronn RB bis Walheim, ab Bhf 5 Min Fußweg. **Auto:** A81 Ausfahrt 15 Ludwigsburg-Nord, über B27 Richtung Bietigheim-Bissingen, über Besigheim nach Walheim. **Zeiten:** April – Okt Sa 14 – 18, So und Fei 10 – 18 Uhr. **Preise:** 2 €; Kinder ab 6 Jahre 1 €; Behinderte 1 €.

▶ Überall in Walheim könnt ihr Spuren der römischen Vergangenheit der Region finden. Denn in Walheim befanden sich zwei römische Kastelle und eine zivile Siedlung der Römer. Bei Grabungen wurden mehr als 30 Stein- und Holzbauten entdeckt. Die Funde daraus sind im Römerhaus zu sehen. Sie spiegeln die Lebensverhältnisse der Römer Mitte des 2. bis Mitte des 3. Jahrhunderts anschaulich wieder.

Der Hauptteil des Museums besteht aus der ca. 48 x 14 m großen Steinruine eines römischen Handelshauses. Man nimmt an, dass dieses Gebäude einmal ursprünglich zweistöckig gewesen ist und einem reichen Händler als Wohn- und Arbeitsgebäude diente. Die Größe der Anlage sowie einige Fundstücke lassen auf einen gewissen Reichtum und Status des Besitzers schließen. Das Gebäude lässt sich grob in zwei Hälften teilen. Die zur Hauptstraße gelegene große Halle stellte wohl den Verkaufsraum dar. Dahinter schlossen sich private Räume an. Im Römerhaus werden auch Funde der römischen Siedlung in Walheim gezeigt. Hier gibt es viele Stücke aus dem Alltagsleben der Römer, die auch von der römischen Handwerkskunst zeugen. Würfel, Schmuck und Geschirr führen auch Kindern vor Augen, wie die Römer einst gelebt haben.

Glitzernde Pracht für Groß und Klein

Schmuckmuseum Pforzheim, Jahnstraße 42, 75173 Pforzheim. ✆ 07231/392126, Fax 391441. www.schmuckmuseum-pforzheim.de. schmuckmuseum@stadt-pforzheim.de. **Bahn/Bus:** ➚ Pforzheim Hbf, von dort Stadtbus 2, 4 bis Jahnstraße. **Auto:** A8 Ausfahrt 43 Pforzheim-West über B10 nach Pforzheim-

▶ Als 1767 der Franzose Jean Francois Autran die Genehmigung für die Errichtung einer Taschenuhrenfabrik bekam, wurde damit in Pforzheim der Grundstein für die Schmuck- und Goldstadt gelegt. Es waren die Kinder aus dem Waisenhaus am Enzufer, die in der späteren Schmuck- und Stahlwarenfabrik mit Hand anlegten. Bereits ein Jahr später entstand die Goldschmiedeschule mit Uhrmacherschule. Heute muss jeder, der eine Ausbildung im Schmuck- und Uhrenbereich macht, an diese Schule gehen. Sie ist im Reuchlinhaus untergebracht, wo auch das Schmuckmuseum seine Schätze zeigt, ↗ www.goldschmiedeschule.de.

GOLDENES PFORZHEIM

Die Ausstellung Schmuckwelten zeigt Originale aus 5 Jahrtausenden bis heute, Schwerpunkte sind dabei die griechische und etruskisch-römische Antike, die Renaissance und die Zeit des Jugendstils. In der Schmuckerlebniswelt können Besucher die flackernde Hitze einer Goldschmelze, die Entstehung von Schmuckstücken, die Welt der Edelsteine und Perlen und vieles mehr in einem Rundgang der besonderen Art erleben. ◀

Zentrum. **Zeiten:** Di – So und Fei 10 – 17 Uhr. **Preise:** 3 €; Kinder bis 15 Jahre frei, ab 15 Jahre 1,50 €.

▶ Das Schmuckmuseum der »Goldstadt« Pforzheim ist ein weltweit einzigartiges Spezialmuseum zum Thema Schmuck. Die Ausstellung präsentiert Schmuckkunst aus 5000 Jahren anhand von 2000 Exponaten. Für Kinder gibt es eigens das **Kinderschmuckmuseum,** eine bunte Holzkiste auf Rollen. Hier erfahren auch die Jüngeren schon so einiges über Schmuck. Schubladen lassen sich herausziehen und einzelne Objekte dürfen angefasst werden. Die Kinder können auch Schmuckstücke anlegen und sich vor einem Spiegel in all ihrer Pracht bewundern. Auf der Internetseite wird immer wieder auf Veranstaltungen und Projekte speziell für Kinder und Familien hingewiesen. Hierzu zählen z.B. Workshops, bei denen jeder Teilnehmer eigenen Schmuck entwirft und anschließend mit nach Hause nehmen darf.

*Zwar nannte sich die **DDR** demokratisch, doch gab es nur eine Partei, sodass die Wähler nur diese wählen konnten. Da viele Menschen ständig bespitzelt wurden, haben sie sich oft nicht getraut, erst gar nicht zur Wahl zu gehen.*

Trabbi & Co.

DDR-Museum, Hagenschießstraße 9, 75175 Pforzheim-Buckenberg. ✆ 07231/62191, www.pforzheim-ddr-museum.de. pforzheim-ddr-museum@online.de. **Bahn/Bus:** Ab Pforzheim Hbf Bus 763, 769 bis Hagenschieß-Ost. **Auto:** A8 Ausfahrt 43 Pforzheim-Zentrum Richtung Tiefenbronn, Beschilderung Hochschule/Wildpark folgen. Nach Tierpark nächste Straße links in Hagenschießstraße. **Zeiten:** Sa 11 – 15 Uhr und nach Vereinbarung. **Preise:** Eintritt frei.

▶ Viele Kinder wissen gar nicht mehr, dass Deutschland vor nicht allzu langer Zeit ein geteiltes Land gewesen ist. Die Sammlung zur Geschichte der **Deutschen Demokratischen Republik** im DDR-Museum will daran erinnern, dass es einmal zwei deutsche Staaten mit unterschiedlichen politischen Systemen gegeben hat. Der Schwerpunkt des Museums liegt auf der Ausstellung von Alltagsgegenständen. Wie sah denn nun der legendäre Trabbi aus? Sogar echte Motorengeräusche gibt es von ihm zu hören und natürlich ist die Mauer, die Berlin umschloss, ein wichtiges Thema. Karten und Bilder informieren über die Insellage Berlins, für Kinder heute nur ganz schwer vorstellbar. Es gibt Dokumentationen zu Fluchtversuchen und Infos über Grenzsicherung und Grenzkontrollen. Außerdem können Kinder einen Blick in die DDR-Schulbücher werfen.

Wie Bauern früher arbeiteten

Bäuerliches Museum, Julius-Heydegger-Straße 5, 75181 Pforzheim-Eutingen. ✆ 07231/39-1072, Fax 39-2303. www.pforzheim.de. **Bahn/Bus:** ↗ Pforzheim, ab Bhf S5 bis Eutingen. **Zeiten:** März – Okt So 14 – 17 Uhr oder nach Vereinbarung. **Preise:** Eintritt frei. **Infos:** Sonderführungen buchbar bei der Ortsverwaltung Eutingen, ✆ 07231/39-1750 oder -2079 (Herr Frisch).

▶ Im Bäuerlichen Museum im Pforzheimer Stadtteil Eutingen lernt ihr das Landleben unter verschiedenen Aspekten kennen. Ackerbau und Viehzucht,

Haus- und Milchwirtschaft, Wäschewaschen, Weben und Imkerei sind die Themen. Wie wurde anno dazumal gebacken, welche Bedeutung kam dem Schlachten von Tieren zu, welche Gerätschaften wurden hierfür verwandt? Für euch ist ein Besuch im Museum vor allem deshalb spannend, weil ihr viele Originale anschauen könnt: Pflüge, Eggen, Hacken oder Sägeräte für die Bearbeitung des Bodens oder Sichel, Sense und Dreschflegel für die Ernte, Wäschestampfer und Spinnräder oder auch die Geräte, die für die Tierhaltung notwendig waren.

BÜHNE, LEINWAND UND AKTIONEN

Theater

Figurentheater Mottenkäfig

Kirchenstraße 3, 75172 Pforzheim-Brötzingen. ✆ 07231/46-5650, -3234 (Kartentelefon), Fax 46-7654. www.figurentheater-pforzheim.de. kontakt@figurentheater-pforzheim.de. **Bahn/Bus:** ↗ Pforzheim, S6 bis Bhf Brötzingen-Mitte, dann zu Fuß ca. 6 Min oder Stadtbus 1, 9, 10 bis Stadtmuseum. **Auto:** A8 Ausfahrt 43 Pforzheim-West, über B10 Richtung Pforzheim-Innenstadt. **Zeiten:** Je nach Spielplan. **Preise:** 5 €; Kinder ab 3 Jahre 5 €; ab 10 Pers 4,50 €.

▶ Ob »Drei Chinesen mit dem Kontrabass« oder »Das Ei des Kolumbus:« im Figurentheater Mottenkäfig

Programme für die laufende Spielzeit sind bei der Tourist-Information Pforzheim erhältlich.

▶ **Spielt doch einmal selbst Theater:** entweder nach einem Märchen oder einer selbst ausgedachten Geschichte. Alle müssen die Story gut kennen, jeder bekommt eine Rolle oder Aufgabe, denn beim Theater gibt es noch mehr Berufe als nur Schauspieler: Kulissenbauer, Kostümschneider und natürlich jemand, der Regie führt, also immer sagt wie es weitergehen soll. Der Theaterdirektor muss für »volles Haus« sorgen, also für genügend Publikum. Kulissen könnt ihr aus beklebten und bemalten großen Pappkartons bauen, zum Verkleiden genügen oft schon ein paar alte Gardinen oder Hemden. ◀

werden alle Stücke kind- und altersgerecht umgesetzt. Für Gruppen sehr empfehlenswert ist ein Besuch der Figurentheaterwerkstatt mit Einblicken in die Entstehung einer Theaterproduktion und anschließender Aufführung im Proberaum. Termine und Preis nach Vereinbarung.

FESTKALENDER

Juni: Ende, Walheim: **Direktvermarktertag »Gutes von hier!** Betriebe und Direktvermarkter präsentieren regionale Produkte.

Juli: 3. Wochenende, Mühlacker: **Herzogsritt,** historischer Reiter- und Kutschenumzug im Gedenken an den Markungsumritt von 1604 von Herzog Friedrich von Württemberg.

Mitte, alle 2 Jahre in geraden Jahren, Bietigheim-Bissingen: **Kindertag,** mit vielen Aktionen und Attraktionen für Kinder an der alten Enzbrücke und im Bürgergarten.

Ende, Pforzheim: **Internationales Straßentheaterfestival mit Figuren,** in- und ausländische Figurentheatergruppen, Innenstadt.

August: 1. Wochenende, Pforzheim: **Lichterfest,** großes Feuerwerk im Enzauenpark.

Letztes Wochenende, Bietigheim-Bissingen: **Pferdemarkt,** traditionelles Fest mit Reit- und Springturnier, Prämierungen, Festzelt, Festumzug, Feuerwerk, Krämermarkt, Vergnügungspark und landwirtschaftlicher Ausstellung.

Dezember: 1. – 4. Advent, Pforzheim: **Goldener Weihnachtsmarkt.**

3. Advent, Sa, So, Mühlacker: **Weihnachtsmarkt** mit 100 Ständen auf dem Kelterplatz und Kunsthandwerkermarkt im Mühlehof.

Mitte Dez – 4. Advent, Bietigheim-Bissingen: **Sternlesmarkt** in der Altstadt mit Kunsthandwerk und Kulinarischem. Mit Bühnenprogramm.

ORTE, INFO & VERKEHR

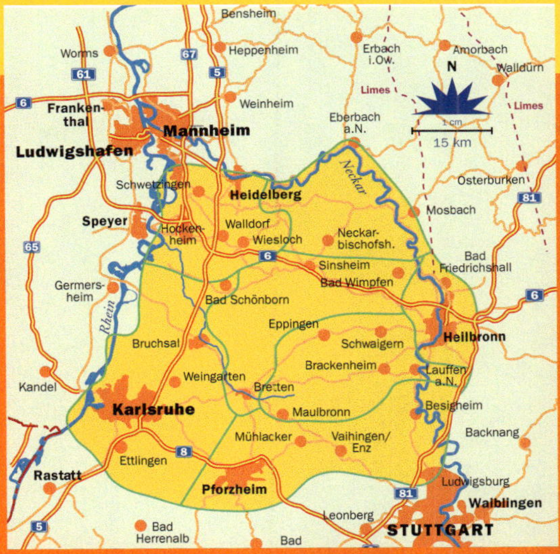

HEIDELBERG & KURPFALZ
KLEINER ODENWALD
KARLSRUHE & RHEIN
ZENTRALER KRAICHGAU
NATURPARK NECKAR-ZABER
HEILBRONN & NECKAR
PFORZHEIM & ENZ
ORTE, INFO & VERKEHR
FERIENADRESSEN & EINKAUFEN
KARTEN & REGISTER

WISSEN IST MACHT …

Wer sich aktuell über örtliche Veranstaltungen oder die Region informieren will oder eine Unterkunft sucht, schaut am besten beim Fremdenverkehrsamt oder Verkehrsbüro des betreffenden Ortes vorbei.

Die nachfolgenden **Ortsbeschreibungen** enthalten die Adressen dieser Infostellen sowie Anfahrtsbeschreibungen. Sie sind in der Reihenfolge der geografischen Griffmarken und innerhalb dieser – wie immer – nach Postleitzahlen sortiert.

Nach den Ortsinformationen folgen grundlegende Informationen zu den **öffentlichen Verkehrsmitteln in der Region.** Eine tolle Seite mit Links zu allen Verkehrsbetrieben und -verbünden Deutschlands und vielen anderen Tipps zur Reiseplanung ist www.connexions.de.

Freundinnen: Hinter ihrem Rücken liegt das Heidelberger Schloss

… UND CONNEXIONS SIND ALLES!

Zentrale Internetportale der Region:

www.kurpfalz-tourist.de: Mitgliedsgemeinden mit ihren jeweiligen Seiten. Weiterführende Links sind unter **www.heidelberg-marketing.de** zu finden.

www.tg-odenwald.de: Seite der Touristikgemeinschaft Odenwald.

www.odenwald-urlaubshoefe.de: Infos zu Bauernhofurlauben.

www.geo-naturpark.net: Museen und Auskünfte rund um den Tourismus. Unter **www.kraichgau.de** sind weiterführende Links zu Wanderungen, Unterkünften, Sehenswürdigkeiten etc. zusammengefasst.

www.wohlfuehlland.de: Pauschalangebote, Veranstaltungen und aktuelle Infos für die Kraichgau-Orte Östringen und Kraichtal.

www.kraichgau.com: Feste, Veranstaltungen, Badeseen und Jugendclubs.

www.kraichgau-stromberg.com/kst/de/html/Freizeit-und-Urlaubsplaner.php: großes Download-Angebot der Kraichgau-Stromberg-Tourismus e.V., mit entsprechenden Datenbanken, auch für die Prospektbestellung.

www.oberderdingen.de: Infothek Oberderdingen.

www.sternenfels.org: Touristik-Agentur Sternenfels.

www.pforzheim.de/tourismus: Hier gibt es eine Seite, von der man Broschüren herunterladen kann.

www.muehlacker.de: Hier findet man alles zu den Stichworten Mühlacker, Treffpunkt, Stadt, Marktplatz, Aktuell, Kultur, Region, Enzkreis.

Heidelberg & Kurpfalz

Schwetzingen

Stadtinformation, Dreikönigstraße 3, 68723 Schwetzingen. ✆ 06202/945875, Fax 945877. www.schwetzingen.de. info@schwetzingen.de. Gegenüber von Rathaus und Pankratiuskirche, 100 m vom Schlosseingang entfernt. **Bahn/Bus:** RB Karlsruhe – Mannheim bzw. Heidelberg bis Schwetzingen, ab Bhf zahlreiche Buslinien bis Schlossplatz. **Auto:** A6 Ausfahrt 29 Schwetzingen/Hockenheim, Richtung Schloss, Parkplätze Alter Messplatz und Karlsruher Straße. **Zeiten:** Mo – Fr 9 – 18.30, Sa 10 – 13, April – Sep bis 15 Uhr.

▶ Viele denken bei Schwetzingen zunächst einmal an Spargel, wofür die Stadt auch tatsächlich sehr berühmt ist. Dominant ist natürlich auch das Schloss mit seiner bezaubernden Gartenanlage. Aber Schwetzingen hat noch mehr zu bieten: Auf dem herrlichen Schlossplatz mit seinem großen gastronomischen Angebot lässt es sich super verweilen. Der romantische Weihnachtsmarkt und die Schlossfestspiele sorgen dafür, dass auch kulturell niemand zu kurz kommt.

2007 wurde der Antrag auf Aufnahme der ehemaligen kurpfälzischen Sommerresidenz Schwetzingen in die Liste des UNESCO-Weltkulturerbes gestellt.

Heidelberg

Tourist-Information, Willy-Brandt-Platz 1, 69115 Heidelberg. ✆ 06221/19433, rund um die Uhr, Fax 142254. www.heidelberg-marketing.de. touristinfo@heidelberg.de. Am Hauptbahnhof. **Bahn/Bus:** ICE, IC, EC, RE, RB und S-Bahn von Frankfurt, Darmstadt, Mannheim, Karlsruhe sowie RB von Eberbach. **Auto:** A5, A6 und A67. **Zeiten:** April – Okt Mo – Sa 9 – 19, So und Fei 10 – 18 Uhr. Nov – März Mo – Sa 9 – 18 Uhr, So und Fei geschlossen. Auch Stadtrundfahrten. **Infos:** Bergbahn: www.bergbahn-heidelberg.de; Straßenbahn, Busse und Züge: www.vrn.de.

▶ Dass Heidelberg eine schöne Altstadt hat, ist bekannt. Bei einem Bummel durch die Fußgängerzone sind viele schöne Fachwerkhäuser zu bestaunen. Es gibt jede Menge Restaurants und Cafés. In der Altstadt lohnt sich auch ein Besuch des Kurpfälzischen Museums, des Verpackungs- oder des kleinen Völkerkundemuseums. An den Ausläufern des Königstuhls liegt das Heidelberger Schloss. Eine Bergbahn verbindet es mit dem Kornmarkt in der Fußgängerzone in der Heidelberger Innenstadt. Die Fahrt mit der Bahn von 1890, deren schöne alte, frisch restaurierte Waggons von einer dicken Stahltrosse steil nach oben gezogen werden, ist ein Ereignis für Jung und Alt. Oben erwarten euch Attraktionen wie eine Falknerei mit Flugschau, ein ungewöhnlicher Waldlehrpfad und eine Sternwarte.

Wiesloch

Tourist-Information, Stadtverwaltung Wiesloch FB 5 Kultur, Sport und Fremdenverkehr, Marktstraße 13, 69168 Wiesloch. © 06222/84313, Fax 84478. www.wiesloch.de. info@wiesloch.de. **Bahn/Bus:** IC, RE, RB Karlsruhe – Heidelberg bis Wiesloch, ab Bhf zahlreiche Buslinien bis Ringstraße. **Auto:** A6 Abfahrt Wiesloch-Rauenberg B39, nach 2 km rechts Südtangente bis Wiesloch. **Zeiten:** Mo – Fr 8 – 12, Mo, Di und Do 14 – 16, Mi 14 – 18 Uhr.

▶ Die Stadt Wiesloch ist nach Leimen die viertgrößte Stadt im Rhein-Neckar-Kreis. Sie ragt gleich in mehrere attraktive Regionen hinein: Auf der einen Seite schließt sie noch an die südlichen Ausläufer des Kleinen Odenwalds an, auf der anderen Seite berührt sie das Rheintal bzw. das Kraichgauer Hügelland.

In den verschiedenen Ortsteilen der Kreisstadt gibt es zahlreiche Angebote wie Tierparks, im Stadtkern selbst ist der Sinnespark des Psychiatrischen Zentrums ein absoluter Höhepunkt. Daneben stehen Eissporthalle, Minigolf und Schwimmbad für Aktivitäten in der Freizeit zur Verfügung.

Mit der **HeidelbergCARD,** erhältlich bei der Tourist-Info am Bahnhof, sind viele Sehenswürdigkeiten vergünstigt, vom Fahrrad-Verleih bis zur Fahrt mit der Bergbahn. Es gibt sie in vier Varianten: für 1 Tag (12,50 € pro Pers), für 2 Tage (17 € pro Pers), für 4 Tage (22 € pro Pers) und speziell für Familien (30 € für 2 Tage für 2 Erw, 3 Kinder oder 1 Erw, 4 Kinder). Die HeidelbergCARD berechtigt zur Fahrt mit dem ÖPNV, umfasst eine Schlossführung und freien Eintritt in mehrere Museen.

Kleiner Odenwald

Neckargemünd

Tourist-Information, Bahnhofstraße 13, 69151 Neckargemünd. ✆ 06223/3553, Fax 73784. www.neckargemuend.de. touristinfo.neckargemuend@t-online.de. Am Bahnhof, in den Räumen des Reisebüros Bauder. **Bahn/Bus:** S1 Kaiserslautern – Osterburken, S2 Kaiserslautern – Mosbach, RB Heidelberg – Bad Friedrichshall. Zahlreiche Buslinien von Heidelberg. **Auto:** 9 km östlich von Heidelberg an der B37. **Zeiten:** Mo – Fr 9 – 18, Sa 9 – 13 Uhr.

▶ Neckargemünd wird auch »die schöne Nachbarin Heidelbergs« genannt. Das nur 10 km von Heidelberg das Neckartal aufwärts gelegene Städtchen besitzt einige historische Sehenswürdigkeiten. Zu nennen sind insbesondere das klassizistische Stadttor, der Zugang zur geschlossenen Altstadt, die zahlreichen Fachwerkhäuser, die sich nicht nur um den idyllischen Marktplatz sammeln, sondern in der ganzen Stadt zu begutachten sind. sowie die schöne, alte Sandsteinvilla, die früher als Rathaus diente, mit ihrem wunderschönen Park. Neckargemünd bietet zahlreiche Einkaufsmöglichkeiten sowie Restaurants und Cafés.

Brunnenregion Waibstadt

Touristikbüro Brunnenregion, Hauptstraße 31, 74915 Waibstadt. ✆ 07263/91470, www.brunnenregion.de. info@brunnenregion.de. **Bahn/Bus:** RE, RB Karlsruhe – Heidelberg bis Sinsheim, Stadtbus 766 Sinsheim – Waibstadt bis Brunnenregion. **Auto:** A6 Ausfahrt 33 Sinsheim, über B292 Richtung Mosbach, Neckargemünd nach Waibstadt.

▶ Dort, wo der Kraichgau in den Kleinen Odenwald übergeht, liegt die Brunnenregion. In den Brunnen der Städtchen und Dörfer leben noch Feen, Nixen und Brunnenweiblein, die dafür sorgen, dass das Wasser immer sauber und klar bleibt. Die alten Sa-

Eine Rad- und Wanderkarte Kleiner Odenwald – Kraichgau mit Brunnenregion, herausgegeben vom Naturpark Bergstraße-Odenwald, ist in den Rathäusern der Brunnenregion für 7 € (bei Zusendung zzgl. Porto) erhältlich.

gen und Mythen der geheimnisvollen Brunnen haben sich in dieser vom Tourismus noch unberührten Landschaft bis heute in Geschichten und Sagen erhalten. Die Brunnenregion ist das ideale Naherholungsgebiet für die Städte der Umgebung. Heidelberg, Heilbronn, Mannheim und Karlsruhe liegen jeweils nur circa eine halbe Stunde entfernt.

Karlsruhe & Rhein

Karlsruhe

Tourist-Information, Bahnhofplatz 6, 76137 Karlsruhe. ✆ 0721/3720-5383, -5384, Fax -5385. www.karlsruhe-tourism.de, www.karlsruhe.de. touristinfo@kmkg.de. Direkt am Bahnhof. **Bahn/Bus:** ICE, IC, RE, RB bis Karlsruhe. **Auto:** A5 Ausfahrt Karlsruhe-Durlach, auf die B10 Richtung Landau bis Ausfahrt Bahnhof, ab hier Beschilderung. **Zeiten:** Mo – Fr 8.30 – 18 Uhr, Sa 9 – 13 Uhr.

▶ Jede Stadt hat sicher den einen oder anderen besonderen Spielplatz zu bieten. Karlsruhe hat gleich unzählige im Angebot! Da ist der große Spielplatz im ➚ Zoo, der ➚ Robinson-Spielplatz am Schloss, zwei außergewöhnliche Spielplätze in der ➚ Günther-Klotz-Anlage, zahlreiche Abenteuer-Spielplätze … Neben den Spielplätzen gibt es noch die Günther-Klotz-Anlage, die von den Einheimischen liebevoll »die Klotze« genannt wird. Sie lockt auf einem Areal von 18 ha mit einem Modellboot- und Ruderbootsee, einem Rodel- und Aussichtshügel, Spielplätzen, großen Spiel- und Liegewiesen und vielen Spazierwegen. Daneben hat fast jeder Stadtteil ein tolles Schwimmbad, vor allem die Freibäder fallen aus dem Rahmen.

@ www.klappeauf.de: Umfangreiches Kultur- und Veranstaltungsprogramm für Karlsruhe und Umgebung.

Immer was los: In der Günther-Klotz-Anlage

Foto: Günter Hansen

Bruchsal

Tourist-Information, Am Alten Schloss 2, 76646 Bruchsal. ✆ 07251/50594-60, Fax 50594-65. www.bruchsal-erleben.de. touristcenter@btmv.de. **Bahn/Bus:** In Bruchsal Bhf halten alle Züge des Nah- und Fernverkehrs (auch IC und ICE), sowie die Karlsruher Stadtbahn. Ab Bhf 10 Min Fußweg oder Bus 125 bis Kaiserstraße. **Auto:** A5 Frankfurt – Basel Ausfahrt 42 Bruchsal. **Zeiten:** Mo, Di 8 – 14, Mi – Fr 10 – 13 und 14 – 18, Sa 9 – 12 Uhr. **Infos:** Innerhalb Bruchsals und in den Stadtteilen verkehrt der Stadtbus »Max« ab Busbahnhof in der Bahnhofstraße.

Treffpunkt: Schloss von Bruchsal

▶ Es ist nicht nur das dominante und sehr sehenswerte Barockschloss mit seinen zahlreichen Museen, das in Bruchsal die Gäste anlockt. Bei einem Rundgang durch die Stadt trifft man überall auf Zeitzeugen der über 1200-jährigen Bruchsaler Geschichte. Es sind die vielen versteckten Kulturschätze, die eine Tour durch Bruchsal erlebnisreich und lohnend machen. So gibt es bei einem Bummel durch die engen und geheimnisvollen Gassen und Winkel der ländlich idyllischen Stadtteile zahlreiche historische Bauwerke und Sehenswürdigkeiten zu entdecken.

Zentraler Kraichgau

Sinsheim

Tourist-Information, Wilhelmstraße 14 – 18, 74889 Sinsheim. ✆ 07261/404-0, Fax 404-165. www.sinsheim.de. rathaus@sinsheim.de. **Bahn/Bus:** Sinsheim ist Station auf den Strecken RE Heilbronn – Heidelberg,

RB Heidelberg – Eppingen, ab Sinsheim Bhf Bus 762, 767 bis Sparkasse. **Auto:** A6 Ausfahrt 33 Sinsheim Richtung Neckargemünd, B39 bis Sinsheim. Etwa 1 km nach der Ortseinfahrt rechts auf Dührener Straße. Wieder rechts in Hauptstraße und links in Wilhelmstraße. **Zeiten:** Mo – Do 8 – 17, Fr 8 – 12 Uhr.

▶ Sinsheim hat in jüngster Zeit vor allem wegen der Aufstiegsmannschaft Hoffenheim in die 1. Fußball-Bundesliga von sich reden gemacht. Mindestens genauso berühmt ist das Technik-Museum, wo die spitzen Nasen der ausgestellten Überschall-Personen-Flugzeuge weit über die Autobahn sichtbar sind. Sinsheim hat eine schicke Innenstadt mit Fachwerkhäusern und mit der ↗ Burg Steinsberg eine alles überragende, schöne Ausflugsmöglichkeit.

Melanchthonstadt Bretten

Stadtinformation, Untere Kirchgasse 9, 75015 Bretten. ✆ 07252/921-0, Fax 921-160. www.bretten.de. stadt@bretten.de. **Bahn/Bus:** S4 Karlsruhe – Flehingen bzw. Weinsberg, S31 Karlsruhe – Mühlacker, S5 Pforzheim – Bietigheim-Bissingen bis Bretten Stadtmitte, 10 Min zu Fuß bis Untere Kirchgasse. **Auto:** Ab Heilbronn bzw. Karlsruhe über die B293 nach Bretten. In Bretten über Alexanderplatz und Melanchthonstraße bis Untere Kirchgasse. **Zeiten:** Täglich 9.30 – 17 Uhr, Sa 9.30 – 12.30 Uhr. **Infos:** Stadtbahnen: www.kvv.de, www.heilbronner-verkehrsverbund.de.

▶ Die Kreisstadt Bretten mit rund 28.000 Einwohnern liegt zwischen Karlsruhe, Pforzheim, Stuttgart und Heilbronn. Gute Verkehrsverbindungen zu den Autobahnen A5, A8 und A6 sowie die Lage am Kreuzpunkt der Bahnlinien Karlsruhe – Heilbronn bzw. Stuttgart – Bruchsal und vor allem auch die Stadtbahnlinien von Karlsruhe, Heilbronn und Bruchsal machen Bretten für den Besucher leicht erreichbar. Zahlreiche Ziele wie der berühmte ↗ Streichelzoo sind in Bretten ebenso attraktiv wie die gute Ausgangslage für Unternehmungen im Kraichgau.

Naturpark Neckar-Zaber

Neckar-Zaber

Tourist-Information Brackenheim, Heilbronner Straße 36, 74336 Brackenheim. ✆ 07135/933-525, Fax 933-526. www.neckar-zaber-tourismus.de. info@neckar-zaber-tourismus.de. Direkt am ZOB. **Bahn/Bus:** Bus 661 Heilbronn – Ochsenburg, Bus 662 Heilbronn – Bönnigheim, Bus 663 Lauffen – Güglingen bis Brackenheim ZOB. **Auto:** A6 Ausfahrt 34 Sinsheim-Steinsfurt Richtung Eppingen. **Zeiten:** Mo 9 – 13, Di – Fr 9 – 18 Uhr, April – Okt Sa 10 – 13 Uhr. **Infos:** Heilbronner Verkehrsbetriebe: www.heilbronner-verkehrsverbund.de.

▶ Die Tourist-Information umfasst die Städte Brackenheim, Cleebronn, Güglingen, Lauffen am Neckar, Neckarwestheim, Nordheim, Pfaffenhofen und Zaberfeld. Die beiden Höhenzüge Stromberg und Heuchelberg bescheren der Region ein mildes Klima. Fossilien wie die Hand eines Sellosaurus aus dem Trias und Funde aus der Steinzeit garantieren Spannung und Abenteuer. Teil der Region Neckar-Zaber ist das *Zabergäu,* ein kleines Tal zwischen Strom- und Heuchelberg, das seinen Namen vom Flüsschen Zaber hat, in Lauffen in den Neckar mündet.

Naturpark Stromberg-Heuchelberg e.V.

Naturparkzentrum Stausee Ehmetsklinge, 74374 Zaberfeld. ✆ 07046/884815, Fax 884816. www.naturpark-stromberg-heuchelberg.de. info@naturpark-stromberg-heuchelberg.de. **Bahn/Bus:** Ab ↗ Heilbronn Bus 661, 663 bis Zaberfeld, Ev. Kirche. **Auto:** B293 über Bretten und Oberderdingen Richtung Zaberfeld. **Zeiten:** Täglich 10 – 17 Uhr.

▶ Der Naturpark Stromberg-Heuchelberg ist ein eher kleiner Naturpark – klein, aber fein: Mit seiner Wohlfühllandschaft und seiner zentralen Lage zwischen den Ballungsräumen Stuttgart, Heilbronn, Karlsruhe und Pforzheim erwächst ihm eine besondere Bedeutung als Ausgleichs- und Erholungsraum für alle, die

Neben individuellen Angeboten für angemeldete Gruppen bieten Naturparkführer auch offen ausgeschriebene Exkursionen und Führungen an. Die Naturparkbroschüre mit dem Jahresprogramm kann man unter www.wildlifesciences.de/Naturpark/broschuere.pdf herunterladen.

den großen Städten entfliehen wollen. Die idyllische Lage des neuen, modernen Naturparkzentrums am Stausee Ehmetsklinge ist bereits repräsentativ für die besondere Region, die sich dahinter verbirgt.

Kraichgau-Stromberg

Kraichgau-Stromberg Tourismus e.V., Melanchthonstraße 3, 75015 Bretten (Geschäftsadresse). ✆ 07252/963-30, Fax 963-312. www.kraichgau-stromberg.com. info@kraichgau-stromberg.com. In der Fußgängerzone. **Bahn/Bus:** Aus Richtung Karlsruhe S4 bis Stadtmitte, Beschilderung folgen. **Auto:** Über die B293 nach Bretten. In Bretten über den Alexanderplatz in die Melanchthonstraße. **Infos:** Stadtbahn Karlsruhe: www.kvv.de.

▶ Im hügeligen Naturpark Stromberg-Heuchelberg könnt ihr abseits des Touristenrummels herrlich entspannen. Die Region bietet mit vielseitigen Rad- und Wanderwegen nicht nur tolle Möglichkeiten für naturnahen Familienurlaub, sondern kann auch mit spannenden Burgen, Schlössern und Kirchen aufwarten. Der Kraichgau schließt sich direkt an den Naturpark Stromberg-Heuchelberg an.

Da die Region noch ein richtiges Bauernland ist, haben sich Höfe in einer Arbeitsgemeinschaft »Urlaub auf Bauern- und Winzerhöfen« zusammengetan. Ausflugstipps und Pauschalen unter www.dielandgastlichen.de.

Eppingen

Tourist-Information, Rathausstraße 14, 75031 Eppingen. ✆ 07262/920-0, Fax -1177. www.eppingen.de. rathaus.eppingen.de. **Bahn/Bus:** S4 Karlsruhe – Öhringen bzw. Weinsberg bzw. Heilbronn, S4 Durlach – Weinsberg bis Eppingen, ab Bhf über Bahnhofstraße und Heilbronner Straße bis Rathausstraße. **Auto:** Ab Karlsruhe bzw. Heilbronn über die B293 nach Eppingen.Über Heilbronner und Theodor-Storm-Straße bis Rathausstraße. **Zeiten:** Täglich 8 – 12 Uhr, Do auch 13.30 – 17.30 Uhr.

▶ Die Eppinger Altstadt ist eine Attraktion für Groß und Klein. Mit rund 120 freigelegten Fachwerkhäusern aus verschiedenen Epochen besitzt sie einen Reichtum an diesem Haustyp, wie er sonst nirgends zwischen Rhein und Neckar, Schwarzwald und Odenwald zu finden ist. Das Fachwerkensemble in den Straßen der Altstadt lässt den Besucher mittelalterliche Reichsstadtromantik erahnen. Die Region außen herum ist so vielfältig, dass in einem einzigen Urlaub gar nicht alles zu schaffen ist. Da ist zum einen natürlich der umgebende ↗ Naturpark Stromberg-Heuchelberg mit spannenden Wanderangeboten und Lehrpfaden. Zum anderen liegt Eppingen aber auch an der Grenze zum attraktiven Kraichgau mit ebenso vielseitigen Freizeitmöglichkeiten.

Heilbronn & Neckar

Heilbronn

Tourist-Information, Kaiserstraße 17, 74072 Heilbronn. ✆ 07131/562270, Fax 563349. www.heilbronn-tourist.de. info@heilbronn-marketing.de. Neben dem Rathaus. **Bahn/Bus:** S3, S4 aus Richtung Karlsruhe bis Heilbronn Rathaus. **Auto:** A6 Ausfahrt 37 Heilbronn-Neckarsulm über B27 nach Heilbronn. **Zeiten:** Mo – Fr 10 – 18, Sa 10 – 16 Uhr. **Infos:** Stadtbahnen HNV: www.heilbronner-verkehrsverbund.de, ✆ 07131/888-860 oder www.swh.hn.

▶ Kann eine Stadt mit 120.000 Einwohnern kinderfreundlich sein? Kann sie! Heilbronn und die Region sind definitiv familienfreundlich. Attraktive Freizeit- und Erholungsmöglichkeiten und kulturelle Angebote locken Kinder an. Bei einem Streifzug durch die Stadt findet man historische Spuren der alten Reichsstadt, die junge Besucher bei speziellen Kinderstadtführungen kennen lernen können. Die astronomische Kunstuhr am Rathaus zum Beispiel, mit den beiden Engeln, die sich drehen und den beiden goldenen Widdern, die ihre Köpfe aneinander stoßen, faszinieren. Kinder- und Jugendtheater im ganzen Stadtgebiet bieten bunte Programme an. Die Innenstadt ist aber auch eine Spielwiese für Kinder. 30 Spielgeräte

Ein komplettes Pauschalangebot kann mit Übernachtung (Hotel, Pension oder Ferienwohnung) und Programm oder mit Bausteinen, Stadt- und Themenführungen kombiniert werden. Kinder übernachten in Heilbronn im Hotelzimmer der Eltern kostenlos!

sind in der Stadt verteilt, mal als Einzelgeräte, mal als ganzer Spielplatz. Ein Stadtbummel ist hier also für Kinder nichts Abschreckendes. Außerdem wird der Innenstadtbereich von zwei Grünanlagen flankiert, dem Pfühlpark und dem Wertwiesenpark, die sich als Ausflugsziel immer lohnen. Außerhalb der Stadt gibt es zahlreiche Wander,- Rad- und Inlinestrecken und jede Menge tolle Ausflugsziele.

Bad Wimpfen

Tourist-Information, Carl-Ulrich-Straße 1, 74206 Bad Wimpfen. ✆ 07063/97200, Fax 972020. www.bad-wimpfen.org. info@badwimpfen.org. **Bahn/Bus:** RB, RE, Stadtbahn Karlsruhe – Heilbronn, S4 und S32 bis Bad Wimpfen Bhf. **Auto:** A6 Ausfahrt 35 Bad Rappenau über L1107 nach Bad Wimpfen. Kreisverkehr 2. Ausfahrt in Steinweg, dann immer geradeaus. **Zeiten:** Mo – Fr 9 – 18, Sa und So 10 – 12.30 und 13 – 14.30 Uhr. **Infos:** Stadtbahnen HNV: www.heilbronner-verkehrsverbund.de, ✆ 07131/888860.

▶ Stadtführungen durch die historische Altstadt sind hier ebenso etwas Besonderes wie die Möglichkeit, das Umland auf dem Wasser zu erkunden. Bad Wimpfen am Neckar, zwischen Heidelberg und Heilbronn, ist ein Geheimtipp für einen erlebnisreichen Urlaub in romantischem Ambiente. Die kleinen Gassen, alten Türme und Tore strahlen Ruhe aus. Bei einer Kanu-, Rad- oder Wandertour lässt sich das burgenreiche Neckartal auf eigene Faust entdecken. Gemütlich und gesellig geht es bei einer Schiffs- oder Planwagenfahrt zu. Das ↗ Mineral-Freibad lockt kleine Wasserratten an und tolle Kinderange-

Auf dem Balkon des Roten Turms: Bad Wimpfen lässt sich so auch von oben besichtigen

ORTE, INFO & VERKEHR

bote lassen den Aufenthalt in Bad Wimpfen zum unvergesslichen Erlebnis werden.

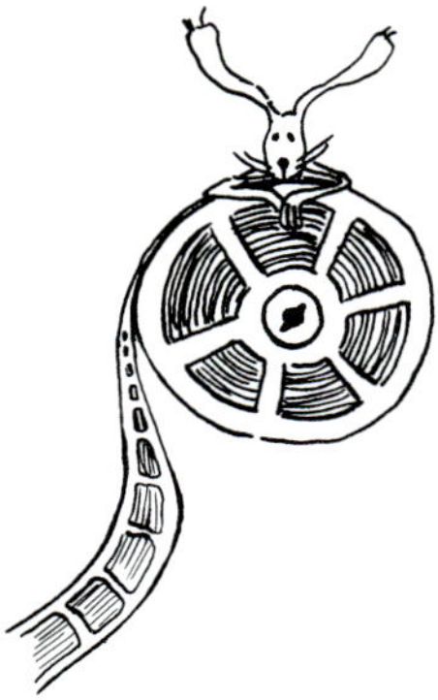

Pforzheim & Enz

Vaihingen/Enz

Tourist-Information, Stadt Vaihingen/Enz, Abteilung Tourismus, Schlossstraße 1, 71665 Vaihingen/Enz. ✆ 07042/18-235, 18-363, Fax 18-317. www.vaihingen.de. tourismus@vaihingen.de. **Bahn/Bus:** RE, RB Stuttgart – Heidelberg bzw. Karlsruhe bis Vaihingen/Enz, ab Bhf Bus 579 bis Grabenstraße oder 10 Min Fußweg. **Auto:** A8 Ausfahrt 45 Pforzheim-Ost, über B10 bis Vaihingen. A81 Ausfahrt 17 Korntal, über B35 bis Vaihingen. **Zeiten:** Mo – Fr 8.30 – 12, Di 14 – 16.30, Do 14 – 18 Uhr.

▶ Vaihingen an der Enz ist idealer Ausgangspunkt für Wanderungen und Radtouren in der Region Kraichgau-Stromberg. Mancher spricht liebevoll von der »schwäbischen Toskana«. Das ↗ Enztalbad bietet die nötige Abkühlung nach dem Wandern oder Radeln, spannend und ungewöhnlich ist das ↗ Bonbon-Museum. Die Altstadt hat viel von ihrem altertümlichen Charakter beibehalten und hat zahlreiche versteckte Winkel und Gassen zu entdecken.

Mühlacker

Stadtverwaltung, Kelterplatz 7, 75417 Mühlacker. ✆ 07041/876-10, Fax 876-321. www.muehlacker.de. stadt@muehlacker.de. **Bahn/Bus:** RE Durlach – Stuttgart, RB Heidelberg – Stuttgart, RB Vaihingen – Karlsruhe, S9 Bruchsal – Mühlacker. Ab Mühlacker Bhf Bus 101, 103, 748, 751 bis Karlstraße bzw. Gymnasium. **Auto:** A8, Ausfahrt 45 A Pforzheim-Ost, B10 Richtung Pforzheim, Vaihingen/Enz bis Mühlacker. **Rad:** Enztalradweg. **Zeiten:** Mo – Fr 8 – 12, Do auch 14 – 18 Uhr.

▶ Das außergewöhnliche ↗ Freibad ist sicher eines der Hauptattraktionen und beliebtester Anlaufpunkt für Familien in Mühlacker. Daneben liegt die Stadt direkt am Enztalradweg und ist guter Ausgangspunkt für Erkundungen aller Art. Für Hobby-Archäologen ist die ➚ Villa Rustica ein spannender Ort.

Bietigheim-Bissingen

3B-Tourismus, Marktplatz 10, 74321 Bietigheim-Bissingen. ✆ 07142/74-227, Fax 74-229. www.3b-tourismus.de. info@3b-tourismus.de. **Bahn/Bus:** RB, RE Vaihingen (Enz) – Ludwigsburg bzw. Stuttgart bis Bietigheim Bhf, ab dort Bus 553, 554 bis Pfarrstraße. **Auto:** Über A6 Nürnberg – Frankfurt oder A81 Ausfahrt Mundelsheim oder Ludwigsburg-Nord. **Zeiten:** Mo – Fr 9 – 18 Uhr, Sa 9 – 14 Uhr.

▶ Diese Region wird 3B-Land genannt, weil es die 3 Städte Bönnigheim, Besigheim und Bietigheim-Bissingen umfasst. Dahinter verbergen sich Flussauen, Wälder und Streuobstwiesen sowie Orte mit viel Charme, Kunst, Geschichte und Abenteuer.

Pforzheim

Tourist-Information, Marktplatz 1, 75175 Pforzheim. ✆ 07231/39-3700, Fax 39-3707. www.pforzheim.de. tourist-info@ws-pforzheim.de. **Bahn/Bus:** IC, RE, RB Karlsruhe – Pforzheim – Stuttgart bis Pforzheim, ab Hbf 5 Min zu Fuß bis Marktplatz. **Auto:** A8 Ausfahrt 43 Pforzheim-West, über B10 nach Pforzheim-Zentrum. **Zeiten:** Mo – Fr 10 – 18 Uhr, Sa 10 – 13 Uhr.

▶ Eingebunden in den Schwarzwald, umgeben von Kraichgau und Stromberg, liegt Pforzheim, die sogenannte Goldstadt, das Zentrum der deutschen Schmuck- und Uhrenindustrie. Hautnah könnt ihr Gold und Edelsteine in den zahlreichen Museen und Einrichtungen erleben. Im ➚ Technischen Museum der Pforzheimer Schmuck- und Uhrenindustrie wird euch an historischen, funktionsfähigen Maschinen die Herstellung von Schmuck und Uhren demonstriert. Wenn es lieber raus in die freie Natur gehen soll, dann findet ihr Möglichkeiten für Streifzüge beispielsweise im ↗ Enzauenpark, dem ehemaligen Landesgartenschaugelände von 1992, oder im ↗ Wildpark.

ÜBERS HIN UND WEG

Für Kleingruppen aus dem Verbundraum des VRN besonders interessant sind das Ticket 24-Plus für bis 5 Pers ab 6 Jahre und die Mitnahmeregelung zum VRN-Job-Ticket.

Unterwegs mit Bahn und Bus

VRN, Verkehrsverbund Rhein-Neckar

B1, 3 – 5, 68159 Mannheim. ✆ 0621/10770-0, Fax 10770-70. www.vrn.de. info@vrn.de.

▶ Zum VRN gehören Heidelberg und Mannheim, die Bergstraße, das Neckartal bis Neckarzimmern im Osten sowie die Region südlich des Neckars bis Sinsheim. Für die Ausflügler aus dem Raum Mannheim und Heidelberg attraktiv sind die VRN-Fahrausweise der Preisstufe 7 für Erw 8,30 bzw. Kind 5 €, das VRN-Job-Ticket, das Semester-Ticket und die Karte ab 60 für 30,60 €/Monat, sie werden im ganzen Odenwaldkreis und im NaTourBus anerkannt.

RNV, Verkehrsbetriebe in der Kurpfalz

Rhein-Neckar-Verkehrsbetriebe, RNV, Kundenzentrum Heidelberg, Bismarckplatz, 69115 Heidelberg. ✆ 01805/555465, Fax 465-490. www.rnv-online.de. presse@rnv-online.de. **Infos:** Die ↗ Heidelberger Bergbahnen gehören nicht zum Verkehrsverbund, sondern zu den Heidelberger Stadtwerken.

▶ Die großen Städte im Verbund sind Mannheim, Ludwigshafen und Heidelberg. Das Ticket 24 Plus gilt bis 5 Pers. Es ist Mo – Fr ab Entwertung 24 Stunden gültig, am Wochenende von Sa bis zum nächsten Werktag 3 Uhr. Das Tarifgebiet ist in Waben aufgeteilt, der Preis hängt davon ab, wie viele Waben durchfahren werden. Für das kleinste Gebiet kostet es 8 €, für das gesamte Verbundgebiet 17,50 €.

KVV, Karlsruher Verkehrsverbund

Tullastraße 71, 76131 Karlsruhe. ✆ 0721/6107-0, Fax 6107-5889. www.kvv.de. info@kvv.karlsruhe.de. **Infos:**

Fahrplanauskunft ✆ 01805/779966 (24 Stunden täglich; 0,14 €/Minute).

▶ Der KVV ist der drittgrößte Verkehrsverbund in Baden-Württemberg. Die Stadtbahn Karlsruhe ist ein Zweisystem-Stadtbahnsystem für Karlsruhe und Umgebung. Es kombiniert innerstädtische Straßenbahnmit Eisenbahnstrecken im Umland, erschließt damit die gesamte Region Mittlerer Oberrhein und stellt Verbindungen in Nachbarregionen her. Die Stadtbahn kooperiert mit der Albtal-Verkehrs-Gesellschaft (AVG), den Verkehrsbetrieben Karlsruhe (VBK) sowie der Deutschen Bahn (DB). Ein besonderes Angebot im Sommer: Fahrgäste des KVV können von Juli bis September für 90 € alle Bahnen und Busse im gesamten Netz nutzen. Außerdem gibt es die WelcomeCard Karlsruhe: Für 9,80 € gibt es am Wochenende 3, unter der Woche 2 Tage freie Fahrt im Verkehrsverbund. Dazu kommen Ermäßigungen in vielen Museen der Stadt.

HNV, Heilbronner-Hohenloher-Haller Nahverkehr

Olgastraße 2, 74072 Heilbronn. ✆ 07131/88886-0, Fax 88886-99. www.h3nv.de. info@h3nv.de. **Zeiten:** Kunden-Center Mo – Fr 9 – 18 Uhr.

▶ HNV steht für die Heilbronner-Hohenloher-Haller Nahverkehr GmbH, die Stadt und Landkreis Heilbronn mit dem Landkreis Hohenlohe sowie mit Teilbereichen der Landkreise Rhein-Neckar, Neckar-Odenwald, Main-Tauber und Schwäbisch Hall verbindet. Für die gesamte Region gibt es einen einheitlichen Tarif für Bus, Bahn und Stadtbahn, das bedeutet: Von Zaberfeld nach Künzelsau, von Osterburken nach Kirchheim oder von Sinsheim nach Schwäbisch Hall fährt man mit nur einem Fahrschein, Erw 3,80, Kinder 6,40 €. Es gibt außerdem Kombitickets, bei denen beim Eintrittspreis für eine Veranstaltung auch gleich der Fahrpreis inbegriffen ist. Daneben bestehen Kooperationen zwischen dem

HNV und touristischen Einrichtungen bzw. Veranstaltern. Hier werden bei Vorlage eines gültigen HNV-Fahrscheins Rabatte gewährt, beispielsweise für das ↗ Technik-Museum in Sinsheim.

VPE, Verkehrsverbund Pforzheim-Enzkreis

Luitgradstraße 14 – 18, 75177 Pforzheim. ✆ 07231/392288, Fax 4146666. www.vpe.de. info@vpe.de. **Infos:** Kulturbahn-Service-Telefon ✆ 01805/991119 (0,14 €/Min) oder unter www.bahn.de/kulturbahn.

▶ Der Verkehrsverbund Pforzheim-Enzkreis ist ein Tarifverbund aus der Baden-Württembergischen kreisfreien Stadt Pforzheim und dem Landkreis Enz. Im Netz gibt es die sogenannte Kulturbahn, die bei kulturellen Ereignissen und den schönsten Festen und Brauchtumsfeiern zwischen Maulbronn, Pforzheim und Tübingen verkehrt. Das Kulturbahn-Ticket kostet 18,50 € und gilt Mo – Fr 9 – 3 Uhr des Folgetags, Sa, So und Fei ganztägig für bis zu 5 Personen. Ebenso attraktiv ist der **Velobus,** mit dem man von Anfang Mai – Anfang Oktober immer Sa, So und Fei eine Radtour ins Enztal unternehmen kann. Er fährt die Orte Pforzheim Hbf, Brötzingen, Birkenfeld, Neuenburg, Höfen, Calmbach, Bad Wildbad, Enzklästerle, Gompelscheuer, Poppeltal und Urnagold an. Weitere Infos unter www.suedwestbus.de.

Mit dem Rad unterwegs

eldorado ... der Fahrradverleih

Neckarstaden 52, 69117 Heidelberg. ✆ 06221/6544460, Fax 6544461. www.eldorado-hd.de. verleih@eldorado-hd.de. **Bahn/Bus:** Ab Bismarckplatz Bus 30 – 32, 35 bis Kongresshaus. **Zeiten:** Di – Fr 10 – 12 und 14 – 18, Sa 10 – 18, So 14 – 18 Uhr, Anmietung oder Rückgabe außerhalb der Öffnungszeiten nach Absprache. **Preise:** 15 € pro Tag;; Ab 3 Tage 10 % Rabatt,

Foto: Michael Früchtl

Radler-Alarm im Wald: Immer diese wilden Kerle!

ab 7 Tage 15 % Rabatt, ab 10 Tage 20 % Rabatt, ab 14 Tage 25 % Rabatt.

▶ Das ist Radservice pur: Zum gemieteten Fahrrad gibt es auch Routenempfehlungen mit Streckenbeschreibungen. Außerdem im Angebot ist Zubehör wie Kinderanhänger, Kindersitz, Pack- und Lenkertaschen oder ein Lenkerkorb. Verpflegung ist auf Wunsch ebenfalls möglich. Räder können an den Startort geliefert und/oder vom Zielort wieder abgeholt werden. Das kostet ab 5 € pro Rad. Auch eine Stadtführung mit dem Fahrrad wird angeboten.

Rudis Fahrradverleih

Mühlgasse 2, 69151 Neckargemünd. ✆ 06223/71295, Fax 71296. www.rudis-radladen.de. info@rudis-radladen.de. **Bahn/Bus:** Ab ↗ Neckargemünd Bhf Bus 35, 754 bis Hanfmarkt, von dort 5 Min zu Fuß. **Zeiten:** Mo – Fr 9 – 13 und 14.30 – 18.30 Uhr, Sa 9 – 13 Uhr. **Preise:** 9,50 € pro Tag pro Tourenrad; Kinder 5 € pro Tag und Kinderfahrrad.

▶ Das Neckartal um Neckargemünd ist ein Paradies für Radfahrer, speziell für die kleinen Radler. Auf über 100 km gemütlichen und ebenen Radwegen ist für jedes Alter etwas dabei, entweder im Radanhänger oder selbst im Sattel. Die Rückfahrt zum Ausgangsort ist preiswert mit der Bahn möglich, die Fahrradmitnahme im Verkehrsverbund ist kostenlos. Rudis Radladen bietet einen vielfältigen Service.

Fahrradverleih Probst

Stuttgarter Straße 4, 74348 Lauffen a.N. ✆ 07133/5994, Fax 21094. www.zweirad-probst.de. info@zweirad-probst.de. **Bahn/Bus:** ↗ Lauffen a.N. **Zeiten:** Mo, Di und Fr 9 – 12.30 und 14.30 – 18.30, Do 9 – 12.30 und 14.30 – 20 Uhr. **Preise:** auf Anfrage.

▶ Eine Familie kann auch kurzfristig Fahrräder mieten, für mehrere Tage und Personen ist eine Reservierung jedoch sinnvoll. Auf Wunsch auch Verleih von Kindersitzen und Radanhängern.

Man kann auf der Feste Dilsberg Fahrräder leihen und über herrliche Wege nach Neckargemünd radeln, wo die Fahrräder abgegeben werden können. Infos hierzu auch unter www.burg-dilsberg.de.

FERIENADRESSEN & EINKAUFEN

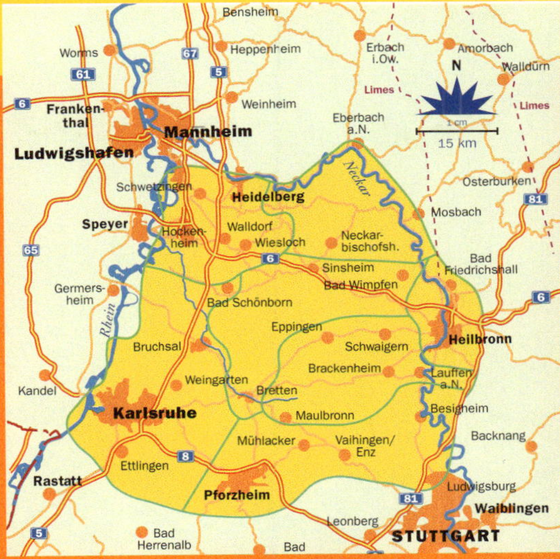

HEIDELBERG & KURPFALZ

KLEINER ODENWALD

KARLSRUHE & RHEIN

ZENTRALER KRAICHGAU

NATURPARK NECKAR-ZABER

HEILBRONN & NECKAR

PFORZHEIM & ENZ

ORTE, INFO & VERKEHR

FERIENADRESSEN & EINKAUFEN

KARTEN & REGISTER

UNTER-KÜNFTE FÜR DIE GANZE FAMILIE

Für jeden Geschmack und jeden Geldbeutel lässt sich im Kraichgau die passende Unterkunft finden. Das Angebot ist breit und besonders Hotels und Ferienwohnungen stehen in großer Anzahl zur Verfügung. Es folgt darum eine Auswahl, bei der die Bedürfnisse von Familien bzw. Kinder- und Jugendgruppen im Vordergrund stehen.

Familienfreundliche Hotels und Pensionen

▶ Die aufgeführten Hotels liegen größtenteils in einer sehr ruhigen und idyllischen Umgebung – am Waldrand, in einem Flusstal oder sogar mitten im Wald. Eltern finden Erholung und Kinder jede Menge Platz zum Spielen, Toben und Plantschen. Rad- und Wanderwege beginnen oft direkt vor der Haustür, und auch im Haus finden Kinder genügend Beschäftigung. Durchschnittlich befinden sich die Hotels allerdings auf einem höheren Preisniveau als die Unterkunftsmöglichkeiten der anderen Rubriken.

HEIDELBERG & KURPFALZ: **Landgasthof und Hotel Alter Kohlhof,** Kohlhof 5, 69117 Heidelberg. ✆ 06221/13831-0, Fax -40. www.alterkohlhof.de. alterkohlhof@t-online.de. **Bahn/Bus:** Stündlich Bus 21 ab Bismarckplatz bis Alter Kohlhof. **Auto:** Über Drei Eichen bzw. Heidelberg-Rohrbach Richtung Kohlhof/Fachklinik Königstuhl. **Zeiten:** April – Sep täglich 11 – 22.30 Uhr. **Preise:** EZ ab 55, DZ ab 80 €; Kinder bis 6 Jahre im Zimmer der Eltern frei. ▶ Das 1706 erbaute ehemalige Schul- und Wirtshaus war bis 1953 auch Bauernhof. Ihr könnt nicht nur im Freien sitzen und lecker essen (Kinderspeisekarte), sondern im kleinen Streichelzoo Ziegen knuddeln. Es gibt einen Spielplatz, eine Bolzwiese und im Winter könnt ihr euch, wenn genug Schnee liegt, mit dem Skilift den Berg hinaufziehen lassen.

Bei Schnee den Rodelschlitten nicht vergessen!

KLEINER ODENWALD: **Hotel-Restaurant Burg Hornberg,** 74865 Neckarzimmern. ✆ 06261/9246-0, Fax -44. www.burg-hornberg.de. gemmingen@burg-hornberg.de.

Naturkonfetti: Die Höhlenbewohner vom Königstuhl

Abkürzungen bei Unterkünften

AFM – für Familienzuschüsse anerkannte Unterkünfte
bf – behindertenfreundlich, Näheres erfragen!
DZ – Doppelzimmer
EZ – Einzelzimmer
FH – Ferienhaus
FeWo – Ferienwohnung
HP – Halbpension
JH – Jugendherberge
Kk – kleinkindgerecht
MBZ – Mehrbettzimmer
Ü – Übernachtung
ÜF – Ü mit Frühstück
VP – Vollpension
(jeweils pro Person)

Bahn/Bus: Ab Bhf Mosbach-Neckarelz S1, 2 bis Neckarzimmern. **Preise:** EZ mit Blick zum Wald 78 €, DZ mit Blick zum Wald und kleinem Balkon 125 €. Turmzimmer mit Neckarblick 135 €. Alle Preise inkl. Frühstück. ▶ Stilvolles Wohnen in einer Burg. Panorama-Restaurant mit Aussichtsterrasse.

ZENTRALER KRAICHGAU: Gästehaus Schick, Kaiserstr. 18, 74889 Sinsheim-Weiler. ✆ 07261/9192-0, Fax -33. www.gaestehaus-schick.de. info@gaestehaus-schick.de. **Bahn/Bus:** RB bis Sinsheim-Steinsfurt, ab Bhf Bus 763 bis Weiler Ortsmitte. **Auto:** A6 Ausfahrt 34 Sinsheim-Steinsfurt, Richtung Eppingen, Beschilderung Burg Steinsberg folgen. **Preise:** FeWo 2 Pers 45 €, 3 Pers 60 €, 4 Pers 70 €, 5 Pers 75 €. ▶ Direkt unterhalb der historischen ↗ Burg Steinsberg gelegenes behagliches Gästehaus. Es gibt auch ein 3-Bett-Zimmer und ein Ferienapartment.

PFORZHEIM & ENZ: Hotel Herrmannsee, Willi und Lothar Bischoff, Herrmannseeweg 5, 75180 Pforzheim-Büchenbronn. ✆ 07231/71871, Fax 73658. www.herrmannsee.de. service@herrmannsee.de. **Bahn/Bus:** Ab Pforzheim Hbf Bus 743, 744 bis Herrmannsee. **Auto:** A8 Ausfahrt 44 Pforzheim-West, Richtung Pforzheim auf Büchenbronner und Pforzheimer Straße, Abzweigung rechts Herrmannseeweg. **Preise:** Preise je nach Belegung. Beispiel DZ 80 €, 3-Bett-Zimmer 89 €. ▶ Das sind Ferien in idyllischer Lage. Direkt am Herrmannsee gelegen, mit vielfältigen Freizeitmöglichkeiten vor Ort ausgestattet, kann absolut keine Langeweile aufkommen. Die meisten Zimmer sind DZ, in manchen kann ein 3. Bett und/oder ein Babybett zugestellt werden.

Familienferienstätte

Jugend- und Tagungshaus Michaelsberg, Michaelsberg 1, 74389 Cleebronn. ✆ 07135/9807-0, Fax 9807-11. www.michaelsberg-cleebronn.de. michaelsberg@tagungshaus.net. **Bahn/Bus:** ↗ Freizeitpark Tripsdrill. **Auto:** 5 Min vom ↗ Freizeitpark Tripsdrill entfernt. **Preise:** 31 € ÜF; Kinder 3 – 12 Jahre ab 19 € ÜF. **Infos:** Bei Gruppen wird Vollpension angeboten. ▶ Preiswertes, familiär geführtes Haus mit Blick auf den Freizeitpark Tripsdrill. 1- bis 4-Bett-Zimmer, Werkstatt, Tischtennis, Tischfußball, Spielwiese, Volleyballfeld, eigene Grillstellen.

Ferienwohnungen und -häuser

▶ Ferienwohnungen (FeWo) oder Ferienhäuser (FH) sind in den Haupturlaubsregionen stark verbreitet. Ferienwohnungen oder -häuser sind in der Regel geräumig, besitzen neben Wohn- und Schlafräumen eine voll ausgestattete Küche, sodass sich die Gäste selbst verpflegen können. Bei den ausgewählten Ferienwohnungen und -häusern ist im Allgemeinen ein Hof, ein Garten oder eine Wiese und häufig auch ein Spielplatz dabei.

HEIDELBERG & KURPFALZ: Fast wie Zuhause, Barrierefrei leben – Dienstleistungen GmbH, Erika Engelke-Lohkamp, Aplerbecker Marktplatz 14, 44263 Dortmund (Geschäftsstelle). ✆ 02335/801045, Fax 9759796. www.fast-wie-zuhause.de. info@fast-wie-zuhause.de. **Bahn/Bus:** Bus 12 und S3 und S5a bis Brückenstraße. **Auto:** A5 Ausfahrt 36 Dossenheim, Ausschilderung Richtung Neuenheim. **Preise:** Familienpreis 69 – 79 € pro Nacht; Kinder unter 16 Jahre kostenlos. **Infos:** Adresse der FeWo: Schröderstraße, 69120 Heidelberg-Neuenheim.

▶ Barrierefreie, komfortable FeWo für bis zu 6 Personen. Die Wohnung befindet sich in Innenstadtlage im Stadtteil Neuenheim. Familien zahlen ab mindestens 3 Übernachtungen unabhängig von der Anzahl der Kinder 10 € pro Nacht weniger als andere Gruppen. Für Kleinkinder stehen nach Absprache ohne Aufpreis ein Reisekinderbett und ein Kinderstuhl zur Verfügung. Generell Vermietung erst ab 5 Nächten, Abweichendes auf Anfrage. Auf Wunsch mit Pflegedienst.

KLEINER ODENWALD: Ferienwohnungen, Heike Wolf, Im Bildsacker 37, 69151 Neckargemünd. ✆ 06223/72170, www.ferienwohnung-heike-wolf.de. wolf2000@t-online.de. **Bahn/Bus:** S1, S2 bis Neckargemünd Bhf. **Auto:** Ab Heidelberg über die Ziegelhauser Straße (L534) und B37 bis Neckargemünd-Dilsberg. **Preise:** Ab 3 Übernachtungen 40 € für 2 Pers. ▶ FeWo mit Kinderbett, Terrasse. Nichtraucher.

Ferienhaus, Ron und Tinneke Vos, Obere Straße 9, 69151 Neckargemünd-Dilsberg. Handy 0151/59027473. www.villa-veste-vos.de. info@villa-veste-vos.de. **Bahn/Bus:** S1, S2 bis Neckargemünd Bhf, Bus 752, 753 bis Dilsberg. **Auto:** Ab Heidelberg über die Ziegelhauser Straße (L534) und B37 bis Neckargemünd-Dilsberg. **Preise:** Erste Nacht 73 € für 2 Pers, jede weitere Übernachtung 53 €, jeder weitere Erw 13 €; Kinderermäßigung. ▶ Frei stehendes Burghaus inmitten der ↗ Feste Dilsberg für bis zu 6 Personen. Kinderbett auf Anfrage.

Ferienhaus, Margit Röser, Roter Weg 15, 74934 Reichartshausen. ✆ 06262/95493, Fax 916439. Handy 0176/22647135. www.ferienhaus-jakob.de. **Bahn/Bus:** Ab ↗ Neckargemünd Bhf Bus 754 bis Reichartshausen Vogelsang, von dort 10 Min zu Fuß. **Auto:** A6 Ausfahrt 33 Sinsheim, über B292 Richtung Mosbach nach Reichartshausen. **Preise:** Ab 50 € bis 2 Pers; Kinder ab 6 Jahre 10 €. ▶ Großes, privat vermietetes Ferienhaus im Neckartal. Das Haus bietet in 3 Schlafräumen Platz für bis zu 6 Personen. Die Unterkunft ist voll ausgerüstet (Geschirrspüler, Waschmaschine, Wäschetrockner, Mikrowelle, PC). Im Winter spendet ein Specksteinofen behagliche Wärme. Das Grundstück liegt am Ortsrand von Reichartshausen, hat einen großen, umzäunten Garten mit ebener Rasenfläche und bietet alle Annehmlichkeiten für einen Urlaub für Familien mit Kindern.

ZENTRALER KRAICHGAU: Ferienwohnung, Anni Waldendzik, Ludwigstraße 5, 74906 Bad Rappenau. ✆ 07268/439, Fax 439. **Bahn/Bus:** RB Heilbronn – Heidelberg bis Bad Rappenau, ab Bhf 15 Min Fußweg. **Auto:** A6 Ausfahrt 35 Bad Rappenau bis Bad Rappenau, von der Obergimperner Straße rechts in die Ludwigstraße. **Preise:** Pro Woche und Einheit 252 – 490 €. ▶ 2 behagliche Komfortwohnungen für bis zu 5 Personen in ruhiger Lage, kurze Wege führen zu Wanderungen in Wäldern und Wiesen.

Ferienwohnung Am Hardweg, Birgit Grimm, Am Hardweg 22, 76684 Östringen-Eichelberg. ✆ 07259/925383,

Bad Wimpfen und Bad Rappenau laden die ganze Familie zum Bade ein

Handy 0171/3000020. fewoeichelberg@aol.com. **Bahn/Bus:** Ab ↗ Bruchsal Bhf S31 bis Odenheim, von dort Bus 134 bis Eichelberg Brunnen, 5 Min Fußweg. **Auto:** A5 Ausfahrt 41 Kronau, auf B292 nach Östringen, dort von Obere Klosterstraße rechts in die Parkstraße, halb links in den Gartenweg und geradeaus Am Hardweg. **Preise:** 150 – 235 € pro Woche. ▶ Ruhige, sonnige Südhanglage, helle, freundliche Nichtraucherwohnung für 2 – 3 Pers. Reitgelegenheit, Naherholungsgebiet Kreuzbergsee und viele Wandermöglichkeiten befinden sich in der Nähe.

HEILBRONN & NECKAR: Ferienwohnung, Gerhard Bauer, Beim Schafhaus 4, 74189 Weinsberg. ✆ 07134/917117, Fax 917227. www.ferienwohnung-weinsberg.de. ferienwohnung-weinsberg@t-online.de. **Bahn/Bus:** Ab ↗ Heilbronn RE bis Weinsberg Bhf, Bus 633 bis Realschule. 15 Min Fußweg. **Auto:** A81Ausfahrt 10 Weinsbegr/Ellhofen, über B39 nach Weinsberg. **Preise:** Je nach Saison und Aufenthaltsdauer 37 – 57 €. ▶ 90 qm FeWo in ruhiger Stadtrandlage mit Blick auf die Burgruine Weibertreu. Die Nichtraucherwohnung hat 2 Schlafzimmer mit jeweils 2 Betten.

Ferienhof Lutz, Erwin und Hiltrud Lutz, Tränke 1, 74199 Untergruppenbach. ✆ 07131/70752, Fax 724606. www.ferienhof-lutz.de. ferienhof-lutz@t-online.de. **Bahn/Bus:** ↗ Heilbronn, ab Busbhf Bus 642 bis Untergruppenbach Kreuzung, 10 Min Fußweg. **Auto:** A81 Ausfahrt 11 Untergruppenbach, Zubringer Richtung Heilbronn, dann Richtung Wüstenhausen. Nach ca. 1 km rechts ein Schild zum Ferienhof Lutz. **Preise:** 42 € pro Nacht für 2 Pers; Kinder 7,50 € pro Nacht bzw. je nach Belegung und Saison auch weniger. ▶ Zwischen Feldern und Wiesen liegt der Hof am Rande des Dorfes Untergruppenbach mit einem Blick auf die Burg Stettenfels. Die nahe Umgebung bietet vielfältige Sportmöglichkeiten. Schöne Wege durch Wald, Flur und Weinberge verlocken zum Wandern und Radfahren. Auch das Freibad ist nicht weit. Großer Garten mit Liegewiese, gemütlichem Sitzplatz und Grillecke. Das Haus bietet eine Sauna. Es gibt 3 FeWo á 75 qm für 4 – 5 Personen.

Ferienwohnung Haus am Marktplatz, Elke Lormes, Friedrich-Hilscher-Straße 3, 74206 Bad Wimpfen. ✆ 07063/8489, www.haus-am-marktplatz.de. elke_lormes@web.de. **Bahn/Bus:** ↗ Bad Wimpfen. **Auto:** ↗ Bad Wimpfen, am Kreisverkehr 2. Ausfahrt in den Steinweg, über Schiedstraße und Alte Heilbronner Straße in Friedrich-Hilscher-Straße. **Preise:** 40 – 45 € zzgl. Kurtaxe. ▶ Mitten in der Altstadt von Bad Wimpfen gelegen befindet sich die FeWo für bis zu 5 Personen. Blick auf den Marktplatz und auf den Blauen Turm, dem Wahrzeichen Bad Wimpfens.

PFORZHEIM & ENZ: Ferienwohnung Familie Jung, Margret Jung, Eichwaldstraße 87, 75428 Illingen. ✆ 07042/21934, Fax 25930. Handy 0171/7575758. www.fewo-jung.de. info@fewo-jung.de. **Bahn/Bus:** S5 Pforzheim – Bietigheim-Bissingen bis Illingen, ab Bhf 576 bis Hummelberg. **Auto:** A8 Ausfahrt 45A Pforzheim-Ost, über die B10 Richtung Mühlacker nach Illingen. **Preise:** Pro Nacht für 4 Pers 55 €. Bei weniger als 4 Übernachtungen zzgl. Aufschlag 10 € pro Nacht. ▶ In der Ferienwohnung ist ein Pool in den herrlichen Garten eingebettet, er steht den Gästen zur Verfügung. Das Haus bietet zwei 2-Zimmer-FeWos mit jeweils zusätzlichen Schlafplätzen im Wohnzimmer. Auf diese Weise können bis zu 4 bzw. 5 Personen Platz finden.

@ Die Seite www.pforzheim.city-map.de beinhaltet eine Auswahl von Ferienwohnungen im Enzkreis.

Ferienwohnung Burger, Am Brunnenhäusle 4 und 6, 75443 Ötisheim. ✆ 07041/812292, Fax 812293. Handy 0171/2813257. www.gaestewohnung-oetisheim.de. info@gaestewohnung-oetisheim.de. **Bahn/Bus:** S9 Bretten – Mühlacker bis Ötisheim, ab Bhf Bus 748 bis Brunnenhäusle. **Auto:** A8 Ausfahrt 44 Pforzheim-Nord, 3,5 km auf B294

Richtung Maulbronn nach Ötisheim. **Preise:** Je nach Belegung, 3 Pers zahlen 55 €, 9 Pers 110 € pro Nacht. ▶ Die Ferienwohnung liegt unmittelbar am Brunnenhäusle von Ötisheim. Das ist eine kleine Grünanlage in der Nähe des Erlenbaches. Das Besondere an der Wohnung: Mit einem zusätzlich buchbaren Gruppenzimmer mit Stockbetten finden bis zu 9 Personen in der Wohnung Unterschlupf – ideal für Großfamilien oder den Urlaub befreundeter Familien.

Ferien auf dem Bauernhof

▶ Auf einem richtigen Bauernhof mit Tieren und Äckern zu wohnen ist für viele Kinder ein spannendes Erlebnis. Mit Tieren spielen, beim Füttern zuschauen oder sogar ein wenig bei der Feldarbeit helfen, bringt zusätzlichen Spaß. Oft gehören zu den Gehöften große Innenhöfe und Wiesen, wo Kinder viel Platz zum Spielen haben. Die Höfe bieten entweder Übernachtungen in Gästezimmern mit Frühstück oder Ferienwohnungen.

Hunger & Durst

Zu manchen dieser Bauernhöfe gehört ein Gasthof, und fast alle verkaufen hofeigene Produkte wie Milch, Eier oder Marmelade.

NATURPARK NECKAR-ZABER

Humstermühle, Bernhard Haag Humstermühle, 75057 Kürnbach. ✆ 07258/6353, www.humstermuehle.de. humstermuehle@t-online.de. **Bahn/Bus:** S4 Karlsruhe – Heilbronn bis Bretten, ab Bhf Bus 144 bis Kürnbach Flehinger Straße, von dort 20 Min Fußweg. **Preise:** Weinbergwohnung 2 Pers 39 € pro Nacht, jede weitere Pers 5 €; Kinder bis 12 Jahre frei. ▶ Urlaub auf dem Weingut, auf Wunsch Mithilfe bei der Ernte oder Weinlese. Der Hof bietet Familien einen großen Bauerngarten, einen Spielplatz mit Schaukel, Sandkasten, Spielhaus und Platz zum Spielen und Toben, eine Sitzecke mit Gartengrill, eine Tischtennisplatte, einen kleinen Bachlauf, frei laufende Hühner und Puten sowie eine Fahrradgarage mit 2 Erwachsenen- und 2 Jugendrädern und jede Menge Kinderspielsachen.

@ Die Höfe der Region haben sich in einer Arbeitsgemeinschaft »Urlaub auf Bauern- und Winzerhöfen« zusammengetan. Ausflugstipps und Pauschalen unter www.dielandgastlichen.de.

Gästehof Asaret, Jörg Müller, Zabergäustraße 23, 74226 Nordheim-Nordhausen. ✆ 07135/5325, Fax 939879. Handy 0177/2808246. www.asaret.de. **Bahn/Bus:** ↗ Brackenheim, ab Danziger Ring Bus 662 bis Nordhausen Kelterplatz. **Auto:** Aus Richtung Heilbronn über die Gartachgaustraße nach Nordheim. **Preise:** 2 FeWo für max. 4 Pers ab 40 €, 1 FeWo für 6 Pers ab 44 € pro Nacht. ▶ So sehen die Ferien beim Weinbauern aus: Die Kinder haben viel Freiraum und spielen Indiaca oder Verstecken, Basketball und Tischtennis. Auf einem Traktor, der nur für die Kinder da ist, spielen sie Landwirt. Eine Grillmöglichkeit ist vorhanden.

Kraichgauhof Wagner, Adelshofener Straße 52, 75031 Eppingen. ✆ 07262/1873, Fax 610970. www.kraichgauhof.de. rug.wagner@t-online.de. **Bahn/Bus:** S4 Karlsruhe – Heilbronn bis Eppingen-Bhf, dann Fußweg. **Auto:** B293 Abfahrt Eppingen-Nord Richtung Stadtmitte. **Preise:** 64 € pro Nacht für 4 Pers, jede weitere Pers 6 €; Kinder bis 3 Jahre frei, 4 – 6 Jahre 30 %, 7 – 12 Jahre 50 % Ermäßigung, Kinderbett 7 € einmalig. ▶ Der Kraichgauhof in Eppingen ist umgeben von Feldern, Wiesen und Wäldern. Er wird auf traditionelle Weise bewirtschaftet. Anbau von Getreide, Zuckerrüben, Mais, Tafeläpfeln und Grünspargel. Ihr dürft beim Versorgen der Tiere wie Enten, Hühner, Kälber, Rinder und Hofhund Moritz sowie bei der Apfelernte helfen. Im neuen Gästehaus gibt es 2 DZ und Ferienwohnungen.

Bauernhof Schiek, Auf der Mauer 1, 75038 Oberderdingen. ✆ 07045/3706, **Bahn/Bus:** S4 Bretten – Eppingen bis Flehingen, ab Bhf Bus 145 bis Oberderdingen Schulzentrum, dann 10 Min Fußweg. **Auto:** Aus Richtung Bretten über die L1103 nach Oberderdingen. **Preise:** FeWo 2 – 5 Pers ab 40 €, Zimmer mit Kochgelegenheit bis 3 Pers ab 17 €, Apartments bis 3 Pers ab 25 €. ▶ Ferien auf dem Bauernhof, mitten in den Feldern gelegen. Auf dem Hof gibt es Hühner, Pferde, Katzen und Ziegen. Liegewiese, Grillmöglichkeit und viel Platz für Kinder.

Bauernhof Schülenswaldhof, Dorothea und Wilfried Förster, Schülenswald 1, 75433 Maulbronn-Jungviehweide. ✆ 07043/2206, Fax 953786. www.schuelenswaldhof.de. info@schuelenswaldhof.de. **Bahn/Bus:** Ab ↗ Bretten S4 bis Oberderdingen, von dort Bus 702 bis Diefenbach Schielenswald. **Auto:** Aus Richtung Pforzheim über die B294 nach Maulbronn. Durch Maulbronn durch und nach dem

Ort links in die Jungviehweide abbiegen. **Preise:** Ab 50 €, je nach Wohnung für 2 – 3, 2 – 4 oder 6 – 8 Pers und Saison. ▶ Schottische Kälbchen und Pferde warten auf den Besuch vieler kleiner Kinder. Im neu gebauten Holzhaus gibt es 3 Nichtraucherwohnungen mit einigem Komfort. Erholung für die ganze Familie auf der großen Spielwiese. Für die kleinen Gäste stehen Sandkasten, Trampolin, Schaukel, Spielzeug und natürlich viel Platz zum Spielen zur Verfügung.

Bauernhof Gutjahr, Maulbronner Weg 15, 75447 Sternenfels-Diefenbach. ✆ 07043/6708, Fax 954687. hartmut.gutjahr@arcor.de. **Bahn/Bus:** S4 Bretten – Heilbronn bis Flehingen, ab Bhf Bus 702 bis Diefenbach Ortsmitte, dann 10 Min Fußweg. **Auto:** In Sternenfels links in Zaiserweiher Straße, wieder links in Freudensteiner Straße und nochmal links in Maulbronner Weg. **Preise:** 45 € pro Nacht; Kinder bis 12 Jahre 5 € pro Nacht. ▶ Der Hof liegt am Waldrand und wird voll bewirtschaftet mit Nutz- und Haustieren. Liegewiese, Grillmöglichkeit, Tischtennis, Rutsche und Schaukel machen den Bauernhof zum Familienparadies. 3-Sterne-FeWo für 4 Pers mit schöner Sonnenterrasse, Dusche, sep. WC, TV, kompletter Einrichtung, Parkplatz am Haus, auf Wunsch Frühstück.

Reiterhöfe und Reiterferien

▶ Zu Ferien auf dem Reiterhof kommen Kinder primär zum Reiten, entweder, um es überhaupt erst zu erlernen, oder um ihr Hobby zu pflegen. Sie verbringen die Ferien ohne die Eltern und leben in der Regel in Vollpension. Die Anbieter brauchen dazu die Erlaubnis des Jugendamtes. Ohne diese muss zumindest eine verantwortliche erwachsene Person mitkommen. Das Ganze wird dann als Familienferien mit zumindest einer Reitstunde täglich organisiert.

Die Reitlehrer sollten pädagogisches Geschick und wirklich Zeit für die Kinder haben. Die Gruppen sollten klein, die Pferde frisch sein. Die Kinder sollten vormittags und nachmittags je eine Stunde theoretischen und praktischen Unterricht bekommen.

Achtung!
Die meisten Kurse sind reine Mädchenkurse, da unter Jungs nur geringes Interesse besteht.

@ Unter www.pferd-aktuell.de informiert die Deutsche Reiterliche Vereinigung e.V./FN über alles rund um Reitsportvereine.

Zu den Reiterferien können Kinder ab 8 Jahre kommen. Viele Betriebe setzen als Obergrenze 13 – 14 Jahre, manche akzeptieren aber auch noch 16-Jährige. Die Reiterferien dauern zumeist 1 Woche, können aber auch länger sein.

KLEINER ODENWALD: Kinder-Ferienpension Ponyhof Dinkel, Im Schönblick 1a, 74867 Neunkirchen. ✆ 06262/2100, Fax 2100. Handy 0162/9083001. www.ponyhof-ferien.de. dinkel@ponyhofferien.de. **Bahn/Bus:** RB Heilbronn – Neckarelz bis Neckarelz, ab Bhf Bus 822 bis Neunkirchen Hauptstraße, dann 15 Min Fußweg. **Auto:** A6 Ausfahrt 33 Sinsheim über B292 Richtung Mosbach. Abzweigung Aglasterhausen über Schwarzach nach Neunkirchen. In der Ortsmitte links abbiegen. **Preise:** 1 Woche 360 € VP, Schnupperwochenende ab 130 €. ▶ Wenn du ein Mädchen bist und zwischen 8 und 18 Jahre alt, und wenn du Pferde über alles liebst, dann kannst du auf dem Ponyhof Dinkel deine Traumferien verbringen! Idyllisch liegt der Hof am Waldrand mit einer schönen Waldwiese und einer Naturquelle – in dieser Umgebung macht das Reiten gleich doppelt Spaß! Während deines Aufenthaltes kannst du die Ponys verpflegen, putzen, knuddeln und natürlich reiten. Vorkenntnisse sind nicht erforderlich, Anfänger und Fortgeschrittene reiten jeden Tag im Wald aus, je nach Können im Schritt, Trab oder Galopp. Mittags gibt's dann Reitunterricht, es wird auch ein bisschen Theorie gepaukt und einmal in der Woche finden Ponyspiele statt. Bei aller Liebe zum Reiten und zu den Pferden freuen sich die Gäste dann auch sicher über abwechslungsreiche Freizeitspiele. Ebenfalls von den Gästen versorgt und verwöhnt werden dürfen die Streicheltiere: Hunde, Katzen, Esel, Schafe, Hasen und Meerschweinchen.

NATURPARK NECKAR-ZABER: Moonlight Ranch, Günter Schwandner, Alter Mühlbacher Weg 5, 75031 Eppingen. ✆ 07262/3740, Fax 3743. www.moonlight-ranch.de. info@moonlight-ranch.de. **Bahn/Bus:** ↗ Eppingen, ab Bhf S4 oder Bus 676 bis Eppingen West, dann 30 Min Fußweg. **Auto:** Aus Richtung Bruchsal über die Westtangente durch

Eppingen. Über die Mühlbacher Straße und die Kleingartacher Straße in Alter Mühlbacher Weg. **Preise:** FeWo 2 Pers 45 € pro Nacht. ▶ Habt ihr Lust auf Urlaub im wilden Westen? Nach Amerika müsst ihr dafür nicht – eine Ranch gibt es auch bei uns, nämlich in Eppingen. Hier könnt ihr im Westernstil reiten und in einer 60 qm großen FeWo schlafen. Zur ruhig und idyllisch gelegenen Ranch gehört auch ein Saloon mit Biergarten und Kinderspielplatz. Neben Westernreitunterricht werden geführte Wanderritte, Wochenendkurse und Kutschfahrten angeboten.

Weingut und Gestüt Scheuelberghof, Scheuelberghof, 75433 Maulbronn. ✆ 0721/468791, Fax 462666. www.pferdezentrum.de. scheuelberghof@pferdezentrum.de. **Bahn/Bus:** Ab ↗ Bretten Bhf Bus 700 bis Maulbronn Post, dann Bus 705 bis Scheuelberghof, ab dort 10 Min Fußweg. **Auto:** A8 Ausfahrt 44 Pforzheim-Nord Richtung Bretten, Maulbronn. Ab Kloster Maulbronn Richtung Zaisersweiher/Sternenfels. **Preise:** FeWo bis 4 Tage für 2 Pers 52 € pro Nacht, jede weitere Pers 6 €, ab 5 Tage 39 €, jede weitere Pers 3 €. ▶ Der Hof ist für Familien, die Ruhe und Erholung suchen, und für Kinder, die Freude an Tieren haben, besonders geeignet. Außerdem ist er ein idealer Ausgangspunkt für Wanderungen und zum Radfahren in die nahe gelegenen Naturschutzgebiete, zu Sehenswürdigkeiten oder zum Besuch der Badeseen des Strombergs. Auf dem Hof gibt es eine Reitschule, Reiter können ihr eigenes Pferd mitbringen.

Jugendherbergen

▶ Viele JH sind heutzutage modernisiert und zu Familienunterkünften umgebaut worden. Der patriarchalisch-autoritäre Geist aus früherer Zeit ist meist überwunden und Herbergsvater oder -mutter machen ihrer Bezeichnung alle Ehre. Fast alle JH bieten in Haus und Umgebung gute Möglichkeiten zu Sport und Spiel. Viele organisieren Ausflugsprogramme, manche engagieren sich in Umweltschutz und Naturerkundung.

@ Unter www.djh.de findet man das Deutsche Jugendherbergswerk.

In JH können in Deutschland mit Ausnahme von Bayern auch Senioren, also auch ältere Familienmitglieder (sogar Opa und Oma) übernachten.

Um in JH übernachten zu können braucht man eine gültige Mitgliedskarte, die man vor Ort erwerben kann. Sie kostet für »Junioren« bis 27 Jahre 12,50 € im Jahr. Ab 28 Jahre gibt es die »Senioren«- oder Familienkarte für 21 €. Eine Familienkarte berechtigt Eltern, eigene und befreundete Kinder mitzubringen, diese brauchen keinen eigenen Ausweis. Wird die Mitgliedskarte zum 1. Okt eines Jahres beantragt, ist sie bis zum 31. Januar des übernächsten Jahres, also 16 Monate, gültig.

Familien mit mindestens einem minderjährigen Kind zahlen nur den Juniorpreis, Kinder bis 2 Jahre sind frei, bis 5 Jahre oft ermäßigt. Gruppen werden nach Geschlechtern getrennt untergebracht.

Achtung!
JH haben in aller Regel 24. – 26.12. geschlossen.

HEIDELBERG & KURPFALZ: JH Heidelberg, Tiergartenstraße 5, 69120 Heidelberg. ✆ 06221/65119-0, Fax -28. www.jugendherberge-heidelberg.de. info@jugendherberge-heidelberg.de. Lage: Im Neuenheimer Feld im Nordwesten der Stadt, am Neckar, Nähe Zoo und Freibad. **Bahn/Bus:** Bus 3 bis Jugendherberge. **Preise:** Junioren ÜF ab 22,30 €. ▶ 487 Betten, 12 Tagesräume, Ballspielplatz, Grillplatz, Fahrradverleih, Tischtennis, TV, Video, Disko, Cafeteria.

KLEINER ODENWALD: JH Dilsberg, Katharina und Matthias Dreschert, Untere Straße 1, 69151 Neckargemünd. ✆ 06223/2133, Fax 74871. www.jugendherberge-dils-

DJH-Mitglieder erhalten vergünstigte Bahntickets in Verbindung mit dem Aufenthalt in einer Jugendherberge. Infos unter ✆ 04881/936340 oder www.anreise-jugendherberge.de.

Stimmungsvolle Nächte garantiert: Jugendherberge auf der Feste Dilsberg

berg.de. info@jugendherberge-dilsberg.de. **Bahn/Bus:** ↗ Feste Dilsberg. **Auto:** Ab Heidelberg über die Ziegelhauser Straße (L534) und B37 bis Neckargemünd-Dilsberg. **Preise:** Ab 17,30 €; Junioren (bis 26 Jahre) ab 14,40 €, Kinder 3 – 6 Jahre 50 % Ermäßigung. ▶ Besser als die Jugendherberge Dilsberg kann eine Familienunterkunft nicht liegen: Die Gäste schlafen mitten in der Stadtmauer, die die Gemeinde Dilsberg umgibt. Hier habt ihr einen herrlichen Blick hinab ins Neckartal. Der alte Torturm ist zugleich Zugang zum Ort Dilsberg. Die Herberge verfügt über 78 Betten in 19 Schlafräumen, überwiegend 4-, 6- und 8-Bett-Zimmer. Das Haus hat 3 Tagesräume und einen Spielraum. Neben Tischtennis, Tischfußball und Unterhaltungsspielen gibt es ein Freiluftschachspiel.

KARLSRUHE & RHEIN: JH Karlsruhe, Moltkestraße 24, 76133 Karlsruhe. ✆ 0721/28248, Fax 27647. www.jugendherberge-karlsruhe.de. info@jugendherberge-karlsruhe.de. **Bahn/Bus:** Ab Karlsruhe Hbf S4 und S6 bis Europaplatz, dann Fußmarsch 10 Min. **Preise:** Ab 19,90 €; Junioren (bis 26 Jahre) ab 16,90 €, Kinder 3 – 6 Jahre 50 % Ermäßigung; Familienpreis: Einzelfamilien mit Familienausweis und mindestens einem minderjährigen Kind zahlen den Juniorpreis. Kinder unter 6 Jahre werden nicht berechnet. ▶ Die Jugendherberge steht am Rande ausgedehnter Spiel- und Waldflächen, ca. 10 Minuten vom Stadtzentrum entfernt. Das Haus hat 42 Zimmer mit 167 Betten, überwiegend 4- und 6-Bett-Zimmer. Am Haus gibt es einen Bolzplatz, einen Kinderspielplatz, Tischtennis, eine Waldlaufstrecke und ein Wandergebiet. In der Nähe befinden sich Museen, ein Hallen- und ein Freibad, der Botanische Garten und der Zoo.

HEILBRONN & NECKAR: JH Heilbronn, Schirrmannstraße 9, 74074 Heilbronn. ✆ 07131/172961, Fax 164345. www.jugendherberge-heilbronn.de. info@jugendherberge-heilbronn.de. **Bahn/Bus:** Ab ↗ Heilbronn Hbf mit S4 oder Bus 1 bis Trappensee. **Auto:** A6 Ausfahrt 37 Heilbronn/Neckarsulm, über B27 nach Heilbronn. **Preise:** Ab 18,40 €; Junioren (bis 26 Jahre) ab 18,70 €, Kinder 3 – 6 Jahre 50 % Ermäßigung; Familienpreis: Einzelfamilien mit

Familienausweis und mindestens einem minderjährigen Kind zahlen den Juniorpreis. Kinder unter 6 Jahre werden nicht berechnet. ▶ Die Jugendherberge mit kleinem Park ist am östlichen Stadtrand am Trappensee gelegen. Das Haus hat 23 Zimmer mit 110 Betten, überwiegend in 6-Bett-Zimmern. Es gibt eine Halle mit offenem Kamin, einen Mehrzweckraum mit Tischtennisplatte und Kicker und einen abschließbaren Fahrradkeller. Bücherei und Unterhaltungsspiele sind ebenfalls vorhanden. Außen am Haus findet ihr eine Bocciabahn, eine Tischtennisplatte und eine Spiel- und Liegewiese. Nicht weit entfernt befinden sich Hallen- und Freibad, Feuerstellen und das Naturschutzgebiet Köpfertal.

PFORZHEIM & ENZ: JH Pforzheim, Burg Rabeneck, Kräheneckstraße 4, 75180 Pforzheim-Dillweißenstein. ✆ 07231/97266-0, Fax -1. www.jugendherberge-pforzheim.de. info@jugendherberge-pforzheim.de. **Bahn/Bus:** Ab Pforzheim Bhf Bus 3 bis Papierfabrik. **Auto:** A8 Ausfahrt 43 Pforzheim-West, über B10 nach Pforzheim, dann B463 Richtung Calw bis Weißensteiner Nagildbrücke. **Preise:** Ab 16,90 €; Junioren (bis 26 Jahre) ab 19,90 €, Kinder 3 – 6 Jahre 50 % Ermäßigung; Familienpreis: Einzelfamilien mit Familienausweis und mindestens einem minderjährigen Kind zahlen den Juniorpreis. Kinder unter 6 Jahre werden nicht berechnet. ▶ Die Jugendherberge im Stadtteil Dillweißenstein im Nagoldtal ist Teile der unter Denkmalschutz stehenden Ruine Burg Rabeneck. Dadurch hat das Haus einen geheimnisvollen Charakter und wirkt fast ein bisschen wie Hogwarts. In der Nähe der Burg befinden sich ein Freibad und ein Hallenbad, Museen, ein Grillplatz, der Pforzheimer Wildpark und das Eissportzentrum.

Naturfreundehäuser und Wanderheime

▶ Naturfreundehäuser und Wanderheime sind oft sehr einfach ausgestattet. Übernachtet wird in Mehrbettzimmern oder auf Matratzenlagern. Meist gibt es Waschräume, komplett eingerichtete Selbstversorgerküchen und Aufenthaltsräume. Sie liegen sehr idyllisch, manchmal mitten im Wald. Einige können nicht angefahren werden, sondern müssen erwandert werden. Einige sind am Wochenende bewirtschaftet, dann gibt es einfache, deftige Speisen.

KLEINER ODENWALD: Heuhotel Theuerweckl, Isabella Theuerweckl, Finkenhof 1, 74867 Neunkirchen-Neckarkatzenbach. ✆ 06263/9732, Fax 428682. www.heuhotel-theuerweckl.de. info@heuhotel-theuerweckl.de. **Bahn/Bus:** RB Heilbronn – Neckarelz bis Neckarelz, ab Bhf Bus 822 bis Neunkirchen Hauptstraße. **Auto:** A6 Ausfahrt 33 Sinsheim, über die B292 und Aglasterhausen nach Neunkirchen. **Preise:** ÜF 18 €; Kinder 3 – 11 Jahre ÜF 12,50 €. **Infos:** Schlafsack und Handtuch bitte mitbringen, Ausleihe 3 €. Reisebett auf Wunsch. ▶ Hier kann man zu Pferd, mit dem Auto, dem Fahrrad oder gar dem Kanu anreisen, um zu übernachten – für alles wird ein Platz gefunden, verspricht das Heuhotel Theuerweckl. Und so abenteuerlich man die Anreise gestalten kann, so spannend ist der Aufenthalt in dem ungewöhnlichen Hotel. Ob im Heulager oder in Stockbetten in urigen Kammern – hier ist Schlafen ein Erlebnis. Auf dem Hof leben außerdem jede Menge Tiere, es gibt einen Spiel- und Bolzplatz, und in der Umgebung locken tolle Ausflugsziele.

KARLSRUHE & RHEIN: NFH Königsbach-Stein, Am Kirchberg, 75203 Königsbach-Stein. ✆ 07232/2892, TVDN_Koenigsbach@gmx.de. **Auto:** Aus Richtung Karlsruhe über die B10 über Pfinztal und Remchingen nach Königsbach-Stein. **Preise:** Auf Anfrage. ▶ Das Haus liegt in einem Obst- und Ackergelände in ruhiger Lage außerhalb des Ortes am Kirchberg. Am Haus befinden sich Liegewiese, Kinderspielplatz und Sportplatz. Insgesamt sind 31 Schlafplätze auf 3 Mehrbettzimmer verteilt vorhanden.

NFH Bruchsal Am Eichelberg, Verein für Umwelt und Natur, Karlsruher Straße 215, 76646 Bruchsal. ✆ 07251/15106, 71300, Fax 9822991. www.naturfreunde-bruchsal.de. nfh.bruchsal@awo-ka-land.de. An der B3 zwischen Bruchsal und Untergrombach. **Bahn/Bus:** Ab ↗ Bruchsal S31, 32 bis Gewerbliches Bildungszentrum, von dort 5 Min

@ Unter www.naturfreundehaeuser.de findet ihr alle Naturfreundehäuser Deutschlands. Die Übernachtung im NFH muss in der Regel angemeldet werden!

Besonders empfehlenswert ist ein Ausflug in die nahe gelegene Margarethenschlucht bei Neckargerach. Auf abenteuerlichen Pfaden, Stegen und Wegen erklimmt ihr die Schlucht entlang dem sich zum Neckar hinabstürzenden Flursbach. Infos unter www.neckargerach.de.

Hunger & Durst

Gaststätte NFH Am Eichelberg, Karlsruher Straße 215, 76646 Bruchsal. Mo – Fr 17 – 22, Sa 14 – 22, So 11 – 22 Uhr. Durchgehend warme Küche, selbst gebackene Kuchen.

Fußweg. **Preise:** 5,30 €; Kinder 2,70 €. **Infos:** Kontakt Campingplatz 0171/2759194. ▶ Das NFH Am Eichelberg liegt in einem herrlichen Naherholungsgebiet am Übergang von der Rheinebene in das Kraichgauer Hügelland. Es ist ein beliebtes Ausflugsziel und bietet rundherum eine Vielzahl an wunderschönen Rad- und Wanderwegen. Es ist ein Selbstversorgerhaus, allerdings ist eine Gaststätte mit Freiterrasse angeschlossen. Außerhalb der Öffnungszeiten der Gaststätte öffnet das NFH für Übernachtungen seine Pforten. Besonders geeignet für Familien mit kleinen Kindern. Ein Hallen- und ein Freibad sind jeweils 3 km entfernt.

PFORZHEIM & ENZ: NFH Hirschberg, Nähe Kammgarnspinnerei, 74321 Bietigheim-Bissingen. www.naturfreunde-bietigheim.de/haus.htm. eiselekm@arcor.de. An der B27 zwischen Bietigheim-Bissingen und Besigheim in der Nähe des Wohngebietes Kammgarnspinnerei. **Bahn/Bus:** ↗ Bietigheim-Bissingen. **Preise:** Auf Anfrage. **Infos:** Kontaktadresse: TV Die Naturfreunde, Mathias Eisele, Hermann-Vischer-Straße 27, 74321 Bietigheim-Bissingen, ✆ 07142/45117. ▶ Das NFH Hirschberg bietet Übernachtungsmöglichkeiten für 12 Personen. Es ist aber auch allgemein geöffnet So 10 – 18 Uhr (außer Ostern, Pfingsten, Sommerferien, Weihnachten). Dann gibt es einen Mittagstisch, Kaffee und Kuchen und Vesper. Das Haus liegt oberhalb der Enz, zwischen Wald und Wiesen. Bettwäsche ist mitzubringen (Ausleihe 6 €). Haus und Räumlichkeiten können auch separat für z.B. größere Feste angemietet werden.

Hunger & Durst

NFH Hirschberg, 74321 Bietigheim-Bissingen. So 10 – 18 Uhr, an Ostern, Pfingsten, in den Sommerferien und an Weihnachten geschlossen. Mittagstisch, Kaffee und Kuchen, große Terrasse.

NFH Lettenbrunnenhütte, Tiefenbronner Straße 221, 75175 Pforzheim. www.naturfreunde-pforzheim.de. nfh-lettenbrunnenhuette@naturfreunde.de. **Bahn/Bus:** Pforzheim Hbf, Bus 5 Richtung Wildpark bis Seehaus, dann 5 Min zu Fuß. **Auto:** A8 Ausfahrt 43 Pforzheim Stadtmitte, Richtung Tiefenbronn bis Seehaus. **Preise:** 6,50 €; Kinder bis 6 Jahre 4 €, 7 – 16 Jahre 5,50 €. **Infos:** Kontaktadresse: TV Die Naturfreunde, Ingrid Junglas, Moltkestraße 15, 75179 Pforzheim, ✆ 07231/32318, Fax 1559237. ▶ Das romantische Haus verfügt über 24 Übernachtungsplätze und liegt in der Nähe des ehemaligen markgräflichen Jagdhauses Seehaus im Pforzheimer Naherholungsgebiet Hagenschieß, nahe dem großen Pforzheimer Wildpark. Betreut wird es am Wochenende von ehrenamtlichen Mitgliedern der Naturfreunde-Ortsgruppe Pforzheim. Nahrungsmittel können mitgebracht und in der Küche selbst zubereitet werden. Getränke müssen vom Haus genommen werden.

NFH Am Herrenbrunnen, Klinge 3, 75417 Mühlacker-Enzberg. ✆ 07041/5809, www.naturfreunde.de. **Bahn/Bus:** Vom Bhf Mühlacker 1 km entfernt. **Preise:** Auf Anfrage. **Infos:** Kontaktadresse: Monika Przybyla, Herrenbrunnenstraße 3, 75417 Mühlacker 4, T/Fax 07041/83067. ▶ In dem Selbstversorgerhaus mit Teilbewirtschaftung für Getränke haben 30 Personen Platz zum Übernachten, aufgeteilt auf 6 Zimmer. Es sind auch 2-Bett-Zimmer vorhanden. Das Haus ist besonders geeignet für Familien mit kleinen Kindern. Hallen- und Freibad in 3 km Entfernung.

NATURPARK NECKAR-ZABER: Jugendwanderheim Füllmenbacher Hof, Haus 1, 75447 Sternenfels-Diefenbach. www.schwaebischer-albverein.de. info@fuellmenbacher-hof.de. **Bahn/Bus:** Ab Zaisersweiher auf dem SAV-Weg mit blauem Strich zum Stromberg-Schwäbischer-Wald-Weg (HW 10) und zum Wanderheim, 4 km. **Auto:** Zufahrt über Zaisersweiher, nur bis ca. 400 m vor dem Wanderheim möglich. **Preise:** 6,90 €; Kinder und Jugendliche bis 21 Jahre 5,35 €; für Mitglieder des Wandervereins günstiger. Bettwäsche oder Schlafsäcke können gegen Gebühr (4,60 € für Bettwäsche,80 € für einen Schlafsack) geliehen werden, die Küche kann auf Anfrage für 25,60 € pro Gruppe und Nacht benutzt werden. **Infos:** Betreuungsverein Füllmenbacher Hof, Christine Kicherer, Pfaffenhofener Straße 6, 74336 Brackenheim, ✆ 07135/933889. ▶ Das Wanderheim Füllmenbacher Hof ist aus einer Waldarbeitersiedlung hervorgegangen. Das gemütlich eingerichtete Wanderheim liegt in einem abgeschiedenen Tal an einem Weiher, rings von Wald und Wiesen umgeben. Etwas westlich vom Wanderheim treffen die drei Strombergzüge zusammen. Die nähere und weitere Umgebung bietet vielseitige Wandermöglichkeiten. Familien, Kinder und Jugendliche werden sich hier wohl fühlen. Das Haus ist ganzjährig bewirtschaftet.

Jugend- und Gruppenunterkünfte

Jugendfreizeithäuser, Seminarhäuser, Schullandheime.

▶ Die hier genannten Gruppenunterkünfte liegen preislich auf einem höherem Niveau als die Naturfreundehäuser und Wanderheime. Sie sind aber auch komfortabler ausgestattet. Sie eignen sich vor allem für Klassenfahrten. Einige bieten ein umfangreiches pädagogisches Programm und Umweltprojekte an.

HEIDELBERG & KURPFALZ: **Jugendburg Rotenberg,** Jugendbildungsakademie Jugendberg Rotenberg e.V., Obere Schlossstraße 1, 69231 Rauenberg-Rotenberg. ✆ 06222/63110, Fax 388075. www.jugendburg-rotenberg.de. jugendburg-rotenberg@t-online.de. **Bahn/Bus:** Ab ↗ Wiesloch-Walldorf Bhf Bus 703 Rotenberg Schule, 20 Min Fußweg. **Auto:** Aus Richtung Wiesloch über die B39 nach Rauenberg. Im Ort links in Rauenberger Straße und über Schlossstraße in Obere Schlossstraße. **Preise:** 1. – 3. Tag Ü 8,50 €, VP 22 €, ab 4. Tag Ü 7,50 €, VP 21 €; ab 20 voll zahlende Teilnehmer 1 Freiplatz, ab 40 2 Freiplätze, ab 60 3 Freiplätze. ▶ Ein bisschen Hogwarts gefällig? Hier bitte! Übernachten auf der geheimnisvollen Burg, die immer so ein bisschen wirkt, als ob sie verzaubert wäre. Die Jugendburg ist eine Jugendbildungsstätte und bietet 68 Personen Platz zum Übernachten mit Vollpension. In der Burg stehen 2-, 3-, 6-, 7- und 8-Bett-Zimmer zur Verfügung. Es gibt einen Sportplatz, eine Grillstelle, einen Schlosshof und sogar einen Schlosswald – wie in Hogwarts eben.

NATURPARK NECKAR-ZABER: **Jugendfreizeitheim mit Zeltplatz,** Rädleswiesen 1, 74374 Zaberfeld. ✆ 07046/6997, Fax 871072. www.freizeitheim-zaberfeld.de. info@freizeitheim-zaberfeld.de. **Bahn/Bus:** Ab ↗ Lauffen Bus 661 bis Zaberfeld. **Auto:** Aus Richtung Brackenheim über Cleebronn nach Zaberfeld, aus Richtung Bretten über Sternenfels nach Zaberfeld. **Zeiten:** Ganzjährig. **Preise:** Mai – Sep ab 9,70 €, Okt – April ab 10,20 €. ▶ Das Freizeitheim ist für alle Altersgruppen geeignet. Ob Kinder, Jugendliche, Erwachsene, Senioren – in der freundlichen Atmosphäre des Hauses und des angrenzenden Freizeitgeländes fühlt man sich schnell wohl. Im Selbstversorgerhaus stehen 50 Betten verteilt auf zehn Zimmer zur Verfügung. Im Außenbereich gibt es eine Feuerstelle, einen Kletterturm und einen voll ausgestatteten Zeltplatz. Der Badesee Katzenbachsee ist nur 600 m entfernt.

HEILBRONN & NECKAR: Jugendgästehaus im Kloster, Lindenplatz 7, 74206 Bad Wimpfen. ✆ 07063/970423, www.kloster-bad-wimpfen.de. gaestehaus@kloster-bad-wimpfen.de. **Bahn/Bus:** ↗ Bad Wimpfen Bhf, 10 Min Fußweg zum Kloster. **Auto:** A6 Richtung Mannheim bis Ausfahrt Heilbronn/Obereisesheim, Richtung Heilbronn Ausfahrt Bad Rappenau. **Zeiten:** Auf Anfrage. **Preise:** 10 € pro Person/Nacht. ▶ Das ist definitiv mal eine andere Art, die Nacht zu verbringen: im Kloster! Kinder-, Jugend- und Erwachsenengruppen finden im Gäste- oder Jugendhaus des Klosters Bad Wimpfen vielfältige Möglichkeiten zur Gestaltung eines ein- oder mehrtägigen Aufenthalts. Nur Selbstversorgung möglich.

UNTER FREIEM HIMMEL

Jugendzeltplätze

▶ Jugendzeltplätze bieten nur ein Minimum an Komfort. Oft gibt es keinen Stromanschluss, nicht immer Wasser und Toiletten, dafür aber Natur pur, am Tag viel Platz für Geländespiele und am Abend Lagerfeuerromatik. Diese Zeltplätze sind von organisierten Gruppen zu buchen, für manche benötigt man die Erlaubnis der Naturschutzbehörde, weil sie in einem Landschaftschutzgebiet liegen.

Spontanes Campen ist auf keinem Jugendzeltplatz erlaubt. Dafür stehen Campingplätze bereit. Die hier aufgenommenen sind für Familien gut geeignet.

KLEINER ODENWALD: Jugendzeltplatz auf der Burgruine Stolzeneck, 69412 Eberbach. www.eberbach.de. stadt@eberbach.de. **Bahn/Bus:** ↗ Burg Stolzeneck. **Zeiten:** Ganzjährig. Kapazität: circa 40 – 70 Personen. **Preise:** Auf Anfrage je nach Gruppenstärke und Aufenthaltsdauer, ab 30 €/Tag. **Infos:** Anmeldung beim Landratsamt Neckar-Odenwaldkreis, Forstbetriebsleitung Schwarzach, Frau Völker, ✆ 06261/841059, Fax 06261/844704, umwelt@ neckar-odenwald-kreis.de. ▶ Das Zelten auf dem Gelände der Vorburg von ↗ Burg Stolzeneck ist möglich. Die Burgruine liegt zwischen Lindach und Eberbach im Neckarhang. Es gibt keine sanitären Anlagen und keinen Wasseranschluss, ein Grillplatz ist vorhanden.

Campingplätze

▶ Für Kinder hat es etwas Abenteuerliches und einen Hauch von Freiheit, in einem Zelt auf einer Wiese in der Nähe von Bach, Fluss oder Wald zu leben, den Regen auf das Zelt prasseln zu hören und dem Rauschen des Windes und Zwitschern der Vögel zu lauschen. Man braucht nur aufzuspringen und ist bereits mitten in der Wiese und auf frischem Gras. Die Übernachtungspreise variieren genauso wie die Ausstattung. Manche Plätze bieten außer sehr einfachen sanitären Anlagen gar nichts. Auf Komfortplätzen dagegen existieren nicht nur hervorragende sanitäre Einrichtungen, sondern sogar Schwimmbäder, Restaurants, Lebensmittelläden, Küchen, Aufenthaltsräume, Babywickelräume, Kinderspielplätze, Minigolfplatz, oder Grill. Außerdem zahlen Camper mit Wohnwagen deutlich mehr als Radler mit Zelt.

HEIDELBERG & KURPFALZ: Campingplatz St. Leoner See, Am St. Leoner See 1, 68789 St. Leon-Rot. ✆ 06227/59009, Fax 880988. www.st.leoner-see.de. info@st.leoner-see.de. **Bahn/Bus:** Ab ↗ Heidelberg S3 Richtung Karlsruhe bis Rot-Malsch, ab dort Bus 719 bis St. Leon, Roter Straße. **Auto:** A5 Ausfahrt 39 Walldorf/Wiesloch, dann Richtung St. Leon-Rot. **Zeiten:** Juni – Aug 7 – 22, Mai – Sep 8 – 20, Okt – April 9 – 16 Uhr. **Preise:** Ab 3 €, je nach Saison und Zeltgröße; Kinder 3 – 6 Jahre ab 1 €, 7 – 15 Jahre ab 2 €, ab 16 Jahre ab 3 € pro Nacht. ▶ 4-Sterne-Zeltplatz direkt am beliebten St. Leoner See, der zum Schwimmen,

Paddeln und Tauchen, zu Wasserski, Minigolf und Beachvolleyball, Surfen, Segeln und Angeln einlädt. Egal, ob zu zweit im Minizelt oder als Gruppe im Zeltverband, hier findet jeder Platz.

Freizeit-Camping Erlichsee, Adlerstraße 74/1, 68794 Oberhausen. ✆ 07254/958583, Fax 957254. www.freizeit-camping-erlichsee.de. info@freizeit-camping-erlichsee.de. **Auto:** A5 Ausfahrt 41 Kronau, Richtung Waghäusel. Nach Kirrlach und einer Brücke rechts, dann links Richtung Oberhausen, ab hier Hinweisschilder Erlichsee. **Zeiten:** Mai – Okt. **Preise:** Zeltplatz 12 € pro Nacht, Tipi für 10 Pers 19 €, für 13 Pers 21 €, Gruppenzelt 17 €. ▶ Soll es ein Wohnwagenstellplatz sein, ein Zeltplatz oder vielleicht sogar ein Tipi? Kein Problem in der Freizeitanlage direkt am Erlichsee mit einem schönen Sandstrand! In einem Tipi können 10 – 13 Personen übernachten, es gibt aber auch einen separaten Gruppenzeltplatz für bis zu 40 Personen. Zur umfangreichen Einrichtung der Anlage gehören u.a. ein Babywickelraum mit Mutter-Kind-Dusche, Grillplätze, Backshop, Kiosk, Eiscafé und Biergarten.

Ein Dach überm Kopf: Zelten mit oder ohne ein solches ist immer spannend

Camping Heidelberg, Schlierbacher Landstraße 151, 69118 Heidelberg-Schlierbach. ✆ 06221/802506, Fax 802506. www.camping-heidelberg.de. camping-heidelberg@online.de. **Bahn/Bus:** ↗ Heidelberg. **Zeiten:** April – Okt. **Preise:** 6 €, Auto 2,50 €, Zelt ab 3,50 €, Caravan ab 4,50 €, Hund 3 €; Kinder bis 4 Jahre frei, 5 – 14 Jahre 3,50 €. ▶ Heidelbergs einziger Campingplatz liegt direkt am Neckar und ist idealer Ausgangspunkt für Stadtbesichtigungen und Ausflüge in die Umgebung.

KLEINER ODENWALD: Camping Haide, A. Fitzner, Ziegelhäuser Landstraße 91, 69151 Neckargemünd. ✆ 06223/2111, Fax 71959. www.camping-haide.de. info@camping-haide.de. **Bahn/Bus:** ↗ Neckargemünd, HSB Linie 35 oder S1 bis Orthopädische Klinik. **Zeiten:** April – Okt. **Preise:** Zeltplatz 4 €, WoWa, WoMo 5 €. Erw 5,30 €, Blockhaus 9,50 €, Matratzenlager für 25 und 45 Pers 8,50 € pro Person ab 9 Pers; Kinder bis 15 Jahre 2,70 €. ▶ Direkt am Neckar. Selbstbedienungsladen, Gaststätte, großer Aufenthaltsraum mit Kochstellen. 200 Stellplätze, Blockhäuser mit insgesamt 160 Betten. Matratzenlager für 25 und 45 Personen.

In der Umgebung gibt es viele herrliche Wanderwege.

Campingpark Eberbach, Jörg Pachur, Alte Pleutersbacher Straße 8, 69412 Eberbach. ✆ 06271/1071, Fax 942712. www.campingpark-eberbach.de. info@campingpark-eberbach.de. Direkt am Neckarufer. **Bahn/Bus:** S1 Heidelberg – Osterburken bis Eberbach Steg, ab dort Bus 801 bis Beckstraße. **Auto:** Aus Richtung ↗ Heidelberg über B37 bis Eberbach, ab dort Beschilderung. **Rad:** Neckartal-Radweg. **Preise:** Stellplatz WoMo 6,90 – 8,90 €, Zelt ab 4,90, Erw 4,90 €; Kinder bis 14 Jahre 3,60 €; 10 % Ermäßigung ab dem 15. Tag sowie von April – Mai und Mitte Sep – Okt. ▶ Gepflegte sanitäre Anlagen, Kochgelegenheit, Waschmaschine. Kleiner Kiosk, frische Brötchen. Das Schwimm- bzw. Freibad liegt direkt nebenan, Gäste haben ermäßigten Eintritt. Skaterbahn und Tennisplätze in der Nähe. Hunde willkommen.

Campingplatz Cimbria, Wiesenweg 1, 74865 Neckarzimmern. ✆ 06261/2562, Fax 35716. www.camping-cimbria.de. info@camping-cimbria.de. Am Ortsrand von Neckarzimmern direkt am Neckar. **Bahn/Bus:** ➚ Mosbach, ab Bhf S2 bis Neckarelz, von dort RB bis Neckarzimmern. 10 Min Fußweg. **Auto:** Aus Richtung Heidelberg über die B292 und B27 nach Neckarzimmern. **Zeiten:** April – Okt. **Preise:** 4,90 €; Zelt 4,90 €, Caravan 5,90 €, Auto 2,50 €; Kinder 3 – 15 Jahre 2,90 €. ▶ Direkt auf dem Platz befindet sich ein Schwimmbad. Es gibt Basketball, Boccia und Tischtennis und man kann angeln oder Boot fahren. Mit Liegewiese, Feuerstelle, Clubwiese, Kinderspielplatz und Bolzplatz. Neben einer Gaststätte mit Biergarten stehen Waschmaschinen und Trockner zur Verfügung.

KARLSRUHE & RHEIN: Campingplatz der Naturfreunde Bruchsal, Karlsruher Straße 215, 76646 Bruchsal-Untergrombach. ✆ 07251/15106, Handy 0171/2759194. An der B3 Richtung Untergrombach, beim NFH. **Bahn/Bus:** Ab ➚ Bruchsal S31, 32 bis Gewerbliches Bildungszentrum, von dort 5 Min Fußweg. **Auto:** Ab ➚ Karlsruhe B3 Richtung Bruchsal bis Untergrombach. **Zeiten:** Pfingsten – Mitte Sep ab 17 Uhr ohne Voranmeldung, Mitte Sep – Pfingsten mit Voranmeldung. **Preise:** 5 €; Kinder 4 – 12 Jahre 2 €. ▶ 20 Stellplätze, ganzjährig geöffnet, sanitäre Anlagen am NFH, Stromanschluss, keine Wasser- und Abwasseranschlüsse auf den Stellplätzen.

Campingplatz Freyersee, Tullastraße 11, 76661 Philippsburg. ✆ 07256/1372, Fax 8611. www.camping-freyersee.de. info@camping-freyersee.de. **Bahn/Bus:** RE Karlsruhe – Worms bis Philippsburg, von dort Bus 127 bis Alter Messplatz. 5 Min Fußweg. **Auto:** A5 Ausfahrt 42 Bruchsal, über B35 und B36 Richtung Germersheim bis Philippsburg. **Zeiten:** Ostern – Okt. **Preise:** 5,50 €, Zelt je nach Größe 4,60 – 6 €; Kinder ab 3 Jahre 3,50 €. ▶ Ein eher kleiner, dafür aber ausgesprochen familienfreundlicher Campingplatz mit Natur, Badespaß und Komfort. Es gibt Stellplätze für Wohnwagen, Wohnmobile, Zelte und Dauercamper. Der Freyersee bietet vielfältige Wassersport-Möglichkeiten.

ZENTRALER KRAICHGAU: Campingplatz Freizeitzentrum Hardtsee, Ubstadter Seeweg, 76698 Ubstadt-Weiher. ✆ 07251/ 9613-94, Fax 9613-95. www.hardtsee.de. info@hardtsee.de. **Bahn/Bus:** Ab ➚ Karlsruhe S3 bis Ub-

Ihh, kalt und nass! Badevergnügen am Hardtsee

stadt-Weiher Hardtsee. **Auto:** A5 Ausfahrt 42 Bruchsal, Richtung Ubstadt-Weiher. **Zeiten:** April – Sep. **Preise:** Stellplatz bis 25 qm pro Nacht Sep – Mai 9 € zzgl. Eintritts- und Stromgebühren. ▶ Der Campingplatz hat insgesamt 360 Parzellen. Sie sind 75 bis 100 qm groß und liegen in direkter Nähe zum ↗ Hardtsee mit einem großen Spiel-, Sport- und Freizeitangebot. Im Sanitärgebäude beim Campingeingang stehen kindgerechte Waschräume zur Verfügung. Brötchenservice vom Strandhaus und ein kleiner Camper-Shop für die Dinge des täglichen Bedarfs vorhanden.

NATURPARK NECKAR-ZABER: Stromberg Camping, Diefenbacher Straße 70, 75438 Knittlingen-Freudenstein. ✆ 07043/2160, Fax 40405. www.strombergcamping.de. info@strombergcamping.de. **Bahn/Bus:** Ab ↗ Bretten Bus 700 bis Knittlingen Schule, von dort Bus 705 bis Freudenstein Rathaus. **Auto:** A5 Ausfahrt 42 Bruchsal, über B35 bis Knittlingen. In Knittlingen Richtung Freudenstein abbiegen, weiter Richtung Diefenbach. 250 m nach Freudenstein links. **Zeiten:** Ganzjährig. **Preise:** April – Sep 5,50 €, Stellplatz 6 €, Okt – März 4,50 €; Kinder 3 – 13 Jahre 4 € bzw. 3,50 €; ab 14 Übernachtungen 10 % auf die Personengebühr. ▶ Der 4-Sterne-Platz ist ein bisschen versteckt und deshalb sehr schön und idyllisch gelegen.

EINKAUFEN

Direktvermarkter und Hofläden

▶ Auf einem Bauernhof einzukaufen, macht nicht nur Kindern mehr Spaß als im Supermarkt an der Kasse zu stehen. Fast auf allen Höfen dürfen Kinder gern mal in die Ställe schauen, oft auch die Tiere streicheln. Die Eier stammen meist von frei laufenden Hühnern, Fleisch und Wurst aus eigener Schlachtung. Viele Betriebe bauen ihr Getreide und Gemüse biologisch-dynamisch an. Stehen keine Öffnungszeiten bei den Adressen, bitte vorher anrufen.

@ Unter www.bioland.de/kunden/adressen/hofladen findet ihr weitere Anbieter regionaler Produkte aus eigenen Erzeugnissen.

HEIDELBERG & KURPFALZ: Wolfgang Zahn, Seewaldsiedlung 3, 68766 Hockenheim. ✆ 06205/12165, Fax 101098. wolfzahn@t-online.de. Di 15 – 18, Sa 9 – 16 Uhr. ▶ Eigene Produkte: Gemüse, Kartoffeln. Zukaufsortiment: Honig, Kartoffeln, Obst, Saft, Wein.

Biolandhof Hubert Merz, Hubert Merz, Waghäuseler Straße 27, 68809 Neulußheim. ✆ 06205/32170, Fax 31220. Biolandhof-Merz@t-online.de. Di – Do 9 – 12, Sa 9 – 13, Do 17 – 18.30, Fr 9 – 14 und 16 – 18.30 Uhr. ▶ Gemüse, Getreide, Getreideerzeugnisse, Kartoffeln. Außerdem werden Führungen angeboten.

Wiesenäcker Gärtnerei, Gewann Schläuchen 4, 69121 Heidelberg. ✆ 06221/419164, Fax 402242. www.biogemuese-heidelberg.de. gaertnerei@wiesenaecker-hd.de. Di, Fr 10 – 12 und 15 – 18 30 Uhr. ▶ Eigenes Sortiment: Gemüse, Obst. Zukaufsortiment: Bier, Eier, Gemüse, Getreide, Getreideerzeugnisse, Honig, Kartoffeln, Milch, Molkereiprodukte, Obst, Saft, Tee, Wein.

Hof Langenstein, Wolfgang Hoffmann, 69168 Wiesloch. ✆ 06222/71635, Fax 71635. biogemuesehoffmann@gmx.de. Ganzjährig Do 15 – 20 Uhr. ▶ Brot und Backwaren, Eier, Fleisch, Gemüse, Getreide, Kartoffeln, Obst. Außerdem werden Führungen angeboten.

KARLSRUHE & RHEIN: Willi Litzenberger, Jakob-Dörr-Straße 17, 76187 Karlsruhe. ✆ 0721/561591, Fax 561591. www.biokaufladen.de. W.Litzenberger@t-online.de. Di, Do 17 – 18.30, Sa 10 – 12 Uhr. ▶ Eier, Getreide, Getreideerzeugnisse, Kartoffeln, Obst.

Petrik GbR, Helmut und Beate Petrik, Am Heulenberg, 76327 Pfinztal. ✆ 0721/460728, Fax 465442. Bioland-hof-Petrik@t-online.de. Di, Fr 9 – 18, Sa 8.30 – 12.30 Uhr. ▶ Eier, Fleisch, Gemüse, Getreide, Getreideerzeugnisse, Kartoffeln.

Peter Rombel, Kübelmarkt 30, 76646 Bruchsal. ✆ 07251/2797, Fax 932053. ▶ Gemüse, Kartoffeln, Obst, Saft. Im Zukaufsortiment Brot und Backwaren, Eier, Fleisch und Wurstwaren, Gemüse, Honig, Kartoffeln, Obst, Topfkräuter.

Gerald Zinecker, Hauptstraße 3, 76676 Graben. ✆ 07255/9242, Fax 9242. zinecker-naturkost@t-online.de. Mo – Fr 9 30 – 12 und 16 – 18, Sa 9 – 12.30 Uhr, Mi Nachmittag geschlossen. ▶ Fleisch, Gemüse, Getreide, Kartoffeln.

ZENTRALER KRAICHGAU: Eduard Mannsperger, Karlsruher Straße 82, 74889 Sinsheim. ✆ 07261/13364, Fax 16255. www.apfelkorb.de. info@apfelkorb.de. Mo – Do 13 – 16, Fr 10 – 19 Uhr. ▶ Obst, Saft, Wein und großes Zukaufsortiment.

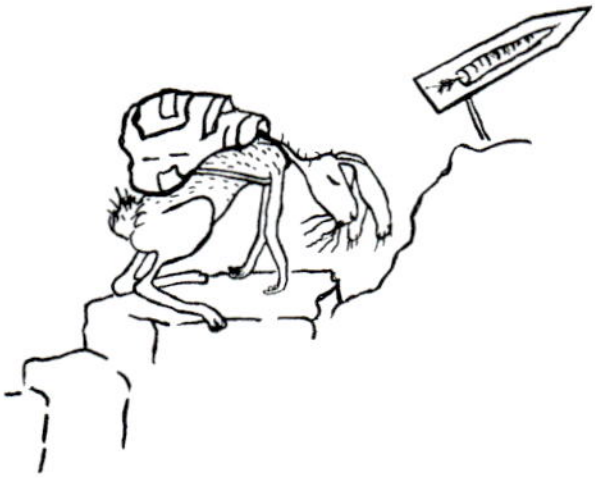

NATURPARK NECKAR-ZABER: Jürgen Winkler, Im Hasenlauf 1, 74336 Brackenheim. ✆ 07135/93767-0, Fax -11. www.wino-oekolandbau.de. juergen@wino-oekolandbau.de. ▶ Obst, Saft, Wein, ansonsten Zukaufsortiment von Molkereiprodukten, Getreideerzeugnisse und Gemüse. Es werden Führungen angeboten.

Andreas Mauk, Neckarwestheimer Straße 13, 74348 Lauffen a.N. ✆ 07133/205045, Fax 962227. andreasmauk@aol.com. Mai – Okt Mo – Fr 8 – 18, Sa 10 – 12 Uhr, sowie

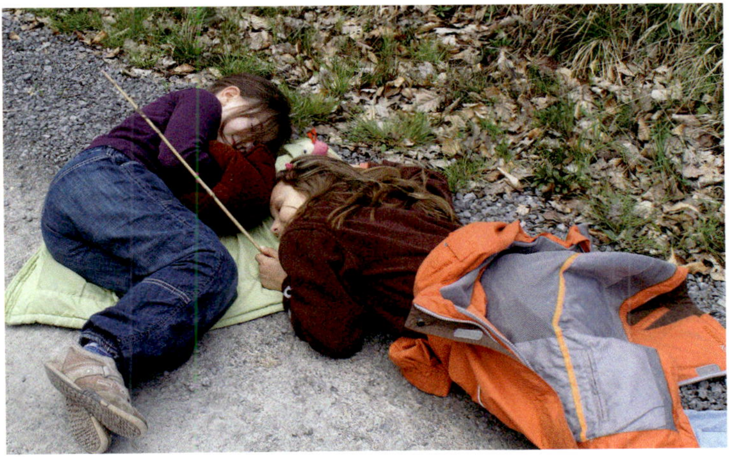

Zusammenbruch: Zeit, was zu Essen und zum Schlafen aufzutreiben!

nach Absprache. Mai – Juli Erdbeeren-Selbstpflücken. ▶ Im Sortiment sind Gehölze, Gemüse, Kartoffeln, Obst, Saft, Zierpflanzen und es werden Führungen angeboten.

Rolf und Angelika Hering, Grüner Winkel 28, 74374 Zaberfeld. ✆ 07046/7741, Fax 7741. hering.zaberfeld@freenet.de. ▶ Fleisch und Wurstwaren aus eigener Schlachtung. Erlebnis-, Sport- und Freizeitangebote für Kinder, Führungen.

Hermann Voorhoeve, Ölmühle 10, 75038 Oberderdingen. ✆ 07045/8954, Fax 201270. www.ziegenfarm-voorhoeve.de. voorhoeve@web.de. Feb – Dez. ▶ Fleisch und Wurstwaren, Geflügel, Käse, Molkereiprodukte. Außerdem Führungen Sport- und Freizeitangebote.

HEILBRONN & NECKAR: Thomas und Beate Lang, Wimpfener Straße 24/1, 74172 Neckarsulm. ✆ 07132/43427, Fax 44085. www.naturkost-lang.de. lang@naturkost-lang.de. Mo – Fr 9 – 12.30 und 14 – 18.30, Sa 9 – 12.30 Uhr. ▶ Eier, Fleisch und Wurstwaren, Geflügel, Gemüse, Getreide, Kartoffeln, Obst. Außerdem Erlebnisangebote und Freizeitangebote für Kinder, Führungen.

PFORZHEIM & ENZ: Holger Jungclaussen, Weilerstraße 1, 71665 Vaihingen/Enz. ✆ 07042/960366, Fax 966797.

hjungclaussen@aol.com. Di, Fr 9 – 12 und 15 – 18, Sa 9 – 12 Uhr. ▶ Hier bekommt ihr Geflügel, Gemüse, Getreide.

Wolfram Golderer, Unterm Wolfsberg 13, 75177 Pforzheim. ✆ 07231/652225, schaeferei.golderer@t-online.de. 9 – 12.30 und 15 – 18 Uhr. ▶ Milch und Molkereiprodukte.

Andreas Wilhelm, Obere Steinbeisstraße 15, 75248 Ölbronn. ✆ 07043/920284, Fax 920284. oekoweinwilli@aol.com. Di und Fr 9 – 12.30 und 16 – 18.30, Sa 9 – 12.30 Uhr. ▶ Eier, Fleisch und Wurstwaren, Gemüse, Getreide, Getreideerzeugnisse, Kartoffeln, Milch, Obst, Saft, Wein.

KARTEN & REGISTER

WEINHEIM
Birkenau
Mackenheim
Löhrbach
Abtsteinach
Wachenburg
Schlosspark
Gorxheimertal
VIERNHEIM
Schönau
Gartenstadt
FRANKENTHAL
Waid
Lützelsachsen
Unterflockenbach
Großsachsen
MANNHEIM
Oggersheim
Schloss
Heddesheim
Hirschberg an der Bergstraße
455
526
Eichelberg
Lampenhain
Heiligkreuzsteinach
Strahlenburg
Burg Waldeck
LADENBURG
SCHRIESHEIM
Wilhelmsfeld
Schauenburg
550
Weißer Stein
-Neckarhausen
Edingen
Dossenheim
Mutterstadt
Altrip
Rheinau
Wieblingen
Heiligenberg
443
Abtei Neuburg
Ziegelhausen
Neuhofen
Limburgerhof
LUDWIGSHAFEN
473
Schlierbach
Eppelheim
Brühl
566
Königstuhl
Waldsee
Plankstadt
SCHIFFERSTADT
Ketscher Rheininsel
SCHWETZINGEN
HEIDELBERG
Rohrbach
Otterstadt
Oftersheim
Bellamar
Gaiberg
Ketsch
Hohwiesensee
Lingental
Bammental
HEIDELBERG KURPFALZ
LEIMEN
Sandhausen
Gauangelloch
Ziegenkäsehof
Hirschberg
319
SPEYER
Meckesheim
Altlußheim
HOCKENHEIM
Nußloch
Schatthausen
Dudenhofen
WALLDORF
Aquadrom
WIESLOCH
Neulußheim
Hochholzer See
Dielheim
Horrenberg
Berghausen
Heiligenstein
Römerberg
Blausee
Erlichsee
St. Leoner See
-Rheinhausen
Rauenberg
Oberhausen-
St. Leon-
-Rot
Malschenberg
Rotenberg
Tairnbach
Majolika
WAGHÄUSEL
Kirrlach
Malsch
243
Mühlhausen
Angelbach
245
Rhein
Letzenberg
Eichtersheim
Hermannsberg
Kraichbach
PHILIPPSBURG
Wiesental
Kronau
Mingolsheim
Michelfeld
Angelbachtal
ÖSTRINGEN
GERMERSHEIM
Schloss Kislau
Bad Schönborn
Langenbrücken
Hambrücken
Äußeres Fischwasser
KRAICHGAU
Stettfeld
Eichelberg
Römermuseum
Kreuzbergkapelle
-Neudorf
Hardtsee
-Weiher
Zeutern
Odenheim
Tiefenbach
Dettenheim
Graben-
Forst
Ubstadt-
Sternwarte
-Hochstetten
Oberöwisheim
Landshausen
Unteröwisheim
Karlsdorf-
Linkenheim-
Leimersheim
Schloss
Kraichtal
Menzingen
-Neuthard
BRUCHSAL
Münzesheim
Graf-Eberstein-Schloss

Wald-Michelbach
Beerfelden
Obersensbach
Schöllenbach
Westlicher Limes (1. Jh. n.Chr.)
Steinbach
N
1 cm
3 km
© PETER MEYER VERLAG
Sensbachtal
Hinterbach
484
Geiersberg
546
553
Kinzert
Mudau
Ober-Schönmattenwag
Freienstein
Untersensbach
Friedrichsdorf
Langenelz
Hollerbach
-Korsika
Gammelsbach
DEUTSCHE FERIENROUTE
Naturpark
Elz-Bach
Reisenbach
Rothenberg
548
Jagdschloss Wilhelmshöhe
Brombach
Balsbach
Laudenberg
Stolzeneck
Ober-Höllgrund
EBERBACH am Neckar
Katzenbuckel
626
Waldbrunn
Limbach
Mülben
Hirschhorn
Neckarwimmersbach
Waldkatzenbach
Strümpfelbrunn
Robern
Krumbach
Groß-eicholzheim
Ersheim
Pleutersbach
Ober-Dielbach
Unter-
Weisbach
Krösselbach
Fahrenbach
Ritters-bach
340
Allemühl
Wilder-Weibel-Stein
Stolzeneck
Zwingenburg
Neckartal-
Neckar-hausen
Zwingenberg
Schönbrunn
Elztal
Ober-
Mittel-
Unter-Schefflenz
Neckar
Trienzbach
Lohrbach
Neckargerach
Feste Dilsberg
Odenwald
Minneburg
Mückenloch
Neunkirchen
Guttenbach
Dallau
330
Waldwimmersbach
Neckarkatzenbach
Michelbach
Hühner-Berg
Gutshof
Schwarzach
Lobbach
Reichartshausen
Aglasterhausen
MOSBACH
Elz-Bach
Lobenfeld
Spechbach
Daudenzell
Obrigheim
Sulzbach
Billigheim
Epfenbach
Neckarelz
Hochhausen
Allfeld
Helmstadt
Hornberg
Neckarzimmern
Neidenstein
Eschelbronn
304
264
Dachsberg
Bargen
Haßmersheim
Neudenau
Steifelsberg
Waibstadt
Hüffenhardt
Gundelsheim
Horneck
Neckar-bischofsheim
Neckar-mühlbach
Guttenberg
Hoffenheim
Siegelsbach
Villa Rustica
Jagst
Sinsheim
Bad Rappenau
Römersee
Zimmerhof
Offenau
Kocher
Auto & Technik Museum
Oedheim
Steinsfurt
Unterschloss
Sole-freibad
Roter Turm
BAD FRIEDRICHSHALL
Bad Wimpfen
Steinsberg
Salzbergwerk
Weiler
Unter-eisesheim
NECKAR-SULM
Kirchardt
Biberach
Schloss
Aquatoll
Ittlingen
Massen-bachhausen
Erlenbach
Hasenmühle
Neckargartach
Streichenberg
Schomberg
Wartberg
309
Weibertreu
Gemmingen
Lein-garten
HEILBRONN
Villa Rust.
SCHWAIGERN
WEINSBERG
Leintalzoo
Soleo
Rohrbach
Hafen-markt-turm
Trappensee
EPPINGEN
Schloss Neipperg
Böckingen
Köpfer-stausee
Ruine Kapelle Ottilienberg
Heuchelberger Warte
373
Nordheim
Horkheim
Schweinsberg
45
37
292
27
39
33
34
35
6
36
293
9
10
38
81

Leimersheim
Neuthard
Schloss
BRUCHSAL
Kraichtal
Menzingen
Münzesheim
Graf-Eberstein-Schloss
Friedrichstal
Leopoldshafen
Heidelsheim
Schecken-bronnerhof
Gochsheim
Flehingen
KARLSRUHE & RHEIN
Pfinz-Ausgleichs-kanal
Eggenstein-
Stutensee
Untergrombach
Helmsheim
Büchig
Obergrombach
Bauerbach
Blanken-loch
Kirchfeld-siedlung
Gondelsheim
Neureut
Weingarten
Diedelsheim
Waldstadt
Walzbach-tal
BRETTEN
Schloss
Jöhlingen
Rheininsel Rott
Rinklingen
KARLSRUHE
Grötzingen
KNITT-LINGEN
Augustenburg
Wössingen
Berghausen
Rappenwört
Durlach
Wöschbach
Kloster
Turmberg
Pfinztal
Aalkistensee
Garten-stadt
Söllingen
308
Heuberg
Rüppurr
Wolfarts-weier
Königsbach-
Neulingen
Ölbronn
Klein-steinbach
-Stein
Ötisheim
Grünwetters-bach
Eisingen
-Dürrn
Remchingen
ETTLINGEN
Enzberg
Schloss
Busenbach
PFORZHEIM
Kämpfelbach
Niefern-
Ispringen
Ettlingen-weier
Wald-bronn
Reichenbach
Langen-steinbach
Eutingen
Bruch-hausen
Badesee Buchtzig
Spessart
Karlsbad
Brötzingen
-Öschelbronn
PFORZHEIM
Keltern
Schöllbronn
Buckenberg
Birkenfeld
histor. Albtalbahn
Ittersbach
Dillweißenstein
Marxzell
NEUENBÜRG
Büchen-bronn
N
608
Herr-mann-see
1 cm
3 km
Alb
Strauben-hardt
Büchenbronner Höhe
Unter-reichenbach
© PETER MEYER VERLAG
Engels-brand
Tiefenbronn
Höfen an der Enz
Sulzbach
Würm
BAD HERRENALB
Dobel
717
Neuhausen
Eyach
Hengstberg
Schömberg
Loffenau
BAD WILDBAD im Schwarzwald
Calmbach
907
BAD LIEBENZELL
Merklingen
Schweizerkopf
908
Teufelsmühle
784
Sommerberg
Hirsau
Kleine Enz
Nagold
Ober-reichenbach
Altburg
Reichental
909
Horn-Berg
Würzbach
CALW
Alt-hengstett
Langenbrand
Große Enz
965
Zavelstein
Draberg
Agenbach
Bad Teinach-
Forbach
36
5
3
35
293
44
45
46
41
47
48
10
8
43
294
463
296
295

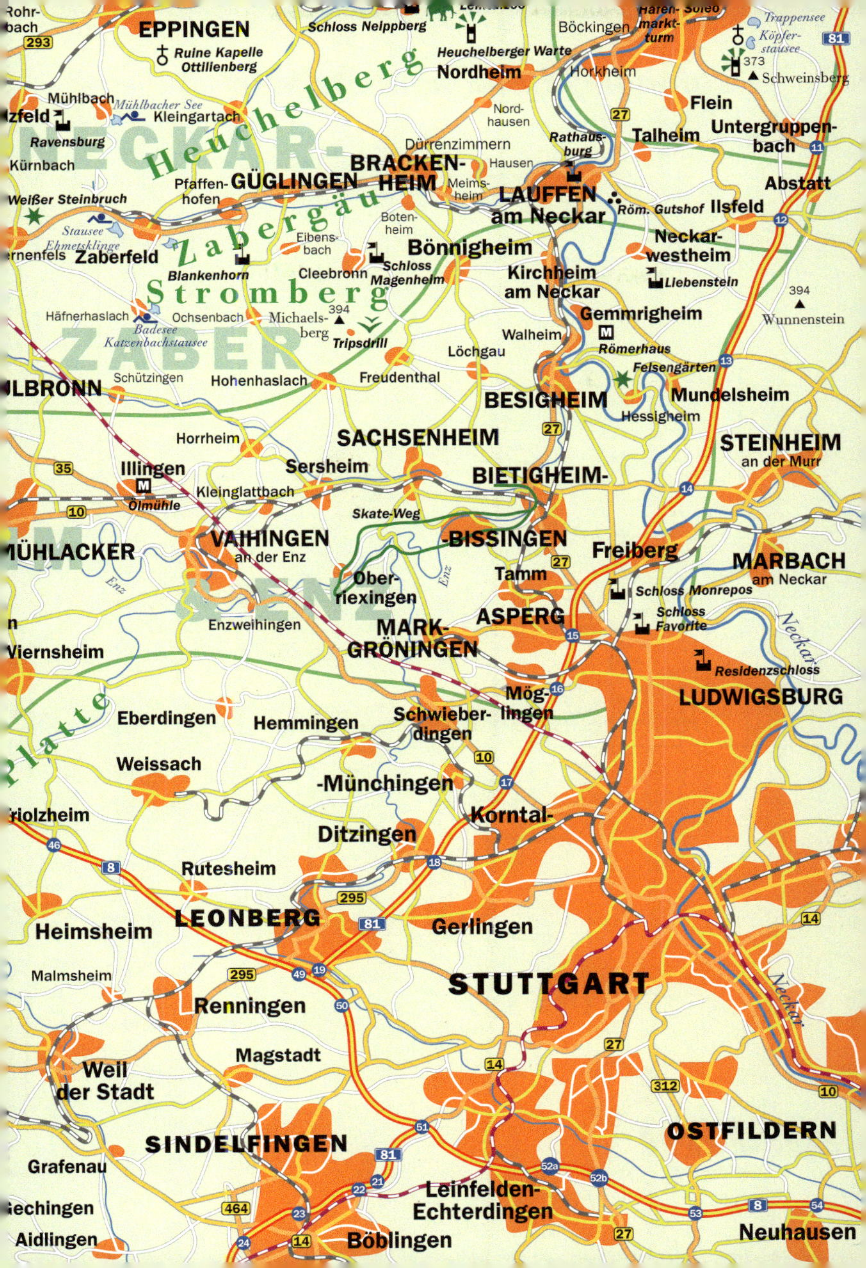
EPPINGEN
Ruine Kapelle Ottilienberg
Schloss Neippberg
Heuchelberger Warte
Nordheim
Böckingen
markt-turm
Horkheim
Trappensee
Köpfer-stausee
373
Schweinsberg
81
293
Mühlbach
Mühlbacher See
Kleingartach
Heuchelberg
Ravensburg
Kürnbach
NECKAR-
Nord-hausen
Dürrenzimmern
Flein
Talheim
Untergruppen-bach
27
Rathaus-burg
Hausen
BRACKEN-HEIM
Meims-heim
GÜGLINGEN
Pfaffen-hofen
Weißer Steinbruch
Stausee Ehmetsklinge
Zaberfeld
Zabergäu
Blankenhorn
Eibens-bach
Boten-heim
LAUFFEN am Neckar
Röm. Gutshof
Ilsfeld
Abstatt
11
12
Bönnigheim
Schloss Magenheim
Cleebronn
Neckar-westheim
Liebenstein
Kirchheim am Neckar
Stromberg
Häfnerhaslach
Ochsenbach
Badesee Katzenbachstausee
Michaels-berg
394
Tripsdrill
Gemmrigheim
Römerhaus
394
Wunnenstein
Walheim
Löchgau
Felsengärten
13
ZABER
Schützingen
Hohenhaslach
Freudenthal
BESIGHEIM
Hessigheim
Mundelsheim
27
Horrheim
SACHSENHEIM
STEINHEIM an der Murr
35
Illingen
Ölmühle
Sersheim
BIETIGHEIM-
14
Kleinglattbach
10
Skate-Weg
VAIHINGEN an der Enz
-BISSINGEN
MÜHLACKER
Freiberg
MARBACH am Neckar
Enz
Ober-riexingen
Tamm
27
Schloss Monrepos
ASPERG
Schloss Favorite
MARK-GRÖNINGEN
Enzweihingen
15
Viernsheim
Neckar
Residenzschloss
LUDWIGSBURG
Möglingen
16
Eberdingen
Hemmingen
Schwieber-dingen
Platte
Weissach
10
-Münchingen
17
Korntal-
Ditzingen
46
8
18
Rutesheim
295
LEONBERG
81
Gerlingen
14
Heimsheim
Malmsheim
295
49
19
STUTTGART
Neckar
Renningen
50
27
Magstadt
14
Weil der Stadt
312
10
OSTFILDERN
51
SINDELFINGEN
81
Grafenau
52a
52b
21
22
Leinfelden-Echterdingen
8
54
53
464
23
Aidlingen
24
14
Böblingen
27
Neuhausen

Regionales Schienennetz VRN

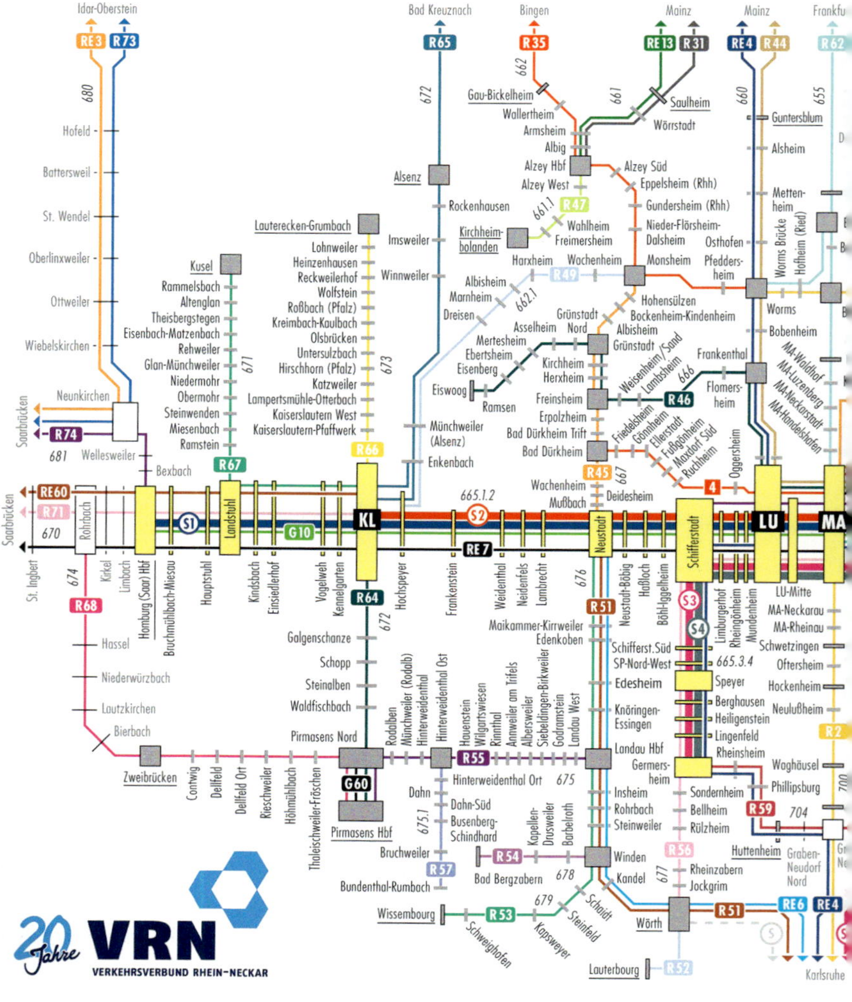

Fahrplan Hotline
✆ 01805/8764636 rund um die Uhr, 14 Ct./Min aus dem Festnetz, aus Mobilfunknetzen ggf. abweichende Preise,
oder www.vrn.de.

Liniennetzplan Schiene *KVV*

gültig ab 14.12.2008

Herausgeber: © Karlsruher Verkehrsverbund

Gestaltung und Grafik: © 2008, Digitale Kartografie F.Ruppenthal GmbH, Karlsruhe

R2 nach Mannheim
S3, R91 nach Heidelberg
Waghäusel
Wiesental
Graben-Neudorf
Graben-Neudorf Nord
Bad Schönborn-Kronau
Bad Schönborn Süd
Karlsdorf
Ubstadt-Weiher
Spöck
Friedrichstal Nord
Hochhaus
Friedrichstal
S2 Spöck
Richard-Hecht-Schule
Friedrichstal Mitte
Friedrichstal Saint-Riquier-Platz
S2 Blankenloch
Blankenloch Bf.
Blankenloch Nord
Blankenloch Mühlenweg
Blankenloch Kirche
Blankenloch Tolna-Platz
Blankenloch Süd
Büchig
S2 Reitschulschlag
Jenaer Str.
Geroldsäcker
Hagsfeld Bf.
Hagsfeld Süd
5 Rintheim
Forststr.
Ostring
Rintheimer Str.
Hauptfriedhof
Karl-Wilhelm-Platz
Durlacher Tor
Gottesauer Platz/ BGV-Badische Versicherungen
Tullastr.
Weinweg
Untermühlstr.
Grötzingen Bf.
Oberausstr.
Hubstr.
KA-Durlach Bf.
Auer Str./ Dr. Willmar Schwabe
Friedrichschule
Schlossplatz
Durlach Turmberg
1 8 Durlach
Turmbergbahn
Karl-Weysser-Str.
Gritznerstr.
Killisfeldstr.
Ellmendinger Str.
Ostmarkstr.
Schlesier Str. (West)
Steiermärker Str.
Zündhütle
2 8 Wolfartsweier Nord
4 Waldstadt
Europäische Schule
Osteroder Str.
Elbinger Str. (Ost)
Jägerhaus
Waldstadt Zentrum
Glogauer Str.
Im Eichbäumle
Fächerbad
Sinsheimer Str.
Hirtenweg/ Technologiepark
Mendelssohnplatz/ Röser Haus
Baumeisterstr.
Werderstr.
Tivoli
S31 S32 S4 3 4
Stettfeld
Zeutern Sportplatz
Zeutern Bf.
Zeutern Ost
Odenheim West
Odenheim Bf.
S31 Odenheim
Ubstadt Uhlandstr.
Ubstadt Salzbrunnenstr.
Unteröwisheim M.-Luther-Str.
Ubstadt Ort
Unteröwisheim Bf.
Bruchsal Stegwiesen
Oberöwisheim
Bruchsal Schlossgarten
Münzesheim Bf.
S32 Menzingen
Bruchsal Tunnelstr.
Münzesheim Ost
Bahnbrücken
S3 S31 S32 S9 R9
Bruchsal Bf.
Bruchsal Schlachthof
Heidelsheim Nord
Gochsheim
Bruchsal Gewerbliches Bildungszentrum
Heidelsheim Bf.
Helmsheim
Untergrombach
Gondelsheim Schlossstadion
Gondelsheim Bf.
Weingarten
Diedelsheim
Bretten Stadtmitte
Bretten Wannenweg
Bretten Schulzentrum
R45 nach Sinsheim
S4 nach Heilbronn/Öhringen
R45 S4 Eppingen
Eppingen West
Sulzfeld
Zaisenhausen
S4 Flehingen Bf.
Oberderdingen-Flehingen
Bauerbach
Gölshausen Industriegeb.
S4 Bretten Gölshausen
Bretten Kupferhälde
S9 Bretten Bf.
Rinklingen
Dürrenbüchig
Wössingen Ost
Wössingen Bf.
Jöhlingen Bf.
Jöhlingen West
Berghausen Hummelberg
Bretten Rechberg
Ruit
Knittlingen-Kleinvillars
Ölbronn-Dürrn
Maulbronn Stadt
R99
nur an Sonn- und Feiertagen im Sommer
Maulbronn West
Ötisheim
Krappmühlenweg
Berghausen Pfinzbrücke
S5 Berghausen
Berghausen Am Stadion
Söllingen Reetzstr.
S5 Söllingen
Söllingen Kapellenstr.
Kleinsteinbach
S5 Remchingen
Königsbach
Bilfingen
Ersingen West
Ersingen Bf.
Ispringen Bf.
Pforzheim Hbf
R5 R52 S5 S6
Eutingen
Niefern
Enzberg
Mühlacker
R99 S5 S9
Mühlacker Rößlesweg
Illingen
Vaihingen (Enz)
R5
S5 nach Bietigheim-Bissingen
R5, R91 nach Stuttgart
Brötzingen Sandweg
Brötzingen Wohnlichstr.
Birkenfeld
Brötzingen Mitte
Pforzheim Maihälden
Unter-reichenbach
Monbach-Neuhausen
R52, R99 nach Tübingen
Neuenbürg Bf.
Neuenbürg Süd
Neuenbürg Freibad
Rotenbach
Neuenbürg Eyachbrücke
Höfen Nord
Höfen Bf.
Calmbach Bf.
Calmbach Süd
Bad Wildbad Nord
Bad Wildbad Bf.
Bad Wildbad Uhlandplatz
Bad Wildbad Kurpark
S6 Bad Wildbad
Sommerbergbahn
Ettlingen Albgaubad
Reichenbach Kurpark
Reichenbach Bf.
Langensteinbach Bf.
Langensteinbach St. Barbara
Marxzell
Spielberg
Frauenalb-Schielberg
Kullenmühle
Ittersbach Industrie
Bad Herrenalb
Falkenburgbahn
S1
Ittersbach Bf.
Ittersbach Rathaus
S11 Ittersbach
Heselbach
Kloster-reichenbach
Baiersbr. Schule
Baiersbronn Bf.
Friedrichstal
Freudenstadt Stadt
FDS Schulzentrum/ Panoramabad
FDS Industriegeb. Schmid
R43 Freudenstadt Hbf
S41 nach Eutingen i. Gäu
R43 nach Offenburg
S41
S31 S41
08.10.2008

Register

A

Aalkistensee 165
Abenteuerspielplatz 39, 40, 103, 106, 107, 109, 147, 176, 179, 207, 242
Aglasterhausen 82
Alb, -tal 92, 95, 115
Albgau 89
Altlußheim 20, 36, 48, 57
Altweibermühle 177
Angelbachtal 21, 36
Apothekenmuseum 50
Aquadrom 12
Aquatoll 195
Archäologie-Museum 214
Asaret 281
Äußeres Fischwasser 91
Aussichtsturm 231
Auto & Technik Museum 153

B – C

Babuschka-Theater 188
Bad Friedrichshall 222
Bad Rappenau 135, 137, 142, 152, 278
Bad Schönborn 91, 111, 131
Bad Wimpfen 196, 197, 199, 208, 213, 219, 200, 220, 222, 223, 265, 280, 293
Badesee, siehe Namen
Badische Landesbühne 128
Badisches Landesmuseum 117
Barfußpfad 39, 100, 173, 174, 176, 237, 238, 241
Bargen 82
Bäuerliches Museum 250
Bauernhof Gutjahr 283
Bauernhof Schiek 282
Bellamar 11
Berghausen 99, 129
Besigheim 229, 235
Bietigheim 165, 228, 232, 233, 235, 240, 242, 244, 245, 247, 252, 267, 290
Bissingen 165, 228, 233, 235, 240, 244, 252, 267
Blankenhorn 167, 169, 182, 183
Blankenloch 104
Blausee 16
Böckingen 207, 218
Bonbonmuseum 246
Bönnigheim 238
Boot fahren 162, 196, 197, 232, 240
Bosch, Carl 52
Brackenheim 172, 180, 190, 262, 300
Bretten 136, 138, 147, 154, 157, 261, 263
Brötzingen 251
Bruchsal 90, 110, 119, 120, 124 – 126, 128, 130, 131, 138, 260, 289, 297, 300
Brunnenregion 258
Brunnenstollen 76
Brunnentour 65
Büchenbronn 231, 276
Buchtzigsee 91
Buckenberg 250
Burg Blankenhorn 167, 168, 169, 182, 183
Burg Dilsberg 75, 76, 82, 286
Burg Guttenberg 71
Burg Hornberg 79, 275
Burg Minneburg 66, 78
Burg Ravensburg 183
Burg Reichenstein 75
Burg Rodenstein 152
Burg Steinsberg 141, 151
Burg Stolzeneck 69, 77, 293
Burg Weibertreu 212
Bürgergarten 240
Busenbach 113
Campingplatz 294
Carl Bosch-Museum 52
Cleebronn 176, 177, 183, 190, 276

D

Das Fest 132
Daudenzell 82
DDR-Museum 250
Deutsches Zuckerbäcker-museum 156
Diedelsheim 139, 154
Diefenbach 283, 291
Dillweißenstein 288
Dilsberg 75, 82, 278, 286
Donnbronn 222
Dorfmuseum 187
Drais, Karl Friedrich 123
DschungelFun 178
Durlach 106, 130
Dürrenzimmern 180

E

Eberbach 64, 65, 68, 74, 77, 82, 293, 296
Ehmetsklinge 162, 170, 262
Eibensbach 168, 169, 182
Eichelberg 278
Eisenbahn, hist. 115, 218
Eislaufen 41, 42, 113, 209, 244, 245
Ellental 228, 244, 245
Elsenz 163
Elsenzer See 163
Enz, -tal 225, 232 – 234
Enzauenpark 241
Enzberg 290
Enztalradweg 234
Enzweihingen 234
Eppelheim 42, 56
Eppingen 162, 173, 178, 188, 263, 282, 284
Erlebnispark 137, 177, 241
Erlebnispfad 22, 96, 98, 99, 145, 171, 172, 203
Erlenbach 207
Erlichsee 15, 295
Ettlingen 88, 89, 91, 115, 118, 127, 131
Europabad 85
Eutingen 250

F

Fahrradverleih 270
Falknerei 33
Familienferienstätte 276
Felsengärten 235, 236
Ferienhaus 278
Fernsehturm 37
Feste Dilsberg 75, 76, 82, 286
Figurentheater 126, 128, 188, 251
Flein 203
Forst 105
Freilichtmuseum 155
Freudenstein 298
Freyersee 297
Friseurmuseum 48
Füllmenbacher Hof 291
Fünfmühlental 142
Funnyland 149
Fuxini 243

G

Galgenhohle 145
Gemmingen 136, 150, 152
Gemmingensche Unterschloss 152, 157
Gesundbrunnen 194
Glücksschweinemuseum 219
Gochsheim 155, 156
Gondelsheim 139
Graben 300
Graf-Eberstein-Schloss 155
Grafenburg 182
Grafenrain 29
Greifenwarte 71
Grillplatz 40, 79, 96, 142, 146, 180, 181, 208, 229, 286, 288, 294
Güglingen 182, 186
Gundelsheim 222
Günther-Klotz-Anlage 95, 107, 113
Guttenbach 78
Guttenberg 71

H

Hafenmarktturm 210, 211
Hagenschieß 239, 240
Hammerau 141
Hardtsee 137, 297
Hardtwald 101
Hasenmühle 210
Haßmersheim 62, 71, 81
Heidelberg 13, 16, 17, 20–26, 30–34, 37, 38, 41, 42, 45, 49, 50–58, 256, 268, 270, 275, 286, 296, 299
HeidelbergCARD 257
Heidelsheim 126, 139
Heilbronn 193–199, 201, 202, 205–211, 214–218, 221–224, 264, 269, 287
Heilbronner Stimme 209
Helmsheim 139
Helmstadt 82
Herrmannsee 231, 276
Hessigheim 235, 236
Heuchelberger Warte 176
Heuhotel 70, 290
Himmelreicher Theater 128
Hirschberg 289
Hirschhohl 144
Hirschhorn 65
Historische Ölmühle 245
Historischer Dampfzug 115
Historischer Industriepark 217
HNV 269
Hochhausen 62
Hochholzer See 27
Hochseilgarten 73, 106, 111
Hockenheim 12, 18, 57, 299
Hockenheimring 18
Hohwiesensee 14, 56
Homo heidelbergensis 29, 30, 54
Hornberg 79, 275
Hotel 275
Humstermühle 281
Hundle 140
Hundlesbrunnen 139

I – J

Icehouse 42
Illingen 245, 280
Ilsfeld 223
IMAX 3D-Filmtheater 154
Indianermuseum 81, 154
Indoor-Spielplatz 36, 38, 108, 109, 111, 149, 178, 206, 207, 243
Insel Rott 95
Interaktiver Sinnespark 38
Internetportal 255
Jägerhaus 202
Jägersee 173
Jöhlingen 96
Jugendherberge 285
Jugendhof e.V. 26, 31
Jugendtreff 129, 157, 189, 224
Jugendzeltplatz 293
Jumpinn 38
Jungviehweide 282

Hunger & Durst

Alter Kohlhof 275
Beim Schupi 94
Biergarten Am St. Leoner See 15, 294
Biergarten Andreasbräu 94
Biergarten Daudert 242
Bistro Pellegrino 228
Brauhaus zum Ritter 20
Burg Hornberg 275
Burg Ravensburg 184
Burg Steinsberg 152
Burgschenke 72
Camping Erlichsee 295
Camping Haide 296
Campingplatz Cimbria 296
Deutscher Kaiser 77
Die Rainbach 73
Fasanenhof 236
Freibadkiosk Besigheim 229
Gasthof zur Sonne 66
Grüner Baum 167
Kreuzberghof 143
Kühler Krug 92
LöwenThor 139
Lukulos am Blauen Turm 213
Mühlenschenke 142
Neckarterrassen 166
NFH Am Eichelberg 290
NFH Hirschberg 290
Parkschenke 105
Pippifax Burgcafé 77
Restaurant Herrmannsee 231
Restaurant Trappensee 206
Ristorante Palermo 68
Rommelmühle 235
Schützenhaus 50
Stromberg Camping 298
Waldhaus 35
Waldschenke Hörnle 181
Weingut Meisersick 21
Wimmers 38
Wirtshaus am See 163
Zum Roten Ochsen 49

K

Kanu fahren, siehe paddeln
Karlsbad 128
Karlsburg 131
Karlsdorf 104
Karlsruhe 85 – 88, 92 – 98, 100 – 109, 112 – 116, 120 – 123, 126, 129 – 132, 259, 268, 287, 300
Karlsruher Bücherschau 130
Käthchen 211, 217
Käthchenhaus 211
Katzenbach, -see 163, 170
Keramikwerkstatt 74, 116, 150, 210
Ketsch 14, 20, 25, 56
Keuperweg 201
Kinderführung 81, 118, 120, 220
Kindergartenmuseum 125
Kinderparadies 26, 176
Kindertheater 54, 221, 222
Kindorado 108
Kirchardt 145
Klabauterland 111
Klappermax 36
Kleinglattbach 246
Klettern 73, 106, 111, 236,
Kloster Maulbronn 184
Knittlingen 298
Kohlhof 41, 275
Kompass 151
Königsbach 130, 289
Köpferstausee 201
Köpfertal 200
Kraichgau 138, 148, 151, 179
Kraichgau-Stromberg 263
Kraichgauhof Wagner 282
Kraichtal 146, 148, 155, 156, 157
Krainbachhof 171, 174
Kreuzbergsee 143
Kreuzgrund 207
Krösselbach 74
Kulturfenster e.V. 54
Kürnbach 179, 281
Kurpfalz 268
Kurpfalz-Route 20
Kurpfälzisches Museum 51
Kutsche fahren 2, 30, 32, 64, 148, 204, 239
KVV 268, Plan 310

L

Lachmann, Johannes 211
Langenbrücken 91
Langensteinbach 128
Lauffen a.N. 165, 166, 181, 182, 185, 186, 190, 272, 300
Lavatec-Arena 209
Leanders Leseladen 55
Lehrpfad 22, 67, 99, 141, 168, 171
Leimen 39, 43, 57
Leingarten 176
Leintalzoo 175
Lettenbrunnenhütte 290
Letzenberg 21
Lingental 43
Linsenteicheck 23
Lorscher Codex 153

M

Maierhof 142
Maislabyrinth 180
Majolica 74, 116, 150, 210
Malsch 22
Malschenberg 40
Mannheim 268
Märchen-Wanderung 186
Märchenwald 37, 179
Marotte 126
Massenbachhausen 171, 174
Mauer 29, 53
Maulbronn 164, 165, 184, 187, 190, 282, 285
Maysacksche Mühle 143
Michaelsberg 276
Mingolsheim 111
Minigolf 37, 62, 105, 110, 179, 180, 231, 257, 295
Minneburg 66, 78, 79
Moonlight Ranch 284
Mottenkäfig 251
Mühlacker 229, 234, 243, 252, 266, 290
Mühlbach 164
Mühlbacher See 164
Mühlhausen 150
Museum, siehe unter dem Namen
Museum Autovision 20, 48
Museum Neue Kunst 122
Museum für Ur- und Frühgeschichte 119

N

Naturerlebnispfad, siehe Erlebnispfad
Naturfreundehaus 237, 288
Naturhistorisches Museum 215
Naturkundemuseum Karlsruhe 121
Naturpark Neckar-Zaber 6, 7, 161 – 169, 171 – 177, 179, 181, 183, 185, 187, 189, 262, 281, 284, 291, 292, 298, 300
Naturpark Stromberg-Heuchelberg 262
Naturparkzentrum Stausee Ehmetsklinge 262
Naturschutzgebiet Köpfertal 200
Naturschutzgebiet Schilfsandsteinbruch 201
Naturschutzzentrum Karlsruhe-Rappenwört 98, 99
Neckar 13, 17, 56, 63, 64, 79, 165, 191, 196, 222, 234, 247
Neckarbischofsheim 18, 65, 82
Neckargartach 194, 217
Neckargemünd 61, 63, 73, 75, 80, 81, 82, 258, 271, 277, 278, 286, 296
Neckargerach 66, 78
Neckarhalde 194, 205
Neckarkatzenbach 70, 289
Neckarmühlbach 71, 81
Neckarsteinach 82
Neckarsulm 195, 199, 204, 301
Neckartalradweg 199
Neckarwimmersbach 65
Neckarzimmern 79, 275, 296
Neidenstein 66
Neuenheim 277
Neulußheim 16, 57, 299
Neunkirchen 70, 82, 284, 289
Neuthard 104, 130
Nordhausen 281
Nordheim 281
Nordweststadt 109
Nottinghamanlage 127
Nußloch 43

O – P

Oberderdingen 189, 282, 301
Obergrombach 130
Oberhausen 15, 19, 295
Oberöwisheim 146
Oberwald 103
Ölmühle 245
Ökologische Forschungsstation 57
Ölbronn 302
Old America 81
Östringen 143, 149, 278
Ötisheim 237, 280
Paddeln 4, 5, 16, 63, 92, 106, 165, 196, 197, 231, 232, 233, 295
Pension 275
Pfinz-Entlastungskanal 94
Pfinztal 99, 129, 300
Pforzheim 231, 239 – 245, 248, 250, 251, 252, 267, 270, 276, 288, 290, 302
Pfühlpark, -see 206
Planwagen, siehe Kutsche
Philippsburg 111, 297
Ponyhof Dinkel 284
Puppenbühne 189
PZN Wiesloch 38

R

Rabeninsel 98
Rappenwört 86, 95, 99
Rathausburg 182
Rauenberg 21, 36, 40, 292
Reichartshausen 278
Reichenstein 75
Reiten 30, 31, 32, 70, 175, 238
Reiterhöfe 283
Rhein 17, 98, 268
Rheinhausen 15, 19
Rheininsel 20, 25, 94
Rheinstrandbad 86, 95
Rinklingen 139
RNV 268
Rockenau 77
Rodeln 43, 113, 209
Rohrbach 27, 31
Rombachquelle 24
Römer 67, 135, 137, 153, 156, 185, 186, 214, 218, 239, 243, 247, 248
Römerhaus 247
Römermuseum 155, 186
Römersee 137
Römischer Gutshof 185
Römisches Badehaus 218
Rotenberg 22, 292
Roter Turm 213
Rott 94
Ruine, siehe Burg
Rüppurr 88, 92

S

Salzbergwerk 193, 199, 210
Sammler- und Glücksschweinemuseum 219
Sandgrube 29
Scheuelberghof 285
Schiff fahren 17, 18, 52, 64, 65, 181, 197, 216
Schilfsandstein 201, 202
Schleuse 65, 181
Schlierbach 23, 52, 296
Schlittschuh, siehe Eislaufen
Schloss Bruchsal 119, 120, 124
Schloss Ettlingen 118
Schloss Gemmingen 152, 157
Schloss Graf Eberstein 155
Schloss Heidelberg 32, 45, 47, 50, 56
Schloss Karlsruhe 100, 106, 117
Schloss Magenheim 183
Schloss Mittelhof 32, 44
Schloss Schomberg 150
Schloss Schwetzingen 40, 44, 47, 56
Schlossberg 181
Schlossgartenbähnle 114
Schmie 187
Schmuckmuseum 248
Schnuteputzers Friseurmuseum 48
Schöllbronn 89
Schülenswaldhof 282
Schwäbische Dolomiten 235
Schwaigern 161, 171, 174, 175
Schwarzach 62, 72, 82
Schwetzingen 11, 21, 32, 40, 44, 47, 56, 256
Silberranch 105
Simsalabim 207
Sinsheim 138, 141, 149, 151, 153, 157, 260, 276, 300
Skaten 18, 96, 138, 233
SkateNite 96
Skike 200
Solarschiff 18
Söllingen 99
Sonntags um Drei 127
Spielplatz 13, 34, 36 – 38, 40, 68, 73, 92, 105, 106, 108 – 111, 119, 127, 136, 139, 142, 149, 164, 175, 180, 206, 239 – 243, 259, 265, 275, 277, 281
Spielraum Kunstwerk 214
St. Leon-Rot 14, 56, 294
St. Leoner See 14, 294
St. Maur 245
Staatlichen Kunsthalle 120
Stadtführung 49, 126, 127, 216, 220, 271
Städtisches Museum 124
Stadtjugendring 58
Stadtmuseum 153
Standseilbahn 114
Stausee 163, 262
Stein 130, 289
Steinhauerstube 187
Steinsberg 141, 151
Sternenfels 167, 181, 189, 190, 283, 291
Sternwarte 26, 144, 146
Stettfeld 155
Stolzeneck 69, 77, 293
Stromberg 298
Stutensee 104
Süddeutsches Eisenbahnmuseum 218
Sulzfeld 183

T

Tairnbach 150
Theater 54, 126, 128, 188, 221, 251
Thermalschwimmbad 13
Tiefenbach 143
Tiefer See 164
Tierpark 32, 35, 36, 103, 104, 105, 147, 149, 175, 240
Tinnunculus 33
Trappensee 201, 206

Tripsdrill 166, 176, 177, 190
Turmberg 114
Twain, Mark 76, 80, 197

U – V – W

Ubstadt-Weiher 137, 144, 155, 297
Untergrombach 297
Untergruppenbach 203, 279
Unteröwisheim 157
Unterschloss 152, 157
Urgeschichtliches Museum 53
Urwald, -insel, -pfad 24, 68
Vaihingen/Enz 227, 234, 246, 266, 301
Verkehrsmuseum 123
Viadukt 228, 232, 234, 235
Villa Rustica 137, 218, 219, 267
Vogelpark 94, 104, 105, 130, 149
Völkerkundemuseum 51
Voltigieren 31
VPE 270
VRN 268, Plan 308
Waibstadt 65, 82, 258
Waikila 109
Waldbronn 109, 113
Waldbrunn 204
Waldfühlpfad 173
Waldkindergarten 28, 97, 203
Waldklassenzimmer 28, 94
Waldsee 27
Waldlehrpfad 22, 99, 168
Waldspielplatz 96, 208
Walheim 235, 247, 252
Walldorf 27, 28, 32, 35, 57
Walzbachtal 96, 130
Wasserski 14
Wehr 65, 181
Weibertreu 212
Weihnachtsmarkt 41, 57, 131, 190, 252
Weiler 151, 276
Weinsberg 210, 212, 218, 279
Weißes Kreuz 22
Wertwiesenpark 205
Wiesenbach 67
Wiesloch 38, 42, 56, 257, 300
Wilden-Weibel-Stein 69
Wildparadies 176
Wildpark 72, 82, 98, 190, 239, 240
Wolf 24
Wolfsbrunnen 23, 24
Wolfsbrunnensteige 23
Woobie-Park 243
Wunderland Märchenparadies 37

Y – Z

Youth Art 221
Zaberfeld 162, 163, 262, 292, 301
Zabergäu 167
Zeitung 209
Zentrum für Kunst und Medientechnologie (ZKM) 122
Zeutern 144
Ziegenkäsehof 43
Zimmerhof 137, 142
Zirkus 189
Zoo 34, 102
Zuckerbäckermuseum 156

IMPRESSUM

Unsere Inhalte werden ständig gepflegt, aktualisiert und erweitert. Für die Richtigkeit der Angaben kann der Verlag jedoch keine Haftung übernehmen. © 1. Auflage 2010 | pmv Peter Meyer Verlag, Schopenhauerstraße 11, 60316 Frankfurt am Main | www.PeterMeyerVerlag.de, info@PeterMeyerVerlag.de | **Lizenzen:** Alle Rechte an Text, Fotos, Zeichnungen und Karten beim Verlag, Lizenzen auf Anfrage | **Umschlag- und Reihenkonzept,** insbesondere die Kombination von Griffmarken und Schlagwort-System auf dem Umschlag, sowie Text, Gliederung und Layout, Karten, Tabellen und Illustrationen sind urheberrechtlich geschützt. | **Lektorat:** Annette Sievers | **Druck & Bindung:** klimaneutral und auf FSC-Papier bei az Druck, Kempten; www.az-druck.de | **Umschlaggestaltung:** Agentur 42, Mainz, www.agentur42.de, Annette Sievers | **Fotos:** wenn nicht anders angegeben Marion Landwehr | **Zeichnungen:** Silke Schmidt | **Karten:** pmv | **Bezug:** über Prolit, Fernwald-Annerod, oder vertrieb@PeterMeyerVerlag.de

ISBN 978-3-89859-426-4

Mehr über das Umwelt-Engagement von pmv unter www.PeterMeyerVerlag.de

klimaneutral
www.climatepartner.com

FSC
Mix
Produktgruppe aus vorbildlich bewirtschafteten Wäldern und anderen kontrollierten Herkünften
Zert.-Nr. GFA – COC – 001493
www.fsc.org
© 1996 Forest Stewardship Council

DeutschLand erLeben

Raus aufs Land – EUR 9,90

Rund 2.500 Ferienhöfe aus Deutschland stellen Urlaubsquartiere vor. Eine Straßenkarte mit Orientierungsraster macht das Auffinden der Höfe kinderleicht.

NEU: Auf der Straßenkarte finden Sie alle Urlaubshöfe, die Bed & Breakfast anbieten.

Und: Wer seinen Urlaub abbricht, weil er mit dem Urlaubsquartier unzufrieden ist, erhält gegen Vorlage der „Geld-zurück-Garantie" den Kaufpreis des Buches vom Verlag erstattet.

Rauf auf die Berge – EUR 8,90

Über 1.000 Urlaubsquartiere in Bayern, Österreich, der Schweiz und Südtirol sowie erstmalig in Polen, Slowenien und Tschechien für den Berg- und Winterurlaub.

- übersichtlich geordnet nach Regionen
- Angebote in Wort und Bild mit Preisen und Freizeitangeboten
- Reisetipps für Wanderer und Skiurlauber
- Geld-zurück-Garantie

Zu bestellen bei:
Deutscher Landschriftenverlag GmbH
Maarstraße 96 · 53227 Bonn
Tel.: 02 28 · 9 63 02-0 · Fax: 02 28 · 9 63 02-33
E-Mail: info@bauernhofurlaub.com
Internet: www.bauernhofurlaub.com

MEHRTAGESTOUREN IM WESTEN DEUTSCHLANDS

9 Wanderungen mit leichtem Gepäck zwischen Eifel und Schwarzwald

von Rolf Weber, Waike Weber

Mit diesem Wanderführer kommen Sie weiter: Auf 9 Weitwanderwegen geht es in 2 – 6 Tagen durch Ahrtal, Ahrgebirge, Eifel und Eltztal, entlang von Mosel und Lahn, durch Pfälzerwald, Nordvogesen und den Schwarzwald. Einfach nachzuwandern durch praktische Informationen und farbige Karten. Weinschänken, Waldgasthöfe, Burgen und hübsche Fachwerkorte sind die reizvollen Ziele.

»Mit leichtem Gepäck, doch im Wandern schwer bewandert.« DIE ZEIT

ISBN 978-3-89859-305-2. 192 Seiten, 12,95 Euro.

RUND 50 WEITERE TOLLE REISE- UND FREIZEITFÜHRER

www.PeterMMeyerVerlag.de

ITALIEN – AUTOFREIE URLAUBSORTE

Venedig, Cinque Terre, Capri und andere genussreiche Ferienziele

von Stefan & Sumeeta Hasenbichler, Gerald Majer, Claudia Willner

Italienurlaub ohne Abgasgestank und Motorenlärm? Was paradox erscheint, ist mit diesem bildreichen Reiseführer tatsächlich möglich: Die Autoren, bekehrte Verkehrsteilnehmer, haben sämtliche zu 100 % autofreien Urlaubsorte in Italien aufgespürt. Sehenswürdigkeiten, Wanderungen, Strände und praktische Angaben, natürlich auch zur autofreien Anfahrt, in bewährter pmv-Qualität.

»Dolce vita – ohne Autos. Dieses Buch passt in die Zeit. Weitgehend autofreie Orte in Italien stellt es vor und erklärt konsequent auch, wie man ohne Pkw hinkommt.« Der Tagesspiegel, Berlin

ISBN 978-3-89859-152-2. 256 Seiten, 18,95 Euro.

ODENWALD BERGSTRASSE

Kultur & Genuss

Die schönsten Orte, Burgen und Schlösser, alle Kultur-Highlights und interessantesten Naturtouren stets mit profunden Texten und Hintergrundwissen. Dazu Empfehlungen zum Einkehren, zu Unterkünften und Einkauf auf dem Bauernhof! Von Darmstadt bis Heidelberg, vom nördlichen Odenwald bis zum Neckar, von der Bergstraße bis Franken.

»Unendlich viele Ziele, die für einen ganzen Sommer und noch mehr reichen.« Südhessen-Woche

»Hoher Nutzwert in kompakter Form« Main-Echo

ISBN 978-3-89859-300-7. 320 Seiten, 14,95 Euro.

Aktuelle Informationen im Internet unter www.PeterMeyerVerlag.de

SCHWÄBISCHE ALB MIT KINDERN

Über 500 spannende Ausflüge und Aktivitäten rund ums Jahr

Anregungen für Ferienspaß und Wochenende: Ausflüge, Aktivitäten, Höhlen, Baden, Sport und Spiel zwischen Neckar und Donau, Schwarzwald-Ausläufern und Nördlinger Ries. Jeweils mit Beschreibung, Adressen, Anfahrt, Öffnungszeiten und Preisen. Zum Losstürmen für die ganze Familie und für jede Jahreszeit!

»In diesem Führer ist alles drin, was Spaß macht – und zwar der ganzen Familie.« Die Neckarquelle

**ISBN 978-3-89859-415-8.
320 Seiten, 14,95 Euro.**

BODENSEE MIT KINDERN

500 spannende Ausflüge und Aktivitäten bei jedem Wetter

von Wolfgang Taschner, Michael Reimer

Eine der beliebtesten Ferienregionen Deutschlands mit Kindern neu entdecken: Vom Bootsverleih über Tierparks bis zur kinderfreundlichen Unterkunft, vom Aquarium über die Radtour bis zum Museum – hier finden alle Kids zwischen 3 und 13 ihren Lieblingsausflug rund um den Bodensee.

»Mehr Information geht kaum auf 240 Seiten. Empfehlenswert!« Familie & Co

**ISBN 978-3-89859-414-1
256 Seiten; 14,95 Euro**

ODENWALD MIT KINDERN

Über 500 spannende Ausflüge und Aktivitäten rund ums Jahr

Von Darmstadt bis Heidelberg, entlang dem Neckar und von der Bergstraße bis zum fränkischen Main gibt es für Familien viel zu entdecken. Der Ausflugsführer nennt Tipps zum Wandern und Natur erleben, zu Burgen, Museen und Tierparks, Spielplätzen und Winterspaß. Mit Anfahrt, Adressen, Preisen und Öffnungszeiten sowie Ausflugslokalen und regionalen Veranstaltungskalendern.

»Preiswerte Ideen nicht nur fürs Wochenende.« Odenwald-Zeitung

**ISBN 978-3-89859-416-5.
320 Seiten, 14,95 Euro.**

Die pmv Reihe »... mit Kindern« wurde 2007, 2008 und 2009 mit dem ITB BuchAward als beste ausgezeichnet.

WELTWEIT GRÖSSTE REISEMESSE
1. Platz
»Reisen mit Kindern«
ITB BuchAward 2009

JETZT: RUND 20 TITEL »... MIT KINDERN« LIEFERBAR!

Klicken Sie rein: www.PeterMeyerVerlag.de.

pmv PETER MEYER VERLAG

… und immer schön sauber bleiben!

Unsere frechen Viecher Karlinchen, Sam, Mockes und Herr Mau kennt ihr schon. Wir ihr sind sie immer voller Tatendrang. Damit bei ihrem Freizeitvergnügen die Natur nicht auf der Strecke bleibt, sind alle Vorschläge in diesem Buch sorgfältig ausgesucht. Auch das Buch wurde möglichst umweltschonend hergestellt. Natürlich auf ökologisch korrektem FSC-Papier, das einen schonenden Umgang mit unserem Wald garantiert. Da jedoch bei der Produktion Energie verbraucht wird und das Entstehen von schädlichem CO_2 unvermeidlich ist, unterstützt der Peter Meyer Verlag bei jedem Buchdruck mit einer Spende sanfte Energieprojekte. Denn klimaneutrales Handeln gehört zu unserer Verantwortung – damit ihr und die frechen Viecher euren Tatendrang auch in Zukunft in sauberer Natur ausleben könnt.

FSC
Mix
Produktgruppe aus vorbildlich bewirtschafteten Wäldern und anderen kontrollierten Herkünften
Zert.-Nr. GFA – COC – 001493
www.fsc.org

klimaneutral
www.climatepartner.com

Mehr über das Umwelt-Engagement des Verlages unter www.PeterMeyerVerlag.de

pmv PETER MEYER VERLAG